Jana Lucas

DIE GEHEIMEN PIONIERINNEN DER WIRTSCHAFT

REDLINE | VERLAG

Jana Lucas

DIE GEHEIMEN PIONIERINNEN DER WIRTSCHAFT

Außergewöhnliche Frauen, die unsere Wirtschaftswelt nachhaltig geprägt haben

Bibliografische Information der Deutschen Nationalbibliothek
Die Deutsche Nationalbibliothek verzeichnet diese Publikation in der Deutschen Nationalbibliografie. Detaillierte bibliografische Daten sind im Internet über http://dnb.d-nb.de abrufbar.

Für Fragen und Anregungen
info@redline-verlag.de

1. Auflage 2021

Türkenstraße 89
80799 München
Tel.: 089 651285-0
Fax: 089 652096

Die Erarbeitung der Publikation wurde großzügig durch folgende Stiftungen unterstützt:

UBS Kulturstiftung
Basler Stiftung Bau & Kultur
Willy A. und Hedwig Bachofen-Henn-Stiftung

Redaktion: Silvia Kinkel
Umschlaggestaltung: Karina Braun
Abbildungen Umschlag und Inhalt: Laura Osswald
Satz: ZeroSoft, Timisoara
Druck: GGP Media GmbH, Pößneck
Printed in Germany

ISBN Print 978-3-86881-849-9
ISBN E-Book (PDF) 978-3-96267-337-6
ISBN E-Book (EPUB, Mobi) 978-3-96267-338-3

INHALT

EINLEITUNG

»As writers, what we do is remember. And to remember this world is to create it.«
Toni Morrison

Als ich 2018 damit anfing, mich mit dem Thema Unternehmerinnen und Macherinnen in der Geschichte zu beschäftigen, war ich frustriert. Seit mehr als zwei Jahren arbeitete ich in einer Ausstellungs- und Marketingagentur, wo ich für das Storytelling zuständig war. Zu meinen Aufgaben zählte es, Positionierungsworkshops mit Verwaltungsratsgremien und Unternehmensvorständen durchzuführen. Bis auf wenige Ausnahmen setzten sich diese Runden ausschließlich aus Männern zusammen, der Kaffee wurde jedoch stets von einer Frau serviert. Desillusioniert darüber, dass ich keine weibliche CEO oder eine Verwaltungsratsvorsitzende angetroffen hatte, besann ich mich auf meinen wissenschaftlichen Hintergrund und begann zu recherchieren, welche historischen Vorbilder es für diese Positionen in der Wirtschaft gibt. Verblüfft hat mich die große Zahl an Frauen, die ich fand und von denen ich bis dahin nie etwas gehört hatte, weil sie bisher eher unter kulturwissenschaftlichen und weniger unter wirtschaftsgeschichtlichen Gesichtspunkten betrachtet wurden.

Ihre Lebensgeschichten begeisterten und faszinierten mich so sehr, dass ich beschloss, ein Buch darüber zu machen. Endlich hatte ich Vorbilder gefunden, mit denen ich mich identifizieren konnte. Vorbilder, die mich mehr ansprachen als Steve Jobs, Jeff Bezos, Elon Musk, Thomas Edison, Henry Ford, Alfred Krupp oder Carl Benz.

Dieses Buch liegt nun vor Ihnen. Es enthält Lebensbeschreibungen von 20 Unternehmerinnen, Managementtheoretikerinnen und Führungsfrauen, die in sechs Kapiteln mit ihren eindrücklichen Biografien die Themen Leadership, Innovationsmanagement, Unternehmensentwicklung, Handel und Finanzen, Marketing und Vertrieb sowie Solo-Selbstständigkeit beleuchten. Bei der Auswahl wollte ich zum einen eine möglichst breite Zeitspanne berücksichtigen, vom Mittelalter bis zum Beginn des 20. Jahrhunderts, zum anderen unterschiedliche Branchen vorstellen. Zudem habe ich jene Frauen ausgewählt, bei denen die Lebensgeschichten durch ausreichend Grundlagenforschung aufgearbeitet sind und nach Möglichkeit auch autobiografisches Quellenmaterial zur Verfügung stand.

Meine Motivation, dieses Buch zu schreiben, hat sich im Laufe der Zeit geändert. Zunächst ging es mir vor allem um die fehlende Repräsentanz von Frauen in wirtschaftshistorischen Zusammenhängen. Doch inzwischen habe ich mich als Innovationsberaterin und Autorin selbstständig gemacht. Nun fasziniert mich vielmehr, wie jede der Frauen ihren eigenen Weg gegangen ist und etwas erschaffen hat, für das es kein Vorbild, keine Berufsbezeichnung und keine vorgegebenen Karriereschritte gab. Alle haben irgendwann einen mutigen Schritt gewagt, sind aus konventionellen Mustern ausgebrochen und haben ihren eigenen Stil entwickelt.

Die Spannweite richtet sich von Einzelunternehmerinnen wie Isabella Bird, die mit der Vermarktung ihrer Abenteuerreisen durch Bücher, Vorträge und Beratung ein Vermögen erwirtschaftet hat, über Industrielle wie Christine Englerth und Rebecca Lukens, die in der Bergbau- sowie Eisen- und Stahlindustrie Großunternehmen aufbauten beziehungsweise leiteten, bis hin zu der Entwicklung des modernen Franchise-Systems durch Martha Matilda Harper. Weiterhin geht es um Managementfragen mit Mary Parker Follett, die als Politikwissenschaftlerin und Sozialarbeiterin damit begann, sich mit Organisationspsychologie zu beschäftigen. In ihrem Buch *Creative Experience* legt sie dar, dass jeder Konflikt ein positives Zeichen für Innovation ist. Eine andere Protagonistin, die in diesem Buch vorgestellt werden wird, ist die Ingenieurin Kate Gleason, die mit 27 Jahren allein nach Europa reiste, um Getriebe an Unternehmen in Großbritannien, Frankreich und Deutschland zu verkaufen, obwohl sie auf dem europäischen Kontinent niemanden kannte. Und die Witwe Clicquot schickte ein ganzes Schiff mit ihrem teuersten Champagner von Frankreich nach Russland, ohne zu wissen, ob es jemals sein Ziel in St. Petersburg erreichen würde.

Diese Wirtschaftsfrauen waren Pionierinnen, die eine unternehmerische Vorreiterrolle übernommen haben. Sie schufen für ihre Kundinnen und Kunden einen neuen Nutzen und neue Werte, sei es durch professionelle Haarpflege, durch die Entwicklung besonders stabiler Eisenbleche für Dampfmaschinen, durch eine Zeitschrift für Frauen oder durch die Vergabe von hohen Krediten.

Doch die vorgestellten Biografien dieser Frauen sind keine Märchen mit Happy End, sondern Beispiele für eine Haltung, konstruktiv mit Herausforderungen und Rückschlägen umzugehen und Nachteile in Vorteile verwandeln zu wollen. Wenn es um Erfolg geht, gibt es kein Ankommen. Denn wenn ein Ziel erreicht ist, wartet bereits die nächste Herausforderung.

Die einzelnen Lebensgeschichten sind bewusst ausführlich erzählt. Nur so sind die Schwierigkeiten, Krisen, finanziellen Durststrecken, jahrelangen Kämpfe um Anerkennung darzustellen, die genauso zu den Unternehmerinnen gehören wie ihre Erfolge. Die Biografien relativieren damit unsere eigenen Herausforderungen, die wir mitunter für unüberwindbar halten. Und manchmal muss man sich auch mit Härte und Durchhaltevermögen rüsten, wie der Weg von Martha J. Coston bei der Vermarktung ihrer Leuchtsignalraketen zeigt.

Das Buch ist zugleich eine kleine Wirtschaftsgeschichte. Es berührt Themen wie die Kolonialisierung und den damit einhergehenden Handel mit Sklaven und Zucker. Aber auch die Industrialisierung, die auch deshalb Erfolgsgeschichten von Großunternehmerinnen und -unternehmern hervorbrachte, weil sie auf ungerechten Wirtschaftsstrukturen beruhen, die größtenteils bis heute Bestand haben. In diesem Sinne waren die Frauen Kinder ihrer Zeit. Ihre Biografien laden daher auch zur Diskussion darüber ein, welche Konsequenzen ein Wirtschaften unter rein materiellen Wachstumszielen hat.

Über eine historische Person zu schreiben, bleibt immer eine Behauptung. Obgleich die Lebensgeschichten sorgfältig recherchiert sind, bilden sie meine Interpretation und meine Sicht der Dinge mit dem Fokus auf Wirtschaft ab. Die historische Distanz lässt sich nicht auflösen. Wenn ich die Vergangenheit aus der Gegenwart erzähle, bleibt es eine Annäherung an ein Leben, an Ereignisse und Tragödien, die ich nicht als Augenzeugin erlebt habe. Wann immer möglich, habe ich versucht, mit autobiografischen Quellen zu arbeiten, um die Frauen selbst zu Wort kommen zu lassen.

Wie dieses Buch zu lesen ist

Dieses Buch ist kein Ratgeber mit einer Schritt-für-Schritt-Anleitung zum Erfolg. Vielmehr möchte ich das Unternehmertum als Denkhaltung vermitteln und mit den Geschichten Vorbilder zur Verfügung stellen. Lassen Sie sich von den Lebensgeschichten dazu inspirieren, eigene Ideen zu entwickeln und umzusetzen. Nehmen Sie sich Zeit, um die Geschichten auf sich wirken zu lassen. Mit einigen der Protagonistinnen werden Sie sich identifizieren können, mit anderen weniger. Lassen Sie sich von den Geschichten dazu anregen, etwas zu tun.

Die Geschichten sind gedankliche Dehnübungen. Wie würden Sie handeln, wenn Sie so tough wären wie Kate Gleason oder Angelika Kauffmann? Wie würden Sie mit dem Selbstbewusstsein der Herzogin von Burgund, Isabella von Portugal, agieren? Welches Projekt würden Sie als nächstes entwickeln, wenn Sie eine Fabrik wie Rebecca Lukens leiteten? Und welche Unternehmung würden Sie starten, wenn Sie die Ressourcen von Madame Kaulla besäßen? Was bringen diese Frauen in Ihnen zum Klingen?

Die geheimen Pionierinnen der Wirtschaft lautet der Titel dieses Buches. Pionierinnen und Pioniere lassen sich nicht von Ängsten und möglichen Hindernissen leiten, sondern von einer Vision. Wer unternehmerisch denkt und handelt, der gestaltet und kreiert. Dazu möchte ich Sie mit den folgenden 20 Lebensbeschreibungen einladen.

LEADERSHIP

Das erste Kapitel widmet sich dem Thema Leadership aus drei unterschiedlichen Perspektiven. Die Biografie von Christine de Pizan lädt dazu ein, sich der eigenen Möglichkeiten bewusst zu werden, selbstbewusst Verantwortung zu übernehmen, insbesondere für die eigenen Finanzen, Konflikte auszuhalten, sich ins Rampenlicht zu stellen und voranzugehen. Christine de Pizan spielt sich mit einer relevanten Botschaft auf die europäische Bühne, nämlich Frauen in vielfältiger Weise zu ermächtigen und zu bilden.

Eine Generation später setzt die Herzogin Isabella von Portugal das um, was Christine de Pizan gefordert hatte. Sie verwaltet die Finanzen des burgundischen Staates und übernimmt überall, wo es notwendig ist, die Führung. So wie sie haben zahlreiche Frauen im Spätmittelalter Verantwortung übernommen, das in einigen Punkten viel moderner war, als wir gemeinhin denken.

Die im 19. Jahrhundert geborene Managementtheoretikerin Mary Parker Follett reflektiert in ihren Werken das Thema Leadership theoretisch. Zu ihren zentralen Aussagen zählen bekannte Zitate wie »The most essential work of the leader is to create more leaders«. Führen bedeutet für Follett, andere zu ermächtigen, nicht selbst Macht auszuüben. So plädiert sie für Führungsarbeit ohne Hierarchiedenken, indem sich Teams und Organisationen vom Ziel und der Situation leiten lassen. Im Zweifelsfall erhält diejenige oder derjenige mit der höchsten Fachkompetenz die Entscheidungsmacht. Folletts Texte über Leadership, Konfliktmanagement und Organisationspsychologie stammen aus den ersten drei Jahrzehnten des 20. Jahrhunderts, bleiben jedoch stets aktuell.

Die drei folgenden Lebensgeschichten zeigen, welche vielfältigen Aspekte Führungsarbeit umfasst. Wer führt, übernimmt Verantwortung für sich, für andere und für die Gesellschaft.

»Plötzlich besaß ich ein tapferes Herz.«

Christine de Pizan

(1365–um 1430)
Poetin, Intellektuelle, selbstständige Unternehmerin

Die in Paris lebende Italienerin Christine de Pizan war gefeiert und umstritten zugleich. Sie beriet Fürstinnen und die französische Königin und machte sich selbst zur Marke. In ihren bekanntesten Büchern – *Das Buch von der Stadt der Frauen* und *Der Schatz der Stadt der Frauen* – entwarf sie Lebensregeln für Frauen aller Stände, um selbstbestimmter leben zu können, obwohl die gesellschaftlichen Konventionen einen anderen Weg wiesen.

Christine de Pizan ragt als Autorin aus der Literatur des Mittelalters hervor wie der Fernsehturm über den Dächern Berlins. Sie ist die erste Frau, die außerhalb des klösterlichen Kontextes die wirtschaftliche Stellung und das gesellschaftliche Handeln von Frauen thematisiert. Aber vor allem ist sie die erste Frau im Mittelalter, die ausführlich davon berichtet, was es heißt, als Frau wirtschaftlich eigenständig zu leben.

In ihrem Buch *Der Schatz der Stadt der Frauen* aus dem Jahr 1405 fordert sie adlige Frauen auf, sich – im Rahmen der Möglichkeiten der Zeit – aktiv an der Herrschaft zu beteiligen, Führungsqualitäten zu entwickeln und verantwortungsvoll zu wirtschaften. Das Buch ist der erste von einer Frau verfasste Fürstinnenspiegel. Bisher hatten sich Fürstenspiegel, also Ratgeber- und Lehrbücher mit Verhaltensregeln, ausschließlich an Fürsten und ihre Söhne gerichtet. Pizan eignete sich als erste Frau dieses Genre an und wollte ihr für ein weibliches Publikum völlig neuartiges Buch sogleich in ganz Europa verbreitet wissen: »Deshalb dachte ich bei mir [...], dass ich, wie hoch die Kosten auch sein würden, dieses Werk vervielfältigen, es in mehreren Abschriften überall in der Welt verteilen und an verschiedenen Orten Königinnen, Fürstinnen und hohen Damen überreichen wollte. Durch ihre Vermittlung würde es zu allen anderen Frauen gelangen [...], dann wird dieses Werk in allen Ländern der Erde bekannt gemacht und verbreitet werden, obgleich es in französischer Sprache verfasst ist.«[1] Zu diesem Zeitpunkt erwirtschaftete Christine de Pizan ihr Einkommen mit dem Schreiben von Büchern und zählte den französischen Königshof sowie den europäischen Hochadel zu ihren Kund*innen. Doch 15 Jahre zuvor hatte das Leben der mittlerweile etablierten Buchproduzentin anders ausgesehen. Wie für ihre Zeit üblich war Pizan eine mit häuslichen Tätigkeiten beschäftigte Ehefrau und Mutter.

Kindheit am Königshof

Christine de Pizan war am Hof des französischen Königs Karl V. (1338–1380) großgeworden. Ursprünglich stammte die Familie Pizzano aus Italien, wo Christine im Jahr 1365 in Venedig geboren wurde und zunächst in Bologna aufwuchs. Als sie etwa drei Jahre alt war, zog die Familie nach Paris. Dorthin war ihr Vater Tommaso da Pizzano als Hofarzt und Astronom des französischen Königs Karl V. berufen worden. So entwickelte sich Christine de Pizan in einem privilegierten höfischen Umfeld, welches ihr eine solide Bildung sicherte. Sie lernte Latein und wurde in Philosophie, Theologie, Literatur sowie Mathematik unterrichtet.

Bereits mit 15 Jahren, 1379, war Pizan den Konventionen ihrer Zeit entsprechend mit dem neun Jahre älteren Notar und Sekretär des französischen Königs Karl V., Etienne du Castel (1353–1390), verheiratet worden. In schneller Folge brachte sie eine Tochter und zwei Söhne zur Welt. Christine de Pizan beschrieb die Ehe nicht nur als »eine höchst angenehme Angelegenheit«[2], sondern bemerkte auch, dass die Tugenden ihres Mannes seinen Reichtum noch übertrafen.

Plötzlich Steuerfrau

Doch nach zehn glücklichen Ehejahren, im Jahr 1390, veränderte sich das Leben der damals 25-jährigen Christine de Pizan schlagartig. Plötzlich war die junge Frau zum Familienoberhaupt geworden und musste selbst Hand anlegen, sie, »die Verwöhnte und Behütete, die all dies nicht gelernt hatte«[3]. Ihr Mann war plötzlich an einer Krankheit verstorben, als er den König auf einer Reise begleitete. So wurde Pizan »notgedrungen zur Lenkerin eines herrenlosen, heftigen Stürmen ausgesetzten Schiffes, das heißt, der Hausgemeinschaft, die zudem in einem fremden Land lebte und deshalb des Rückhalts der Heimat entbehrte«[4], schreibt Christine de Pizan rückblickend. Bereits einige Jahre zuvor hatte sich die Lage der Familie verschlechtert, weil zunächst der Förderer ihrer Familie, der französische König Karl V., und wenige Jahre später ihr Vater Tommaso da Pizzano gestorben waren. Wollte Pizan nicht in ein Kloster eintreten oder erneut heiraten, war sie nach dem Tod ihres Mannes gezwungen, aus eigener Kraft für ihre drei kleinen Kinder, ihre Mutter sowie eine Nichte zu sorgen.

Existenzängste und finanzielle Sorgen

Nach dem plötzlichen Tod ihres Mannes überfielen die Witwe Existenzängste. Ungewöhnlich offen spricht Christine de Pizan über ihre missliche finanzielle Lage und setzt sich damit auch für andere Witwen ein, die damals völlig unabgesichert nach dem Tod ihres Mannes zurückblieben. »Fortuna hatte mich auf dem absteigenden Teil ihres Rades platziert und führte Böses im Schilde, um mich schließlich gänzlich zu zermalmen«[5], erklärt Pizan. Schmerz und Kummer erfüllten sie, und Ängste überfielen sie von allen Seiten. Zudem sah sie sich wie für Witwen üblich durch Klagen und Prozesse in die Enge getrieben.[6] Insbesondere in dem um 1405 entstandenen autobiografischen Prosawerk *Christines Vision* erklärt Pizan, wie sie durch schmerzliche Erfahrungen dazu gezwungen wurde, sich als Frau mit den familiären Finanzen zu beschäftigen. Als ihr Mann in Beauvais starb, war sie nicht anwesend und kannte deshalb seine aktuelle finanzielle Situation nicht. »Denn es ist allgemeiner Brauch, dass Ehemänner ihren Frauen nicht ihre geschäftlichen Angelegenheiten erklären und sie ihnen offenlegen.«[7] Die eigene Erfahrung hätte ihr gezeigt, dass diese Regelung, die bei klugen und weisen Frauen völlig unsinnig sei, oft zu Unglück führe. Sie erinnere sich noch sehr wohl daran, dass es ihr nicht möglich war, zu erfahren, was ihr Mann alles besaß.

Christine de Pizan redete die Dinge nicht schön. Streitfälle und Prozesse setzten ihr von allen Seiten zu. Schon bald bereitete man ihr Schwierigkeiten, an den von ihrem Mann erworbenen Grundbesitz zu gelangen, und da dieser Besitz dem König übertragen wurde, sah sie sich gezwungen, Abgaben zu zahlen, obgleich sie gar nichts von diesem Besitz hatte. Überdies stellten Kreditnehmer unlautere Forderungen. Anstatt von einer Erbschaft zu profitieren, musste die Witwe sogar Gebühren zahlen.[8] »Aber vor allem beunruhigten mich die Ausgaben«[9], sagt sie an anderer Stelle. Die Sorgen setzten ihr zu. »Ich habe nach außen versucht, die Fassade eines standesgemäßen Lebens zu wahren. Von meinem Äußeren konnte man nur schwer auf die Last meiner Sorgen schließen. Unter meinem pelzgefütterten Mantel und meinem abgeschabten scharlachfarbenen Überwurf verspürte ich jedoch nur allzu oft Angst und zitterte sehr und verbrachte viele schlaflose Nächte in meinem schönen und gut eingerichteten Bett. [...]«[10] Wenn es notwendig war, sich von jemandem Geld zu leihen, um noch größeres Unglück zu vermeiden, »guter Gott, wie schambehaftet und errötet fragte ich danach, auch wenn es sich bei dieser Person um einen Freund handelte«[11], fährt Pizan fort.

Pizan mag ihre Situation rückblickend literarisch zuspitzen. Tatsache bleibt jedoch, dass Frauen zu dieser Zeit für gewöhnlich nicht selbstständig für ihren Lebensunterhalt sorgten und die junge Witwe plötzlich vor ungewohnt großen Herausforderungen stand.

Die literarischen Anfänge

Wie gelang es Christine de Pizan, sich aus dieser misslichen Lage zu befreien? In ihren autobiografischen Schriften schildert Pizan nicht, wie sie den Schritt zur Autorin und Buchproduzentin vollzog. Ihr Alltag jedoch veränderte sich. »Nun musste ich mich an die Arbeit machen – was ich, da ich mit reicher Kost aufgewachsen und nachsichtig erzogen worden war, nicht gelernt hatte.«[12] Zunächst schien sie sich durch das Selbststudium Geschichtskenntnisse und antike Schriften angeeignet und vielleicht auch Manuskripte kopiert zu haben[13], bevor sie Mitte der 1390er-Jahre damit begann, eigene Texte zu verfassen. »Ich habe begonnen, anmutige Gebilde zu ersinnen, die in meinen Anfängen ohne allzu viel Tiefgang waren.« Dann aber erging es ihr »wie dem Handwerker, der mit der Zeit immer kompliziertere Dinge herstellt«.[14] So bemächtigte sich auch ihr Verstand zunehmend außergewöhnlicher Gegenstände. Ihr Stil wurde eleganter, ihre Themen gewannen an Relevanz, ab dem Jahr 1399, als sie mit dem Schreiben begonnen hatte, bis zum Jahr 1405, in dem Pizan *Christines Vision* verfasste. Fast klingt es, als hätte Pizan hier den fortlaufenden Prozess des Prototyping beschrieben, bei dem das Produkt beständig verbessert wird. Zugleich scheint Pizan großes Durchhaltevermögen besessen zu haben, vergingen doch vom Tod ihres Mannes bis zu ihren ersten Veröffentlichungen fast zehn Jahre.

Pizan startete ihre Karriere als Schriftstellerin mit einer Sammlung von 100 Gedichten, den *Cent Ballades*. Diese überreichte sie im Jahr 1399 der 1370 in München geborenen französischen Königin Isabeau de Bavière (1370–1435), die anstelle ihres geistig umnachteten Gatten Karl VI. (1368–1422) Frankreich regierte.

Diese ersten literarischen und damit auch wirtschaftlichen Erfolgserlebnisse veränderten Christine de Pizan innerlich. Später, im Jahr 1403, beschreibt sie, wie sie sich verwandelte: »Ich besaß ein starkes und tapferes Herz und wunderte mich darüber, das zeigte mir jedoch, dass ich wahrhaftig ein Mann geworden war.«[15] Dieses Zitat verdeutlicht überdies, dass sich das Handeln einer Frau in der spätmittelalterlichen Gesellschaft immer am Bild des Mannes orientierte. Inwiefern Frauen im Rahmen der gesellschaftlichen Bedingungen des Spätmittelalters selbst tätig werden und sich entfalten konnten, sollte zum Lebensthema von Christine de Pizan werden.

Ein werbewirksamer Streit

Nach den ersten Erfolgen als Lyrikerin bringt sich Christine geschickt in die öffentliche Debatte ein. Ab 1399 wehrt sie sich öffentlichkeitswirksam gegen das in der Literatur stereotyp als lasterhaft gezeichnete Bild der

Frau, welches vor allem im *Rosenroman* propagiert wurde. Der im 13. und 14. Jahrhundert entstandene Roman galt als Kultbuch und Bibel der Intellektuellen[16], in welchem die Rose als Sinnbild für die Frau verwendet wird, die es zu erobern galt. In Versform geschrieben, versammelt das Buch zahlreiche ehe- und frauenfeindliche Anekdoten sowie Merksprüche. Diese widerlegte Pizan in zahlreichen Briefen und literarischen Schriften und katapultierte sich damit ins Licht der Öffentlichkeit. Sie kritisierte, dass der *Rosenroman* beispielsweise »so maßlos, heftig und nicht der Wahrheit gemäß, die Frauen verleumderisch mehrerer schwerwiegender Laster bezichtige und behaupte, dass ihre Sitten gänzlich verkommen seien«.[17] Die Autorin wurde für ihre Kritik angefeindet und unter anderem als Lebedame beschimpft, weil sie unverheiratet war. Doch aus marketingtechnischer Perspektive erzielte Pizan mit Hilfe dieser Debatte eine großartige Wirkung, die sie überall bekannt machte.

Im Streit bildeten sich zwei Lager heraus. Auf der den Roman befürwortenden Seite standen etwa die königlichen Sekretäre Jean Montreuil und Gontrier Col (um 1350–1418), auf der anderen neben Christine de Pizan Gelehrte wie der Rektor der Pariser Universität Jean Gerson (1363–1429), der dazu aufrief, den *Rosenroman* zu verbrennen.[18]

In ihren Schriften attackierte Pizan ihre Gegner wie Gontrier Col scharf: »Glaub nur nicht, die Leichtfertigkeit triebe mich mal in die eine, mal in die andere Richtung – und ich wäre deshalb auch schnell zu widerlegen«[19], erklärt Pizan. Er bezichtige sie der Infamie und setzte sie mit seinen spitzfindigen Argumenten unter Druck. Dies würde »feige Naturen gewöhnlich in Angst und Schrecken« versetzen. »[...] Aber damit Du Dir kurz und bündig das merken kannst, was ich Dir bereits früher ausführlich schriftlich dargelegt habe, sage ich Dir noch einmal – und repliziere und tripliziere es, so oft Du willst: ›Das *Rosenroman* genannte Werk ist, ungeachtet einiger schöner Stellen, alles in allem ein sehr gefährliches Buch‹«[20], fährt Pizan fort. Schließlich übergab Christine de Pizan auf dem Höhepunkt des Streits im Februar 1402 der Königin Isabeau de Bavière eine Sammlung von Briefen gegen den Rosenroman. Im Juni desselben Jahres stellte sie ihre Texte sowie die Briefe gegen den Rosenroman in einer neuen Sammelhandschrift zusammen. Erst 1403 beruhigte sich der publikumswirksam ausgetragene Konflikt, aus dem Christine de Pizan deutlich gestärkt hervorging.

Buch-Business

Mit dem Sieg in diesem Disput konnte sich Pizan etablieren. Sie erhielt zahlreiche Auftragsanfragen durch den Hochadel; Aufträge, die normalerweise nur Männern vorbehalten waren, wenn sie etwa als Chronistin das Leben des 1380 verstorbenen französischen Königs Karl V. nachzeichnete. Bis 1418 verfasste Pizan circa 40 Prosa- und Lyrikwerke, die sie größtenteils selbst handschriftlich anfertigte. Bis heute sind in Bibliotheken über 50 Exemplare ihrer Handschriften erhalten. Diese Menge an Büchern konnte sie nur produzieren, weil sie Schreiber*innen anstellte und professionell mit Buchmaler*innen zusammenarbeitete. Vermutlich führte Pizan ein eigenes Skriptorium.

Paris war um 1400 ein Zentrum der Buchmalerei. Dies demonstrieren auch die Handschriften von Pizan mit zahlreichen opulenten, goldverzierten Rankenornamenten, Miniaturen sowie Widmungsbildern, auf denen sich die Autorin selbst bei der Übergabe ihrer Bücher an illustre Auftraggeber*innen oder inmitten der Protagonistinnen ihrer Werke, wie etwa die Tugenden, inszeniert. Oftmals zierten mehr als 100 Miniaturen ihre in Leder gebundenen Handschriften aus Pergament. Kurzum, ihre Bücher waren genauso kunsthistorische wie werbetechnische Spitzenarbeiten.

So hat Christine de Pizan in ihren Büchern nicht nur inhaltlich neuartige Themen verhandelt, sondern ihre Bücher künstlerisch durch zahlreiche aufwendige Miniaturen in physische Luxusprodukte verwandelt. Mit diesen Luxusprodukten erreichte sie eine klar definierte Zielgruppe, den europäischen Hochadel. Weiterhin hat sie ihre Texte in Sammelbänden für spezifische Empfänger wie etwa die französische Königin neu kompiliert und ihre Arbeiten so geschickt mehrmals nutzbar gemacht.

Ein exklusives Netzwerk

Unternehmerisch konnte sich Pizan vor allem durchsetzen, weil sie über hochrangige Beziehungen und Kontakte verfügte. Durch ihren Vater war Pizan von Anfang an gut vernetzt, im Verlauf ihrer literarischen Tätigkeit erweiterte und festigte sie ihr Netzwerk. In ihren Texten beschreibt sie, wie ihre Auftraggeber*innen ihre Werke schätzten und sie als Hofdichterin an den eigenen Hof abwerben wollten. In *Christines Vision* erklärt Pizan im Gespräch mit der Personifikation der Schicksalsgöttin Fortuna, dass ihr ihre Werke bereits einen guten Ruf verschafft hätten, da sie vielen Fürsten fremder Länder vorgestellt wurden. Ihre Bucher galten als Neuheit, weil eine Frau sie geschrieben hatte. Denn wie ein Sprichwort besage: »Neue Dinge gefallen.«[21] Das alles sage sie nicht, um zu prahlen. Vielmehr habe der Herzog von Mailand in der Lombardei versucht, sie an seinen Hof zu holen und ihr sehr großzügig ewige Leibrenten angeboten.[22]

Ebenso bemühte sich König Heinrich IV. (um 1366–1413) darum, Pizan nach England zu holen, nachdem er ihre Bücher und Gedichte gelesen hatte.[23] Zu ihren Förderern und Kund*innen gehörten darüber hinaus Jean de Valois (1340–1416), der Herzog von Berry, Ludwig von Valois (1372–1407), der Herzog von Orléans, Philipp der Kühne (1342–1404), der Herzog von Burgund, dem sie einige ihrer Bücher präsentiert hatte, sowie die französische Königin Isabeau de Bavière. Damit zählte Pizan das Who's who des französischen Hochadels zu ihrer Kundschaft, und diese hochadligen Mäzene vergüteten Christine de Pizans Bücher mit Geldgeschenken.

Als dieses Netzwerk durch bürgerkriegsähnliche Zustände in Paris und kriegerische Auseinandersetzungen auf dem gesamten französischen Territorium in Zusammenhang mit dem Hundertjährigen Krieg für Pizan weniger tragfähig geworden war, scheint die Autorin um 1418 die französische Hauptstadt verlassen zu haben und einem Kloster beigetreten zu sein. Zu dieser Zeit hörte Pizan auf zu veröffentlichen. Erst im Jahr 1429 äußert sich Pizan noch einmal öffentlich mit einem Gedicht über die Freiheitskämpferin Jeanne d'Arc (um 1412–1431). Bald darauf scheint die Autorin verstorben zu sein.

Ein Ratgeber für Führungsfrauen

Der literarische und damit wirtschaftliche Erfolg stellte sich bei Christine de Pizan ein, weil sie im ersten Jahrzehnt des 15. Jahrhunderts ununterbrochen publizierte und öffentlich zu gesellschaftlichen und politischen

Themen Stellung bezog, und zwar zu Themen, zu denen sich Frauen bisher nicht öffentlich geäußert hatten. Allerdings ist es anstrengend, Bücher zu schreiben, wie Christine de Pizan selbst zu Beginn des *Buches der drei Tugenden* bekundet, das auch unter dem Titel *Schatz von der Stadt der Frauen* bekannt ist (1405/06): Demzufolge drängten sie die titelgebenden Tugenden Gerechtigkeit, Rechtschaffenheit und Vernunft, die Pizan als ihre Auftraggeberinnen betrachtet, zu neuen Taten, nachdem sie gerade die Arbeit am *Buch von der Stadt der Frauen* abgeschlossen hatte: »Sie sprachen regelrecht zu mir: ›Wie, gelehrte Tochter, hast du das Werkzeug deiner Gelehrsamkeit schon wieder sinken und verstummen lassen? Hast du Tinte und Feder vertrocknen lassen und die Arbeit deiner rechten Hand aufgegeben, an der du sonst so viel Freude hattest? Willst du dein Ohr den Lehren der Faulheit leihen, die dich mit dem Gesang verführen will?‹«[24]

Auf diese Weise erschien schon ein Jahr nach dem utopischen Entwurf der *Stadt der Frauen* dessen lebenspraktische Fortsetzung – das Ratgeberbuch *Der Schatz von der Stadt der Frauen*. Darin entwirft Pizan Lebensregeln für die Frauen aller Stände, insbesondere jedoch für Frauen des Hochadels, und zeigt auf, wie Frauen ihr Leben aktiv gestalten können.

Aus heutiger Perspektive wirkt das Buch *Der Schatz der Stadt der Frauen* revolutionär, weil es nicht wie die *Stadt der Frauen* eine Utopie beschreibt, sondern im wirklichen Leben einfordert, dass sich Frauen aktiv am politischen Leben beteiligen. In 53 Kapiteln informiert Pizan ihre Leserinnen über Personalführung, Buchhaltung und Verwaltung, den idealen Tagesablauf, Landwirtschaft, Armenfürsorge, den Umgang mit Untertanen und sogar Heerführung. Konkret rät sie beispielsweise, dass sich die Frauen an der Verwaltung der materiellen Güter beteiligen sollen. Besonders, wenn der Mann beruflich bedingt oft abwesend ist, sollte eine Frau klug und kenntnisreich sein und vorausschauend handeln können. Eine Baronin etwa sollte »auf allen Gebieten bewandert sein«[25], denn man sei nur dann gebildet, wenn man von allem etwas verstehe. Darüber hinaus müsse diese beherzt sein wie ein Mann, was bedeutete, dass sie nicht zu sehr »in geschlossenen Gemächern aufwachsen oder zu sehr auf weibliche Art verzärtelt werden darf«.[26] Weil Ritter, Schildknappen und Edelmänner mindestens genauso oft wie Barone auf Reisen seien und an Kriegszügen teilnehmen würden, müssten auch ihre Frauen »klug und sehr kenntnisreich« und in der Lage sein, vorausschauend zu handeln. Weil diese Frauen viel Zeit allein auf ihren Gütern zubrächten, sollten sie sich dafür verantwortlich fühlen, ihre Einkünfte und bewegliche Habe zu verwalten und gewinnbringend einzusetzen.[27] Beharrlich fordert Pizan ihre Leserinnen auf, sich einen Überblick über die finanzielle Situation zu verschaffen und sorgsam hauszuhalten. Beispielsweise solle eine Fürstin ihre Finanzen wie folgt ordnen: Zunächst solle sie diese in fünf Teile teilen. Den ersten Teil solle sie dazu verwenden, Armen Almosen zu geben. Den zweiten für die Ausgaben ihres Haushalts, »falls sie diesen ganz oder teilweise aus ihren Einkünften und Pensionen bestreiten muss und ihr Gatte ihn nicht ohne ihr Zutun finanziert«.[28] Mit dem dritten Teil solle sie ihre Beamten und ihre Frauen bezahlen, den vierten für Geschenke an Fremde oder an solche, die ihr besonders gute Dienste geleistet haben, verwenden, »und den fünften Teil soll sie in ihre eigene Schatulle legen, denn damit kann sie all das bezahlen, was ihr gefällt an Schmuck, Kleidern und sonstigem Putz«.[29] An anderer Stelle im Buch rät die Autorin Edelfrauen, die auf Landgütern leben, sich in Rechnungsführung kundig zu machen und Wissen über Lehen, Afterlehen und zinspflichtigen Grundbesitz, über Steuern, Zehnten und Allmenden anzueignen.[30]

Weiterhin beleuchtet Christine de Pizan im Buch *Der Schatz der Stadt der Frauen* die wichtige Rolle der Frau als Friedensstifterin, indem sie durch diplomatische Handlungen und sprachliche Interventionen Kriege verhindert. Es bekümmere eine Dame sehr, wenn ein benachbarter oder fremder Fürst wegen irgendeiner Herausforderung einen Krieg gegen ihren Gatten anfinge oder wenn ihr Ehemann gegen irgendjemanden ins Feld ziehen wolle, weil kriegerische Handlungen großes Leid, unendliche Grausamkeiten, Verluste, Morde und Zerstörung von Land und Volk verursachten. »Mit all ihrer Macht wird sie versuchen, diesen Krieg zu verhindern, ohne dabei die Ehre ihres Gatten zu verletzen.«[31] Auch nimmt Christine de Pizan ihre Zeitgenossinnen in die Pflicht und weist sie an, verantwortlich zu handeln, ihr Geld nicht für teure Kleider, Luxusgüter und Schmuck, sondern für die Armen auszugeben.

Christine de Pizan ist die erste Frau in der Geschichte, die schildert, was es psychologisch sowie unternehmerisch bedeutet, wirtschaftlich für sich Sorge zu tragen. Sie vermarktet sich offensiv als Autorin und Expertin, steht mit Königen und Königinnen und Fürstinnen und Fürsten im Austausch und verfolgt ihre Ziele rigoros. Ihre Biografie veranschaulicht zudem, dass es Anstrengung und Durchhaltevermögen braucht, bis man in der öffentlichen Wahrnehmung verankert ist. Fast zehn Jahre benötigt Pizan, bis sie sich nach dem Tod ihres Mannes als Schriftstellerin etabliert hat. Sie verbessert die Inhalte ihrer Werke kontinuierlich und entwickelt sich von der Schriftstellerin zur Expertin für die höfische Frau, die sich in die politische Debatte einbringt. Pizan tritt öffentlich für ein positiveres Frauenbild sowie für die Stärkung der gesellschaftlich-politischen Rolle der Frau ein und schafft sich auf diese Weise einen Alleinstellungsfaktor. Vor allem aber wurzelt ihre Motivation und die Expertise ihres Handelns in ihrer persönlichen Geschichte und wirkt deshalb überzeugend. So war ihr Witwenstatus Voraussetzung für ihre unternehmerisch-intellektuelle Tätigkeit, wie sie selbst herausstreicht, wenn sie die Personifikation der Philosophie sagen lässt: »Es besteht kein Zweifel darin, dass, wenn dein Ehemann heute noch leben würde, du weniger Zeit mit deinen Studien verbracht hättest, die häuslichen Aufgaben hätten es nicht erlaubt, [...].«[32] Sie sollte sich daher nicht als elendig betrachten, wenn sie neben anderen Segnungen eines jener weltlichen Dinge habe, das zu haben sie am meisten erfülle und erfreue, nämlich »den süßen Geschmack des Wissens«.[33]

Christine de Pizan ist in der intellektuellen Führung Frankreichs höher aufgestiegen als jede Frau vor ihr. Sie hat öffentlich eine eigene Meinung beansprucht, und, das ist wesentlich, sie trat als literarische Unternehmerin auf. Das war für ihre Zeit ungewöhnlich und wirkt noch heute, mehr als 600 Jahre später, äußerst modern. In ihren Briefen, ihrer Lyrik und ihren Prosawerken hat sie gezeigt, dass Frauen den Männern ebenbürtig sind. Dafür schrieb Pizan unermüdlich, und so lässt sich die Motivation ihres Wirkens am besten mit ihren eigenen Worten zusammenfassen: »Die Quelle bedeutender Anstrengungen ist stets das leidenschaftliche Herz.«[34]

Take-aways

- Sich in öffentliche Debatten einbringen, Meinungsführerschaft übernehmen, die eigene Arbeit damit verknüpfen und weitreichend verbreiten.
- »Neue Dinge gefallen.« – Mit neuartigen Formen und Inhalten erzeugt man Aufmerksamkeit.
- Konflikten nicht aus dem Weg gehen, sondern die eigene Position mutig vertreten. Einen öffentlich ausgetragenen Konflikt für sich nutzen.
- Sich mit anderen Top-Leadern und Meinungsführenden vernetzen.
- Arbeiten mehrmals verwerten, indem sie in neue Zusammenhänge gesetzt werden.
- Sich einen exklusiven, hochrangigen Kundenstamm aufbauen.
- Finanzkompetenz für Frauen: Jede Frau sollte sich wirtschaftlich bilden, eine finanzielle Grundbildung besitzen und ihre Finanzen eigenständig verwalten können.

Zum Weiterlesen

De Pizan, Christine (1996): *Der Schatz der Stadt der Frauen. Weibliche Lebensklugheit in der Welt des Mittelalters.* Ein Quelltext, übersetzt von Claudia Probst, eingeleitet von Claudia Opitz, Freiburg im Breisgau (Originalausgabe Paris 1405).

De Pizan, Christine (1995): *Das Buch von der Stadt der Frauen.* Aus dem Mittelfranzösischen übersetzt, mit einem Kommentar und einer Einleitung versehen von Margarete Zimmermann, Berlin (Originalausgabe Paris 1405).

McLeod, Glenda / Cannon Willard, Charity (2012): *The Vision of Christine de Pizan,* translated from the French, Martlesham (Originalausgabe Paris 1405–06).

Zimmermann, Margarete (2002): *Christine de Pizan,* Reinbek bei Hamburg.

»[…] denn wir haben mit all unserer Kraft den Wunsch, uns darum zu bemühen und alles so gut zu bewerkstelligen, wie wir können.«

Isabella von Portugal

(1397–1471)
Herzogin von Burgund, Finanzministerin, Diplomatin, Mäzenin

Isabella von Portugal hat feine, elegante Gesichtszüge. Charakteristisch sind die von Haaren befreite hohe Stirn und ihre elegante Kopfbedeckung, ein sogenannter herzförmiger Hennin. Mit bestimmtem Blick schaut sie aus dem Gemälde, auf dem ein flämischer Maler die etwa 50-jährige Herzogin von Burgund porträtiert hat. Aufhorchen lässt, wie weit gesteckt die Kompetenzen der Regentin waren. 20 Jahre lang hatte die gebürtige Portugiesin zu diesem Zeitpunkt schon an der Seite ihres Mannes die Geschicke des burgundischen Staates geleitet, die Finanzen des Herzogtums geordnet, Kriegszüge finanziert, eine Kreuzzugs- und Handelsflotte auf den Weg gebracht sowie Friedensverträge ausgehandelt. Isabella von Portugal war seit der Gründung des burgundischen Herzogtums die erste Frau, die ihre Handlungsmacht als Herzogin umfassend ausschöpfte. Herzog Philipp III. der Gute (1396–1467) hatte es so bestimmt, weil er der durchsetzungsfähigen Königstochter zutraute, das Herzogtum in seiner Abwesenheit zu steuern.

Seit ihrem 18. Lebensjahr hatte Isabella als Tochter Königs João I. (1357–1433) und Philippas von Lancaster (1360–1415) am portugiesischen Hof bewiesen, dass sie Führungsarbeit leisten kann. Dies erkannte Ende der 1420er-Jahre der bereits zweimal verwitwete Herzog von Burgund, Philipp der Gute. Obwohl er mit Mitte Dreißig ein zu dieser Zeit bereits höheres Alter erreicht hatte, war es ihm bisher nicht gelungen, einen legitimen Nachfolger zu zeugen. Dies beunruhigte sogar Papst Martin V. (1368–1431), der den Herzog darauf hinwies, dass er noch immer kein rechtmäßiges Kind und keine Gattin habe und somit die Zukunft des burgundischen Staates gefährden würde.

Eine besondere Porträtsession

Am 19. Oktober 1428, Isabella von Portugal war zu dem Zeitpunkt 30 Jahre alt, brach eine burgundische Gesandtschaft in Sluis, dem Seehafen von Brügge, in Richtung Atlantik auf. Unter den hochrangigen Gesandten, die sozusagen als HR-Team fungierten, befanden sich Jean de Roubaix (1369–1449), Hofbeamter und Herr der Stadt Roubaix, Jan van Eyck (um 1390–1441), der Hofmaler des Herzogs, sowie weitere hochrangige Herren. Am 16. Dezember trafen die burgundischen Schiffe in Lissabon ein. Allerdings musste die Gesandtschaft bis zum 13. Januar 1429 warten, bis sie der portugiesische König zu einer Audienz empfing. In den folgenden Tagen saß Isabella von Portugal dem Maler Jan van Eyck Porträt. Beinahe fotografisch genau, eingefasst in einen fingierten Steinrahmen, malte er die Prinzessin, und zwar zweimal. Nachdem die Arbeiten beendet waren, schickten die Gäste aus Burgund am 12. Februar 1429 jeweils Briefe auf dem Landweg und per Schiff zurück in die Heimat. Den Briefen beigefügt war je ein Porträt der Königstochter.

Eine Hochzeit ohne Bräutigam

Das Bild Isabellas scheint Philipp den Guten überzeugt zu haben, denn am 4. Juni 1429 traf die Nachricht des Herzogs ein, die Königstochter heiraten zu wollen. Doch wählte der Burgunderherzog Isabella von Portugal weniger wegen ihres Aussehens, sondern vor allem aufgrund ihrer politischen, diplomatischen und wirtschaftlichen Fähigkeiten. Zum einen passte Isabella von Portugal als Tochter der englischen Königstochter Philippa von Lancaster in die englandfreundliche Politik des Herzogs, zum anderen galt Isabella als ausgesprochen regierungserfahren. Einzig ungewiss blieb, ob die für damalige Verhältnisse als alt geltende, nun 31-jährige Prinzessin den sehnlichst gewünschten Thronfolger würde gebären können.

Nachdem der König und die Gesandtschaft den Ehevertrag unterzeichnet hatten, wurde Isabella von Portugal am 25. Juli 1429 im Rahmen einer Ferntrauung, einer damals üblichen Praxis, mit dem abwesenden Philipp dem Guten vermählt. Der 60-jährige Jean de Roubaix wurde dabei stellvertretend mit Isabella von Portugal getraut. Der Zeremonie wohnten nicht nur ihr Vater König João I., sondern auch ihre Brüder, Prälaten, Ritter, Begleiter, Damen und Jungfrauen sowie zahlreiche Menschen aller Stände bei, wie es die Historikerin Monique Sommé beschreibt.

Mehrere Wochen dauerten die Reisevorbereitungen, bevor die Infantin mit 14 Schiffen und 2.000 Personen im Gefolge, unter anderem ihrem jüngeren Bruder Fernando, sowie mit der burgundischen Gesandtschaft am 8. Oktober 1429 in See stach.

Was es bedeutet, Prinzessin zu sein

Ihren Vater und den größten Teil ihrer Familie, Lissabon sowie das portugiesische Königreich würde die Königstochter nie wiedersehen. Am 21. November 1397 war Isabella von Portugal im 130 Kilometer östlich von Lissabon gelegenen Évora zur Welt gekommen. Am portugiesischen Königshof hatte sie ihre Ausbildung erhalten und den ersten Teil ihres Arbeitslebens absolviert. Als Isabella Portugal verließ, galt sie als erfahrene Politikerin und Führungsperson.

Ihre Eltern erzogen ihre einzige überlebende Tochter wie ihre fünf Brüder Duarte (1391–1438), Pedro (1392–1449), Henrique (1394–1460), João (1400–1442) und Fernando (1402-1443). Wie diese lernte Isabella reiten, jagen, rechnen und Sprachen wie Englisch, Französisch und Latein. Seit frühester Kindheit hatte Isabella am Hof ihr politisches, diplomatisches, kulturelles sowie administratives Know-how erworben, welches sie darauf vorbereitete, einen Staat mitzuleiten. Ihre Mutter Philippa von Lancaster galt als äußerst fromm sowie gebildet – der berühmte englische Dichter Geoffrey Chaucer (circa 1342–1400) war ihr Mentor gewesen – und legte großen Wert auf eine fundierte Erziehung ihrer Kinder. Zudem unterhielt Philippa aktiv die englisch-portugiesischen Beziehungen und betätigte sich in diplomatischen Angelegenheiten. Isabella hat durch ihre Mutter ein umfassendes politisches Engagement und eine kulturelle Vermittlerrolle vorgelebt bekommen, welche die spätere Herzogin von Burgund als Brückenbauerin zwischen Burgund und Portugal ebenfalls verkörperte.

Plötzlich First Lady

Im Juli 1415 nimmt das Leben für die 18-jährige Königstochter Isabella eine einschneidende Wendung: Ihre Mutter Philippa von Lancaster stirbt an der Pest. Diese hatte Isabella von Portugal als Haupt ihres Hofes zu ihrer Nachfolgerin bestimmt. Daher erhielt Isabella das Recht und die Gerichtsbarkeit über sechs Städte, die den Haushalt der Königstochter finanziell absichern sollten. Zusätzlich übereignete ihr König João I. Juwelen, die ihrer Mutter gehört hatten.[35] Plötzlich war Isabella zur First Lady geworden und nahm von nun an stellvertretend die Rolle der verstorbenen Königin ein. Dabei kümmerte sie sich um die Verwaltung der Städte und bestellte, wenn nötig, Magistraten zu sich ein. Sie scheute keinen Konflikt. Als sich die Beamten weigerten anzutreten, antwortete sie ihnen, dass sie diese weiterhin einbestellen werde, wann immer sie es für notwendig hielte.[36] Schon in Portugal hatte Isabella ihren Platz in der königlichen Verwaltung.

Betrachtet man das Königtum als spezielle Form eines Familienunternehmens, so haben Philippa von Lancaster und João I. ihre Kinder frühzeitig auf den Generationenwechsel vorbereitet, indem sie diese in ihre Amtsgeschäfte mit einbezogen.

Was müssen wir zurücklassen und wohin müssen wir uns bewegen?

Zwar musste Isabella ihre portugiesische Heimat verlassen, doch bot sich ihr als Herzogin von Burgund die Chance, ihre Führungsarbeit auszuweiten. Dabei gelang es Isabella, sich zügig mit den lebensverändernden Situationen zu arrangieren und diese zu ihrem Vorteil zu nutzen. Das Herzogtum Burgund erstreckte sich um 1430 über zwei nicht miteinander verbundene Herrschaftsräume: Zum einen umfasste es das Herzogtum sowie die Freigrafschaft Burgund auf dem Gebiet der heutigen Region Burgund, zum anderen im Norden die burgundischen Niederlande mit Flandern, Brabant, Holland, der Picardie, dem Artois, dem Hennegau, Namur sowie den Städten an der Somme.

Der Herzog besaß einen reisenden Hof und hielt sich vor allem in Dijon, Lille, Gent und Brügge auf, wo er seit November 1429 die Ankunft der Herzogin »Tag für Tag und Stunde um Stunde« erwartete, wie ein venezianischer Kaufmann berichtete.[37] Längst befürchtete der Herzog, die Königstochter sei nach Portugal zurückgekehrt. Denn Unwetter hatten die Reise in die Länge gezogen, bis das Schiff Isabellas schließlich am 25. Dezember 1429 in Sluis eintraf. Nach einigen Erholungstagen fand am 7. Januar 1430 die kirchliche Trauung statt. Anfangs konnte Isabella kaum Französisch sprechen, schon gar nicht Flämisch, jedoch wurde sie von portugiesischen Hofdamen und Adligen begleitet.

Die neue Herzogin zieht in Brügge ein

Am folgenden Tag zog die neue Herzogin von Burgund einer Königin gleich in Brügge ein. In einer mit goldenen Tüchern bedeckten Sänfte wurde sie von zwei Pferden durch die mit roten Tüchern geschmückten Straßen zum Palast gezogen, wo ihr tausende Schaulustige zujubelten. Der Prunk des Festes sollte die ganze Welt in Erstaunen versetzen. In die Fassade des herzoglichen Palastes war ein hölzerner Löwe eingebaut worden, aus dem Wein in ein Becken sprudelte. Im Innenhof spendeten ein Hirsch und ein Einhorn Rosenwasser und Hypocras, einen Gewürzwein. In der Galerie spielten 60 Herolde, Trompeter und andere Musiker auf. Bei den Banketten ritten verkleidete Männer auf gebratenen Schweinen, auf allen Gerichten war das Wappen des Herzogs angebracht und aus einer riesigen Pastete sprangen ein lebendiges, blau gefärbtes Schaf mit vergoldeten Hörnern sowie ein Zwerg. Das Fest war den Frauen gewidmet und so nahmen am Bankett des ersten Tages bis auf einige Geistliche ausschließlich Frauen teil.

Die wichtigste Aufgabe der Herzogin ist es, einen Erben zu gebären

Zunächst hatte die neue Herzogin von Burgund vor allem eine Aufgabe zu erfüllen. Nachdem Philipp bereits zwei kinderlose Ehen geführt hatte, sollte sie endlich den lang ersehnten Thronfolger zur Welt bringen. Tatsächlich gebar Isabella von Portugal am 30. Dezember 1430 in Brüssel ihren ersten Sohn Antoine. Doch schon nach 13 Monaten starb das Kind am 5. Februar 1432, als Isabella mit dem zweiten Sohn schwanger war. Diesen brachte sie in Gent am 24. April 1432 zur Welt. Aber auch Josse starb nach wenigen Monaten am 21. August. Jede Geburt birgt ein Risiko, vor allem im fortgeschrittenen Alter von Isabella von Portugal.

Gleichwohl wird die Herzogin 1433 erneut schwanger. Zusammen reist das Paar im Sommer des Jahres in die südlichen Territorien, weil Philipp im Krieg gegen den Herzog von Bourbon kämpfen musste. Am 10. November 1433 bringt Isabella von Portugal ihren dritten Sohn, Karl, den Grafen von Charolais und späteren Karl den Kühnen im Herzogspalast von Dijon zur Welt. Noch am selben Tag wurde Karl in Abwesenheit seiner Mutter getauft, während sich Isabella in einem besonders eingerichteten Zimmer einen Monat lang von der Geburt erholte und dort Gäste empfing.

Die Ehe stellte, wie im Spätmittelalter üblich, eine Zweckgemeinschaft und keine Liebesbeziehung dar. Philipp der Gute soll insgesamt 33 Mätressen gehabt und mindestens 26 Bastardinnen und Bastarde gezeugt haben. Isabella von Portugal ging elegant mit der Untreue ihres Mannes um und erzog einige der Bastard*innen in ihrem Hofstaat zusammen mit dem Thronfolger Karl. Trotzdem pflegten die Eheleute ein freundschaftliches Verhältnis miteinander, berichten zahlreiche Quellen.

Mut und Ehre als Tugenden

Wie Isabella von Portugal mit Schicksalsschlägen wie dem Verlust ihrer beiden Söhne umging, ist nicht bekannt. Doch wird sie in Quellen als besonders unerschrocken, diszipliniert und fleißig beschrieben. Als der volljährige Karl 1452 im Krieg von Gent kämpfte, sorgte sich das herzogliche Gefolge, dass der zukünftige Herzog auf dem Schlachtfeld gefangen genommen oder getötet werden könnte. Soeben war sein Halbbruder Corneille in der Schlacht von Rupelmonde gefallen. Karl, angeführt von Philippe de Ternant, einem Ritter des Goldenen Vlieses, wurde deshalb zurück zu seiner Mutter nach Lille geschickt. Die Herzogin ließ sich zunächst von dem Ritter die Gefahren für ihren Sohn erklären. Am nächsten Morgen bat sie jedoch ihren Sohn zur Überraschung aller Anwesenden, zu seinem Vater, dem Herzog von Burgund, zurückzukehren, um mit ihm in Ehre zu leben und zu sterben, da es in seinem Herzen keine Spur von Feigheit gäbe. Alle Anwesenden sahen in Isabella nicht die Sorge einer Mutter um ihren Sohn, sondern den großen Mut einer Frau, die auf diese Weise ihren einzigen Sohn opferte, berichtete eine zeitgenössische Chronik.[38]

Isabella forderte nichts, was sie nicht selbst vorgelebt hatte. In einem Bericht über die erbitterten Kämpfe im Juli 1433 in Burgund schreibt ein Feldzugteilnehmer an die Rechnungskammer in Lille in einem militärischen Lagebericht, dass Isabella von Portugal dem Herzog bei einer strategischen Operation sekundierte. Weiter heißt es: »Es wurde beschlossen, dass sich die Herzogin am passenden Tag in die Stadt Dijon zurückziehen muss, was ihr großes Missvergnügen bereitet, denn sie wäre sehr zufrieden, in der Nähe ihres Herrn zu sein, und dies bei allen Belagerungen sowie jedem Wind und Wetter.«[39] Zu diesem Zeitpunkt war Isabella bereits schwanger mit Karl.

Macht, Krieg und Finanzen

Isabella von Portugal verstand es, auf der vielfältigen Klaviatur der Führungsarbeit zu spielen. Im Jahr 1432, als sich Philipp der Gute von Februar bis Mai in Burgund aufhielt, übernahm die Herzogin erstmals offiziell die Regierungsgeschäfte für die Niederlande. Wie stark sie neben ihrem

Beraterteam operativ intervenierte, bleibt ungewiss, verlor sie doch in dieser Zeit ihre ersten beiden Söhne.

Wenige Monate nach der Geburt Karls war der Herzog spätestens Anfang April 1434 in die Niederlande aufgebrochen, während seine Frau in Dijon blieb und die Regierungsgeschäfte für Burgund übernahm. Als Frankreich bei der Stadt Mâcon Burgund bedrohte, befehligte Isabella am 6. Mai die Artillerie aus Dijon gen Süden und rief die Adligen dazu auf, sich dem Hauptmann Jean de Vergy anzuschließen und in die Schlacht zu ziehen. Isabella von Portugal ließ sich fortwährend über die Truppenbewegungen unterrichten und beschaffte Hilfsgelder sowie Darlehen für deren Finanzierung. Dazu rief sie die Stände in Dijon zusammen und erhielt im April 1434 einen Beitrag von 13.000 Francs.[40] Nachdem diese Summe offenbar nicht ausgereicht hatte, versetzte sie im August Gold- und Silbergeschirr sowie ihre Juwelen.[41]

Uneingeschränkte Macht

Ende des Jahres 1441 übertrug der Herzog erneut seiner Frau die Macht über die Niederlande, als er nach Burgund zog. Besonders dabei war, dass Isabella von Portugal als Regentin in nichts eingeschränkt und dem Herzog völlig gleichgestellt war. »Seine sehr teure und sehr geliebte Begleiterin, die Herzogin«[42] wurde durch ein Patent befähigt, über die Territorien Brabant, Limburg, Flandern, Artois, Holland, Seeland, Namur, über die Herrschaften Friesland und Mechelen sowie über das Boulonnais und die Städte an der Somme zu verfügen. Zusammen mit einem Beraterstab war Isabella unter anderem bevollmächtigt, vakante Ämter zu besetzen, Beamte zu suspendieren und zu ernennen oder Verbannte zurückzurufen. Außerdem war es ihr erlaubt, die Finanzen zu kontrollieren und zu ordnen. In seinem offiziellen Übergabeschreiben befiehlt Philipp der Gute seinen Vasallen, Justiziaren, Beamten und Untertanen, der Herzogin genauso Gehorsam und Hilfe zu leisten, »wie wenn sie es für uns selbst täten, ohne Widerspruch, Heuchelei oder jedwede Schwierigkeit«.[43]

Isabella von Portugal agiert als inoffizielle Finanzministerin Burgunds

Innenpolitisch intervenierte Isabella bereits vor dieser Machtübertragung regelmäßig. Dabei schaltete sie sich immer wieder in die finanzielle Führung des Herzogtums ein und deckte Missstände der burgundischen Finanzverwaltung auf. So arbeitete sie daran, die Ausgaben des Herzogtums zu senken und die Einnahmen zu erhöhen, um das Herzogtum finanziell zu konsolidieren. Dazu erließ sie 1437 eine Anordnung, die die Ausgaben des Hofes beschränken sollte. Im Jahr 1438 wurden sogar Pensionszahlungen ausgesetzt.

Im selben Jahr ordnete sie an, die Höhe der Leibrenten untersuchen zu lassen. Dabei stellte sich heraus, dass zahlreiche Renten an bereits Verstorbene ausgezahlt wurden. Bei diesen und anderen Punkten bat der zuständige Jean Bonost, Meister der Rechnungskammer von Dijon und Mitglied einer Untersuchungskommission, nicht etwa Philipp den Guten, sondern Isabella von Portugal um Rat und schlug mögliche Lösungen vor. Am 22. September 1438 schrieb er: »Falls es Ihnen passt, meine hochverehrte Dame, dafür Ihren guten Rat zu erteilen, um es zu verfügen und anzuordnen.«[44]

Weiterhin schlug Isabella von Portugal vor, dass die Finanzbeamten am Ende ihrer Amtszeit Rechenschaft ablegen sollten, um gegen Korruption und Betrug anzukämpfen. Sie lud Vögte und andere Finanzbeamte der einzelnen Territorien zu sich, oft in harschem Ton. Und auch Philipp der Gute beorderte wie im Oktober 1440 den Finanzbeamten der Picardie und des Artois zu seiner Frau in die Stadt St. Omer.

Allgemein war es charakteristisch für Isabellas Regierungsstil, dass es die Herzogin vorzog, direkt mit den Beteiligten zu sprechen und zu beraten, anstatt sich schriftlich Bericht erstatten zu lassen.

Weiterhin verhandelte Isabella mit den flandrischen Städten, die sich von Zeit zu Zeit aufständisch zeigten. Schon im Frühjahr 1440 reiste die Herzogin deshalb mit einem Berater Philipps durch Flandern, um nacheinander mit den sogenannten vier Mitgliedern Gent, Brügge, Ypern und dem Brügger Freiamt bestimmte Eingaben und Anfragen betreffend Hilfszusagen, die Philipp dem Guten gewährt wurden, zu verhandeln.[45]

Wiederholt beschaffte die Herzogin Kredite, um etwa den Bau einer neuen Flotte oder Kriegszüge zu finanzieren. So organisierte die Herzogin in den Jahren 1443 bis 1444 die Finanzierung des Luxemburgischen Feldzugs und schickte dazu einen Beamten zur Messe nach Genf, um dort 30.000 Francs zu akquirieren.

Über die Jahre hatte sich die Herzogin so stark in die burgundischen Staatsgeschäfte eingebracht, dass sich Staatschefs und hohe Beamte genauso wie geistliche Führungskräfte bei wichtigen Fragen direkt an sie wandten. Auch Philipp der Gute vertraute seiner Gattin, sodass er in einem Testament, welches er im Jahr 1440 verfasste, Isabella als Regentin seiner Länder festlegte, sollte ihn während der Minderjährigkeit seines Sohnes Karls der Tod ereilen.

Die mit ihrer Arbeit verfolgte Intention wird in einem Brief erkennbar, den die Herzogin am 13. Oktober 1445 an den Kanzler Nicolas Rolin (1376–1462) schrieb: »[…] wollen Sie in allen Belangen meinen erwähnten Herrn [wohl Philipp der Gute] und seine Länder beraten, denn wir haben mit all unserer Kraft den Wunsch, uns darum zu bemühen und alles so gut zu bewerkstelligen, wie wir können.«[46]

Als einzige Frau unter Männern löst Isabella von Portugal diplomatische Aufgaben

Führungsarbeit übernahm Isabella von Portugal nicht nur innerhalb der burgundischen Verwaltung, sondern auch bei diplomatischen Anlässen, wo sie als einzige Frau mit Königen, Kardinälen und Bischöfen verhandelte. 1435 beteiligte sich die Herzogin am Friedenskongress von Arras, bei dem sich der französische König Karl VII. und Philipp der Gute wieder annäherten. Welche Rolle sie konkret einnahm, ist unklar, jedoch übertrug der französische König Karl VII. in einem Brief vom 25. Dezember 1435 eine eigentlich für Philipp den Guten bestimmte Leibrente von 4.000 Livres[47] auf Isabella von Portugal »zu Gunsten der Tatsache, dass sie die Hand des Friedens und der Wiedervereinigung mit unserem Bruder und Vetter mit uns gehalten hat und daran stark beteiligt war«.[48]

Zwischen 1438 und 1440 fanden die sogenannten Gespräche von Gravelines statt, einer zum Herzogtum Burgund gehörenden Stadt an der

Nordseeküste, in der Nähe von Calais, welches damals englische Enklave war. Durch den andauernden Konflikt des Hundertjährigen Krieges zwischen England, Frankreich und Burgund waren die flämisch-englischen und holländisch-englischen Handelsbeziehungen stark in Mitleidenschaft gezogen worden.

1439 leitete Isabella von Portugal von burgundischer Seite die Verhandlungen, war sie doch als Tochter von Philippa von Lancaster bestens geeignet zu vermitteln, denn die englische Gesandtschaft wurde von ihrem Onkel, Kardinal Beaufort, angeführt. Man beriet sich in einem hundert Fuß langen Zelt an der Straße zwischen Calais und Gravelines, und auch als der Regen durch die Zeltplane tropfte, wurde weitergesprochen. In einem Brief an den englischen König Heinrich VI. schildert ein Mitglied der französischen Gesandtschaft die Situation im Sommer 1439. Zwar hätten gemäß Protokoll am 18. Juli 1439 Kanzler Rolin, der Bischof von Tournai, Jean Chevrot, sowie andere Berater miteinander gesprochen, aber einzig die Herzogin hätte die Führung übernommen, um mit Kardinal Beaufort zu verhandeln: »Und alle kamen an den Ort, und der besagte Kardinal und die besagte Dame sprachen lange miteinander, ganz allein, und nachher erzählte uns die besagte Dame, wie sie sich mit dem besagten Kardinal eingehend über die Form und Art und Weise des Zustandekommens des Friedensvertrages beraten hatte.«[49]

Ein Friedensvertrag zwischen Frankreich und England kam letztendlich nicht zustande, jedoch gelang es Isabella von Portugal, einen Waffenstillstand mit den Engländern zu erreichen, der die englisch-niederländischen Handelsbeziehungen wiederherstellte.

Eine Mittelmeerflotte mit zwei Aufgaben

Isabella von Portugal übernahm vielfältige Aufgaben. Sie stammte aus einer Seefahrernation und zeigte Zeit ihres Lebens Interesse an Seehandel und Schiffsbau. Die Herzogin besaß ein eigenes Handelsschiff, welches zollfrei in portugiesischen Häfen importieren und von dort aus exportieren konnte, wie eine portugiesische Urkunde aus dem Jahr 1445 belegt.[50] Wahrscheinlich hatte sie das Schiff bereits als junge Frau in Portugal in Betrieb genommen.

Als ihr Gatte Philipp der Gute einen Kreuzzug im Mittelmeergebiet plante und dazu eine Flotte gebaut wurde, war es Isabella, die portugiesische Schiffsbauer ins Land holte, um große Karacken, Frachtschiffe, und die kleineren, gut im Wind liegenden Karawellen zu zimmern. In Brügge, Brüssel, Antwerpen und Rotterdam fanden die Werftarbeiten statt. Für die Antwerpener Werft ließ die Herzogin Eichenholz aus ihren Wäldern von Nieppe und Cassel – heute in Nordfrankreich nahe der belgischen Grenze gelegen – anliefern und dafür eigens einen Kanal anlegen, um das Holz zur Schelde zu transportieren. Die Finanzierung dieser Mittelmeerflotte lag ebenfalls in den Händen der Herzogin. Zunächst versuchte man, die Kosten der ersten Bauphase mit den etatmäßigen Einnahmen der burgundischen Provinzen zu decken und darauf zu verzichten, Anleihen bei ausländischen Banken wie den Medici aufzunehmen. Doch anscheinend überstiegen die anfallenden Kosten den Staatshaushalt, sodass im Frühjahr 1442 der Sekretär Isabellas von Portugal sowie ein Finanzbeamter Philipps des Guten an der Messe von Genf einen Kredit von 7.000 Florentinern[51] aufnehmen mussten. Nachdem die Schiffe ausgelaufen waren, galt es, deren Unterhalt und die Besatzung dauerhaft zu finanzieren. Um die Kosten für eine Expedition nach Konstantinopel zu decken, musste das Herzogspaar Darlehen von italienischen Banken, das höchste vom Mailänder Bankier Provosto Borromeo in Höhe von mehr als 18.000 Livres aufnehmen, um die verschuldete Flotte in Venedig auszulösen. Später bezogen sie Wechsel von den Medici. Im Jahr 1444 bezahlte Isabella von Portugal die Flotte allein.

Der Mittelmeerraum als neuer Absatzmarkt

Die Schiffe sollten zwar in erster Linie dem Kreuzzug dienen, also Kriegsschiffe sein, waren aber ebenso als Handelsschiffe gedacht. So wurden, bevor die Flotte in Sluis aufbrach, 110 Ballen flandrischen Tuches auf eine Karacke geladen. Ein Kaufmann ging mit an Bord, um den Stoff in Rhodos zu verkaufen. Den Erlös erhielten der Flottenkommandant und der Rechnungsführer. So eröffneten sich für die niederländische Tuchindustrie im Mittelmeerraum neue Absatzmärkte ohne Zwischenhandel. Die Idee für diese Doppelnutzung stammte vermutlich von der Herzogin, unterhielt sie doch bereits das Handelsschiff in Portugal.

Eine andere Karacke bezog in Konstantinopel Waffen, Munition, Schiffszubehör, Wein und Lebensmittel, die sie an die anderen Schiffe der eigenen Flotte sowie an fremde Schiffe verkauften. Unter Umständen war dieses Schiff sogar von Anfang an als Versorgungsschiff geplant worden. Zudem transportierten die Schiffe gelegentlich Handelsfracht aus dem Mittelmeerraum. 1449 nahm eine Karacke auf dem Rückweg in die Niederlande auf der Insel Chios Alaun an Bord, ein Salz, das für die Tuchfärberei verwendet wurde. Während die Flotte im östlichen Mittelmeer nur sporadisch mit Waren handelte und vor allem das von den Johannitern beherrschte Rhodos und das von den Türken bedrohte Konstantinopel militärisch zu unterstützen suchte sowie Expeditionen ins Schwarze Meer unternahm, dienten die Schiffe der im westlichen Mittelmeer kreuzenden Flotte in erster Linie dem Handel. Isabella von Portugals Ambitionen im Mittelmeerraum reichten sogar so weit, dass sie in den 1440er-Jahren versuchte, den Stadtstaat Genua zu erwerben, um einen eigenen Mittelmeerzugang zu besitzen. Das Projekt scheiterte jedoch.

Kommunikation und Sponsoring: sich zeigen, wo wichtige Leute sind

Wie ihr Gatte sorgte sich Isabella von Portugal darum, das Außenbild des Herzogtums visuell außergewöhnlich zu inszenieren, insbesondere wenn es darum ging, sich wohltätig im religiösen Kontext zu engagieren. Mit zahlreichen Geldgaben unterstützte die Herzogin finanziell Klöster und errichtete Hospize. Diese wohltätige Arbeit wusste sie häufig werbewirksam mit politischem Kalkül zu verbinden, wie die überaus umfangreichen Geldzuwendungen an das Kartäuserkloster von Basel beweisen. In den 1440er-Jahren schickte die Herzogin eine riesige Messingtafel, eingefasst in einen mit goldenen Rosen geschmückten Steinrahmen, nach Basel. Die Tafel zierte ein eingraviertes Porträt der Herzogsfamilie und wurde wie eine überdimensionierte Visitenkarte in der dortigen Kartäuserkirche installiert. Denn in Basel tagte in den 1430er- und 1440er-Jahren die europäische Kirchenelite anlässlich des Konzils (1431–1449). Vor dem dort anwesenden internationalen Publikum wollte Isabella von Portugal die burgundische Herzogsfamilie präsentieren. Zusammen mit einem

Starkünstler der altniederländischen Malerei wie Rogier van der Weyden oder Petrus Christus hatte die Herzogin dieses innovative Meisterstück geplant und aus den Niederlanden in die Konzilsstadt transportieren lassen.

Ein besonderes Familienporträt

Die Tafel erinnert daran, dass die Herzogin dem Kloster die hohe Summe von 1.700 Gulden für den Bau zweier Zellenhäuschen und den Unterhalt der darin lebenden Mönche gestiftet hatte. Auch an anderen Orten ließ die Herzogin eine solche Tafel aufstellen, jeweils in Niederlassungen der Kartäuser. Denn dies war der Orden, den die Herzogsfamilie traditionell förderte. Modern gesprochen könnte man das Herzogshaus als Sponsoringpartner der Kartäuser bezeichnen. Die Stiftungen sollten einerseits das Seelenheil der burgundischen Familie sichern, andererseits demonstrierten sie deren weltlichen Ruhm. Auf diese Weise verknüpfte die Herzogin geschickt die religiöse Heilsvorsorge mit der Politik des burgundischen Hofes. Isabella von Portugal entwickelte eine ausgefeilte Kampagne, die es ihr erlaubte, an einem Ort präsent zu sein, an dem sich die geistige Elite Europas versammelt hatte. Auch wenn die Tafel aus nicht geklärten Gründen schlussendlich erst Mitte der 1440er-Jahre installiert wurde, als das Basler Konzil bereits zu Ende ging, demonstriert sie Isabellas strategisches Denken, ihren Führungsanspruch und ihre Frömmigkeit.

Isabella übergibt ihren Hofstaat ihrem Sohn

In einem mehrere Monate andauernden Prozess trennen 1455 Isabella und der inzwischen volljährige Karl ihren bisher gemeinsam betriebenen Hofstaat. Karl der Kühne unterhält jetzt einen eigenen mit einem jährlichen Etat von 80.0000 flandrischen Pfund. Zuvor lag Karl mit 30.000 Pfund jährlich im Budget seiner Mutter. Isabella erhält eine jährliche Pension von 4.500 flandrischen Pfund, über die sie der Rechnungskammer in Lille keine Rechenschaft schuldig ist. Später lässt sie diese sogar auf 3.000 flandrische Pfund reduzieren. Die Herzogin zieht sich vom Hofleben zurück und bezieht im August 1457 ihren Altersruhesitz im Schloss La Motte-au-Bois im Wald von Nieppe, wo sie bereits seit 1451 umfangreiche Arbeiten hatte durchführen lassen. Auch nach dem Rückzug aus dem politischen Leben hatte Isabella von Portugal weiterhin ihre finanzielle Situation im Blick. So forderte sie nach der Thronbesteigung von Ludwig XI. (1423–1483), dem König Frankreichs, ihre Rente von 4.000 Livres zu verlängern.[52] Am 17. September 1471 stirbt Isabella von Portugal im Alter von 74 Jahren und wird zunächst im Kartäuserkloster Gosnay bestattet, bis ihr Sohn Karl in einem Leichenzug durch die Herrschaftsgebiete die Überreste seiner Eltern – Philip war am 15. Juni 1467 in Brügge gestorben – in die Kartause von Champmol bei Dijon überführt.

Es gibt keine schlechten Umstände

Die Lebensgeschichte der Isabella von Portugal ist eine Geschichte über den Umgang mit Veränderungen. Wie sich das Leben auch wendet, Isabella weiß es zu meistern. »To hell with circumstances«, hat der Kampfkünstler und Schauspieler Bruce Lee einst gesagt. Es könnte das Lebensmotto Isabellas von Portugal gewesen sein. Sie verlässt Lissabon, um als burgundische Herzogin zu regieren. Sie lernt zügig die französische Sprache, errichtet einen burgundisch-portugiesischen Hofstaat, findet offenbar einen Weg, mit dem Tod ihrer ersten beiden Söhne umzugehen, erzieht dann Karl den Kühnen zusammen mit einigen seiner Halbgeschwister und stellt sich jeder Herausforderung an der Spitze des Herzogtums. Sie betreibt mit Hilfe von Kunst Öffentlichkeitsarbeit für den burgundischen Staat, übernimmt die Regierungsgeschäfte, verschafft sich einen Überblick über die Finanzen des Herzogtums und prüft diese fortwährend. Schließlich fragen die höchsten Finanzbeamten des Landes Isabella und nicht ihren Gatten um Rat. Wirtschaftliches Verständnis, Führungsstärke sowie Frömmigkeit waren bei Isabella von Portugal mit Arbeitseifer und Ehrgeiz gepaart. Sie besaß die Fähigkeit, das große Ganze im Blick zu haben, aber wenn nötig an Details zu arbeiten. Isabella von Portugal war eine Frau, deren Leben und Wirken in die Geschichtsbücher gehört.

Take-aways

- Auch schwierige Umstände konstruktiv bewerten und aktiv handeln.
- Verantwortung übernehmen, wann immer sie an einen herangetragen wird.
- Keine Angst vor der finanziellen Führung.
- Führungsarbeit braucht strategischen Weitblick und zugleich die praktischen Fachkenntnisse über die verschiedenen Kernbereiche einer Unternehmung.
- Führen heißt kommunizieren und sich ständig einen Überblick über die aktuelle Lage zu verschaffen.

Zum Weiterlesen

Lucas, Jana (2017): *Europa in Basel. Das Konzil von Basel (1431–1449) als Laboratorium der Kunst*, Basel und Muttenz.

Für Französischkenner*innen: Sommé, Monique (1998): *Isabelle de Portugal, duchesse de Bourgogne. Une femme au pouvoir au XVe siècle*, Villeneuve d'Ascq.

»[...] the best leaders try to train their followers themselves to become leaders.«

Mary Parker Follett

(1868–1933)
Managementtheoretikerin, Sozialarbeiterin, Unternehmensberaterin

Mary Parker Follett gilt vielen als »Mutter des Managements«. In ihren wegweisenden Büchern und Vorträgen über Managementtheorie und Organisationsstruktur zeigt sie, dass jeder wirtschaftliche Erfolg auf dem gelingenden Gestalten menschlicher Beziehungen beruht. »Power with« statt »Power over«, Leadership und das konstruktive Nutzen von Konflikten sind einige ihrer Kernthemen, die sie zeitlebens weiterentwickelt hat. Peter Drucker bezeichnete sie als »Prophetin des Managements«, weil sie in den ersten drei Jahrzehnten des 20. Jahrhunderts eine progressiv-praktische Managementtheorie entwickelte, die viel mehr in unsere Gegenwart als in die Zeit von Mary Follett zu passen scheint. Zu Folletts Zeit etablierte sich das Management neu als Profession. 1911 veröffentlichte Frederick Winslow Taylor (1856–1915) *The Principles of Scientific Management*, in welchem er die Optimierung von Arbeits- und Bewegungsabläufen beschreibt. Mary Follett vervollständigte die in den ersten Jahrzehnten des 20. Jahrhunderts vorgenommene Rationalisierung der Arbeitsprozesse um eine Analyse der menschlichen Beziehungen innerhalb von Unternehmen und Organisationen.

Creative Experience

Follett machte die Wirtschaftswelt mit ihrem 1924 in New York erschienenen Buch *Creative Experience* auf sich aufmerksam. Darin entwickelte sie die Theorie, dass wir es mit sich ständig verändernden Situationen und Bedingungen zu tun haben, die es bei unseren Reaktionen zu bedenken gelte. In einer Art zirkulärem Prozess reagieren wir daher immer auf die andere Partei und auf die Beziehung zwischen uns und unserem Gegenüber. Das beeinflusst immer auch unsere Reaktion. Die Situation entwickelt sich ständig, und wir sind Teil dieser Entwicklung. Follett appelliert in *Creative Experience*, eine verantwortungsvolle, reflektierende Haltung gegenüber der Erfahrung einzunehmen. Unsere Herausforderungen sind deshalb als Prozesse und nicht als in Stein gemeißelte Bilder zu verstehen. Im Voraus gemachte Pläne helfen nur, wenn sie kontinuierlich an die jeweilige Situation, die sich fortlaufend ändert, angepasst werden. Dieses organische Wachsen habe immer einen Mehrwert. Diese neuen Entwicklungen sind die kritischen Momente, die wir erkennen müssen. »Möge jeder Staatsmann und Diplomat, jeder Gesetzgeber und Richter den Mehrwert finden; es ist der einzig mögliche Ansatz, egal ob in der Politik, der Wirtschaft, in internationalen Beziehungen oder bei den kleinsten Alltagsproblemen. Progressive Erfahrung auf jeder Ebene bedeutet die Schaffung von Mehrwerten.«[53]

Konflikte kreieren Innovationen

Zum anderen verändert Follett unsere Weltsicht, indem sie lehrt, Konflikten nicht angstvoll gegenüberzustehen, sondern diese als »Prophetie des Fortschritts« zu begreifen.[54] Grundsätzlich gibt es drei Möglichkeiten, Konflikte zu lösen: Eine Partei dominiert die andere, es kommt zu einem Kompromiss, oder die einzelnen Forderungen werden zu etwas ganz Neuem integriert. Follett ist entschieden gegen Kompromisse. Kompromisse schließen – »Was für ein Unsinn!«, sagt Follett.[55] Denn beim Kompromiss entsteht eine Übereinkunft durch gegenseitige Zugeständnisse, also durch den beidseitigen Verzicht auf Teile der jeweils gestellten Forderungen. Viele Menschen verherrlichen den Kompromiss. Jedoch entsteht der wirkliche Gewinn nach Follett erst durch die Integration verschiedener Ansichten. Während ein Kompromiss nichts erschafft und nur zwei Möglichkeiten in Erwägung zieht, weil er sich nur mit dem Vorhandenen beschäftigt, erzeugt die Integration Neues.[56]

Die Integrationsmethode

Was heißt Integration? Follet erklärt diese an einem Beispiel der Wahl von Transportmitteln für eine Reise Anfang der 1920er-Jahre. Wenn zwei Freunde überlegen, ob sie mit dem Zug oder dem Schiff nach New York reisen und die Vorteile von beiden Reiseformen abwägen – frische Luft beim Schiff und Geschwindigkeit mit dem Zug – und ein dritter Freund würde sein Flugzeug für die Reise anbieten, wäre das eine Integration. Denn das Flugzeug (zumindest damals) verbindet die beiden Vorteile »Luft« und »Geschwindigkeit« miteinander. Und sie bessert nach, dass ein tatsächlicher Integrationsprozess vorläge, wenn die beiden Freunde das Flugzeug erfunden hätten. So sei es jeweils der beste Weg aus einem Konflikt, diesen innovativ durch das Schaffen eines Mehrwerts zu lösen.[57]

Schritte zur Integration

Unter dem Motto »Setting friction to work, make it do something.«[58] nimmt Follett in einem späteren Vortrag mit dem Titel *Constructive Conflict* zentrale Punkte des Integrationsprozesses in den Blick. Nur durch das Integrieren verschiedener Ansichten ließe sich eine von beiden Konfliktparteien getragene, langfristig stabile Lösung entwickeln. Anderenfalls treten später nicht erfüllte Wünsche wieder auf und wirken sich negativ auf den Prozess aus.[59] Wir mögen uns zwar wünschen, Konflikte abzuschaffen, so Follett, aber Vielfalt und Unterschiede sind unabdingbar. »Wir müssen uns dem Leben stellen, wie es ist, und verstehen, dass die Vielfalt sein wesentlichstes Merkmal ist.«[60]

Folletts Integrationsmethode umfasst folgende Punkte:

1. *Die Karten offen auf den Tisch legen.* Um eine integrative Lösung zu entwickeln, müssten zunächst die Karten auf den Tisch gelegt und die wahren Probleme erkannt werden. Der Konflikt muss aufgedeckt und die Wünsche beider Seiten müssen ausgesprochen werden.[61] Dabei kommt es durch den Vergleich zu einer Neubewertung der eigenen Wünsche. Manchmal käme es zu einer gleichzeitigen Neubewertung von Interessen auf beiden Seiten und es entstünde bereits Konsens.[62]
2. *Das Ganze in seine Teilfragestellungen herunterbrechen.* Follett weist darauf hin, dass die dramatischsten Momente in einer Konfliktsituation nicht die bedeutendsten seien. Es gehe vielmehr darum, den signifikantesten Punkt der Kontroverse zu finden und das Ganze auf seine konstituierenden Teile herunterzubrechen. Mögliche Fragestellungen in Bezug auf betriebswirtschaftliche Belange wären dabei etwa die Auswirkungen auf einzelne Faktoren wie die Kosten, den Verkauf oder psychologische Faktoren wie die Neugierde der Kunden oder deren Vorsicht.[63] Erst nachdem diese Punkte geklärt sind, könnten Entscheidungen getroffen werden.
3. *Untersuchung der Symbole.* Welche wirklichen Bedürfnisse stehen hinter einem Wunsch? Follet verdeutlicht diesen Punkt an einem Beispiel: Ein Mann und seine Mutter, die zusammenlebten, konnten sich nicht darauf einigen, wo der Esstisch im Zimmer stehen sollte. Während die Mutter den Esstisch in die Mitte des Zimmers stellen wollte, zog der Sohn einen Standort im Erker vor. Hilfreicher wäre es hier, mit Follet zu fragen, welches die eigentlichen Beweggründe sind, die sich hinter ihren vordergründigen Wünschen für einen bestimmten Standort des Tisches verbergen. Vermutlich geht es nicht darum, ob der Tisch in der Mitte des Raumes steht oder nicht, sondern darum, ob der Tisch in der Nähe der Anrichtekammer steht und leicht von allen Seiten zu bedienen ist, oder ob er in der Nähe der Heizung steht, ob viel Licht auf den Tisch fällt oder ob man vom Tisch auf den Fluss sehen kann. Anstatt den Tisch aus der Mitte

des Zimmers zu verschieben, ließe sich der Konflikt möglicherweise lösen, indem die dicken Vorhänge vom Fenster abgenommen werden, um die Sicht zu verbessern.[64]

4. *Reaktionen und Antworten antizipieren.* So wie ein Schachspieler viele Züge und Varianten im Kopf durchspielen und antizipieren kann, könne eine versierte Führungsperson alle Bedürfnisse, Unterschiede und Konflikte der beteiligten Parteien vorhersehen und auf Basis dieses antizipierten Wissens handeln, um viele Schritte auf dem Weg zur Integration abzukürzen. Nicht nur bei der Konkurrenz müsse man Reaktionen und Antworten antizipieren, sondern vor allem bei den eigenen Mitarbeitenden.[65] Es sei nicht ausreichend, die Reaktionen der Mitarbeitenden genau zu beobachten, vielmehr müssten diese erkannt und ihnen zuvorgekommen werden.
5. *Integration funktioniert nicht bei jedem Konflikt.* Nicht immer könne eine integrative Lösung geschaffen werden, etwa wenn zwei Söhne das väterliche Haus erben wollen.[66]
6. *Welche Hindernisse erschweren die Integration?* Integration erfordere ein hohes Maß an Intelligenz, eine scharfe Wahrnehmung und Unterscheidungsvermögen und mehr als alles andere einen genialen Einfallsreichtum.[67] Denn es sei immer der einfachere Weg, etwas zu bekämpfen und andere zu attackieren, als eine bessere Lösung, etwa um eine Fabrik zu führen, vorzuschlagen. Weiterhin habe es sich gesellschaftlich etabliert, dass es schön sei, jemanden zu dominieren. Integration sei eine mildere Angelegenheit; sie führt zu keinem Triumph, zu keinem »Nervenkitzel der Eroberung«, weil man sich durchgesetzt hat.[68]
7. *Die Bedeutung der richtigen Sprache.* Integration gelinge praktisch und dürfe nicht zu stark theoretisiert werden. Weiterhin sei es wichtig, auf die richtige Sprache zu achten. Wer positive, zukunftsgerichtete Bilder evoziert, motiviert andere, etwas zu tun. Man sagt zu seiner Ehefrau beim Frühstück besser »Lass uns unsere Entscheidung von gestern Abend überdenken« anstatt »Ich habe etwas gegen deine Entscheidung von gestern Abend.«[69]
8. *Die Rolle der Führungsperson.* Führungspersonen üben bewusst oder unbewusst Einfluss auf eine Gruppe aus, und dies müsse be-

dacht werden[70], denn Mitglieder einer Gruppe neigen zu Autoritätsergebenheit.

9. *Der Integrationsprozess benötigt Training.* Das größte Hindernis zur Integration sei das fehlende Training. Für Follett bräuchte es Kurse wie »The art of cooperative thinking«, in denen der richtige Umgang mit Konflikten gelehrt wird. In Folletts direkter Sprache heißt das: »Weichliche Menschen können das genauso wenig wie Sturköpfe.« – »Mushy people are no more good at this as stubborn people.«[71]

Abschließend soll noch ein einleuchtendes Beispiel für die Integration bei Follett genannt sein. Eine Kooperation von Milchlieferanten stritt sich über die Frage, ob zuerst die Männer von oberhalb des Berges ihre Milchkannen an der Rampe abladen durften oder erst jene, die den Berg von unten herauffuhren. Zunächst sahen die Männer nur diese beiden Möglichkeiten. Doch eigentlich bestand die Lösung darin, die Position der Anlieferplattform so zu verändern, dass alle zur selben Zeit ihre Milch entladen konnten. Oder in Folletts Worten: »Wir sollten niemals zulassen, von einem Entweder-Oder gemobbt zu werden.« Denn es gibt häufig bessere Lösungen als die zwei bestehenden Alternativen.[72] Konflikte führen zu einem Mehrwert, wenn sie mit Erfindungsreichtum und Kreativität gelöst werden. Jeder von uns, der an konstruktiver Arbeit interessiert ist, sollte nach dem »Mehrwert« unserer Aktivitäten suchen.

Reaktionen auf Creative Experience

Nach der Veröffentlichung von *Creative Experience* im Jahr 1924 wurde Follett mit Briefen überhäuft und zu vielen Vorträgen eingeladen. Mehr noch, zahlreiche Geschäftsleute suchten das Gespräch mit ihr und baten Follett um Rat.[73] Viele ihrer Vorträge hielt Mary Follett ab 1925 beim Bureau of Personel Administration in New York, einer Organisation, die Management Consulting und Weiterbildungsprogramme für Unternehmen im Osten der Vereinigten Staaten anbot. Vor allem Personalleiter, Vizepräsidenten und Präsidenten von Firmen nahmen an den Veranstaltungen teil. Viele renommierte Unternehmen wie das Kaufhaus Macy's, die Metropolitan Life Insurance, die U.S. Rubber Company, die General Motors Corporation, die Standard Oil Company, die Irving Bank–Columbia Trust Company und die New Yorker Central Lines schickten Teilnehmende zu den Veranstaltungen. Vor diesem Publikum sprach Follett 1925 in einer Serie von vier Vorträgen über die psychologischen Grundlagen des Managements von Unternehmen. Die Titel ihrer Reden lauteten *Business as an Integrative Unitiy*, *Constructive Conflict*, *The Giving of Orders* und *Power*.

Leadership-Grundlagen

Bis zu Folletts Tod im Dezember 1933 folgen zahlreiche Vorträge in England und den USA. Im Januar 1933 spricht Mary Follett am neugegründeten Department of Business Administration an der London School of Economics über Grundlagen von Führungsarbeit (*The Essentials of Leadership*). In diesem Referat präsentiert Follett ein Leadership-Konzept, das bis heute Bestand hat.

Laut Follett orchestriert eine Führungsperson eine Unternehmung zu einer Einheit. Hierarchiebewusst zu regieren hätte hingegen wenig mit einer progressiven Führungskultur zu tun. Das große Ziel einer brillanten Führungsperson sei es, ihre Mitarbeitenden selbst zu Führungspersonen zu machen und deren volles Potenzial zu entwickeln. Die Mitarbeitenden sollten ein gemeinsames Ziel verfolgen und gemeinsam Verantwortung tragen, gar bestenfalls das Gefühl erhalten, Mitgesellschafter in einem gemeinsamen Unternehmen zu sein.[74]

Wie sieht Folletts Leadership-Konzept im Detail aus? Bei Follett liegt die wahre Führung in den Erfordernissen der jeweiligen Situation. Das Hauptproblem in Bezug auf Führung bestehe nicht darin, Menschen dazu zu bringen, Anweisungen zu befolgen, sondern darin, Methoden zu entwickeln, mit denen am besten herausgefunden werden kann, wie Anweisungen beziehungsweise Regeln lauten sollen. Follett nennt drei Formen der Führung: Führung durch die Position, durch die Persönlichkeit oder die Funktion. Für eine moderne Wirtschaft und in den innovativsten Betrieben sollte der Führung durch Funktion mehr Bedeutung zukommen, hingegen der an eine Position oder eine Persönlichkeit gebundenen Führung weniger.

Aufgaben einer Führungsperson

Die Führungsperson organisiert Follett zufolge die Erfahrung der Gruppe. Dadurch kann sie das Unternehmen zu seiner vollen Kraft führen. Dies sei die hervorragendste Führungsqualität, nämlich die Fähigkeit, alle vorhandenen Kräfte eines Unternehmens zu organisieren und diese einem gemeinsamen Ziel dienen zu lassen. »The leader makes the team«[75] ist ein typisch einprägsamer wie kluger Satz von Follett.

Leader-Eigenschaften

Führung kann erlernt werden. Es sei falsch, zu denken, die fähigsten Leader seien jene, die einen dominanten, aggressiven Charakter besäßen, um sich durchzusetzen. Ein guter Leader möchte sich nicht mit Menschen umgeben, die ihm devot gehorchen. Die beste Führungskraft bildet ihre Anhänger (Follower) dazu aus, selbst Leader zu werden. Gute Führungskräfte möchten »Leaders of Leaders« sein.[76] Daher sei es eine essenzielle Aufgabe einer Führungsperson, mehr Führungspersonen zu erschaffen: »Indeed the best leaders try to train their followers themselves to become leaders.«[77] Die beste Führungsperson versucht nicht, Menschen zu beeinflussen, damit sie ihrem Willen folgen, sondern sie zeigt, wie sie handeln müssen, damit sie ihre Verantwortung ausfüllen. Eine solche Führungsperson sei jene, die nicht für andere denken möchte, sondern der es gelingt, andere dazu auszubilden, selbst zu denken. Solche Führungspersonen wollen Führungspersonen führen: »[…], they wish to be leaders of leaders.«[78]

Eine herausragende Führungsperson versuche, so Follett, Macht bei denen zu entwickeln, die mit ihr zusammenarbeiten. Und dann sammelt sie diese Macht und nutzt sie als die energetisierende Kraft eines fortschrittlichen Unternehmens: »[…] the great leader tries also to develop power wherever he can among those who work with him […]«[79] Es sei die herausragendste Führungsfähigkeit, alle Kräfte in einem Unternehmen zu organisieren und diese in den Dienst einer gemeinsamen Aufgabe zu stellen. Menschen mit dieser Fähigkeit kreieren eine Gruppenstärke, anstatt eine persönliche Macht auszudrücken.[80] Sie mobilisieren alle Kräfte, um ihre Ziele zu erreichen.

Welche Eigenschaften bringt eine Top-Führungsperson mit, die ihr Team selbst zu Führungskräften ausbildet? Nicht etwa eine aggressive, extrem durchsetzungsstarke Person sei die ideale Führungskraft. Vielmehr hätten Aggressivität, Dominanz und gebieterisches Verhalten wenig mit guter Führungsarbeit zu tun. Ein Leader ist Follett zufolge kein Alphatier. Hingegen benötigt die ideale Führungsperson nach Follett die Fähigkeit, das Ganze zu sehen, und nicht nur ein Kaleidoskop aus Einzelteilen. Von größter Bedeutung sei es für eine Führungskraft, die gesamte Situation erfassen zu können. »Diese enthält aktuelle und potenzielle Fakten, Ziele und Zwecke und Menschen. Aus einem Sammelsurium von Fakten, Erfahrungen, Wünschen und Zielen muss die Führungspersönlichkeit den verbindenden Faden finden. […] Er [the leader] muss die Verbindung zwischen all den unterschiedlichen Faktoren einer Situation erkennen.«[81]

Eine große Führungsperson, so Follett, solle den Geist des Abenteurers, jedoch nicht das Temperament eines Spielers besitzen. Vielmehr führe der Pioniergeist des Leaders dazu, neue Wege zu beschreiten. »Die Einsicht, mögliche neue Wege zu erkennen, den Mut, diese zu versuchen, die Urteilskraft, die Ergebnisse zu messen – dies sind die Qualifikationen des Leaders.«[82]

Im Unternehmen gingen wir immer von einer bedeutsamen Situation in die nächste, so Follett. Die Führungskraft sieht, wie eine Situation in die andere übergeht, und hat gelernt, den Moment zu meistern. »Wir befinden uns zumeist in jener Situation, die wir selbst kreiert haben.«[83] Kein anderer Satz sei bedeutsamer für den Unternehmenserfolg, so Follett. Das ist der Grund, warum die Aufgabe der Führungskraft so schwierig sei, warum eine erfolgreiche Führungskraft Qualitäten wie feinste und sensible Wahrnehmung, Fantasie und Einsicht und gleichzeitig Mut und Vertrauen benötigt. Für Follett zählen viele verschiedene persönliche Eigenschaften zur Führung: »Hartnäckigkeit, Aufrichtigkeit, ein fairer Umgang mit allen, Zielstrebigkeit, tiefe Überzeugung, Beherrschung des Temperaments, Taktgefühl, Standhaftigkeit in stürmischen Zeiten, die Fähigkeit, Notfälle zu meistern, die Kraft, die verborgenen Fähigkeiten anderer hervorzuholen und zu entwickeln und so weiter. Es gibt noch viele mehr, etwa die Bedeutung von beispielhaftem, vorbildlichem Verhalten, dessen Wert nicht genug hervorgehoben werden kann. Müssen Angestellte beispielsweise Überstunden leisten, sollte deren Führung bereit sein, das Gleiche zu tun.

Diese müsse in jeder Hinsicht zeigen, dass sie bereit ist, das zu tun, was sie anderen zumutet.«[84]

Eine großartige Führungsperson denkt vorausschauend, sie antizipiert die Situation. Ein Leader muss die sich entwickelnde Situation erkennen. Er muss zukünftige Trends erkennen und diese verbinden. Entscheidungen müssen zukünftige Entwicklungen vorwegnehmen. Follett vergleicht die Situation eines Unternehmers mit einer Episode aus *Alice im Wunderland*, die mit der Schwarzen Königin so schnell rennen musste, wie sie konnte, um auf der Stelle stehen zu bleiben. Das sei alltäglich für jeden Unternehmer. Und es läge am Geschäftsführer, dafür zu sorgen, dass seine Exekutivkräfte so schnell rennen, wie sie nur können. Damit meint sie, nicht so hart wie nur möglich zu arbeiten, dies sei ohnehin selbstverständlich, sondern so vorausschauend wie nur möglich.[85] Aber zu antizipieren, so Follett, bedeute mehr als voraussagen und einschätzen, es bedeute weit mehr, als der nächsten Situation zu begegnen, es bedeute, die nächste Situation zu kreieren.[86]

Das gemeinsame Ziel ist der eigentliche »Leader«

Die erfolgreiche Führungspersönlichkeit schafft und lenkt die Macht, so Follett. Die Essenz der Führung sei es, Kontrolle zu schaffen, und das ist es, was die Welt heute brauche: Kontrolle über kleine Situationen oder über unsere Weltsituation. Leader und Follower folgen beide dem unsichtbaren Leader: dem gemeinsamen Ziel. Die besten Führungskräfte stellen dieses gemeinsame Ziel deutlich über ihre Gruppe, so Follett.[87]

Von der Politikwissenschaftlerin zur Managementtheoretikerin

Wer war diese Frau, die so viel Einfluss auf die Unternehmer ihrer Zeit nahm? Wer war diese Frau, die sich in den ersten drei Jahrzehnten des 20. Jahrhunderts als Management- und Organisationstheoretikerin etablieren konnte? Mary Follett kam am 3. September 1868 in Quincy, Massachusetts, bei Boston als erstes von drei Kindern zur Welt. Obwohl sie in finanziell gesicherten Verhältnissen aufwuchs, war ihre Kindheit von Unsicherheiten geprägt. Ihre Schwester starb wenige Monate nach der Geburt, der alkoholabhängige Vater, der Folletts Bildung stark förderte, verließ die Familie immer wieder und starb plötzlich an einer Lungenentzündung, als Follett 17 Jahre alt war. Von da an übernahm Follett die Organisation der Familie und kümmerte sich um ihren Bruder, da ihre Mutter als psychisch instabil galt.

Ab 1888 ging Mary Follett ans Radcliffe College, einer dem Harvard College in Cambridge Massachusetts angegliederten Ausbildungsstätte für Frauen, welche damals an der eigentlichen Universität nicht zugelassen waren. Dort studierte sie Politikwissenschaft, Rechtswissenschaft, Geschichte und Wirtschaft, unterbrochen von einem Auslandsaufenthalt am Newnham College in Oxford und einer Phase, in der sie über zwei Jahre an einer Schule unterrichtete. 1896 veröffentlichte Follett die Arbeit *The Speaker of the House of Representatives,* in der sie die Abläufe des Gesetzgebungsprozesses und die Methoden der erfolgreichsten Sprecher des Repräsentantenhauses der Vereinigten Staaten analysierte, Einfluss und Macht auszuüben. Dazu interviewte sie ehemalige Parlamentspräsidenten. Diese Methode, praktische Befragungen mit theoretischer Analyse zu verbinden, galt als neu. Follett setzte dies in ihren späteren Forschungen fort.

Von 1891 an hatte Follett vier Jahre lang an einer Bostoner Privatschule 17- bis 20-jährige Mädchen in Politikwissenschaft unterrichtet und gleichzeitig intensiv an ihrem Buch über Sprecher des Repräsentantenhauses gearbeitet. 1894, kurz vor ihrem 26. Geburtstag, zog Follett nach Boston in den Gebäudekomplex der Schule. Dort lebte ebenfalls die aus England stammende Schulleiterin und Shakespeare-Expertin Isobel L. Briggs (1848–1925), die Follett bat, sie in politischer Philosophie zu unterrichten.[88] Die beiden entwickelten eine Arbeits- und Lebensgemeinschaft, die bis zum Tod von Isobel Briggs im Jahr 1925 Bestand haben sollte. Zusammen mit Briggs diskutierte und redigierte Follett akribisch Satz für Satz ihrer Bücher und widmete schließlich ihr erstes Buch *The Speaker of the House* ihrer Partnerin: »To I. L. B.«

Nach dem Abschluss ihres Studiums 1898 arbeitete Follett 25 Jahre lang als Sozialarbeiterin und entwickelte unter anderem die Idee, dass

Schulgebäude nach dem regulären Schulalltag als Abendschulen und Freizeiteinrichtungen genutzt werden können. Später erweiterte sie die Einrichtungen zu Arbeitsplatzvermittlungen (*placement bureaus*). Nach dem von Follett entwickelten Modell etablierten sich diese sogenannten *Evening Center* in vielen Städten der USA. Parallel dazu forschte Follett weiter und veröffentlichte im Jahr 1918 das Buch *The New State: Group Organization, the Solution of Popular Government*, in dem sie aufzeigt, dass in einem demokratischen Staat jedes Individuum Teil des Entscheidungsprozesses ist und dafür auch persönliche Verantwortung übernehmen müsse. *The New State* machte Follett international berühmt. Danach wandte sich die Autorin mehr und mehr organisationstheoretischen Fragestellungen im Kontext der Wirtschaft zu. Ihr nächstes Forschungsprojekt, *Creative Experience*, finanzierte Follett durch private Förderung. Einen Lehrstuhl an einer Universität hatte sie nie inne.

Warum begeisterte sich Follett für das Thema Businessmanagement? Bei einem Vortrag in Oxford im Jahr 1926 erklärt Follett ihre Faszination für das Unternehmertum: Unternehmer besäßen die größte Vitalität des Denkens, so Follett, »und ich mag es, dort zu denken, wo es am lebendigsten ist«.[89] Zudem sei die Wirtschaft das wichtigste Feld menschlicher Aktivität, und Management sei das grundlegende Element in der Wirtschaft. Ein weiterer Grund für Folletts Begeisterung für Managementtheorie war, »dass ich an Kontrolle glaube, und daran glauben auch unsere fortschrittlichsten Geschäftsleute«.[90] In Folletts Augen sollten sich die Menschen nicht auf die Macht des Schicksals verlassen, sondern lernen, ihr eigenes Leben zu kontrollieren und zu gestalten. »Und nirgendwo sehe ich eine so vollständige Akzeptanz dessen wie in […] dem Denken der progressiveren Geschäftsleute. Sie nehmen den Mystizismus aus dem Geschäft heraus.«[91]

Zeitlebens war Follett durch Krankheiten eingeschränkt, ein durch einen Tumor hervorgerufenes Nierenleiden ließ sie immer wieder über längere Phasen das Bett hüten. Nach dem Tod ihrer Lebenspartnerin Isobel Briggs im Jahr 1925 hielt sich Follett vornehmlich in Europa auf und siedelte schließlich 1928 ganz nach London über. Als sie im Herbst 1933 für einige Monate nach Boston zurückkehrte, unterzog sich Follett einer vermeintlichen Routineoperation am Kehlkopf. Sie verstarb 65-jährig an den Folgen der Operation. Die Obduktion ergab, dass sich im ganzen Körper Metastasen gebildet hatten.

Hat man einmal Follett gelesen, gewinnt man den Eindruck, alle hätten von ihr abgeschrieben, ohne diese brillante Denkerin je zu zitieren. Folletts Schriften bilden noch heute eine Goldmine an Ideen für Unternehmer*innen und Führungspersonen.[92] Es lohnt sich, insbesondere Folletts kurzweilig geschriebene Vorträge zu lesen, und es wäre an der Zeit, diese ins Deutsche zu übersetzen.

Für Follett ist Management eine Wissenschaft und eine Kunst. Manager tragen eine große Verantwortung, sie müssen einen kreativen Teil in einer der größten Funktionen unserer Gesellschaft übernehmen, einen Teil, den nur ausgebildete und disziplinierte Menschen übernehmen können. In diesem Sinne heißt es für Follett, dass Wirtschaft letztendlich eine soziale Tätigkeit ist: »Business is, and should be considered, a truly social agency.«[93]

Take-aways

- Konflikte sind etwas Positives. Konflikte ermöglichen Innovation und das Gestalten von Mehrwert: »Setting friction to work, make it do something.«
- Leadership bedeutet, andere zur Selbstermächtigung anzuregen.
- Wirtschaftlicher Erfolg beruht auf dem gelingenden Gestalten von Beziehungen.
- Wirtschaft ist eine soziale Tätigkeit.

Zum Weiterlesen

Parker Follett, Mary (1924): *Creative experience*, New York und London.

Graham, Pauline (Hg.) (1995): *Mary Parker Follett – Prophet of Management. A celebration of writings from the 1920s*, Boston.

Metcalf, Henry / Urwick, Lyndall (Hg.) (2013): *Dynamic administration. The completed papers of Mary Parker Follett*, Mansfield Centre.

INNOVATIONS-MANAGEMENT

Was ist die DNA einer Innovatorin, eines Innovators? Was macht einen Menschen kreativer als einen anderen? Unter welchen Bedingungen entsteht Innovation?

Die Lebensgeschichten von Eliza Lucas Pinckney, Martha J. Coston und Kate Gleason zeigen, wann und wie neue Ideen entstehen und wie aus Ideen tragfähige Produkte werden.

Technische Innovation allein kann völlig nutzlos sein, wenn diese nicht bei potenziellen Kund*innen eine Wertinnovation darstellt. Martha J. Coston ist dies gelungen. Sie hat mit ihrer Erfindung von Leuchtsignalraketen für das Militär die Kommunikation von Schiffen in der Nacht revolutioniert.

Wertinnovation kann sich andererseits auch auf die Kosten beziehen, deren Reduzierung etwa den Bau von Einfamilienhäusern sowohl für Kund*innen als auch für die Bauherrin Kate Gleason in Rochester im Bundesstaat New York attraktiv machte. Innovation bezieht sich nicht allein auf Prozesse und Technologien, sondern kann sich ebenso auf den Vertrieb beziehen, wenn man neue Märkte erkennt und das eigene Unternehmen, wie Gleason, plötzlich in einen Global Player verwandelt.

Die erst 16 Jahre alte Eliza Lucas Pinckney verbindet ihre Kenntnisse von Märkten und Anbaubedingungen aus den drei Ländern, in denen sie gelebt hat: Antigua in der Karibik, South Carolina in den USA und das britische Mutterland. Durch die Zusammenführung von Know-how gelingt es ihr, zusammen mit anderen Plantagenbesitzenden die Indigopflanze sowohl zu kultivieren als auch zu vermarkten.

Einerseits lassen sich Innovationen nur entwickeln, wenn es gelingt, das Know-how von vielen zu bündeln und zu managen. Andererseits beginnt Innovation mit einer bestimmten Geisteshaltung. Neben einer Vision braucht es die positive Grundhaltung, dass etwas gelingen kann, und eine Offenheit im Denken, kontinuierlich Neues zu wagen, egal ob in der Produktentwicklung oder im Vertrieb.

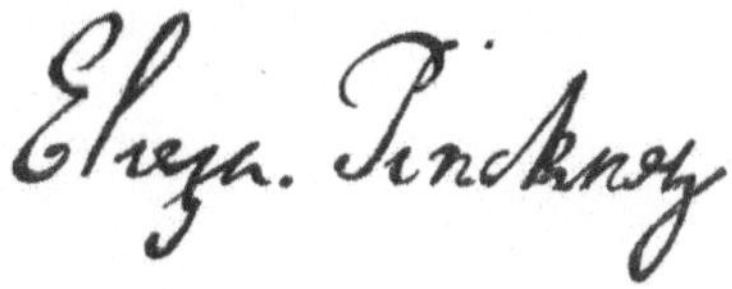

»I have the business of 3 plantations to transact.«

Eliza Lucas Pinckney

(1722–1793)
Plantagenbesitzerin und landwirtschaftliche Unternehmerin

Familie Pinckney verpasst eine Chance

London, Sommer 1753. Eliza Lucas Pinckney fährt hinaus zum Palast in Kew. Ihr Ehemann Charles Pinckney und ihre fast fünfjährige Tochter Harriott begleiten sie. Außerdem transportiert sie in ihrer Kutsche drei exotische Vögel: eine Indigoammer, einen Papstfinken und einen amerikanischen Goldzeisig. Es ist kurz nach elf Uhr, als die Familie am White House in Kew eintrifft. Doch sie sind zu spät, die Bedienstete lässt sie nicht mehr eintreten. Prinzessin Augusta von Sachsen-Gotha-Altenburg (1719–1772), die Witwe des Prinzen von Wales, die zu dieser Zeit für ihren noch unmündigen Sohn Georg III. regiert, ist bereits zum Spaziergang mit ihrer Tochter aufgebrochen. Eliza Lucas Pinckney überlegt, was zu tun ist, wie sie später in einem Brief beschreibt. So entschließt sich die Familie, eine handschriftliche Nachricht der kleinen Harriott zusammen mit den drei ungewöhnlichen Vögeln als Geschenk für die königliche Hoheit abzugeben. Auf der Karte stand, wie sich Pinckney erinnert, dass Miss

Harriott Pinckney, Tochter von Charles Pinckney Esqr., einem Mitglied des Councils Ihrer Majestät in Carolina, Ihrer Hoheit ihre Aufwartung erweise und demütig darum bitte, ihr einen Indigovogel, einen Non-Parreil und einen gelben Vogel zu schenken, welche sie für Ihre Hoheit aus Carolina mitgebracht habe.[1]

Frustriert über den missglückten Besuch fährt die Familie zurück zu ihrem Haus in der Southampton Street. Zumindest hatte Eliza Lucas Pinckney die Vögel lebendig abgeben können. Diese hatten wie die gesamte Familie eine lange Reise hinter sich, und es war ein Wunder, dass sich die Tiere in so guter Verfassung befanden. Die Vögel stammten aus der Kolonie South Carolina, wo Eliza und Charles Pinckney am 4. April 1753 zusammen mit ihren drei Kindern und zwei Söhnen eines befreundeten Ehepaares in Charles Town das Schiff »Edinburgh« bestiegen hatten.[2] Knapp vier Wochen segelten sie über den Atlantik, bis sie am 29. April 1753 in England eintrafen, wo die beiden Söhne Charles Cotesworth und Thomas ein Internat besuchen sollten. Auch Eliza Lucas Pinckney hatte ab dem Alter von zehn Jahren von 1732 bis 1737 diese Eliteausbildung durchlaufen, bei der sie Botanik und Buchhaltung gelernt und lateinische Klassiker wie Vergil und Plutarch, aber auch Milton gelesen hatte.

In South Carolina mit Reisanbau neu beginnen

Nachdem die junge Eliza Lucas ihren Schulaufenthalt in England beendet hatte, reiste sie zurück auf die Westindischen Inseln nach Antigua. Hier war sie am 28. Dezember 1722 als Erstgeborene von vier Geschwistern zur Welt gekommen. Ihre Familie betrieb auf dieser kleinen Antilleninsel seit drei Generationen die Zuckerrohrplantage »Cabbage Tree«. Wie alle anderen Zuckerrohrplantagen der Karibik versorgte das 150 Hektar große Anwesen das britische Weltreich mit Zucker – ein Luxusgut, das durch die menschenunwürdige Arbeit von Sklaven produziert wurde.

In den ersten Jahrzehnten des 18. Jahrhunderts wurde es jedoch weniger lukrativ, Zuckerrohr anzubauen, sodass sich die Lebensumstände der Oberschichtfamilien Antiguas wie die der Lucas' zusehends verschlechterten. Auch hatten Hurrikans und Erdbeben die Insel verwüstet, und die versklavte Bevölkerung begann zu rebellieren. Eliza Lucas' Vater,

Oberstleutnant der königlichen englischen Armee, später auch Mitglied des königlichen Rats der Kolonie sowie Vize-Gouverneur, war verschuldet und entschloss sich daher, seine Geschäfte in einer anderen britischen Kolonie fortzuführen: in South Carolina. Dort hatte sein Vater John Lucas bereits im Jahr 1714 die kleine Plantage »Wappoo« sowie weitere Ländereien erworben, um seine Zuckerrohrplantage auf Antigua mit Holz und anderen Rohstoffen zu versorgen.

So erkundete Elizas Vater im Winter 1738/39 die familiären Besitzungen in South Carolina, brachte sodann seine beiden Söhne nach England auf ein Internat, bevor er zusammen mit seiner Frau Ann Mildrum, den beiden Töchtern Eliza und Polly sowie einer Cousine Elizas im Sommer 1739 nach South Carolina übersiedelte.

Die Plantagen der Familie Lucas befanden sich in der Küstenregion South Carolinas nahe Charles Town. Geprägt von weitläufigen Sümpfen und zahlreichen mäandernden, vom Hub der Gezeiten gestalteten Flussmündungen bot der flache Küstenstreifen ideale Voraussetzungen für den Reisanbau, weshalb sich South Carolina zum größten Reisproduzenten im kolonialen Amerika entwickelte.

Als die Familie in South Carolina eingetroffen war, vermerkte Eliza Lucas, die Region sei »allgemein fruchtbar und reich an Wild und Wildgeflügel«.[3] Das Klima sei im Winter angenehm, allerdings seien »drei bis vier Monate im Sommer unverhältnismäßig heiß«.[4] Jedoch nur wenige Monate, nachdem die Familie umgezogen war, wurde George Lucas Ende des Jahres 1739 aufgrund seiner militärischen und politischen Ämter nach Antigua zurückberufen. England hatte Spanien den Krieg erklärt, der als »War of Jenkins' Ear« (1739–1742) in die Geschichte eingehen sollte.

Eine junge Frau bewirtschaftet tausende Hektar Land

Nachdem der Vater abgereist war, übernahm Eliza Lucas die Führung. Als Plantagenbesitzerin sollte sie eine Ausnahmekarriere hinlegen. Mit 16 Jahren. Plötzlich war sie Herrin über drei Plantagen: über die 97 Hektar umfassende Plantage von Wappoo, über 600 Hektar der Garden Hill Plantage, die Teer, Pech und Fleisch produzierte, sowie über 1.200 Hektar der Reisplantage Waccamaw. Ihrer kranken Mutter fehlte die Kraft, sich selbst um die Plantagen zu kümmern.[5] Daher managte Eliza Lucas nicht nur die landwirtschaftlichen Großbetriebe, sondern kümmerte sich zudem um ihre fünfjährige Schwester Polly, ihre Mutter sowie um die Cousine Fanny Fayerweather, die anfangs noch bei der Familie lebte.

Ihre Eltern hatten es Eliza überlassen, ihren Wohnsitz zu wählen: entweder direkt in der zentralen Hafenstadt Charles Town, wo George Lucas ebenfalls Häuser besaß, oder auf dem Land. Eliza entschied sich für Wappoo, die am Wappoo Creek gelegene kleinste Plantage der Familie, welche 27 Kilometer über Land und 10 Kilometer auf dem Wasserweg von Charles Town entfernt lag.[6] Charles Town hatte mit dem bedeutenden Überseehafen und dem Sklavenmarkt eine Scharnierfunktion im Handel zwischen Europa, Afrika und der Neuen Welt inne. Von hier ließ Eliza Lucas die auf ihren Plantagen produzierten Güter nach Antigua und Europa verschiffen.

Sklavinnen und Sklaven bewirtschaften die Plantagen unter fragwürdigen Bedingungen

Auf Wappoo befehligte die jugendliche Eliza Lucas 20 Sklaven – zwölf Männer und acht Frauen –, kontrollierte die Buchhaltung, handelte mit Waren und steuerte die anderen beiden Plantagen Garden Hill und Waccamaw strategisch aus der Ferne, indem sie den Vorsteher William Murray für Garden Hill sowie einen Mr. Starrat für die Plantage von Waccamaw anwies. Die beiden Vorsteher wiederum instruierten weitere Aufseher, die dafür sorgten, dass sich die Sklaven hinreichend um Vieh und Felder kümmerten.

Es zählte zu Eliza Lucas Haupttätigkeiten, den Reisanbau zu organisieren. Das bedeutete je nach Jahreszeit, das Anpflanzen, Düngen, die Ernte, das in mehreren Arbeitsschritten erfolgende Trennen der Früchte von den Hülsen sowie die Verschiffung zu überwachen. Dabei berechneten Plantagenbesitzerinnen und -besitzer wie Eliza Lucas die Arbeitskraft ihrer Sklaven wie von Maschinen und versuchten, die Leistungen zu steigern. Die Plantagenwirtschaft beruhte auf dem Anbau von Monokulturen, in South Carolina war dies vor allem Reis. Das Know-how und die Technik des Reisanbaus hatten die versklavten Afroamerikaner*innen in die Kolonie gebracht, die das Getreide zunächst angebaut hatten, um sich selbst zu versorgen. Das gesamte Plantagensystem funktionierte, weil eine kleine Oberschicht, zu der Eliza Lucas gehörte, tausende Menschen verbrecherisch unterdrückte und ausbeutete, sodass elitärer Wohlstand und der blanke Kampf ums Überleben auf Plantagen wie jene der Familie Lucas eng beieinander lagen.

Auf der Wappoo-Plantage war Eliza Lucas von »sechs liebenswürdigen Familien« umgeben, mit denen sie »in großer Harmonie« lebte. Auch hatte sich Eliza Lucas bereits nach kurzer Zeit mit anderen Frauen angefreundet, die meistens doppelt so alt wie sie waren, wie etwa Mrs. Pinckney und Mrs. Cleland, »die mir so wohlgesinnt sind, dass sie sich immer freuen, mich bei sich zu haben, und darauf bestehen, dass ich ihre Häuser zu meinem Heim mache, wenn ich in der Stadt bin, und mich drängen, mich ein wenig zu erholen«.[7] Wie Eliza Lucas berichtete, hielt sie sich manchmal drei Wochen oder einen Monat in den Stadthäusern der beiden Frauen auf.[8] Das Ehepaar Pinckney, also Charles Pinckney und seine erste Frau, war kinderlos und freute sich sicherlich über die junge, lebensfrohe Besucherin. Wie die Pinckneys und die anderen Familien führte Eliza Lucas ein Leben der Oberschicht, sie reiste zu Land in einem aus England importierten vierrädrigen Wagen und ließ sich von Sklaven in einem Kanu aus Zypressenholz auf den Wasserwegen rudern.

Aufstehen um 5 Uhr früh

Wie die meisten in diesem Buch vorgestellten Unternehmerinnen und Führungsfrauen folgte auch die junge Eliza Lucas einem straffen Tagesplan. Gewöhnlich stand sie um 5 Uhr auf, wie sie in einem Brief aus dem Jahr 1742 beschreibt.[9] Nach dem Aufstehen las sie bis 7 Uhr, bis sie anschließend durch den Garten oder die Felder ging, um zu sehen, ob die Bediensteten arbeiten. Dann frühstückte sie. Nach einer Stunde des Musizierens lernte sie in der darauffolgenden Stunde, beispielsweise Französisch. Danach widmete sie die übrige Zeit des Tages, bis sie sich zum Dinner ankleidete, ihrer jüngeren Schwester Polly und zwei »black girls«, denen sie das Lesen beibrachte. Die erste Stunde nach dem Dinner musizierte sie erneut, den Rest des Abends verbrachte sie mit Nadelarbeiten, bis man das Licht der Kerze benötigte, um abschließend bis zum Schlafengehen zu lesen oder zu schreiben.[10]

In Wappoo hatte sich Eliza Lucas eine kleine Bibliothek eingerichtet, welche mit Büchern ausgestattet war, die ihr der Vater dagelassen hatte. Auch nahm sie Cembalounterricht.[11] Weitere Aufgaben füllten die Tage. Eliza Lucas unterrichtete ihre Schwester Polly, bis sie diese 1742 für 140 Pfund pro Jahr in die Schule gab.[12] Zudem habe sie es unternommen, mehreren kleinen »Negroes« das Lesen beizubringen.[13] Wenn Eliza Lucas ihre jungen Sklav*innen unterrichtete, geschah dies vor allem, damit diese später schriftlich Anweisungen entgegennehmen konnten.

Eliza Lucas Letterbook gewährt Einblicke in das Plantagenmanagement

Nicht nur ihr Tag, sondern auch der Ablauf ihrer Woche folgte einem genauen Plan. Montags erhielt Eliza Lucas Musikunterricht. Am Dienstag kam ihre Freundin Mrs. Chardon zu Besuch, wohingegen Eliza Lucas am Mittwoch zu Mrs. Chardon fuhr, während sie den gesamten Donnerstag damit verbrachte, schriftlich die Plantagen zu organisieren oder Briefe an Freunde zu verfassen. Freitags machte sie Besuche.[14]

Viele ihrer Briefe beziehungsweise Briefzusammenfassungen hat Eliza Lucas in ein sogenanntes *Letterbook* übertragen. Da sich ihr *Letterbook* erhalten hat, lässt sich noch heute nachvollziehen, wie die Plantagenbesitzerin gelebt und gedacht hat. Mit ihrem Vater tauschte sie sich häufig brieflich über die Arbeiten auf den Plantagen aus. Viele ihrer Vermerke im *Letterbook* lauten, sie habe ihrem Vater über »Plantagenangelegenheiten und andere Geschäfte« geschrieben. Jedoch dauerte es oft viele Wochen, bis die Antworten eintrafen, sodass die junge Frau vieles allein entschied.

In einem Brief an Mrs. Boddicott, die für sie während ihrer Schulzeit in England zu einer Art Ersatzmutter geworden war, fasste Eliza Lucas nach einem Jahr ihr Leben als junge Plantagenmanagerin zusammen: »Ich habe die Geschäfte von drei Plantagen zu leiten, was viel Schreiben und mehr Geschäfte und andere Anstrengungen erfordert, als Sie sich vorstellen können.«[15] Falls sich Mrs. Boddicott Sorgen mache, dass diese Aufgaben eine zu große Belastung für ein junges Mädchen seien, entgegnete ihr Eliza: »Ich versichere Ihnen, dass ich mich glücklich schätze, meinen Vater so gut unterstützen zu können, und dass ich durch frühes Aufstehen viele Geschäfte erledigen kann.«[16]

Von vielen Schüssen trifft einer das Ziel

Eliza Lucas probierte viel aus, seitdem sie die drei Plantagen der Familie managte. Dabei folgte sie stets der Devise, dass von vielen Dingen eines bestimmt funktionieren werde: »Out of many surely one may hitt.«[17] Sie habe ein »sehr fruchtbares Gehirn beim Planen«[18] und sei eine »kleine Visionärin«[19], hatte ihr späterer Mann Charles Pinckney schon früh festgestellt.

Insbesondere in den Anfangsjahren forderte Lucas ihren Vater auf, Saatgut aus Antigua zu senden, um es in South Carolina zu kultivieren. Gleich nachdem sie 1739 das Plantagenmanagement übernommen hatte, begann sie mit Ingwer, Luzernen, Indigo, Maniok und Baumwolle zu experimentieren und perfektionierte deren Anbau.[20] Wenn sie selbst nicht weiter wusste, fragte sie andere Plantagenbesitzer wie den »alten Mr. Deveaux« um Rat, der sie 1740 in »Bepflanzungangelegenheiten« instruierte.[21] Später lies sie sich von diesem beispielsweise erklären, wie sie ein Gehege für Kühe anlegt.[22]

Das Plantagengeschäft hielt für Eliza Lucas viele Herausforderungen bereit. Am 23. April 1744 notierte sie als Erinnerung: »Schrieb an meinen Vater und informierte ihn über den Verlust eines Negro-Mannes, auch dass das Boot im Santilina-Sund untergegangen ist und 20 Fässer Reis verloren gingen. Sagte ihm, dass wir einen neuen Garten anlegen [...]. Auch über Starrat [der Aufseher von Waccamaw] und Pech und Teer.«[23]

Mit den landwirtschaftlichen Experimenten erlebte Eliza Lucas häufig Rückschläge. 1742 bemerkte sie, der Ingwer sei nur dürftig gewachsen, bei Luzernen möchte sie mit den Bodenarten experimentieren. Auch zerstörte der Frost manche Ernte. Aber neue Ideen kamen Eliza Lucas so verlässlich, wie die Gezeiten die Flüsse ihrer Plantagen durchspülen. So plante sie etwa im Februar 1743, die Zuckerraffinerie ihres Vaters in Antigua mit Eiern aus Carolina zu versorgen.[24] Denn Eiweiß wurde für den Prozess des Zuckerraffinierens benötigt. Allerdings funktionierte Lucas' Vorhaben nicht.

Eliza Lucas projektierte nicht nur für das jeweils nächste Jahr, sondern mit einem weiten Zeithorizont. Im Jahr 1742 pflanzte sie einen großen Feigenhain, um die Früchte später zu trocknen und zu exportieren.[25] Desgleichen legte sie einen Eichenwald an, um das Holz künftig für den Schiffsbau verkaufen zu können.[26]

Zusätzlich zu ihren Aufgaben als Plantagenbesitzerin hatte Eliza Lucas im Sommer 1742 die Aufgabe eines Laienanwalts übernommen.[27]

Bei all den Unternehmungen, so schreibt sie, sei sie so sehr damit beschäftigt, für die Nachwelt zu sorgen, dass sie sich kaum Zeit zum Essen oder Schlafen erlaube.[28] Allerdings hinterließ ihr Arbeitseifer Spuren. Ihr Körper verschaffte sich von Zeit zu Zeit Ruhepausen, wenn sie an Migräneanfällen litt.

Ein blaues Wunder bringt Reichtum

Eliza Lucas sollte mit der Aussage, dass von vielen Projekten eines mit Sicherheit Früchte tragen werde, Recht behalten. Sie experimentierte nicht nur mit dem großflächigen Anbau von Ingwer, Luzernen oder Maniok, sondern auch mit der Indigopflanze, einer strauchartigen Hülsenfrucht, aus deren Blättern blauer Farbstoff gewonnen wurde. Am 4. Juni 1741 berichtete Eliza Lucas ihrem Vater, dass sie keinen Zweifel daran habe, dass »Indigo sich mit der Zeit als eine sehr wertvolle Ware erweisen wird, wenn wir den Samen aus Westindien rechtzeitig genug bekommen könnten, um ihn Ende März zu pflanzen, sodass der Samen trocken genug ist, um ihn vor unserem Frost zu ernten.«[29] Der Anbau der Indigopflanze sollte zu einem herausfordernden Unterfangen werden, bei dem Eliza Lucas Durchhaltewillen bewies. Sie und ihr Vater hatten frühzeitig erkannt, dass der Bedarf an Indigo bei englischen Textilproduzenten steigen würde. Der Zuckerrohranbau hatte die Indigokultivierung in den 1720er- und 1730er-Jahren von den Westindischen Inseln verdrängt. Die Nachfrage nach dem blauen Farbstoff blieb hingegen ungebrochen, insbesondere weil Indigo auch zum Färben von Uniformen benötigt wurde. Zusätzlich wurde der

Export von Reis während der Kriegszeit zwischen 1739 und 1748 immer kostenintensiver, während die getrocknete Indigofarbe auch in kleineren Mengen hohe Gewinne generierte.

Einige Jahre musste Eliza Lucas experimentieren, bis es gelang, Indigo großflächig anzubauen. Obwohl ein Frost die erste Ernte zerstörte, versuchte Eliza Lucas es weiter. In einem Brief aus dem Jahr 1785 erinnert sie sich an diese wegweisende Zeit: Beim nächsten Versuch habe ein Wurmbefall die Pflanzen zerstört. Dennoch lies sie sich nicht entmutigen und wagt einen dritten Versuch. Dieser ist erfolgreich. Nach einigen Rückschlägen konnte sie ihrem Vater am 14. Oktober 1741 vermelden: »Wir haben 20 Gewichtseinheiten Indigo hergestellt und erwarten 10 weitere.«[30] Deshalb forderte sie ihren Vater auf, ihr 100 Gewichtseinheiten an Saatgut zu senden, die sie im Frühjahr ausbringen wolle.

Im September 1742 klagte sie allerdings in einem Brief an ihre Cousine in Boston, die letzten Indigosamen seien nicht gut gewesen: »Nichts ging auf.«[31] Daher will sie im nächsten Jahr ausreichend eigenes Saatgut gewinnen.[32] Als bei der erneuten Aussaat die Pflanzen endlich Samen trugen, schickt ihr Vater einen Mann von der Insel Monserat namens Cromwell, welcher die Technik beherrschte, aus den Blättern Indigofarbe herzustellen. »Dieser errichtete einige Ziegelwannen auf der Plantage meines Vaters am Wappo Creek und stellte dort die erste Indigofarbe her«, erinnert sich Eliza Lucas im Alter.[33]

Ebenso kompliziert wie der Anbau der Pflanze war es, die Farbe aus den Blättern zu extrahieren. Zusammen mit dem benachbarten Plantagenbesitzer Andrew Deveaux verbesserte Eliza Lucas den Prozess. In zwei höhenversetzten Becken wurde zunächst im oberen eine gärende Maische angesetzt, bevor im unteren Sauerstoff in die Flüssigkeit geschlagen wurde, damit ein Oxidationsprozess einsetzte. Durch das Oxidieren und Beimischen von Kalk setzten sich die Farbpigmente am Boden ab. Der so entstandene Farbschlamm wurde getrocknet und in die typischen kleinen quadratischen Farbkuchen für den Export geschnitten.

Verschiedene Faktoren spielten zusammen, damit sich der Indigoanbau in den 1740er-Jahren in South Carolina durchsetzen konnte. Zum einen arbeitete eine Gruppe von Pflanzern daran, mit dem Indigoanbau wirtschaftliche Erfolge zu erzielen. Stark im Indigoanbau engagierte sich neben Eliza Lucas unter anderem Charles Pinckney, den sie am

27. Mai 1744 geheiratet hatte. Ihr Ehemann hatte einen Teil der Wappoo-Plantage als Mitgift erhalten, auf der Eliza Lucas die Indigoexperimente durchführte.[34] Wie Eliza Lucas Pinckney später berichtete, habe ihr Mann noch im selben Jahr der Hochzeit kleine Mengen des Samens an eine große Zahl von Menschen verteilt. Auf diese Weise habe sich die Indigopflanze im ganzen Land verbreitet.[35]

Charles Pinckney trieb den großflächigen Indigoanbau in South Carolina entschlossen voran. Unter dem Pseudonym »Agricola« warb er in den Jahren 1744/45 in der Zeitung *South Carolina Gazette* dafür, Indigo zu kultivieren.[36]

Ebenfalls im Mai 1744 setzte die Regierung von South Carolina eine Prämie von einem Schilling pro Pfund für handelsfähige Erzeugnisse aus, um die Plantagenbesitzer zum Experimentieren mit neuen Nutzpflanzen zu motivieren: Flachs, Hanf, Ingwer, Wein, Oliven, Sesam, Weizen, Gerste, Baumwolle und auch Indigo waren erwünscht.[37]

Eliza Lucas Pinckney las viele botanische Bücher aus der Bibliothek ihres Vaters, um den Anbau und die Farbstoffgewinnung zu optimieren, wie sie in ihrem *Letterbook* vermerkt. Bücher wie Philip Millers *Gardner's Calendar* zählten vermutlich dazu. Schon bald konzentrierte sie sich darauf, das neu gewonnene Handelsgut zu verkaufen. 1744 sandte sie sechs Pfund der von ihr produzierten Indigofarbe zu einem Farbstoffmakler nach England, um es begutachten zu lassen. Dieser bescheinigte ihr, der Farbstoff entspräche der Qualität von jenem aus den französischen Kolonien. Eliza Lucas hatte es geschafft. Mit dem Anbau von Indigo hatte sie eine neue sogenannte *Cash Crop* (Marktprodukt) entwickelt, die sie in den imperialen Markt des englischen Königreichs einspeiste.

Die Produktion von Indigo wuchs in den 1740er-Jahren stetig. In der Region um Charles Town hatte der Anbau begonnen[38], und Eliza Lucas war entscheidend an der Erfolgsgeschichte der Pflanze in South Carolina beteiligt. Im Jahr 1746 wurden in der ganzen Kolonie bereits 5.000 Pfund Farbe produziert, im Folgejahr waren es bereits mehr als 150.000 Pfund. 1775 exportierte South Carolina mehr als 1 Million Pfund Indigo.[39] Zusammen mit den Pinckneys war ein ganzes Netzwerk daran beteiligt, den Indigoanbau vor Ort zu kultivieren. Dazu zählten Plantagenbesitzer wie Andrew Deveaux, Thomas Mellichamps, Charles Hill und Wissensvermittler wie der Kriegsgefangene Captain James la Chappelle.[40] Zusammen gelang es ihnen, die Indigoproduktion zu einem großflächigen Erfolg zu führen. Vor allem aber waren es die Sklavinnen und Sklaven, die den Siegeszug von Indigo auf den Plantagen ermöglichten. Sie säten, ernteten, weichten die Blätter ein, behandelten die Maische, trockneten die Farbe und schnitten die sogenannten *dye cakes*.

Vier Kinder und eine Atlantiküberquerung

Als Frau im heiratsfähigen Alter war es im 18. Jahrhundert unüblich, allein zu leben. Deshalb schlug George Lucas seiner Tochter, bald nachdem er aus South Carolina abgereist war, potenzielle Ehemänner vor. Eliza Lucas hingegen befand, dass momentan »allein zu leben ihre einzige Wahl« sei.[41] Als der Vater ihr einen konkreten Kandidaten nahelegte, antwortete Eliza Lucas, dass selbst »die Reichtümer Perus und Chiles nicht ausreichten, um so viel Wertschätzung zu kaufen«, um diesen zu ihrem Ehemann zu machen.[42] Die Situation änderte sich erst, als ihre Freundin Elizabeth Lamb Pinckney unerwartet am 23. Januar 1744 verstarb. Ohne ihren Vater zu fragen, entschied Eliza Lucas, den 23 Jahre älteren Charles Pinckney zu heiraten, obwohl sie eigentlich mit ihrer Mutter und Schwester sowie dem mittlerweile angereisten Bruder George Jr. nach Antigua zurückkehren wollte. »Der Gentleman, für den ich mich entschieden habe, entspricht in jedem Anspruch meinem Plan«, erklärt Eliza Lucas kurz darauf selbstbewusst ihrer Cousine Fanny Fayerweather. Am 28. Mai 1744 heiratet die 21-Jährige Charles Pinckney. Wenige Wochen später reiste ihre Familie nach Antigua zurück, während Eliza Lucas Pinckney auf die Plantage Belmont zu ihrem Mann zog.

Der in erster Ehe kinderlos gebliebene Charles Pinckney besaß mehrere Plantagen und amtete als Generalstaatsanwalt am Vizeadmiralitätsgericht. Er war Mitglied des Unterhauses der Kolonie und später Mitglied des Oberhauses sowie Kolonialagent für South Carolina. In den Jahren nach der Hochzeit gebar Eliza Lucas Pinckney vier Kinder: Charles Cotesworth (geb. 1746), George Lucas (geb. 1747), Harriott (geb. 1748) und Thomas (geb. 1750). Der zweite Sohn kam einige Wochen zu früh auf die Welt und verstarb einen Tag nach der Geburt. Die vorzeitige Geburt wurde vermutlich ausgelöst durch die Nachricht vom Tod von Eliza Lucas Pinckneys Vater. Als die beiden Söhne Charles Cotesworth und Thomas das schulfähige Alter erreicht hatten, entschlossen sich Eliza und Charles, ihre Kinder in England unterrichten zu lassen, so wie sie es selbst erlebt hatten. Im Jahr 1753 brach die Familie nach Europa auf.

In den Jahren nach ihrer Hochzeit arbeitete Eliza Lucas Pinckney weiter an der Kultivierung von Indigo und es kam ein weiteres Projekt hinzu. Auf der Plantage von Belmont begann sie, Magnolien und Eichen zu pflanzen sowie Seide zu produzieren.[43] Dazu ließ Eliza Lucas Pinckney zunächst Maulbeerbäume anpflanzen, deren Blätter die Seidenraupen fressen, und importierte Seidenraupeneier.[44] Sklavenkinder sammelten und schnitten die Maulbeerbaumblätter, um die Raupen zu füttern, während die Frauen die mehr als einen Kilometer langen Fäden aus den Kokons spannen. Die produzierte Seidenmenge blieb überschaubar; dessen ungeachtet inszenierte Eliza Lucas Pinckney ihre Seide, wie es besser nicht möglich gewesen wäre. Sie präsentierte sie in London der Regentin Augusta von Sachsen-Gotha-Altenburg.

London 1753

Zurück zum Anfang. Der erste Versuch der Pinckneys im Sommer 1753, Prinzessin Augusta zu treffen, war gescheitert. Enttäuscht kehrte die Familie in ihre Wohnung in London zurück. Das Vogel-Geschenk der kleinen Harriott mit ihrer handschriftlichen Nachricht entfaltete indessen seine Wirkung. Noch am selben Abend schickte Prinzessin Augusta eine Nachricht, dass sie die Familie am nächsten Tag um 13 Uhr in ihrem Palast erwarte. Es hatte sich ausgezahlt, die drei Vögel aufwendig über den Atlantik zu transportieren. Am nächsten Tag wurden sie »durch drei oder vier große Säle durch die Gemächer der Prinzessin von Wales« bis zu ihrem Ankleidezimmer geführt, wo sie die Prinzessin zusammen mit ihren Kindern Prinzessin Augusta, Prinzessin Elizabeth, Prinz William und Prinz Henry empfing.[45] Später gesellten sich die Kinder Prinzessin Caroline, Prinz Frederick und Prinzessin Louisa hinzu. Das Gespräch gestaltete sich kurzweilig. Die beiden Frauen sprachen über ihre Kinder, Eliza Lucas Pinckney erzählte, dass sie ihre drei Kinder von Sklavinnen hatte stillen lassen, sie tauschten sich über die Zubereitung von Gerichten, etwa von

Schildkröten, aus – aber die Plantagenbesitzerin informierte die königliche Hoheit ebenso über ihre Seidenproduktion. Vermutlich trug Eliza sogar ein Kleid aus Seidendamast, welches sie sich aus ihrer eigenen Seide hatte in London schneidern lassen.[46] Nach zwei Stunden verabschiedeten sich die Pinckneys von der königlichen Hoheit.

Auf den Leib geschneiderte Werbung

Die Pinckneys beließen es nicht bei diesem Besuch. 1755 trafen sie die Prinzessin nochmals in London und überreichten ihr ein exklusives Geschenk:[47] ein Kleid aus »Seidendamast von ihrer eigenen Plantage, gefärbt in edlem Blau mit CAROLINA INDICO«.[48] Die Prinzessin zeigte sich sehr zufrieden über solche Produkte aus den Kolonien und bedankte sich mit dem Versprechen, das Geschenk zu ehren, indem sie das Kleid trage.[49] Dies vermeldete sogar die *South Carolina Gazette* in Charles Town im April 1755.

Eliza Lucas Pinckney hatte aus ihrer in Belmont gezüchteten Seide in London drei herrschaftliche Kleider schneidern lassen. Eines war gelb mit Goldbesatz, das andere in kräftiger Lachsfarbe mit cremefarbenen Blumenmustern und das dritte, welches die Prinzessin als Geschenk erhielt, war indigoblau. Die Kleider dienten als auf den Leib geschneiderte Werbung für die Schätze South Carolinas sowie als Ausweis ihrer Geschäftstüchtigkeit. Zwei der Kleider verschenkte sie als Werbung für ihre landwirtschaftlichen Experimente. Eines erhielt Prinzessin Augusta, das andere der britische Schriftsteller Lord Chesterfield. Eliza Lucas Pinckney zog alle Register, um als Marketingbotschafterin für ihre eigenen Produkte und landwirtschaftlichen Errungenschaften in Erscheinung zu treten.

Zurück nach South Carolina

Lange überlegten die Pinckneys, ob sie für immer in England bleiben sollten. Schließlich entschloss sich Charles Pinckney aufgrund alarmierender Nachrichten aus South Carolina, für zwei bis drei Jahre in die frühere Heimat zurückzukehren. Die Pinckneys trafen im Mai 1758 nach einer

10-wöchigen Überfahrt wieder in Charles Town ein. Doch die Wiedersehensfreude mit der Familie und den Freunden währte nur kurz. Vier Wochen nach der Ankunft steckte sich Charles Pinckney mit Malaria an. Bald musste Eliza ihren in England zurückgebliebenen Söhnen schreiben: »Was soll ich euch sagen! [...] Euer lieber, lieber Vater, der beste und wertvollste Elternteil, ist nicht mehr!«[50] Charles Pinckney war am 12. Juli 1758 gestorben und hatte die 35-jährige Eliza Pinckney als Witwe zurückgelassen.

Nach dem Tod ihres Mannes fand sich Eliza Pinckney erneut als Hauptverwalterin der Plantagengeschäfte und Besitzungen wieder, die sich nach ihrer langen Abwesenheit in einem schlechten Zustand befanden. Zusammen mit ihrer Tochter entwickelte sie die Seidenproduktion auf der Plantage von Belmont weiter. Vor allem führte sie jedoch administrative Aufgaben aus. Sie stellte Wechsel aus, koordinierte den Warenversand nach Europa und korrespondierte mit ihren Handelspartnern, den Schiffskapitänen sowie den Aufsehern auf ihren Plantagen.[51] Und sie äußerte freimütig, dass sie allein diese Tätigkeiten davon abhielten, in tiefe Lethargie zu versinken.[52]

In unruhigen Zeiten ziehen die Männer in den Krieg, die Frauen führen die Geschäfte

Ihre Tochter Harriott hatte Eliza Lucas Pinckney im Gegensatz zu ihren Söhnen selbst ausgebildet. Auch dies verstand sie als Unternehmung, es war »eines der größten Geschäfte meines Lebens«.[53] Harriott Pinckney hatte 1768 geheiratet. Ihren Sohn Charles Cotesworth sah Eliza Pinckney erst 1769 wieder, als 23-Jährigen Mann. Er war elf Jahre alt, als sie sich in England verabschiedet hatten. 1771 kam auch ihr jüngster Sohn Thomas, 21-jährig, für zwei Jahre nach Charles Town, bevor er sein Studium in England abschloss. Die Familie wuchs eng zusammen. Ihre Söhne hatte Pinckney zu bedeutenden amerikanischen Staatsmännern erzogen und ihre Tochter, die früh verwitwet war, zu einer landwirtschaftlichen Unternehmerin gemacht, wie sie selbst es war. Nach seiner Rückkehr übernahm Charles Cotesworth die Familiengeschäfte von seiner Mutter, doch als 1775 beide Söhne in den Krieg zogen, übernahmen wieder die Frauen.

Die Revolutionsjahre und der Unabhängigkeitskrieg ließen auch die Familie Pinckney nicht unbeeinträchtigt.

George Washington nimmt die Einladung an

Auch Tochter Harriott Pinckney Horry handelte ambitioniert wie ihre Mutter. Sie lud den Präsidenten George Washington (1732–1799) ein, ihr Gast zu sein, als dieser 1791 durch die Südstaaten reiste: »Ich habe mit großer Freude gehört, dass Ihre Exzellenz vorhat, diesen Teil des Kontinents mit einem Besuch zu beehren, und da mein Haus am Santee auf Ihrem Weg nach Charleston liegt, erweisen Sie mir die Ehre, es zu einer Etappe zu machen.«[54] Washington sagte zu und so empfingen Harriott Pinckney Horry und ihre Mutter Eliza Lucas Pinckney auf ihrem Anwesen in Hampton den amerikanischen Präsidenten am Freitag, den 29. April 1791 zum Frühstück. Als Eliza Lucas Pinckney am 26. Mai 1793 in Philadelphia einem Krebsleiden erlag, äußerte der Präsident noch einmal auf besondere Art und Weise seine Anerkennung für die Grande Dame von South Carolina. Er bestand darauf, ihr als einer der Sargträger persönlich die letzte Ehre zu erweisen.

Eliza Lucas Pinckney hat die Landwirtschaft von South Carolina so stark beeinflusst wie nur wenige. Sie initiierte den großflächigen Indigo-Anbau entscheidend mit, nutzte die Chancen, die sich ihr boten und setzte sich ambitionierte Ziele, wie die ranghöchste Frau des British Empire zu treffen. Angst vor Neuem zeigte sie nicht, vielmehr ein Gespür für künftige Entwicklungen. Denn von einem war Eliza Lucas Pinckney überzeugt: »Von vielen Projekten wird eines bestimmt Erfolg haben.«[55]

Take-aways

- Mit der Werbung für sich und die eigenen Projekte bei den gesellschaftlich höchsten Institutionen und Personen beginnen.
- Sich hochrangig vernetzen.
- Für die Innovationsentwicklung braucht es den Austausch und das Know-how vieler Expert*innen.
- Gleichzeitig mit mehreren Projekten experimentieren, um die Erfolgschancen zu erhöhen.
- Wissen und Vorgehensweisen aus verschiedenen Ländern und Regionen verwenden.
- Ausbildung und Arbeitserfahrung in verschiedenen Ländern führt zu einem Wissensvorsprung, der in wirtschaftliche Vorteile verwandelt werden kann.

Zum Weiterlesen

Die Briefe Eliza Pinckneys sind im Original unterhaltsam zu lesen: Pinckney, Elise (Hg.) (1997): *The Letterbook of Eliza Lucas Pinckney 1739–1762*, Chapel Hill.

Einen ausführlichen Einblick in Leben und Zeit von Eliza Pinckney bietet: Glover, Lorri (2020): *Eliza Lucas Pinckney. An independent woman in the age of revolution*, New Haven und London.

»[…] meine Entschlossenheit, erfolgreich zu sein, wuchs mit den Hindernissen, die auftauchten.«

Martha J. Coston

(1826?–1904?)
Erfinderin, Unternehmerin

»Jeder erfahrene Seemann weiß, dass es für die Signalgebung in der Nacht nichts Wirkungsvolleres gibt als ein farbiges pyrotechnisches Feuer; und die Coston-Signale sind, wie ich schon gesagt habe, keine gewöhnlichen Feuerwerkskörper, sondern eine feine Kombination von Chemikalien, die so gemacht sind, dass sie plötzlich und deutlich von einer Farbe zur anderen wechseln, oder indem sie farbige Sterne werfen.«[56] Mit diesen Worten beschreibt die Erfinderin und Unternehmerin Martha J. Coston jene Leuchtsignale, mit denen sie Mitte des 19. Jahrhunderts die Kommunikation auf See revolutionierte. Denn bis der Funkverkehr nach 1900 fest in der Schifffahrt etabliert war, war es nachts nicht möglich, zwischen Schiffen oder zum Land zu kommunizieren. Die bei Tage verwendeten Signalflaggen waren bei Dunkelheit nicht sichtbar. Das Licht von Lampen strahlte nur über eine kurze Entfernung. Signallaute waren bei Sturm und Meeresrauschen nicht zu hören. Doch mit den Leuchtsignalen von Martha J. Coston konnte ein Schiff plötzlich nachts anweisen: »Schicken Sie Truppen zu unserer Linken.«, »Schießen einstellen.« oder »Granaten feuern.« Seit 1848 hatte Coston die Erfindung ihres verstorbenen Mannes zur Produktionsreife entwickelt und erkannt, dass die Rüstungsindustrie kurz vor dem amerikanischen Bürgerkrieg ein vielversprechendes Marktsegment darstellte.

Über einen Zeitraum von zehn Jahren stellte Coston zahlreiche Chemiker und Pyrotechniker ein, entließ viele von ihnen wieder und führte selbst Experimente durch. Zahlreiche Hindernisse galt es zu überwinden, Coston verzweifelte jedoch nicht, sondern hütete jeden Schritt, der in die richtige Richtung ging.[57] »Es würde zu viel Platz beanspruchen und meine Leser ermüden«, erklärt Coston in ihrer 1886 veröffentlichten Autobiografie, »wenn ich auf alle Einzelheiten meiner Bemühungen, die Idee meines Mannes zu vervollkommnen, eingehen würde«.[58]

Selbst die Kanarienvögel weigerten sich, zu singen

An einem trüben Novembernachmittag im Jahr 1848, als der Regen an die Fensterscheiben prasselte und selbst die Kanarienvögel in ihren Käfigen von »der alles durchdringenden Düsternis« so bedrückt waren, »dass sie sich weigerten, zu singen« und sich ihre Söhne ernst über die Bilderbücher beugten[59], öffnete Martha Coston eine Kiste mit Papieren, die ihr verstorbener Mann hinterlassen hatte. Ein Blatt nach dem anderen nahm sie hervor, auf denen sich zu teure, nicht zu Ende erarbeitete Konzepte von Erfindungen befanden. »Schließlich stieß ich auf einen großen Umschlag, der Papiere und einen geschickt gezeichneten Plan von Signalen enthielt, die auf See bei Nacht für dieselben Kommunikationszwecke verwendet werden sollten wie Flaggen bei Tag«,[60] schildert Coston jenen Moment, in dem sie erstmals die Unterlagen in den Händen hielt, die ihr weiteres Leben bestimmen sollten. Auf der farbigen Karte waren an jedem Signal eine Zahl und ein Buchstabe angebracht. Coston erinnerte sich, dass sie diese Idee bereits mit ihrem Mann diskutiert hatte, als sie sich kennenlernten. »Mein Weg lag klar vor mir. Ich schloss die Schachtel und setzte mich sofort an meinen Schreibtisch«[61], fährt Coston in ihrer Autobiografie fort. Sie erkannte den immensen Wert der Erfindung und recherchierte umgehend, ob es noch Prototypen der von ihrem Mann entwickelten Leuchtsignale gäbe.

Heimliche Hochzeit

Martha Coston war 21 Jahre alt und Mutter von vier Söhnen, als ihr Mann starb. Als 14-Jährige hatte Martha J. Hunt den damals 19-jährigen Benjamin Franklin Coston (1821–1848), einen Wissenschaftler und Erfinder, kennengelernt. Zu dieser Zeit lebte Hunt mit ihrer Mutter und ihren Halbschwestern in Philadelphia und besuchte die Schule. Bei einem Picknick mit Freunden war sie den »leuchtenden braunen Augen« Benjamins begegnet und erkannte »mit flatterndem Herzen« zum ersten Mal in ihrem Leben »das Bewusstsein ihres Geschlechts«.[62] Als Benjamin um die Hand von Martha anhielt, stimmte ihre verwitwete Mutter dem Plan zu, allerdings sollten beide mit der Hochzeit warten, bis Martha volljährig war. Benjamin F. Coston hatte zu dieser Zeit bereits ein U-Boot konstruiert, welches acht Stunden unter Wasser bleiben konnte.[63] Der junge Erfinder war häufiger Gast im Elternhaus von Martha, doch nach zwei Jahren zog er nach Washington, um ein Laboratorium der Navy zu leiten.

Nach dessen Wegzug gestand die von ihrem schlechten Gewissen geplagte Martha verzweifelt ihrer Mutter: »Ich bin verheiratet.« Woraufhin dieser »alle Farbe aus ihrem Gesicht wich, alles Licht aus ihren Augen schwand« und sie »mit tiefer, intensiver Stimme sagte: ›Bitte, mit wem?‹ ›Mit Ben‹, antwortete Martha. ›Das ist ein elender Scherz, er ist weg!‹, entgegnete die Mutter. ›Ja, aber wir haben geheiratet, bevor er abreiste.‹«[64] Die beiden hatten sich heimlich von einem Priester trauen lassen. Martha war damals 16 Jahre alt, vielleicht sogar jünger. Bald zog das junge Ehepaar zusammen nach Washington, wo Martha J. Coston innerhalb von fünf Jahren vier Söhne zur Welt brachte und Benjamin F. Coston in der Marinewerft arbeitete, um Zündkapseln für Perkussionswaffen und Raketen zu entwickeln.[65] Eine seiner wichtigsten Erfindungen war ein Zündelement für Kanonen.[66] Weil Benjamin Coston beim Experimentieren ungeschützt chemische Gase einatmete, erlitt er bald gesundheitliche Beschwerden, sodass er sich entschloss, seine Stellung als Leiter des Marinelabors aufzugeben. Anschließend wurde er Präsident eines Bostoner Gasunternehmens.[67] Viele Nächte verbrachten die jungen Eheleute zusammen in Benjamins Arbeitszimmer und diskutierten seine Ideen. Martha J. Coston unterstützte ihren Mann bei seinen Forschungen. In Washington knüpfte das Ehepaar mit vielen führenden Persönlichkeiten

Kontakt, zum Beispiel mit dem Politiker und früheren Außenminister Henry Clay (1777–1852) und der Witwe des früheren US-amerikanischen Präsidenten James Madison, Dolly Madison (1768–1749).[68]

21 Jahre alt, verwitwet, mittellos

Doch im Jahr 1848 starb Benjamin F. Coston. Die junge Witwe zog daraufhin wieder zu ihrer Mutter nach Philadelphia. Dort starb ihr Sohn Edward. Wenig später erlag auch ihre Mutter einer Krankheit. Ihre Lage schien aussichtslos, mit 21 Jahren fand sich Coston »als Witwe mit drei kleinen Kindern und mittellos wieder«.[69] Plötzlich musste die junge Frau den Lebensunterhalt der Familie finanzieren. Sie wusste nicht, wie man Geld verdient, und schämte sich zu betteln. »Ich hatte sowohl meinen Anker als auch meinen Lotsen verloren und war der Gnade unbekannter Meere ausgeliefert«[70], schildert Coston später die Situation. »Mit verdoppelter Sehnsucht wandte sich mein Herz meinen einzigen Schätzen [ihren Söhnen] auf Erden zu, und die Schmerzen der Notwendigkeit weckten in mir das Bedürfnis, meine geschäftlichen Angelegenheiten besser zu verstehen.«[71] Dann entdeckte sie die Kiste mit den Unterlagen ihres verstorbenen Mannes und erhielt tatsächlich die bereits vorhandenen Prototypen der Leuchtraketen. Allerdings bleibt die Produktionsanleitung dazu unauffindbar.[72]

Coston nahm Kontakt mit ihren Freunden in Washington auf. Der Marineminister Isaac Toucey (1792–1869) ordnete Tests an. Aber kurze Zeit später ereilte Coston die nächste Tragödie. Ihr Sohn Benjamin starb nach einer langen, schmerzhaften Krankheit. Zurück blieb die junge Mutter mit den beiden Söhnen William und Harry.

Die dritte Farbe fehlt: ein helles Grün oder Blau

»Ich wurde aus meiner Trauer durch einen Brief geweckt«, erinnert sich Martha J. Coston. Der Brief stammte von Admiral Hiram Paulding (1797–1878) in dem er ihr schrieb, er habe »dem Marineminister mitgeteilt, dass die Idee eine ausgezeichnete sei« und dass Coston ermutigt werden solle, diese weiter auszuarbeiten.[73] Die Witwe übernahm von nun an eine Managementrolle und stellte Chemiker und Pyrotechniker ein, um die Erfindung weiterzuentwickeln. Das Marineministerium erklärte sich bereit, die entstehenden Kosten zu tragen.[74] Die Versuche dauern Jahre. Nach unzähligen Tests war es gelungen, »ein reines weißes und ein lebhaftes rotes Licht herzustellen«.[75] Es fehlte jedoch noch eine dritte Farbe.

Die Farben Rot und Weiß waren zwar entwickelt, aber gebrauchsfertig waren die Leuchtsignale längst nicht. Die Monate vergingen, Martha J. Costons Verzweiflung wuchs. Und ihre geringen Mittel erschöpften sich: »Meine Kinder, reizend und gut, wuchsen schnell und hatten andere Bedürfnisse als die von Kleidung und Nahrung, und meine Entschlossenheit, erfolgreich zu sein, wuchs mit den Hindernissen, die auftauchten.«[76] Als im August 1858 das erste Tiefseekabel durch den Atlantik verlegt worden war und Königin Victoria (1819–1901) mit Präsident James Buchanan (1791–1861) Glückwunschtelegramme ausgetauscht hatte, feierte New York das Ereignis mit einem großartigen Feuerwerk. Beim Bestaunen des Funkenregens und der Farbexplosionen kam Coston die Idee, dass ihr einer der New Yorker Pyrotechniker helfen könnte, die Leuchtsignale zu perfektionieren. Sogleich nahm sie unter einem Männernamen mit mehreren Herstellern Kontakt auf und fragte nach einem kraftvollen, klaren Blau und einem Grün. Ein Produzent antwortete auf ihre Anfrage. Zehn Tage später schickte er ein Paket mit den beiden Farben zu ihrem Landhaus bei Philadelphia. Ein Freund zündete die Testfarben einige Meilen entfernt auf einem Berg. Aus der Entfernung erklärte Coston diese für brauchbar. Daher engagierte sie den Hersteller für weitere Experimente, damit er Feuerwerksfarben entwickelte, die auch bei großen Produktionsmengen gleichbleibende Qualität bieten würden. Ebenso war es notwendig, dass der Farbwechsel am Himmel schnell und klar verlaufe.[77] Viele Wochen verbrachte Coston anschließend in der Fabrik des Pyrotechnikers, um die Leuchtraketen zu finalisieren.

Die Coston Nachtsignale sollen auf allen Schiffen der Navy eingesetzt werden

Für einen weiteren Testlauf stellte die Navy ein Gremium, bestehend aus ranghohen, geschwaderführenden Offizieren der Kriegsmarine, zusammen. Coston sollte mit einigen Freunden bei den Versuchen anwesend sein. Es war ein bedeutungsvoller Moment: »[...] klar, brillant und schön, brannte gegen den dunklen Himmel das erste Coston-Nachtsignal. Der Jubel meiner Begleiter und die Freude der Offiziere an Deck versicherten mir, dass ich nicht träumte. Endlich Erfolg!«[78]

Nach weiteren vier Wochen verschiedenster Prüfungen teilte ihr der Präsident des Gremiums, Admiral John Rodgers (1812–1882) mit: »Madam, der Mantel Eures Mannes ist auf Eure schönen Schultern gefallen.«[79] Schließlich hieß es im Februar 1859 nach einem Monat Testversuchen im offiziellen Bericht der Navy, dass die Coston-Signale erstens besser als alle anderen bekannten Signale seien, dass zweitens der Ausschuss der Navy dringend empfiehlt, diese einzusetzen. Und dass drittens die Coston-Nachtsignale zusammen mit den Tagessignalbüchern der Marine einen perfekten Code von Nachtsignalen ergeben. »Sie bieten Präzision, Vollständigkeit und Eindeutigkeit [...]«[80], lautete das Fazit.

Die Leuchtraketen hatte Coston in zwei Größen mit verschiedener Reichweite entwickelt. Die Leuchtsprache enthielt die Ziffern 0 sowie 1 bis 9 und die Buchstaben P für »prepare« und A für »answer« in Analogie zum Flaggencode. Jede Ziffer bestand als Leuchtrakete aus einer eigenen Farbkombination, sodass mit Costons Leuchtgeschossen der vorhandene Flaggencode in der Nacht genutzt werden konnte. Dies machte ihre Erfindung so genial. Die Codes lauteten beispielsweise für die Ziffer 11 »Feind vor uns«, die Ziffer 111 bedeutete »Granate über dem Feind abfeuern« oder die Ziffer 113 »Kanonenboote decken unseren Rückzug«.

Was kosten die Leuchtsignale?

Nach den erfolgreichen Testläufen fragte der Marineminister Isaac Toucey die Erfinderin: »Mrs. Coston, ich wusste, dass ich Sie nicht überschätzt habe. Was ist nun der nächste Schritt, und was kann ich für Sie tun? Aber zuerst, was sind diese Signale wert?«[81] Die ganzen Jahre hatte Martha J. Coston die Leuchtsignale entwickelt, über den Preis hatte sie sich jedoch bisher keine Gedanken gemacht. Auf die Frage Touceys antwortete die Erfinderin stammelnd, dass sie den Preis nicht sagen könne. Mr. Toucey erwiderte lächelnd: »Da zeigt sich, dass Sie eine Frau sind. Aber nach dieser langen Zeit der Arbeit sollten Sie anfangen, Lohn zu ernten. Beraten Sie sich mit Ihren Freunden, benennen Sie einen Preis, wobei Sie nicht vergessen dürfen, dass Sie einen fairen verdienen. Kommen Sie morgen wieder.«[82]

Ein erster Auftrag für 3.600 Leuchtraketen

Da die Navy zunächst über keine eigene Manufaktur verfügte, ließ Marineminister Toucey kalkulieren, wie viele Leuchtraketen benötigt würden, um die gesamte amerikanische Flotte im Nord- und Südatlantik, im Nord- und Südpazifik sowie vor Afrika für einen weitangelegten Testlauf mit Leuchtraketen auszustatten. Im März 1859 bestellte die Navy 300 Sets mit jeweils 12 Raketen (Ziffern 0–9 sowie die Buchstaben A und P), insgesamt über 3.600 Leuchtraketen[83], die kleinen kosteten pro Stück 4 US-Dollar, die großen 7 US-Dollar. Die kleine Ausführung der Leuchtraketen ermöglichte es in einer Entfernung von 4 bis 6 Meilen zu kommunizieren, die große Variante sogar innerhalb 10 bis 15 Meilen. Mit speziellen Pistolen und fackelartigen Halterungen wurden die Leuchtsignale in den Nachthimmel geschossen.

Wie vermarkte und monetarisiere ich eine Erfindung?

Neue Erfindungen nützen nur, wenn sie verkauft und vermarktet werden. Martha Coston besaß Erfindergeist sowie den notwendigen Geschäftssinn, um ihre Leuchtsignale zu kommerzialisieren. Dafür musste sie, wie viele andere Erfinder, spezifische Aufgaben delegieren und Anwälte, Produzenten und Agenten beziehungsweise Handelsvertreter engagieren. Nachdem sie zehn Jahre lang die Leuchtsignale zur Produktionsreife geführt hatte, meldete Coston am 5. April 1859 ein Patent für pyrotechnische Signale und ein Codesystem unter dem Namen ihres verstorbenen Mannes Benjamin Franklin Coston an. Es erhielt die Nummer 23.536 . Als sie 1871 ein weiteres Patent mit technischen Neuerungen an ihren Signalfeuern anmeldete, registrierte sie es unter ihrem eigenen Namen. Martha J. Coston hatte zwei Möglichkeiten, die Leuchtsignale zu verkaufen. Zum einen konnte sie die Raketen selbst produzieren lassen, zum anderen die Nutzungsrechte an ihrem Patent verkaufen.

Häufig musste Coston ihr Patent verteidigen. Als sie einmal feststellte, dass andere versuchten, Unternehmen zu gründen, um ihre Leuchtsignale für das Militär zu produzieren, suchte sie eines dieser Unternehmen auf, um sich zu wehren. In Begleitung eines prominenten Senatsmitglieds trat sie vor die Leute und sagte: »Ich bin gekommen, um Sie zu warnen, dass ich von Ihrer Absicht weiß …« Falls diese ihre Patentrechte verletzen würden, fährt sie fort, werde sie es »bis zum äußersten Umfang des Gesetzes verteidigen«, es sei denn, sie erhalte eine volle Entschädigung für die Verwendung des Patents.[84]

Auf nach Europa

Ebenfalls meldete Coston Patente für England, Frankreich, die Niederlande, Österreich, Dänemark und Schweden an[85] und gründete die Firma Coston Signal Company, Inc. Doch wer glaubt, dass Martha Coston nun eine gemachte Frau war, der irrt. Coston erkannte, dass sie zügig handeln und ihre Erfindung an die europäischen Militärs verkaufen müsste, wenn sie davon finanziell profitieren wollte. Noch bevor die amerikanische Navy die Nutzungsrechte an ihrem Patent erworben hatte, reiste Coston nach England, um mit der königlichen Marine zu verhandeln. Sie hatte sich ein hohes Ziel gesetzt: »Die Einführung der Coston-Signale in allen Seefahrernationen der alten Welt.«[86]

Coston verlor keine Zeit. Nachdem sie die Patente angemeldet hatte, nahm sie die noch kleinen Söhne William und Harry aus der Schule und fuhr im August 1859 mit einer Kiste voller Testraketen nach England. Auf dem Dampfschiff »Afrika« reisten sie zusammen mit der Schriftstellerin Harriet Beecher Stowe und deren Familie nach Liverpool, von wo aus es mit dem Zug weiter nach London ging. Nachdem sie sich von Offizieren und Mitgliedern der amerikanischen Regierung mit Empfehlungsschreiben ausgestattet hatte, unter anderem von dem bekannten Marineoffizier und Hydrografen Matthew Fontaine Maury (1806–1873), Direktor des Nautischen Observatoriums in Washington, und dem britischen Vizeadmiral Robert Fitzroy (1805–1865), konnte ihre europäische Mission beginnen.

Als einzige Frau an Bord eines Kriegsschiffes

Nach einem längeren Aufenthalt in London fuhr die durch Keuchhusten gesundheitlich angeschlagene Martha J. Coston mit ihrem Sohn Harry im Dezember 1859 zu einem Stützpunkt der königlichen Marine in Portland am Ärmelkanal. In der Unterkunft des wenig einladenden Ortes erhielten sie ein »versteinertes Mahl«, wie Coston das Abendessen anschaulich beschreibt. »Das Brot war so hart, dass ich wahrhaftig glaube, wenn es aus dem Rohr einer Kanone abgefeuert worden wäre, hätte es ein Loch in eine Steinmauer geschlagen; der Schinken hätte ein Zeitgenosse von Noahs Ältestem sein können; und der Tee war ein blanker Hohn, lediglich ein Aufguss aus Weidenblättern.«[87] Nach mehreren weiteren »steinernen Mahlzeiten«, die ihr serviert wurden, verschaffte sich Coston einen Termin bei Admiral Sir Charles Howe Freemantle (1800–1869), Oberbefehlshaber des Kanalgeschwaders, auf der »Royal Albert«, die vier Meilen vor der Stadt ankerte. Das dreideckige Flaggschiff wurde von 111 Männern geführt und hatte 130 Kanonen an Bord. Für den Damenbesuch putzte die Mannschaft das Schiff sichtbar heraus. Als Coston das Schiff bestieg, wurden Salutschüsse abgegeben, bevor sie auf dem Oberdeck ein »prächtig aussehender alter Mann« begrüßte, »gekleidet in eine stattliche Uniform, die auf der Brust mit Orden glitzerte«.[88] Obwohl Coston sehr erleichtert über diesen Empfang war, erlitt sie, kaum dass sie sich hingesetzt hatte, einen Anfall. »Das lange Fasten und die Nervosität« machten sich »in einem heftigen Seufzen bemerkbar, und für einige Augenblicke hätte mich kein Indianer der Prärie übertreffen können«[89], schildert Coston die unangenehme Situation, die man wohl am besten aus heutiger Perspektive als Hyperventilationsanfall bezeichnen kann, bei dem ihre innere Erregung zum Ausdruck kam. Nachdem sie ein Glas Madeira und einen ordentlichen Lunch erhalten hatte, beruhigte sich die Unternehmerin und begann ihre Mission zu erläutern. Sir Charles erkannte den großen Bedarf für ihre Erfindung. Zu seiner Flotte gehörten 15 große Schiffe, deren Offiziere er umgehend an Bord beorderte, wo sie zusammen mit Coston an einer riesigen Mahagonietafel Platz nahmen und sie den uniformierten Männern die Funktion der Leuchtsignale erklärte. Anschließend eskortierte sie der Admiral persönlich zurück zum Hotel. Während sie die Treppe zu seinem Boot hinab schritten, spielte die Schiffskapelle die Hymne »God save the Queen«. Costons Vorgehen mutete bei den Einheimischen so ungewöhnlich an, dass diese sie »die Königin von Amerika« nannten. Ihr Sohn Harry bezeichnete sich scherzhaft entsprechend als Kronprinz.

40 Fünfhundert-Dollar-Pakete in der Handtasche

Als sich 1861 der amerikanische Bürgerkrieg anbahnte und damit der Einsatz ihrer Leuchtraketen wahrscheinlicher schien, kehrt Coston in die Vereinigten Staaten zurück. Noch hatte die U.S. Navy die Rechte an Costons Technologie nicht erworben. Nachdem der Kongress endlos über ihre Patente debattiert hatte, Coston beschreibt das ausführlich in ihrer Autobiografie, erwarb dieser die Patente schließlich am 5. August 1861 für 20.000 US-Dollar. Ursprünglich hatte sie 40.000 US-Dollar gefordert.[90] Mehr als zwei Jahre hatte sich der Kauf nach der Patentanmeldung hingezogen. Als sie später den Betrag aus dem Finanzministerium abholte, »waren zufällig mehrere Geschäftsleute anwesend, als mir das Geld in Fünfhundert-Dollar-Paketen ausgehändigt wurde, und es erregte ziemliches Aufsehen, als ich eines nach dem anderen entgegennahm und in meiner Handtasche verstaute«.[91]

Kriege sind Katastrophen. Sie hinterlassen Verzweiflung, Tragödien und Elend. Andererseits bieten Kriege und Krisen politische und wirtschaftliche Chancen, weil innerhalb kürzester Zeit Erfindungen, Innovationen und technologischer Wandel benötigt werden. Für Unternehmen und Zulieferer des Militärs eröffnen sich in Krisenzeiten ausgezeichnete wirtschaftliche Chancen. Martha J. Coston stand auf der Seite der Kriegsgewinner, sie durfte umgehend die gesamte Marine der Unionsstaaten ausstatten, allerdings beklagt sie in ihrer Autobiografie mehrfach, dass sie die Leuchtsignale zum Selbstkostenpreis verkaufen musste. Im Verlauf des Bürgerkrieges produzierte Coston 1.200.000 Leuchtraketen für die Navy der Unionsstaaten.[92] Aufgrund der Inflation machte Coston am Ende sogar Verluste. Bis 1875 versuchte Coston mehrfach, ihre Ansprüche beim Kongress geltend zu machen. Ein späterer Bericht schätzte, dass Coston 120.000 US-Dollar zugestanden hätten. Die Regierung bot ihr lediglich 15.000 US-Dollar.[93]

Unbestritten bleibt hingegen, dass die Leuchtsignale das strategisch-taktische Vorgehen im Seekrieg entscheidend veränderten und das Leben zahlreicher Schiffbrüchiger retteten. Der Kommandant des Mississippi-Geschwaders, Admiral David Dixon Porter (1813–1891), beschrieb in seinem Rückblick auf den Bürgerkrieg: »Nachts können die Signale so deutlich gelesen werden, dass Verwechslungen unmöglich sind.« Und ein Oberbefehlshaber kann mit einem mehrere Meilen entfernten Schiff kommunizieren, »als ob er mit dem Kapitän in seiner Kajüte sprechen würde. Dies war der Fall auf dem Mississippi und auch im Nordatlantikgeschwader während des Krieges, wo wir Hunderte dieser Signale (nein, Tausende) lasen, die oft die ganze Nacht hindurch benutzt wurden«.[94] Martha J. Coston hatte ein Produkt entwickelt, dass nicht nur lebensrettend, sondern auch in hohem Maße skalierbar war.

Schlangenbad, Stockholm, Paris: Coston reist mehr als zehn Jahre durch Europa

1863 reiste Coston erneut nach Europa, diesmal zunächst ohne ihre Kinder, um ihr Patent zu verkaufen. Mehr als ein Jahrzehnt wird sie in der Folge zwischen den Vereinigten Staaten und Europa hin- und herpendeln. Wie einst in Washington gelang es ihr überall, sich Zugang zu den höchsten Kreisen und militärischen Entscheidern zu verschaffen.

Am Beginn ihrer Abenteuer stand in London eine Audienz mit der Königin Victoria. Nachdem Coston im königlichen Hofjournal als eine von fünf »Schönheiten« bei der Audienz, die offiziell Queen's Drawing Room hieß, erwähnt wurde, hätte ihr die Crème de la Crème der Londoner Gesellschaft offengestanden.[95]

Anschließend reiste Coston über Paris nach Baden-Baden, durch den Schwarzwald, nach Frankfurt am Main, verbrachte zwei Wochen im ältesten hessischen Heilbad Schlangenbad mit warmen Thermalquellen, wo im 19. Jahrhundert viele Briten und auch die französische Kaiserin Eugénie kurten. Weiter besichtigte Coston unter anderem den Kölner Dom.

Zurück in Frankreich ließ sich die bald 40-jährige Coston erklären, wie man Personen von Rang kontaktiert, insbesondere den französischen Kaiser.[96] Coston ließ keine Chance verstreichen. Nachdem sie weiß, welche Art von Briefpapier, welche Faltung und welche Ansprache der höfischen Etikette entsprechen, bat sie Kaiser Napoléon III. (1808–1873) schriftlich um eine Audienz. Diese könne leider erst nach dem Sommer stattfinden, antwortete der Hof, aber immerhin bestellte Frankreich Leuchtsignale. Dennoch reiste Coston enttäuscht und entmutigt zurück nach Amerika. Zwischenzeitlich kam es zu einem Unfall in ihrer Fabrik in den USA, die abbrannte. Ihr Geschäftspartner zwang sie, sich an den Schadenskosten zu beteiligen, obwohl der Brand nicht von den Leuchtraketen verursacht wurde. »Dieses Unglück und die Kosten für meine katastrophale Auslandsreise haben mich fast erdrückt.«[97]

Frankreich versucht, die Leuchtraketen zu kopieren

Doch es muss weitergehen. Nachdem Coston von zahlreichen namhaften Admirälen der US-Navy positive Rückmeldungen über den Nutzen ihrer Signalfeuer im Bürgerkrieg erhalten hatte, reist sie 1865 erneut nach Frankreich, wo sie zunächst in Paris an der Avenue des Champs-Élysées ein Appartement mietete. Über den Winter blieb sie in Paris. Als sich die Verkaufsverhandlungen über ihr Patent hinzogen, vermutete Coston nichts Gutes. 1866 gelang es Coston endlich ihr Patent für 8.000 US-Dollar (40.000 Francs) an die französische Marine zu verkaufen. Gefordert hatte sie 150.000 Francs.[98] Die Verhandlungen zogen sich über mehrere Jahre hin und Coston benötigte einen langen Atem. Als sie 1867 auf dem Weg nach Italien über Toulon an der Côte d'Azur reiste, ließ sie sich von einem Marinekommandanten in einer Fabrik zeigen, wie ihre Leuchtraketen vor Ort produziert wurden. Bei dieser Gelegenheit erfuhr sie von einem Arbeiter, dass die Franzosen fünf Jahre auf eigene Faust versucht hatten, die Raketen herzustellen, dass dies jedoch erst gelang, nachdem sie die Anleitung von den Amerikanern gekauft hatten. »Ich war wirklich schockiert, denn das erklärte mir nicht nur, warum der Kauf des Patents so lange hinausgezögert worden war, sondern auch den Grund, warum die französische Regierung wiederholt Mengen der Signale kaufte. Es war mir fast unbegreiflich, dass die Regierung einer großen Nation sich dazu herablassen konnte, einen Fremden zu betrügen, – noch dazu eine Frau.«[99]

Die Reise geht weiter

Nach diesem Erlebnis ging es weiter nach Italien. In Rom nahm Coston an einer Audienz mit dem Papst teil. »Rom zog vorbei wie ein schöner Traum,«[100] erinnert sich die Erfinderin. Über amerikanische Kontakte ludt sie der italienische Marineminister ein und bat sie um Testexemplare der Leuchtsignale. Längere Verhandlungen begannen. Für viele ihrer Verhandlungen engagierte Coston Agenten, die auf Provisionsbasis arbeiteten und einen bestimmten Prozentsatz des Verkaufspreises des Patents erhielten.[101] Dies war manchmal zwingend notwendig, weil sich Regierungen, wie etwa die italienische, weigerten, mit einer Frau zu verhandeln.

Nach Rom besuchte Coston Venedig und Wien, Warschau, St. Petersburg und Moskau – Russland stellte sich jedoch als Fehler heraus –, Stockholm und Kopenhagen. Zurück in Paris nahm sie an einem großen Dinner mit Kaiserin Eugénie de Montijo (1826–1920) teil, welche Coston als eine mit Diamanten, Saphiren, Smaragden und Rubinen geschmückte Märchenkönigin beschreibt, deren Bewegungen ihr wie ein Gedicht erschienen. Allein war Coston nie, an allen Orten hatte sie britische und US-amerikanische Freunde, kennt Militärs, Politiker oder den Hochadel.

Auch ihre Söhne sollten von der europäischen Kultur profitieren. Sie reisten nicht nur streckenweise mit ihr, sondern Sohn William wurde sogar nach Paris geholt, um Deutsch zu lernen und bei einer Bank zu arbeiten. Auch im Jahr 1870 pendelte Coston zwischen New York und Frankreich. Inzwischen war der deutsch-französische Krieg ausgebrochen. Sie beobachtete die französischen und dann die deutschen Kriegsvorbereitungen in Berlin. Coston beschreibt, wie auf den französischen

Straßen lautes Treiben herrschte, während in Berlin alle Orte des Vergnügens geschlossen wurden und zahlreiche Frauen in Rot-Kreuz-Uniformen das Straßenbild bestimmen. Sie hörte Kaiser Wilhelm I. (1797–1888) sprechen und studierte die Ausstattung der preußischen Armee. Nachdem eine direkte Rückreise nach Paris nicht mehr möglich war, ging es nach Kopenhagen, wo sich die Amerikanerin im Tivoli vergnügte und feststellte, dass die Flotte der Dänen bereits bestens mit ihren Signalfeuern ausgestattet war. In Stockholm gab ihr Karl XV. von Schweden (1826–1872) eine Privataudienz. Die Schönheit von Stockholms Schäreninseln und des Landes überhaupt haben es ihr angetan.

Notsignale für die zivile Schifffahrt

Ab den 1870er-Jahren erschloss Coston neben der Marine mehr und mehr neue, zivile Märkte. Rettungsboote wurden mit den Leuchtsignalen ausgestattet, und die US-Küstenwache machte Costons Leuchtsignale zum Standard-Notsignal. Jeder Küstenpatrouilleur wurde angewiesen, das sogenannte Patrouillen-Coston-Signallicht zu tragen, ein Licht, was nicht abgeschossen, sondern in der Hand gehalten wurde. Dieses Signal warnte jedes Schiff, das in Gefahr geraten könnte. »Jedes Jahr werden in den vom Finanzministerium herausgegebenen Rettungsdienstberichten die zahlreichen Gelegenheiten erwähnt, bei denen durch die Warnungen dieser Signale Hunderte von Schiffen, Tausende von Menschenleben und Millionen von Eigentum gerettet wurden«[102], erklärt Coston in ihrer Autobiografie.

Yachtclubs und andere zivile Schifffahrtsgesellschaften führten die Signale ein. Im Jahr 1886 war der Name Coston »in der Schifffahrt so bekannt, dass er das Synonym für Nachtsignale mit farbigem Feuer ist«[103], erklärt Coston ihren Leserinnen und Lesern.

Coston erhält Auszeichnungen an der Weltausstellung

1873 erhielt Coston für ihre Leuchtsignale eine Medaille auf der Messe von Wien, 1875 in Santiago de Chile. 1876 stellte die Unternehmerin die Coston

Night Signals auf der Centennial Exhibition, der ersten offiziellen Weltausstellung in den USA, in Philadelphia aus, explizit als Erfindung einer Frau, zusammen mit einer Gruppe von über 80 Frauen. Doch während deren Erfindungen, die vor allem das häusliche Leben betrafen, in einem separaten Frauenpavillon gezeigt wurden, konnte Coston nicht nur dort, sondern auch in der Hauptausstellung auftreten. 1886 erhielt sie in Liverpool auf der »International Exhibition for Navigation, Commerce and Manufactures« mit der Goldmedaille die höchste Auszeichnung. Später übergab Coston die Firma an ihre Söhne. Das Unternehmen existierte noch bis in die 1980er-Jahre. Martha Coston starb zwischen Jahr 1902 und 1904.

Die Ritterlichkeit der Männer verschwindet wie der Tau vor der Sommersonne

Anders als etwa Kate Gleason die Zusammenarbeit mit Maschinenbauern und Industriellen als vorteilhaft und angenehm erlebte, empfand Martha J. Coston die ausschließliche Zusammenarbeit mit Männern – es gibt wohl keine hierarchischere Domäne als das Militär – als herausfordernd: »Wir hören viel von der Ritterlichkeit der Männer gegenüber den Frauen, aber lassen Sie mich Ihnen sagen, lieber Leser, es verschwindet wie Tau vor der Sommersonne, wenn einer von uns in Konkurrenz mit dem männlichen Geschlecht tritt. Lasst eine Frau sitzen, weinen, ihre Hände ringen und in ihrer eigenen Hilflosigkeit frohlocken«[104], sagt Coston, dann würde sich der moderne Ritter seinen imaginären Brustpanzer anschnallen und sein Schwert ziehen. Wenn die Frau jedoch ihre Lenden für den Kampf des Lebens umgürtet und bereit sei, wie eine Löwin zu kämpfen, um Nahrung in die Münder ihrer Kinder zu legen, dann bliebe ihr nur das Schulzimmer oder der Herd.

Hinter jedem Erfolg lauert die nächste Anstrengung

Ihren Kampfgeist hatte Martha Coston jedenfalls bei all ihren Herausforderungen nicht verloren. Sie schloss ihren Lebensbericht *A Signal Success* mit den Zeilen: »Aber ich kenne weder Furcht noch Zögern, denn ich habe in meiner Lebenserfahrung festgestellt, dass Recht vor Macht geht.«[105] Coston lässt ihre Leserinnen und Leser nicht nur an ihren jahrzehntelangen Anstrengungen teilhaben, sondern vermittelt auch Insiderwissen über die Rüstungsindustrie und lässt erahnen, welch ein Geschäft der Krieg ist. Doch ihre äußerst unterhaltsam zu lesende Autobiografie veranschaulicht mehr. Sie zeigt, dass Erfolg ein Prozess und kein endgültiger Zustand ist. Wenn man einen Gipfel erreicht hat, eröffnet sich sogleich eine neue Spitze, wie es Chérie Carter-Scott in ihren Spielregeln für den Erfolg beschreibt. Nachdem Coston zehn Jahre lang die Nachtsignale zur Patentreife entwickelt hatte, musste sie diese noch länger vermarkten. Gleichzeitig haben ihr ihre transatlantischen Verkaufstouren zu einem abenteuerlichen, kosmopolitischen Lebensstil verholfen, den sie sichtbar genossen hat. Durchhalten und das eigene Produkt vermarkten kann ein Vergnügen sein, und Martha J. Coston zeigt uns, wie das geht.

Take-aways

- Die Akquise auch für sich selbst unterhaltsam gestalten.
- Wissensmanagement betreiben, das Know-how von verschiedenen Expert*innen zusammenführen.
- Einen langen Durchhaltewillen beweisen.
- Genauso viel Energie in die Vermarktung des eigenen Produkts investieren wie in die Produktentwicklung selbst.
- Um den angestrebten Preis des Produkts kämpfen.

Zum Weiterlesen

Martha J. Coston (1886): *A signal success. The work and travels of Mrs. Martha J. Coston*. An autobiography, Philadelphia.

»The greatest fun I have in life, is building up, trying to create.«

Kate Gleason

(1865–1933)
Ingenieurin, Vertriebsleiterin, Bankpräsidentin, Serienunternehmerin

Manchmal steht man im Leben professionell an einem Scheideweg. Als Kate Gleason im Jahr 1913 die Gleason Works, die Zahnrad- und Getriebebaufabrik ihrer Familie verließ, eröffneten sich ihr nach ihrem schmerzhaften Abschied erstaunliche Möglichkeiten. Gleason hatte das in Rochester, New York, ansässige Familienunternehmen als Vertriebsleiterin zu einer global agierenden Firma geformt. Mit 27 Jahren war sie im Jahr 1892 allein auf einem Frachtschiff nach Europa gereist und hatte Industriellen in England, Deutschland und Frankreich ihre Getriebe und Kegelzahnradhobelmaschinen angeboten. Doch nun war ihre Führungstätigkeit bei dem seit der Jahrhundertwende rasant gewachsenen Konzern beendet, den sie zusammen mit ihrem Vater und ihren Brüdern aufgebaut hatte.

Gleason Works kämpft sich durch die ersten Jahre

Dabei hatte alles so gut angefangen. Ihr Vater William Gleason, ein irischer Einwanderer, hatte 1865 eine Maschinenwerkstatt in Rochester übernommen, in der er Werkzeugmaschinen entwickelte. Im selben Jahr kam Catherine Anselm »Kate« Gleason am 24. November zur Welt. Später folgten die drei jüngeren Geschwister James Emmet (geb. 1868), Andrew (geb. 1872) und die 16 Jahre jüngere Ellen (geb. 1881). Nachdem William Gleasons erste Frau verstorben war, hatte der Witwer 1863 Kates Mutter Ellen McDermont geheiratet. Aus der ersten Ehe Gleasons stammte der ältere Halbbruder Tom, der seinen Vater in der Maschinenwerkstatt tatkräftig unterstützte und den Kate sehr bewunderte. Doch Tom verstarb 1876 mit 20 Jahren an Typhus. Als die elfjährige Kate wenige Tage nach Toms Tod aus der Schule nach Hause kam und ihren Vater sagen hörte, »Oh, wäre Kate doch nur ein Junge!«[106], machte sie es sich zur Lebensaufgabe, diesen Wunsch zu erfüllen.[107] Am nächsten Samstag ging die Elfjährige in die Fabrik und bat ihren Vater um eine Aufgabe. Dieser gab ihr einige Rechnungen, die sie ausstellen sollte. Von da an arbeitete Gleason regelmäßig dort. Als Gleason 14 Jahre alt war, beschloss sie, die Buchhaltung des Unternehmens zu übernehmen. Ihr Vater stärkte ihr dabei den Rücken, so wie er es sein ganzes Leben getan hat.[108] Auch ihre Mutter unterstützte Kates Aktivitäten, damit sich jemand auskennen und die Familie versorgen würde, sollte ihrem Vater etwas passieren. So absolvierte Kate Gleason bereits mit 14 Jahren einen vollen Arbeitstag. Sie stand um vier Uhr früh auf, lernte, ging um acht in die Schule, kam um 13 Uhr nach Hause, um Mittag zu essen, und ging danach ins Büro, wo sie bis 18 Uhr arbeitete. Anschließend aß sie zu Abend und legte sich schlafen.[109] Zu dieser Zeit beschäftigte das Unternehmen zwölf Männer.

Während sie ihr Vater in die Welt des Maschinenbaus einführte, lernte Kate Gleason von ihrer Mutter, für die Rechte der Frauen einzutreten, zählten doch die Vorkämpferinnen für das Frauenwahlrecht Susan B. Anthony (1820–1906) und andere Suffragetten zu den engen Freundinnen der Familie.

Rochester entwickelte sich zu einem Zentrum der amerikanischen Frauenrechtsbewegung, in der Frauen ihre Rechte einforderten und begannen, unternehmerisch tätig zu sein. So gründete auch Martha Matilda Harper in Rochester ab 1888 ihr Haarsalon-Imperium (siehe Seite 199).

Kate Gleason studiert als erste Frau Ingenieurwissenschaften an der Cornell University

Mit 16 Jahren schloss Gleason die Highschool ab und schrieb sich 1884 als erste Frau in den Ingenieurstudiengang an der Cornell University im nicht weit entfernten Ithaca ein. Dies erregte landesweit so viel Aufsehen, dass sogar das *San Francisco Bulletin* berichtete, Kate Gleason sei die einzige Frau in diesem Fachbereich an der Cornell University.[110] Aber noch bevor Gleason das erste Studienjahr beendet hatte, kehrte sie nach Rochester zurück, weil ihr Vater sie in der Fabrik benötigte. »Das war mein erster großer Kummer, der mir völlig das Herz brach«, kommentierte Gleason rückblickend den erzwungenen Studienabbruch.[111] Das eine Collegejahr hätte ihr jedoch die Grundlagen ihrer Profession vermittelt. »Den Rest konnte ich selbst erledigen und tat es auch. Meine feste Entschlossenheit, es den jungen Männern, die ich am College zurückließ, gleichzutun, diente mir als Ansporn, und ich arbeitete mit jedem bisschen Energie, das ich besaß«, erklärt Gleason später.[112] Im Frühjahr 1888 kehrte Gleason noch einmal für einige Monate an das Cornell College zurück, einen Abschluss erlangte sie jedoch nie.

Die erste Lektion als Verkäuferin: Es lohnt sich nicht, vor jemandem Angst zu haben

Gleason Works litt unter den allgemeinen schlechten wirtschaftlichen Umständen. Schon 1879 hatte William Gleason fast alle seine 150 Arbeiter entlassen müssen, bis nur noch drei Männer in der Fabrik arbeiteten.[113] Von da an hatte sich Kate Gleason offiziell um die Finanzen gekümmert und war unabkömmlich geworden, dies zeigte sich bei ihrem kurzen Studienaufenthalt am Cornell College. Nachdem Kate Gleason 1885 wieder nach Rochester zurückgekehrt war, schlug sie ihrem Vater vor, nicht nur die Buchhaltung zu betreuen, sondern auch die in der Fabrik hergestellten Werkzeugmaschinen zu verkaufen. Nach einigen Diskussionen stimmte ihr Vater zu, obwohl er befürchtete, dass Kate als 20-jährige Frau von erfahrenen Verkäufern ausgelacht werden würde.[114] Das Gegenteil trat ein. Kate Gleason ragte als technisch versierte Frau unter allen Verkäufern in der Männerdomäne des Maschinenbaus hervor und verhandelte sich von einem Verkaufserfolg zum nächsten. In der ersten Fabrik, bei der Gleason für ein Verkaufsgespräch angemeldet war, fand sie statt eines alten, erfahrenen Managers einen 23-jährigen jungen Mann vor, der soeben das College abgeschlossen hatte. Als Gleason am frühen Morgen als erste Vertreterin das Werk betrat, umgarnte sie den jungen, wenig erfahrenen Manager so, dass dieser schließlich den gesamten Auftrag an Gleason Works vergab, obwohl ihr Vater angenommen hatte, sie werde lediglich einen Teilauftrag erhalten. Zwei Dinge lernte Kate Gleason daraus: »Es hat keinen Sinn, vor jemandem Angst zu haben. Er hat vielleicht mehr Angst vor dir als du vor ihm.« und »Es zahlt sich aus, auf jedem Gebiet die Erste zu sein, wenn man es kann.«[115]

Alle wollen die Frau, die Werkzeugmaschinen verkauft, kennenlernen

Als Gleason im Oktober 1888 zu verkaufen begann, erwartete sie, dass ihr als Frau viele Steine in den Weg gelegt werden würden. Bald stellte sie jedoch fest, dass sie als einzige Frau in der Branche bis auf einen Nachteil nur Vorteile besaß. Als Frau war es ihr aufgrund gesellschaftlicher Konventionen nicht möglich, potenzielle Geschäftspartner zum Lunch, Dinner, ins Theater oder zu einer anderen Form der Unterhaltung einzuladen.[116] Davon ließ sich Gleason jedoch nicht stoppen. Nachdem ein Fabrikbesitzer mit jedem Vertreter außer ihr zu Mittag oder Abend gegessen hatte, war sie zwar niedergeschlagen, aber entschlossen, nicht aufzugeben. Am nächsten Tag »schneite« sie mit einer guten Geschichte in sein Büro und erhielt den Auftrag, nicht nur wegen ihres Auftritts, sondern auch aufgrund der Qualität der Maschine.[117] So lautete ihr Fazit: »Der einzige

Kampf, den eine Frau gegen dieses Lunch-Dinner-Geschäft führen kann, besteht darin, es zu ignorieren und sich stetig auf die eigentliche Arbeit zu konzentrieren.«[118] Schon nach kurzer Zeit eilte ihr Ruf ihr voraus, sodass alle neugierig darauf waren, die ungewöhnliche Frau kennenzulernen, die Werkzeugmaschinen verkaufte. Gleason selbst freute sich, wenn über sie geredet wurde, hielt sie es doch mit den Worten Susan B. Anthonys: »Jede Form von Werbung ist gut. Erhalte Lob, wenn möglich, Tadel, wenn nötig. Aber sorge immer dafür, dass über dich geredet wird.«[119]

Finanzielle Schwierigkeiten führen zu einer bahnbrechenden Neuausrichtung des Unternehmens

Bis zur Wirtschaftskrise von 1893 war die Mitarbeiterzahl von Gleason Works wieder auf 125 angestiegen, doch dann brach das Werkzeugmaschinengeschäft ein. Zusätzlich zum fehlenden Absatz belasteten Kredite, die abbezahlt werden mussten, das Unternehmen. In einem späteren Interview berichtet Kate Gleason, sie sei in dieser Zeit zur Überzeugung gelangt, das Unternehmen solle sich von den Werkzeugmaschinen verabschieden und sich auf Kegelradfräsmaschinen spezialisieren. »Und wie sieht es mit Zahnradgetrieben aus?«, soll Gleason ihren Vater gefragt haben. »Sie nutzen sich viel schneller ab als Werkzeuge. Wir könnten Jahr für Jahr an dieselben Leute verkaufen.«[120] William Gleason hatte die erfolgversprechende Kegelradhobelmaschine im Jahr 1874 entwickelt und zusammen mit seinen Söhnen James und Andrew in den Folgejahren perfektioniert. Sie besaß einen sogenannten integrierten Indexierkopf und war dafür ausgerichtet, Kegelräder zu hobeln.

Die Kegelradhobelmaschine als wichtige Grundlage für die Automobilindustrie

Bei Kegelrad- oder auch Winkelgetrieben stehen die Antriebs- und Abtriebswelle winklig zueinander. Ein einfaches Beispiel für ein Kegelradgetriebe findet sich etwa in einem Fensterrollladen, bei dem man mit der Handstange ein Zahnrad dreht, welches im 90-Grad-Winkel in jenes Zahnrad greift, das den eigentlichen Rollladen bewegt.

Bis William Gleason die Kegelradhobelmaschine erfunden hatte, war es zeitaufwendig und teuer, Kegelräder herzustellen. Denn entweder wurden die Zahnräder von Hand gegossen oder es wurden hölzerne Zahnradzähne in Metallringe eingesetzt. Die von Hand gefertigten Zahnräder waren unpräzise, wenig langlebig und übertrugen die Kraft mit hohem Verlust.[121]

Mit der sich entwickelnden Automobilindustrie stieg die Nachfrage an Kegelradgetrieben und Kegelradhobelmaschinen exponentiell. Im frühen Auto wurde das Kegelradgetriebe an der Hinterachse verbaut, wo die Kraft von der Antriebswelle im rechten Winkel zu den beiden Hinterrädern übertragen werden musste. Um 1900 entschied Gleason Works, sich auf den Verkauf seiner Zahnradmaschinen an andere Industrien zu konzentrieren, welche die Zahnräder in ihrer eigenen Fertigung benötigten.[122] Die Produktion der meisten anderen Maschinentypen sowie die Herstellung von Maschinenteilen wurde eingestellt. Mit dieser Strategie etablierte sich Gleason Works als einer der Weltmarktführer in der Verzahnungstechnologie. Noch heute ist die Gleason Gruppe weltweit mit mehr als 2.600 Mitarbeitenden tätig. Die strategische Neuausrichtung des Unternehmens Ende des 19. Jahrhunderts ebnete ebenfalls den Weg für Kate Gleasons spätere Tätigkeit als Serienunternehmerin. Denn nun begann der kontinuierliche Aufstieg des Unternehmens, der enorm viel Kapital generierte.

Kate Gleason richtet das Unternehmen global aus

Kate Gleason hat zwar nicht, wie von Henry Ford mehrfach behauptet, die Kegelradhobelmaschine konstruiert, aber sie hat das Familienunternehmen ab Mitte der 1880er-Jahre als Vertriebsleiterin in den Ring der nationalen Maschinenbauer gestellt. Kate Gleason galt als »Office Boss«, sie verantwortete den Vertrieb und die Finanzen und entwickelte, während die USA noch an der Wirtschaftskrise litten, die Idee, dass die prosperierende Industrie Europas als neuer bedeutender Absatzmarkt dienen könnte.

Als Kate Gleason mit knapp 27 Jahren an gesundheitlichen Beschwerden litt, empfahl ihr Arzt ihr einen Aufenthalt am Meer in Atlantic City, New Jersey. Da es dort jedoch keine potenziellen Kunden gab, schlug Gleason ihrem Vater vor, stattdessen eine Atlantikreise zu unternehmen und in Europa die Verzahnungsmaschinen zu verkaufen. Sie erwähnte ihren Plan bei einem Vertriebler des Maschinenbauunternehmens Brown & Sharpe, der sie fragte, ob sie in Europa jemanden kenne. »Niemanden«, antworte Gleason, »ich habe in Amerika an Menschen, die ich nicht kenne, verkauft, warum also nicht im Ausland?«.[123] Der Mann schüttelte den Kopf und stattete Gleason mit einem Bündel von Empfehlungsschreiben aus. So reiste Gleason am 20. November 1892 von Montreal mit 14 Männern auf einem Viehtransportschiff nach Europa, wo sie England, Schottland, Frankreich und Deutschland bearbeitete. Mit Erfolg. Auf der Reise gelang es Gleason, zahlreiche Kunden zu akquirieren und das väterliche Unternehmen auf eine globale Ebene zu heben.

Eine solche Reise als 27-jährige Frau auf einen anderen Kontinent zu unternehmen, mit dem Ziel, Fabriken zu besuchen, in denen sie garantiert die einzige Frau unter Männern sein würde, erstaunt noch heute. Kate Gleason hatte offenbar Freude an Herausforderungen, bei denen das Set-up ein sicheres Erfolgsrezept zu sein versprach. Auch innerhalb der Familie hatte Gleason eine neue Rolle übernommen, nachdem ihre Mutter Ellen 1896 nach längerer Krankheit gestorben war. Nun war Kate Gleason mit 31 Jahren weibliches Familienoberhaupt und kümmerte sich insbesondere um ihre deutlich jüngere Schwester Eleanor.

Als erste Frau Mitglied im Verein Deutscher Ingenieure

Reisen nach Europa standen regelmäßig auf Kate Gleasons Programm, unter anderem stellte Gleason Works 1900 auf der Weltausstellung in Paris aus. Bis 1905 war die Nachfrage an Verzahnungsprodukten so gestiegen, dass das Unternehmen seinen Standort in den Folgejahren verlagerte und ein neues Fabrik- und Verwaltungsgebäude errichten ließ, um die Produktionskapazitäten zu erhöhen. An der University Avenue erwarb das Unternehmen ein 14 Hektar großes Areal, auf dem ein neuer Industriekomplex errichtet wurde, der nicht nur zweckmäßig war, sondern architektonisch zu den elegantesten Industriegebäuden von ganz Rochester zählte. Kate Gleason und ihr Vater hatten die neue Produktionshalle in den Dimensionen des Kathedralschiffes des Domes von Pisa planen lassen und anschließend das Verwaltungsgebäude im repräsentativen Beaux-Arts-Stil nach dem Vorbild des Hauptgebäudes der Organisation Amerikanischer Staaten in Washington D.C. errichtet.

Kate Gleason war inzwischen so bekannt, dass sie 1913 in den Verein Deutscher Ingenieure (VDI) aufgenommen wurde.[124] Ein Jahr später, 1914, erhielt sie als erste Frau die Mitgliedschaft der American Society of Mechanical Engineers (ASME).

Mit den Waffen einer Frau

Frauen sind nicht auf Äußerlichkeiten zu reduzieren, und Kate Gleasons Erfolg ließ sich sicherlich nicht darauf reduzieren. Dennoch erzählte sie gern, wie sie sich nach ihrer ersten Europareise von einer wenig auf ihr Aussehen bedachten Frau in eine schillernde Business Lady verwandelt hatte. Nur ein einziges schlichtes Cashmerekleid habe sie bei ihrer ersten Europareise getragen. Und häufig habe sie nach Pferd gerochen, da sie eine leidenschaftliche Reiterin war. »Kurz nach meiner Reise begann ich, über mein Äußeres nachzudenken. Scheinbar hatten bereits alle anderen darüber nachgedacht, aber für mich war Kleidung von geringer Bedeutung«, gibt sie offen zu.[125] Gleason stylte sich radikal um und ihr Äußeres symbolisierte nun gleichsam ihren unternehmerischen Erfolg. Sie ließ ihr Haar frisieren, trug Veilchen an ihrem Muff und ließ sich neue, leichte Kleider schneidern. Die Aufmerksamkeit, die sie ihrem Outfit schenkte, zahlte sich aus. Einige ihrer Kunden, so erinnert sie sich, hätten sie noch nach über zwanzig Jahren auf ein bestimmtes Kleid oder einen Hut angesprochen. Gleason hatte »gelernt, Kleidung zu schätzen, Kleidung zu lieben und Kleidung zu benutzen«.[126]

Eine Alhambra in Rochester

Genauso extravagant, wie sich die Unternehmerin kleidete, wohnte sie. Im Jahr 1906 ließ Gleason sich ein Haus errichten, das der spanischen Alhambra nachempfunden war. Seit ihrer Kindheit hatte sie sich für maurische Architektur begeistert, erst recht, seit sie 1903 Spanien bereist hatte. Gleason erwarb in Brighton Heights, einem Vorort von Rochester, auf einer Anhöhe ein Grundstück, von dem man über weitläufige Hügel und Wälder blickte. Gleason nannte ihr Haus »Clones« nach dem Geburtsort ihrer Mutter in Irland. Clones besaß alles, was den Nasridenpalast in Granada charakterisierte: einen von einem Glasdach überdachten Patio, in dem Palmen wuchsen und sich die Sonne in einem Wasserbecken spiegelte, Arkadengänge mit maurischen Ornamenten und Kapitellen sowie Rundbogenfenster. Den Boden ihres Wohnzimmers zierte ein Tigerfell mit weit aufgerissenem Maul, das sich vor dem spanischen Kamin erstreckte. In die Lehne eines Stuhles hatte sich Kate Gleason ihren Leitsatz »Possum volo« schnitzen lassen. »Ich kann, wenn ich will« galt ihr als Lebensmotto, und ihre Biografie beweist eindrücklich, dass es dort, wo man hin will, immer auch einen Platz für einen gibt. Gleason demonstrierte unaufhörlich, dass man alles erreichen kann, wenn man bereit ist, Risiken einzugehen, und sich anstrengt.

Ihr Schlafzimmer befand sich im zweiten Stockwerk mit einer hölzernen Trittleiter, die sie einziehen konnte, wenn sie nicht gestört werden wollte. 1908 bezog sie ihren maurischen Palast[127], in dem sie rauschende Feste veranstaltete, Picknicks für Mitarbeitende der Gleason Works ausrichtete sowie Geschäftspartner*innen und Freunde empfing.[128] Kate Gleason erschuf sich die Welt, in der sie leben wollte.

Der Familienstreit eskaliert

Nach all den Erfolgen, Expansionen und Errungenschaften kam es Anfang der 1910er-Jahre zu einem irreparablen Bruch innerhalb der Familie, der damit beschwichtigt wurde, dass Kate Gleason aus jenem Unternehmen austrat, welches sie in den vergangenen Jahrzehnten entscheidend mit geformt hatte. Wegzugehen habe ihr das Herz gebrochen, so Gleason später, weil es für sie bedeutete, ihren Vater und alle Freunde zu verlassen.[129] Zweimal in ihrem Leben sei Gleason tief verzweifelt gewesen, weil der Weg, den sie gehen wollte, plötzlich verschlossen war.[130] Zum ersten Mal erlebte sie dies, als sie die Universität nach nur einem Jahr beenden musste, und das zweite Mal, als sie 1913 das Familienunternehmen verließ. Der Trennung ging ein Streit der einst so innigen Geschwister Jim, Andrew und Kate voraus, der offenbar lange geschwelt hatte. Kate Gleason arbeitete kundenorientiert und befürwortete flexible Preise, während die Brüder eine intern gesteuerte Preiskalkulation durchsetzen wollten.[131] Zudem hätten die beiden Brüder wohl auch Kate Gleasons illustres Auftreten, ihre Art, sich selbst zu promoten und mit den Kunden zu kommunizieren, als anmaßend empfunden, wie die Gleason-Biografin Janis Gleason vermutet. Der Vater William Gleason hatte sich mittlerweile aus dem aktiven Geschäft zurückgezogen. Seit 1911 hielten die drei Geschwister die Mehrheit der Aktienanteile an der zu einem Multimillionen-Dollar-Unternehmen gewachsenen Firma.[132] Schließlich stellte Andrew 1913 ein Ultimatum und erklärte, dass entweder Kate oder er gehen müsse.[133] Kate Gleason ging. Später erklärte sie, sie sei ausgeschieden, weil sie sich im Gegensatz zu ihren Brüdern mehr Chancen ausrechnete, etwas Neues aufzubauen. So endete Kate Gleasons Ära bei Gleason Works. Als erfahrene Geschäftsfrau von 47 Jahren brauchte sie nicht lange auf neue Herausforderungen warten.

Die Unternehmerin erfindet sich als Investorin und Arealentwicklerin neu

Ein Konkursgericht ernannte sie im Januar 1914 als erste Frau im Bundesstaat New York zur Insolvenzverwalterin der Ingle Machine Company in Rochester. Nach anderthalb Jahren unter Gleasons Führung arbeitete das Maschinenbauunternehmen wieder profitabel. In den Folgejahren erwarb Gleason in East Rochester Bauland, errichtete darauf feuersichere Fabrikgebäude und verkaufte diese anschließend.[134] Auf einem Teil des Geländes baute sie ein Werk für ihr neuestes Business Venture. Ab 1916 konstruierte, produzierte und vermarktete Gleason mit der »Rochester Trailer Car Company« Autoanhänger in zahlreichen Varianten:

mit aufstellbarem Zelt und Betten als Campinganhänger sowie als Personen-, Vieh- und Lastentransporter. Den Camper bewarb sie als »praktisches und luxuriöses mobiles Hotel auf Rädern«.[135] Die Wagen verkaufte sie sogar in Europa. 1922 beginnt sie das Unternehmen abzuwickeln.

1916 wurde Gleason zum Mitglied der Rochester Chamber of Commerce gewählt. 1917 baute sie in East Rochester den Country Club Genundawah mit einem 9-Loch-Golfplatz und Tenniscourts.[136]

Kate Gleason wird Bankpräsidentin

Noch während Gleason in den Neubau von Fabrikgebäuden investierte, übernahm sie eine weitere Aufgabe. Der Präsident der First National Bank von East Rochester, Harry Eyer, ein Geschäftspartner und Freund von Kate Gleason, wurde für eine militärische Verwaltungsstelle im Ersten Weltkrieg eingezogen, woraufhin die Bankdirektoren am 16. August 1918 überraschenderweise Kate Gleason zu ihrer neuen Präsidentin ernannten. Eyer hatte vermutlich Gleason zur Wahl empfohlen. Wie sie allerdings später erklärte, vollbrachte sie keine Glanzleistungen als Präsidentin. Vielmehr sei der Umstand, dass die Bank wohlhabender gewesen sei, nachdem sie ihre Aufgabe erfüllt hatte, den günstigen Umständen geschuldet gewesen.[137] Im Januar 1920 trat sie von der Position zurück.

Eine Eigenheimsiedlung aus Gussbeton

Gegenüber den Fabrikgebäuden, die Gleason hatte errichten lassen, besaß sie ebenfalls Grund, auf dem sie mit bezahlbaren und gleichzeitig komfortablen Häusern preiswerten Wohnraum schaffen wollte. 1919 begannen die Bauarbeiten für die Wohnsiedlung »Concrest«, deren Häuser aus kostengünstigem Gussbeton errichtet werden sollten, der gleichzeitig ein feuerfestes Baumaterial war. Mit ihrem Wohnangebot zielte sie auf potenzielle Kunden mit so niedrigem Einkommen, dass Wohneigentum für diese gewöhnlich nicht leistbar war.

Gleason studierte zunächst ähnliche Anlagen in den USA und Europa. Anschließend beauftragte sie den Architekten Edwin Gordon, der bereits Clones entworfen hatte, die Bebauung zu planen. Zusammen mit Gleason entwickelte dieser eine Einfamilienhaussiedlung mit 57 Wohneinheiten, die an kreisförmigen Straßenbögen aufgereiht waren. Einige Häuser plante Gleason als Doppelhäuser, andere als Reihenhäuser, aber alle im »Dutch Colonial Style«.

Kosteneffizientes Design

»Ich habe am Bauen mehr Vergnügen gehabt als mit den meisten anderen Dingen, die ich getan habe«[138], sagte Kate Gleason, die sich beim Concrest-Projekt mit allen Facetten des Bauens beschäftigte: Landschaftsplanung, Entwurf, Baumaterial und Optimierung des Bauprozesses, Werbung, Vertrieb und Human Resources. Kate Gleason überließ nichts dem Zufall und verwandelte Nachteile in Vorteile, wie etwa die Hanglage der Grundstücke. Jede der umlaufenden, kreisförmigen Straßen wurde eine Stufe höher angelegt. Ohne einen Keller ausheben zu müssen, erhielten die auf einer Seite zweigeschossigen Häuser auf der Rückseite drei Stockwerke, so dass in jedem Haus ein ebenerdiger Zugang zu einer Tiefgarage besteht. Für die 57 Wohneinheiten wurden wenige Standardpläne immer wieder verwendet. Um zu verhindern, dass die Siedlung wie auf dem Schachbrett entworfen aussieht, wurden die Häuser in verschiedenen Winkeln zur Straße hin gedreht und die Eingangsbereiche variiert. Die Siedlung glich dadurch mehr einem idyllischen, französischen Dorf als einer Neubausiedlung. Gleason gestaltete das Areal so ästhetisch anspruchsvoll und zugleich kosteneffizient.

Gleason senkt die Baukosten um 45 Prozent durch Prozessoptimierung

Die Unternehmerin besaß eine nahegelegene Sandgrube, wo der Sand zum Anmischen des Betons gewonnen wurde. Die Wände der Häuser wurden vor Ort gegossen. Weil die Betongussapparaturen, die üblicherweise für den Bau von Fabriken verwendet wurden, zu schwerfällig und groß waren, erfand Gleason eine leichtere Apparatur.[139] 15 Stunden benötigten die Arbeiter, um ein Haus mit Wänden und Decken komplett zu gießen. Die Raumhöhen waren niedriger als gewöhnlich berechnet, wodurch sich die Anzahl der benötigten Stufen für die Treppen verringerte. Bei den Dächern wurde auf kostenintensive Dachkehlen verzichtet. Gleason kaufte das Baumaterial in größeren Mengen ein.

Prozessoptimierung lautete das oberste Gebot beim Bauen, wie Gleason selbst in einem Artikel für das Magazin »Concrete« im Januar 1921 beschreibt.[140] Sie optimierte die Bauprozesse so, dass die Produktionskosten bei 25 Häusern nur noch bei 45 Prozent vom ersten lagen.[141] Um ihre Wertschätzung für die Arbeiter auszudrücken und sie zu motivieren, erhielten diese bei schlechtem Wetter heißen Kaffee und Doughnuts, bei Hitze überraschte Gleason die Männer mit Eiscreme.

Auch bei ihren Personalentscheidungen ging sie unkonventionelle Wege. Als Liegenschaftsverwalter für die Concrest-Siedlung und andere Immobilien in Rochester stellte Gleason das Ehepaar Elizabeth und Stanley Walter ein, die als Varietédarsteller und Schlangenmenschen keinerlei Arbeitserfahrung auf diesem Gebiet hatten. Beide erfüllten die Anforderungen der Stelle jedoch adäquat und unterhielten zudem die Bewohner*innen, etwa wenn Stanley Walter einen aufrechten Spagat am Eingangsbalken des Vereinshauses machte. Kate Gleason hatte richtig entschieden.

Ein eigenes Haus für monatlich 40 Dollar

Die Häuser der Concrest-Siedlung galten als feuersicher, stilvoll und kostengünstig. Auch die Innenausstattung ließ kaum Wünsche offen. Die Küchen der Häuser waren komplett ausgestattet mit Gasherd, Kühlschrank, Spülbecken mit Wasserhahn, elektrischem Ventilator, Küchenschrank, Kochbuch und einem Bügelbrett. Gleason ahnte, dass die Frauen die Kaufentscheidung treffen würden, und versah jedes Haus mit einem Spiegel und Puderquasten.[142] Aber auch die Männer wurden mit einer Garage, die sich in jedem Haus im Untergeschoss befand, angesprochen. Zusätzlich legte Gleason einen Park sowie einen Golfplatz an und errichtete ein Vereinshaus. Gleason kalkulierte die Häuser so, dass sie diese jeweils für 4.000 Dollar verkaufen konnte. Nach einer Anzahlung von mehreren hundert Dollar waren die Häuser mit einer monatlichen Rate von 40 Dollar abzubezahlen.

Leichtfüßig bewarb Gleason ihre Häuser, die ein neues Lebensgefühl zu vermitteln schienen: »Hängen Sie Ihren Hut in einem eigenen Haus auf und genießen Sie den Nervenkitzel, der entsteht, wenn Sie über ein fröhliches Eigenheim blicken und stolz ausrufen: ›Es gehört mir! Alles meins!‹ Verabschieden Sie sich traurig von Ihrem Vermieter, der Sie nie, nie vergisst, und investieren Sie 40 pro Monat für ein Eigenheim – ein Haus mit einer Besitzurkunde, mit Eigentumsrecht, einer Veranda, einer Garage, einer schönen Aussicht, einem Kamin, Strom, grünem Gras, französischen Fenstern und allem.«[143]

Dem Bankrott in den Rachen geschaut

Trotz ihrer Erfolge geriet Gleason mit ihren Aktivitäten, die insbesondere durch die Immobilienkäufe und Bauprojekte viel Kapital banden, Anfang der 1920-Jahre finanziell in Schwierigkeiten. Sie benötigte 600.000 Dollar als Kreditsumme, um das Concrest-Projekt fertigzustellen. Lange Zeit sah es nicht gut aus. Doch 1924 erhielt Kate Gleason Geld von dem Bankier Walter Stabler, der ihr über eine Unternehmerin vermittelt wurde, der sie früher einmal geholfen hatte. Ebenfalls bewilligte ihr die Cornell University einen Kredit.[144] Immerhin konnte sie ihre Aktien am Gleasonwerk als Kreditsicherheit zur Verfügung stellen, was allerdings bei ihren Brüdern nicht auf Wohlwollen stieß. Letztendlich zogen die Hausverkäufe an, und innerhalb von drei Jahren hatte Gleason ihre Schulden zurückgezahlt.[145]

Gleason baut weiter und weiter

Nach der Concrest-Siedlung in East Rochester folgten weitere Bauabenteuer. Ab 1924 kaufte Gleason Dutzende Grundstücke in der kalifornischen Stadt Sausalito, die damals noch nicht durch die Golden Gate Bridge mit San Francisco verbunden war. Doch ihre Arbeit beschränkte sich nicht nur auf die Vereinigten Staaten. Während Gleason 1924 in Paris weilte, entdeckte sie in der Zeitung eine Anzeige, in der ein Turm aus dem 12. Jahrhundert im nordfranzösischen Dorf Septmonts nahe Soissons zum Kauf angeboten wurde. Was machte Kate Gleason? Sie kaufte den Turm umgehend. Der Kaufpreis von nur 3.400 Dollar enthielt zusätzlich zwei Häuser, einen Fahrradladen, zwei Gärten, einen Weinhandel und eine Freizeithalle.[146]

Amerikanische Truthähne haben mehr Fleisch als französische

Den Sommer und Winter 1926 verbrachte die inzwischen sechzigjährige Kate Gleason zusammen mit ihrer Schwester Eleanor in Septmonts, wo sie begeistert in ihrem Turm logierte. Allerdings interessierte die weltgewandte Unternehmerin nicht nur das französische Savoir-vivre und der Charme mittelalterlicher Gemäuer, sondern sie investierte in das vom Ersten Weltkrieg beschädigte Dorf, um es wirtschaftlich zu fördern. Während etwa die Concrest-Siedlung noch explizit auf wirtschaftlichen Gewinn angelegt war, handelte Gleason ab Mitte der 1920er-Jahre mehr und mehr philanthropisch. Zum einen stellte sie Dorfbewohner an, um ihre neu erworbenen Liegenschaften in Stand zu setzen, zum anderen setzte sie praktische Impulse. Als Gleason etwa sah, dass die französischen Truthähne kleiner als die amerikanischen waren, importierte sie persönlich Geflügel aus den USA für einen nahegelegenen Bauernhof. Darüber hinaus regte sie die Region zur Pilzzucht an, indem sie Dünger von der berühmten Pferdezucht im benachbarten Chantilly besorgte. Gleasons Ideen entsprachen nicht immer den Wünschen des Dorfes. Als sie dem Dorf 1926 Radiogeräte schenkte[147], wurde eine Gesandtschaft mit dem Bürgermeister und dem Priester zu ihr geschickt, um sie zu bitten, statt der Radiogeräte lieber eine neue Glocke für die Kirche zu finanzieren. Gleason kam dem Wunsch nach und läutete am 19. Dezember 1926 zusammen mit dem Abbé zum ersten Mal die neue Glocke.[148] Dem Priester offerierte sie einen Citroën, damit dieser seine Gemeindemitglieder leichter besuchen könne. Lieber hätte dieser stattdessen zwei Pferde erhalten.

1928 gestaltete die Unternehmerin das Gebäude des Weinhandels zu einem Kino und einer Bibliothek um, welche sie selbst mit 3.000

Büchern einrichtete. Überdies kaufte sie 1929 für 2.000 Dollar das Château Bucy-le-Long bei Soissons, zu dem eine 8.000 Quadratmeter große Parkanlage gehörte.[149]

Eine Feriendestination entsteht – Beaufort

Kate Gleason jonglierte mit vielen Bällen. In den USA richtete sich ihre Tatkraft nach Sausalito am Pazifik auf die an der Atlantikküste South Carolinas gelegene Hafenstadt Beaufort. Ihre Sekretärin, Libby Sanders, eine gebürtige Beauforterin, hatte Gleason darauf aufmerksam gemacht, dass die malerische Küstenstadt wirtschaftlich kollabierte. Nachdem Gleason die nach Charleston zweitälteste Stadt South Carolinas intensiv besichtigt hatte, gründete sie 1927 die Gesellschaft »Sea Island, Inc.«. Anschließend erwarb sie mehrere Immobilien an der Bay Street mit großartiger Sicht über die Beaufort Bay und das Marschland sowie Häuser an der New Street für 12.000 Dollar. Wie an ihren anderen Wirkungsstätten wählte sich Gleason eine besondere Immobilie für den Eigenbedarf aus, eine aus dem Jahr 1795 stammende ehemalige Münzstätte an der Bay Street. Die Unternehmerin wollte das pittoreske Beaufort mit Südstaatenflair als Feriendestination für Pensionierte und Urlauber positionieren. Dazu baute sie neben ihr historisches Anwesen ein Hotel mit 31 Zimmern und einem Restaurant. Das stilvolle Gebäude wurde wie die Concrest-Siedlung aus Gussbeton errichtet, woraufhin die Bauherrin von den Einwohner*innen den Namen »Concrete Kate« (Beton-Kate) erhielt.[150] Gleason kaufte systematisch weiter Häuser, Grundstücke und ganze Inseln. Im Umland von Beaufort plante sie, Gemüsefarmen und eine Konservenfabrik anzusiedeln. Sie motivierte die Einheimischen, touristische Attraktionen zu schaffen, die Menschen in die Stadt lockten: Bootsfahrten, Reitwege, kostengünstige Wohnungen, Kunst und Kulinarik. 1930, mitten in der Großen Depression, war ihr Hotel fertiggestellt, das sie »Gold Eagle Tavern« nannte. Gleason vermietete es an erfahrene Hoteliers, die das Resort überregional bekannt machten und Künstler wie Clark Gable und Somerset Maugham anzogen.

Daneben entwickelte sie den ersten Resort-Golfplatz in Beaufort County und plante, auf Lady's Island die Künstler- und Schriftstellersiedlung »Colony Garden« mit kostengünstigen Wohnungen aufzubauen. Bevor dieses Projekt abgeschlossen wurde, starb Gleason jedoch. Durch die Finanzierung des Baus einer Dammstrasse zwischen verschiedenen Inseln hatte Gleason vielen Arbeitern geholfen, die Wirtschaftskrise von 1929 zu überleben. Und sie rettete die People's State Bank von Beaufort mit einer Einlage von 25.000 Dollar, als diese während der Großen Depression kurz vor dem Konkurs stand. Aber auch das Vergnügen hatte bei Gleason seinen Platz. Sie kaufte eine gebrauchte Jacht, mit der sie zusammen mit Gästen ihre Tage auf den facettenreichen Küstengewässern verbrachte.

Handeln, statt zu reden

Als Frau mit zahlreichen laufenden Projekten weigerte sich Gleason, sich auf eine bestimmte Rolle oder Identität zu beschränken. Sie spendete für Colleges, förderte benachteiligte Familien, machte anonyme Geschenke. Sie unterstützte 1928 den Wahlkampf des späteren US-Präsidenten Herbert Hoover (1874–1964) finanziell und mit ihrem Namen. Seine Frau und er waren wie Kate Gleason Ingenieure. Zusammen mit Ingenieurinnen wie Lou Hoover und Lillian Gilbreth gründete Gleason den Engineering Women's Club in New York.[151]

Manchmal scheint selbst Kate Gleason die Anzahl ihrer Baustellen zu viel geworden zu sein. 1931 schrieb sie aus Beaufort an ihre Freundin, die Ingenieurin und Organisationspsychologin Lillian Gilbreth: »Ich habe jetzt mehr als genug Arbeit für den Rest meines Lebens.«[152] Sie wolle einhundert Jahre alt werden und bis zur letzten Minute arbeiten, erklärte sie einmal einem Journalisten.[153] Ihr Lebensende ereilte sie dann schneller als gedacht. Am 9. Januar 1933 starb Kate Gleason an den Folgen einer Lungenentzündung in Rochester.

Die Zeitung Cleveland Plain Dealer schrieb in einem Nachruf, diese bemerkenswerte Frau habe nicht viel Zeit damit verbracht, darüber zu diskutieren, was Frauen im Wettbewerb mit Männern tun könnten. Sie habe es einfach getan.[154] Kate Gleason vereinte zahlreiche Talente in sich, die sie alle auslebte. Sie war Verkäuferin, Ingenieurin, Maschinenbauerin, Designerin, Serienunternehmerin, Finanzexpertin, Standortentwicklerin, Society-Lady und Philanthropin. Ihr ganzes Leben lang sei Gleason eine Wegbereiterin gewesen, heißt es in einem Zeitungsartikel aus dem Jahr 1920 über ihr Wohnprojekt Concrest. Sie habe geführt, und Rochester sei ihr gefolgt. »Sie hat es genossen, mit Traditionen zu brechen und Arbeitsfelder zu betreten, die Frauen bisher verwehrt waren.«[155] Kate Gleason lebte »angenehm abenteuerlich«[156], wie sie es selbst einmal formulierte. Sie machte das, was ihr die größte Freude bereitete: »Der größte Spaß, den ich im Leben habe, ist es, etwas aufzubauen, versuchen zu gestalten.« – »The greatest fun I have in life, is building up, trying to create.«[157]

Take-aways

- Es lohnt sich nicht, Angst vor jemandem zu haben. Diese Person hat vielleicht mehr Angst vor Ihnen als Sie vor ihr.
- Dinge tun, die unkonventionell sind.
- Motto: »Ich kann, wenn ich will.«
- Mut haben, Neues zu wagen, kann manchmal wichtiger sein als ein Studienabschluss.
- Investitionen mit sozialem Engagement verbinden.
- Es zahlt sich aus, auf jedem Gebiet die oder der Erste zu sein.
- »Jede Form von Werbung ist gut. Erhalte Lob, wenn möglich, Tadel, wenn nötig. Aber sorge immer dafür, dass über dich geredet wird.«

Zum Weiterlesen

Gleason, Janis (2010): *The life and letters of Kate Gleason*, Rochester.

UNTERNEHMENS-ENTWICKLUNG

Viele Fragen stellen sich bei der Gründung oder Übernahme eines Unternehmens. Es kann mit der Wahl der Organisations- und Rechtsform beginnen. Welche Geschäftssegmente sollen langfristig entwickelt werden und wie relevant sind schnelle Gewinne? Lässt sich sogar der Sprung in eine neue Branche schaffen? Welche Unternehmenswerte bilden die Grundlage des Handelns? Geht es bei der Unternehmensentwicklung am Ende um Verkaufszahlen oder die Art und Weise, wie ich meine Mitarbeitenden manage? Welchen Stellenwert nehmen diese ein?

Die hier vorgestellten Frauen zeigen, wie unterschiedlich diese Fragen der Unternehmensentwicklung beantwortet werden können und fügen andere hinzu: Wie funktioniert ein Generationenwechsel, die Wahl einer neuen Organisationsstruktur? Wie gelingt der Sprung in eine geschäftsfremde Branche und wie entwickelt eine Organisation langfristig einen Wert aus Kunden, Märkten und Beziehungen?

Rebecca Lukens gilt als erste Industrielle der USA. Sie hat die Produktion von Kesselplatten in ihrem Walzwerk kaufmännisch geleitet, hohes technisches Verständnis bewiesen und für ihre Mitarbeitenden auch in Krisensituationen Sorge getragen.

Christine Englerth überführte ihr Familienunternehmen in eine neue Rechtsform, in eine Aktiengesellschaft, welche den Fortbestand ihres Bergwerks letztendlich vom Bestehen ihrer Familie entkoppelte und so das Familienunternehmen strukturell in einen Großkonzern umwandelte.

Helene Amalie Krupp begann mit dem Kolonialwarenhandel ihres Mannes und erwirtschaftete damit so viel Gewinn, dass sie diesen in Immobilien reinvestieren konnte. Dadurch entstand Kapital, von dem sie eine Eisenhütte erwerben konnte. Mit dieser scheiterte sie allerdings aufgrund von fehlendem Branchenwissen und fehlendem Engagement ihrer Mitarbeiter. Immerhin ging Krupp damit den ersten Schritt in die Eisen- und Stahlindustrie, in der ihr Urenkel Alfred Krupp einen Weltkonzern formte. Ohne Helene Amalie Krupps Versuch, den Branchenwechsel herbeizuführen, gäbe es heute den Konzern Thyssenkrupp vermutlich nicht.

»[...] und so begann ich mit einiger Angst aber mehr Mut, um unseren Lebensunterhalt zu kämpfen.«

Rebecca Webb Pennock Lukens

(1794-1854)
Industrielle, CEO eines Walzwerks

Die Zeit machte ungeheure Fortschritte. Die in England erfundene Dampfmaschine hatte die Welt verändert, die Industrialisierung ergriff Europa und die Vereinigten Staaten. Die Welt schickte sich an, alles zu beherrschen: Schienen zogen sich über Berge und Wiesen, Dampfpflüge wühlten Felder auf, Dampfschiffe schoben sich die Flüsse hinauf, Dampfmaschinen trieben in Fabriken Webstühle an und entwässerten Bergwerke. Die Eisen- und Stahlindustrie hatte durch den großflächigen Einsatz der Dampfmaschine einen enormen Aufschwung genommen.

Jeder Tag brachte einen Fortschritt auf irgendeinem Gebiet. Und mitten in diesem Fortschrittsdenken entschied sich das Ehepaar Lukens in Pennsylvania in ihrer Eisenfabrik am Brandywine River, statt Nägel und Felgen zu produzieren, sondern Dampfkesselbleche. Im Dezember 1818 lieferten die Brandywine Iron Works als erstes Werk in den Vereinigten Staaten Kesselbleche aus, ein relativ dickes, hochwertiges Eisenblech für Dampfmaschinen und Druckbehälter, das über eine überdurchschnittlich hohe Streckgrenze sowie Zugfestigkeit verfügen musste. Dazu wurden Vorblöcke aus Eisen erhitzt und durch mehrmaliges Walzen auf der Walzstraße zu Blechen geformt. Eine schmutzige Arbeit, mit viel Rauch, Hitze und körperlichem Einsatz. Ein Wasserrad trieb über ein Zahnradgetriebe die Walzenlinien an, wobei die Unterwalze beim Walzen die Stelle des Amboss übernimmt, während die Oberwalze die Funktion des Hammers oder der Pressplatte einnahm. Da der Walzspalt trichterförmig verengt ist und die Walzen Druck ausüben, verringert sich die Dicke des Metalls und seine Länge vergrößert sich.[1] Die Arbeit war vielversprechend, aber gefährlich. Wenn das rotglühende Walzgut in die rasch laufenden Walzen gelegt und durch diese mit Zangen gezogen wurde, konnte es schnell zu Unfällen kommen. Das Brandywine Walzwerk besaß Walzen von circa 40 Zentimeter im Durchmesser und 90 bis 120 Zentimeter in der Länge.[2]

Die Produktion von Kesselplatten war eine neue Errungenschaft, als Dr. Charles Lukens und seine Frau Rebecca Webb Pennock Lukens im Jahr 1815 oder 1816 das kleine Walzwerk am Brandywine River übernahmen.[3] Rebecca Lukens kannte die Eisenproduktion von Kindesbeinen an. Ihr Vater Isaac Pennock hatte 1793 ein kleines Eisenwerk bei Coatesville in Pennsylvania erworben, welches traditionelle Eisenwaren produzierte. Dazu wurde das Eisen flach gewalzt und dann beispielsweise zu Nägeln geschnitten. 1810 erwarb der Vater mit seinem Geschäftspartner Jesse Kersey zusätzlich eine Sägemühle am Brandywine River für 14.000,00 US-Dollar und baute diese in ein kleines Walzwerk um – eine hölzerne Scheune, in der von Wasserkraft angetriebene Walzen liefen. Das »Brandywine Iron Works & Nail Factory« genannte Werk lag strategisch gut an der Schnellstraße zwischen Philadelphia und Lancaster, die Energieversorgung war durch die Wasserkraft des Brandywine Rivers gewährleistet und es bestand Zugang zu Kohle und Roheisen – die Roheisenblöcke kauften Lukens von den nahegelegene Hopewell und Hibernia Eisenwerken.[4] Die Konkurrenz zu dieser Zeit war überschaubar, um 1810 existierten in den Vereinigten Staaten nur 47 Walzwerke und Schneidmühlen.

Rebecca Lukens kam am 6. Januar 1794 als ältestes Kind von Martha Webb und Isaac Pennock auf die Welt. Da erst nach vielen Jahren und vier Töchtern ein Sohn geboren wurde, war Rebecca als ältestes Kind von insgesamt neun Geschwistern lange Zeit die Ansprechpartnerin für ihren Vater. Sie ritt aus und liebte es, in der Natur zu sein. Ihr Vater führte sie schon früh in die Welt der Eisenproduktion ein. Isaac Pennock nahm seine Tochter mit in seine Fabrik und zeigte ihr den Umgang mit Eisenlieferanten.

Durch die Nacht mit Shakespeare

Im September 1806 schickten ihre Eltern die zwölfjährige Rebecca auf die nahegelegene Quäkerinternatsschule in Westtown und später auf ein Internat in Wilmimgton, Delaware.[5] Sie galt als Liebling ihrer Lehrer und zählte zu den Klassenbesten. In ihren autobiografischen Aufzeichnungen blickt Lukens mit großem Vergnügen auf diese Zeit zurück[6], in der Shakespeare »die edelsten Gefühle ihres Herzens« erweckte und sie nachts häufig in ihrer Kammer las, bis der Morgen graute.[7] Doch auch Chemie, Mathematik und Französisch zählten zu jenen Fächern, denen sie sich »mit unermüdlichem Eifer« widmete.[8] In ihrer Autobiografie sagt Lukens über ihre Jugend: »Ich war jung, stürmisch und glücklich.«[9] Mit 19 Jahren begegnete sie schließlich Charles Lukens, einem jungen Arzt aus Philadelphia.

Gleichgesinnte Geister

Lebhaft erinnert sich Lukens später, wie »ein Hauch von Anmut und Würde« die Gestalt ihres zukünftigen Gatten auszeichnete. »Tiefschwarz war sein Haar, seine Augen glänzten, und seine Gesichtszüge waren männlich und bemerkenswert gutaussehend.«[10] Die Begegnung mit Charles löste ein Gefühlschaos bei der jungen Frau aus, das sie »nicht verstehen konnte«.[11] Charles Lukens hatte sie beeindruckt. »Ich hatte noch nie einen so gleichgesinnten Geist kennengelernt«, sodass sie seinen Worten mit »entzückter Aufmerksamkeit« folgte.[12] Wenn er sprach, lag »eine solche Reinheit des Gedankens, eine solche Anmut des Ausdrucks« in seiner Stimme, dass sie das Gefühl hatte, »einem Wesen aus einer anderen Sphäre zuzuhören«.[13] Bald hält Dr. Lukens mit den Worten »Unsere Geschmäcker sind gleich, unser Verstand gleicht sich. Darf ich auf ein gegenseitiges Interesse hoffen?«[14] um ihre Hand an. Rebecca Lukens Herz schlug mit »schmerzlicher Schnelligkeit«, sie war glücklich, »ja, die Glücklichste der Glücklichen«.[15] Nachdem alles ausgemacht war, gab sich Lukens allein »in der Einsamkeit ihres Zimmers ihren überreizten Gefühlen« hin und vergoss »Freudentränen«, wodurch sie ihr »allzu glückliches Herz« erleichterte.[16]

Nach der Hochzeit am 23. März 1813 gab der 27-jährige Charles Lukens seine Arztpraxis in Philadelphia auf, zog ins 50 Meilen entfernte Coatesville und stieg in die Eisenfabrikation von Rebeccas Vater Isaac Pennock ein. Während der Vater seinen Schwiegersohn zum Geschäftspartner ernannte, brachte Rebecca Lukens die ersten beiden Töchter Martha (geb. 1814) und Elizabeth (geb. 1817) auf die Welt. Mit ihrem Mann Dr. Charles Lukens lebte sie zu diesem Zeitpunkt in den Rokeby Works, der Schneidmühle ihres Vaters.

Das Walzwerk produziert die erste Kesselplatte der Vereinigten Staaten

Ab 1816 verpachtete Isaac Pennock dem Paar sein kleines Walzwerk am Brandywine River für 420 US-Dollar jährlich. Charles und Rebecca Lukens bezogen ein Haus bei der Fabrik und strukturierten das Walzwerk um, experimentierten mit neuen Technologien.[17] Als Charles Lukens das Werk von seinem Schwiegervater mietete, gab es viel zu tun. »Alles war in einem sehr verwahrlosten Zustand, das Werk, das Haus und die Farm«, erinnert sich Rebecca Lukens.[18] Ihr Mann sei entmutigt gewesen, fährt Rebecca Lukens fort, und obwohl die vereinbarte Miete niedrig erschien, überstieg diese doch zusammen mit den zahlreichen notwendigen Reparaturen ihre finanziellen Mittel. »Wir mussten ständig etwas reparieren und trugen die gesamten Kosten«, lautete Lukens Fazit.[19] Zunächst gelang es ihnen nur mühsam, Kunden zu akquirieren, und die Produkte mussten laufend technisch weiterentwickelt werden. Sie besaßen ein Gespür, nach vorne zu denken und es war ihnen früh klar, dass sie sich von den traditionellen Eisenwaren abheben müssten, um wirtschaftlich überleben zu können. Charles Lukens entschied daher, sich auf Kesselplatten zu spezialisieren. Einen ersten Auftrag für Kesselbleche hat Charles Lukens am 30. Dezember 1818 in den Geschäftsbüchern vermerkt. Damit produzierte das Eisenwerk die ersten Kesselplatten in den Vereinigten Staaten. Dazu wurden Richard P. Smith Jr. zufolge Vorblöcke, die etwa 45 Kilogramm wogen, in einem kleinen Hochofen erhitzt, von Hand zu den Walzen transportiert und zu einer Dicke von 6,35 Millimeter bis 4,76 Millimeter ausgewalzt.[20] Weitere Aufträge folgten. Bereits die ersten Kesselplatten exportierte das Unternehmen nach Großbritannien für den Bau von Lokomotivdampfmaschinen.[21]

Zwei Söhne von Rebecca Lukens sterben

Trotz erster Erfolge mit den Dampfkesselblechen gestalteten sich die frühen Jahre im Walzwerk für das junge Ehepaar als steiniger Weg. Ein Hochwasser zerstörte Anfang der 1820er-Jahre den Staudamm, den sie wieder aufbauten, sie installierten ein neues großes Wasserrad und einen Mühlenkopf. »Alle diese Reparaturen waren sehr teuer und Dr. Lukens trug sie selbst, obwohl er dachte und sagte, sie seien zu schwer.«[22] Zudem baute ihr Mann ein neues Ritzelgehäuse und andere Gussteile in das Werk ein.[23] Doch es kam schlimmer als jedes Hochwasser und alle unerwarteten Kosten. Im Jahr 1822 starb der einjährige Sohn Isaac Lukens (geb. 1822), dann 1824 der fünfjährige Sohn Charles (geb. 1819) und im selben Jahr auch ihr Vater Isaac Pennock (1767–1824).

Schließlich traf am 31. März 1825 ein Brief bei dem Unternehmerehepaar ein. Der Quäkeringeneur John Elgar aus York bestellte Eisenbleche für 140 US-Dollar pro Tonne. Das Eisen sollte von höchster Qualität, das heißt, »frei von Knicken oder Beulen« sein, die »das flache Aufliegen des Blechs verhindern«.[24] Der Ingenieur Elgar hatte eine bahnbrechende Idee, er wollte mit den Blechen einen Schiffsrumpf ganz aus Eisen bauen. Das hatte vor ihm noch niemand gewagt. Dazu benötigte Elgar Bleche, die 2,12 Millimeter dick waren. Das eiserne Dampfschiff sollte Codorus heißen. Sonderschichten wurden eingelegt. Isaac Lukens gelang es tatsächlich, Bleche in der gewünschten Qualität zu produzieren.

Die Not ist eine strenge Zuchtmeisterin

Mitten in der Produktion der Schiffsbleche nahm das Leben von Rebecca Lukens eine Wendung, die an Tragik kaum zu überbieten ist. Im Frühsommer 1825 erkrankte ihr Mann Charles Lukens an einem Fieber und starb am 6. Juni 1825, drei Wochen vor der ersten Auslieferung der Bleche. Rebecca Lukens war 31 Jahre alt und Mutter von drei Töchtern. Innerhalb weniger Jahre waren erst ihre beiden Söhne, dann ihr Vater Isaac Pennock und schließlich ihr Mann aus dem Leben geschieden. Die finanzielle Lage des Walzwerkes schien fragwürdig, ein prestigeträchtiger Auftrag drängte und Rebecca Lukens befand sich erneut in anderen Umständen. Alle hätten verstanden, wenn die Unternehmerin vor dem Schicksal kapituliert hätte. »Die Lage war eigentlich aussichtslos«, sagt sie später. »Bei der Durchsicht der Bücher wies das Anwesen einen alarmierenden Mangel auf«, stellte Lukens fest. Als sie begann sich umzusehen, gab es »überall Schwierigkeiten und Gefahren«.[25] Doch hatte Charles Lukens seiner Frau noch auf dem Sterbebett das Versprechen abgenommen, die Fabrik weiterzuführen. Er war voller Hoffnung, dass sich der Erfolg bald einstellen würde. Rebecca Lukens hielt ihr Versprechen: »Die Arbeiter waren erprobt und treu, und so begann ich mit einiger Angst aber mehr Mut, um unseren Lebensunterhalt zu kämpfen«[26], schildert Lukens ihren Weg. »Ich denke, dass ich zu dieser Zeit eine gewisse Charakterstärke besessen haben muss, denn jetzt schaue ich zurück und wundere mich über meinen Wagemut. Ich hatte so starke, so mächtige Anreize mich anzustrengen, dass ich spürte, ich muss Erfolg haben.«[27] Und so begann Lukens im Sommer 1825 nach dem Tod ihres Mannes ihren »harten Kampf mit dem Leben«.[28] Wie fand sie in dieser Tragik die Kraft weiterzumachen? »Die Not ist eine strenge Zuchtmeisterin«, erinnert sich Lukens rückblickend, »und meine Not gab mir Mut, außerdem hatte ich meinem sterbenden Mann versprochen zu bleiben, und wo sollte ich sonst hingehen und leben«.[29]

Lukens neue Rolle: alleinerziehende Mutter und Managerin

Rebecca Lukens setzte die gemeinsam begonnene Arbeit fort, doch sie benötigte einen Produktionsmanager sowie Geld, um Roheisen und Kohle kaufen zu können, Reparaturen durchzuführen und die Löhne zu zahlen. Ihr Schwager Solomon Lukens zog nach Brandywine, um die junge Witwe bei der Unternehmensführung zu unterstützen.[30] Er überwachte die Produktionsprozesse und übernahm später die Rolle des Fabrikmanagers.[31] Viele Freunde ihres Mannes halfen. Die in der Nähe lebenden Eisenhüttenfabrikanten Charles Brooke (Hibernia) und James Sproul lieferten in der Zeit nach Charles Tod Eisenbarren auf Kredit und unterstützten sie in rechtlichen Fragen.[32]

Die Firma produzierte weiter, John Elgar erhielt die bestellten Bleche. Und die Codorus, wie das eiserne Dampfschiff genannt wurde, startete am 22. November 1825 zu ihrer Jungfernfahrt auf dem Susquehanna River, fünf Monate nach Charles Tod. Das Schiff war 60 Fuß lang, neun Fuß breit und drei Fuß tief.[33]

Kurz darauf, im Dezember, brachte Rebecca Lukens ihre Tochter Charlesanna zur Welt. Rebecca Lukens hatte nun für vier Töchter zu sorgen – Martha (geb. 1814), Elizabeth (geb. 1817), Isabella (geb. 1822) und Charlesanna (geb. 1825) – und gleichzeitig das Werk zu leiten.

Einzig Martha Webb Pennock, Lukens Mutter, wünschte sich ein anderes Leben für ihre frisch verwitwete Tochter und empfahl dieser, dem Walzwerk den Rücken zu kehren: »Mutter wollte, dass ich Brandywine verlasse, und sagte, es sei töricht, wenn ich bleibe.«[34] Die Fronten schienen verhärtet: »Sie bot mir keine Unterstützung an, für den Fall, dass ich die Fabrik verlasse, und war überzeugt davon, dass ich als Frau nicht geeignet sei, ein solches Unternehmen zu führen.«[35]

Schon immer scheint die Beziehung zwischen Mutter und Tochter kühl gewesen zu sein: »Zwischen meiner Mutter und mir hatte es nie diese liebenswerte Vertrautheit gegeben, die zwischen Eltern und Kind bestehen sollte«, erklärt Lukens.[36]

Der Konflikt sollte sich bis zum Tod ihrer Mutter Martha Webb Pennock im Jahr 1844 und darüber hinaus hinziehen. Rebecca Lukens nahm an, dass sie das Gelände der Brandywine Fabrik nach dem Tod des Vaters erben würde. Doch sie musste immer wieder Zahlungen vornehmen und sogar einen Rechtsstreit mit den Erben der Mutter führen, um die Besitzverhältnisse zu klären.[37]

Das Werk wird grundlegend erneuert

Trotz aller Hindernisse leitete Rebecca Lukens die Eisenfabrik kraftvoll. Die frühe strategische Ausrichtung des Unternehmens auf Hochleistungseisenprodukte zahlte sich aus. Im Jahr 1834 wurde die Ost-West-Eisenbahnstrecke Philadelphia & Columbia Railroad durch Coatesville gebaut, die einen billigen und schnellen Transport von Kohle und Eisen zum Walzwerk ermöglichte und grundlegend für die Auslieferung der produzierten Eisenteile war. Zuvor wurde die Kohle über den Susquehanna River, Kanäle und schließlich per Pferdewagen nach Coatesville transportiert.[38] Im selben Jahr, 1834, baute Lukens das Werk um und schrieb: »[...] ich hatte ein sehr gutes Walzwerk gebaut, wenn auch ein einfaches, und unser Charakter für die Herstellung von Kesselblech stand an erster Stelle auf dem Markt, daher hatten wir so viel Geschäft, wie wir machen konnten.«[39]

Die Brandywine Iron Works produzierten vornehmlich für den nationalen Markt. Ihre Qualität galt als ausgesprochen hoch. Die mechanischen Eigenschaften wie die Streckgrenze und Zugfestigkeit ihrer Kesselbleche war offenbar hoch. Die Produktionsqualität hing stark von den Rohmaterialien, dem Erhitzungsprozess sowie dem Walzverfahren ab. Dafür wurden die Fähigkeiten eines erfahrenen Eisenmeisters benötigt.

Das Werk verkaufte seine Bleche etwa direkt an Dampfmaschinenhersteller wie Baldwin (1836/37) oder Ross Winans (1847) in Baltimore.[40] Doch den größten Teil der Verkäufe wickelte Lukens über Handelsvertretungen in Philadelphia, Baltimore, New Orleans, New York, Albany und Boston ab. Die Bostoner Agentur Curtis, Leavens and Company war die aktivste von Lukens Vertriebspartnern.[41] Der Eisenpreis musste laufend neu kalkuliert werden. 1847 zum Beispiel vertrieb Lukens ihr Eisen für 6,5 Cent pro Pfund.[42]

Lukens schien allgemein sehr kundenorientiert zu arbeiten und spezifische Kundenwünsche, wie die Spezialbleche für den Schiffsrumpf von Elgar, zu erfüllen. Um 1841 beschäftigte die Fabrik etwa 15 Arbeiter, eine ähnliche Anzahl wie andere Betriebe, die 400 Tonnen Kesselplatten und 100 Tonnen Nägel produzierten.[43]

Mehrmals führte Lukens mit benachbarten Werken Preisabsprachen durch. Sie einigten sich beispielsweise 1845 darauf, die Preise nicht zu erhöhen, um ihre Stellung am New Yorker Markt zu erhalten.[44]

Investitionen

Bis zum Jahr 1844 hatte Lukens eine beträchtliche Anzahl von Hypotheken, Anleihen und Immobilien angehäuft, wie ein Eintrag in ihrem Journal zeigt. Sie generierte jährlich 1.983 US-Dollar an Mieteinnahmen – sie besaß zehn Wohnungen in Coatesville – und ihre Wertpapiere und Anlagen beliefen sich auf 28.561 US-Dollar.[45]

Nicht einmal die Wirtschaftskrise von 1837 brachte das Unternehmen zu Fall. Zwar stoppte Lukens die Produktion Anfang des Jahres, doch sie fand andere Aufgaben wie die Reparatur der Einfassung des Mühlenkanals für ihre Arbeiter. In einem Brief vom Mai 1837 beschreibt sie die Lage in ihrer Fabrik. Die Schwierigkeiten der Zeit würden eine düstere Stimmung über alles legen, alles sei gelähmt, das Unternehmen befände sich im Stillstand. Noch habe sie nichts verloren, sie lebe jedoch in ständiger Angst und habe sogar ihren Agenten verboten zu verkaufen, da sie nicht wisse, wem sie trauen könne.[46] Anders als das finanziell solide aufgestellte Brandywine Eisenwerk überlebten zahlreiche andere eisenverarbeitende Betriebe die Krise nicht oder mussten Arbeiter entlassen.[47]

Baumaßnahmen und Unternehmenserweiterung

Lukens führte das Walzwerk profitabel und nahm fortwährend Veränderungen vor. 1834 war Lukens finanziell so gut aufgestellt, dass sie das Werk komplett erneuerte und auch den Bauernhof und das Wohnhaus renovieren ließ. Sie ließ unter anderem den Staudamm komplett neu bauen, neue Antriebsräder einsetzen, Öfen installieren und das Mühlenhaus vergrößern, alles wurde neu gebaut; nicht eine Spur sei vom Alten übriggeblieben.[48] Ein neuer, höherer Staudamm für den Brandywine River verbesserte die Energieversorgung des Werks. Denn ein höherer Damm konnte mehr Wasser zurückhalten und produzierte ein höheres Gefälle, also eine größere Fallhöhe, um die Wasserräder anzutreiben. Neben der größeren Leistung bot der vergrößerte Wasserspeicher mehr Speicherkapazität, um Trockenperioden überbrücken zu können.

Darüber hinaus reparierte Lukens das Herrenhaus gründlich, errichtete gute und solide Pächterhäuser für ihre Arbeiter, und ließ Zäune anbringen.[49] Die Arbeiten lenkten Rebecca Lukens vermutlich auch von einem weiteren Desaster ab, das sie ereilte. 1832 starb ihre Tochter Elizabeth im Alter von 15 Jahren.

Um 1840 eröffnete Rebecca Lukens ein Geschäft sowie ein Warenlager in der Nähe der Eisenbahnstrecke, das die Funktionen eines Lagers und einer Frachtagentur miteinander verband. Möglicherweise wurden hier Kesselbleche in einer Standardgröße auf Lager gehalten, um schnell Lieferungen ausführen zu können. Beide Geschäfte beschäftigen vier Angestellte.[50] Doch der Laden wurde 1844 wieder geschlossen und das Lager 1848, vermutlich um sich auf die Kerngeschäfte zu konzentrieren.[51]

Lukens Erfolg basiert auf einem starken Netzwerk

Pennsylvania gilt als Kernland der Quäker, seit der Brite William Penn (1644–1718) Ende des 17. Jahrhunderts die Kolonie gegründet hatte. Rebecca Lukens entstammte einer Quäkerfamilie und war Teil der »Gesellschaft der Freunde«, wie sich die Quäker auch nennen. Und folglich heiratete sie auch innerhalb der Quäkergemeinschaft.

Ebenso wie andere kleinere Glaubensgemeinschaften blicken die Quäker auf eine lange Tradition in Handel und Unternehmertum zurück.[52] So wurden etwa heute global agierende Unternehmen wie Cadbury (1824), Crosfields (1814), Consett Iron Company (1864), Clarks Schuhe (1825), Lloyds Bank (1765) und Price Waterhouse (1865) im 19. Jahrhundert und früher von Quäkern gegründet.[53]

Obgleich sich die Quäker religiös irgendwo zwischen Glaubensgemeinschaft und Sekte einordnen lassen, zeichnet Quäkerunternehmen ein besonders wertorientiertes Handeln aus. So verbot es ihre religiöse

Grundhaltung, in Unternehmen zu investieren, die Alkohol, Tabak oder Waffen produzierten. Toleranz, Respekt, Ehrlichkeit, Integrität sowie ein fairer Umgang mit Mitarbeitenden und Kunden stellten zentrale Werte dar.[54] Genau diese sozialverträgliche Art der Unternehmensführung lebte auch Rebecca Lukens.[55]

Besonders deutlich zeigt sich Rebecca Lukens religiöser Hintergrund in ihrer Art, Konflikte mit Konkurrenten, Lieferanten und Kunden zu lösen, welche die Unternehmerin zeitlebens begleitet haben. Als Ende des Jahres 1837 ein Streit um die Eindämmung des Brandywine Creeks und die damit verbundenen Wasserrechte mit den benachbarten Triadelphia Ironworks ausbrach, suchte sie zunächst das Gespräch und deklarierte, dass ihr Vater bereits seit 1810 die Rechte an diesem Bach besessen hätte. Sie nutzte das Gericht, so Scheffler, um ihr Vorgehen offiziell zu dokumentieren, verzichtete jedoch darauf, das Unternehmen zu verklagen. Schließlich einigen sich die Parteien im September 1838 vor dem Chester County Court bei einem Schiedsverfahren gütlich[56], worauf der Fall eingestellt wurde. Diese und andere Konflikte löste Lukens friedlich, gemäß den quäkerischen »Rules of Discipline«. Demnach war es sogar verboten, gegen Mitglieder der Quäkerfamilie zu klagen. So bestand Lukens Vorgehen bei Konflikten darin, dass sie Rechtsgeschäfte unter Beachtung der Quäker-Prinzipien mit Hilfe von Schlichtern und gütlichen Handlungen löste.[57]

Häuser für die Arbeiter

Zahlreiche Quäker-Arbeitgeber bemühten sich, die allgemeinen Lebensbedingungen ihrer Angestellten zu verbessern. Wie Rebecca Lukens bauten sie Häuser oder auch Schulen und Krankenstationen. Eine gute Geschäftsethik mit Werten wie Arbeitgeberfürsorge und Ehrlichkeit im Produktmarketing waren zentrales Anliegen. Die Geschäftsfrau betrachtete ihre Arbeiter als ihr höchstes Kapital, die loyal zu ihr standen. Deshalb betrieb die Geschäftsfrau einen Bauernhof und investierte in neue Pachthäuser, die sie 1834 bei einer Totalrenovation des Geländes bauen ließ. Sogar bei der verheerenden Wirtschaftskrise im Jahr 1837 gelang es ihr, alle Arbeiter weiter zu bezahlen, und vermied, ihre Angestellten zu entlassen. Es war essenziell, dass sich die Geschäftsfrau auf ihre Arbeiter verlassen konnte. Denn nur durch deren großen Einsatz konnten die spezialisierten Materialteile produziert werden.

Aufträge wurden bevorzugt innerhalb des Quäkernetzwerks vergeben. So verwundert es nicht, dass der Auftrag für die Codorus von John Elgar, einem Quäkeringenieur, stammte und viele ihrer Roheisenlieferanten ebenfalls Quäker waren. Zudem lehnte Rebecca Lukens Aufträge für die Kriegs- und Waffenindustrie ab, etwa als ein Vertreter 1842 für die Boston Navy Yard, eine Marinewerft, Eisen erwerben wollte.[58]

»Values matter« charakterisiert die Unternehmenskultur von Rebecca Lukens, das hatte sie von Kindesbeinen an gelernt, genauso wie sie innerhalb der Quäkergemeinschaft schon früh erlebt hatte, dass Frauen Führungspositionen einnehmen können, beispielsweise bei der Leitung von Schulen oder Krankenhäusern. Ebenso förderten Quäker Mädchen und Jungen gleichermaßen in der Schule.

Woman of Iron

Liest man Rebecca Lukens Biografie, ist man geneigt zu behaupten, sie hätte Nerven aus Stahl. Dem Druck der Geschäftswelt, innerfamiliärer Konflikte und Erbstreitigkeiten sowie dem Tod von vier Kindern und ihres Mannes hat sie standgehalten und damit das Fundament für ein Stahlunternehmen gelegt, das sich zu den größten der USA entwickeln sollte. Die Brandywine Iron Works Company bildete die Grundlage für die Lukens Steel Company, im 20. Jahrhundert ein Fortune-500-Unternehmen, das für den Bau des World Trade Centers 1969 die Stahlträger konstruierte.

Die als »Woman of Iron« gepriesene Rebecca Lukens hatte ein Gespür für materialwissenschaftliche und ingenieurtechnische Fragen, konnte die Qualität von Werkstoffen einschätzen, brachte als Managerin ihre Mitarbeitenden hinter sich und entwickelte Geschäftstätigkeiten, die weit über die reine Eisenproduktion hinausreichten.

Lukens managte die Lieferanten und prüfte die Qualität der Vorblöcke, sie kannte sich mit Wasserkraft, Walztechnik und der Eisenverarbeitung aus, kalkulierte Preise und organisierte den Vertrieb. Weiterhin regelte sie rechtzeitig die Nachfolge ihres Unternehmens durch ihre Töchter und Schwiegersöhne. Im Oktober 1847 überließ sie den Schwiegersöhnen

Abraham Gibbons und Dr. Charles Huston die Unternehmensleitung und wurde stille Partnerin. Die Nachfolger hatte sie gut gewählt. Im Jahr 1849 produzierte das Walzwerk mit 944 Tonnen Eisen so viel wie nie zuvor.[59] 1849 starb ihre Tochter Charlesanna bei der Geburt einer Tochter. Rebecca Lukens kümmerte sich wie eine Mutter um ihre Enkelin. Doch der erneute Tod eines Kindes versetzte sie in eine dunkle Stimmung, wie ihre Tagebucheinträge dokumentieren.

Rebecca Lukens Erfolg beruhte darauf, jeder Krise die Stirn zu bieten und fortlaufend Schwierigkeiten zu meistern. ›Wer Erfolg hat, weiß auch mit Rückschlägen umzugehen‹ könnte das Motto ihres Lebens lauten. Als alleinerziehende Mutter von drei Töchtern arbeitet sie gegen jede Herausforderung fortwährend an: finanziell prekäre Situationen, existenzielle Krisen, den Tod ihres Mannes und mehrerer Kinder. Vielleicht verliehen ihr auch erst diese Schicksalsschläge die notwendige Hartnäckigkeit und das unabdingbare Durchhaltevermögen, um als Geschäftsfrau bestehen zu können. Zweifelsohne besaß Rebecca Lukens eine hohe Resilienz. Manchmal können wir nicht beeinflussen, was uns widerfährt. Aber wir können bestimmen, wie wir mit Herausforderungen umgehen.

Als Rebecca Lukens am 10. Dezember 1854 starb, wurde ihr persönliches Eigentum mit 107.952,28 US-Dollar beziffert.[60] Lukens Weitblick deckte eine enorme Spannweite ab. Ihre Kenntnisse reichten von Shakespeare bis zum Beurteilen der Qualität von Roheisenblöcken, sie war vertraut mit Walztechnik und Wasserkraft und wusste ihre Mitarbeiter zu führen. Sie agierte schnell und den Situationen angemessen. Für ihre geschäftlichen Fähigkeiten war sie weithin bewundert und galt »als die reichste Frau in Chester County«.[61] Zu ihrem Andenken wurde das Werk nach ihrem Tod in »Lukens Rolling Mill« umbenannt.

Take-aways

- Die Mitarbeitenden sind das höchste Gut eines Unternehmens.
- Qualitätsprodukte setzen sich durch.
- Auf spezielle Kundenwünsche eingehen.
- Die Produktion, Betriebsanlagen und Ausstattung kontinuierlich verbessern.
- Ethisch und moralisch vertretbar wirtschaften, fair agieren.

Zum Weiterlesen

Die Webpräsenz des National Iron & Steel Heritage Museum in Coatesville bietet zahlreiche Informationen zum Leben von Rebecca Lukens (www.steelmuseum.org).

»Glück auf!«

Christine Englerth

(1767–1838)
Bergbauunternehmerin, Industrielle

»Schicht im Schacht« hieß es 2018 für das letzte deutsche Steinkohlebergwerk. 250 Jahre zuvor galt Steinkohle als »schwarzes Gold« und nicht als Klimakiller. In genau diese Zeit, als Kohle, Eisen und ein nie da gewesener technischer Fortschritt zu einem weltweiten industriellen Aufschwung führten, wurde Christine Englerth geboren. Als Maria Catharina Christine Wültgens kam die spätere Unternehmerin am 14. August 1767 in Rath bei Düsseldorf auf die Welt. Als Bergwerksbesitzerin prägte sie die Geschichte des Steinkohlebergbaus entscheidend, als sie im November 1834 mit 67 Jahren eine Aktiengesellschaft gründete, den Eschweiler Bergwerks-Verein, kurz EBV. Es sollte die erste Aktiengesellschaft im preußischen Bergbau werden.

Die Gruben des EBV befanden sich im Raum Eschweiler, eines 15 Kilometer östlich von Aachen gelegenen Steinkohlereviers. Als die Unternehmerin am 5. Mai 1838 starb, nahm der EBV seine Arbeit auf. Im Juli 1838 erklärte der Verwaltungsrat auf der ersten ordentlichen Generalversammlung: »Glück auf! Wir treten heute zum ersten Male in der Absicht zusammen, um den Betrieb unserer Vereinswerke zu beraten.«[62] 24 Jahre habe ihre hochbegabte Mutter als Witwe alleinstehend sich fähig gefühlt, »jede Gunst der Zeiten und Verhältnisse zu benützen und ihre Ungunst abzuwehren. So setzte sie die ganze Rheinprovinz in Bewunderung ihrer Eigenschaften und legte uns, den Erben von den Früchten ihres Fleißes, die heilige Pflicht auf, ihrem Vorbilde nachzustreben [...]. Eintracht sei unsere Losung, dann wird der Gruß ›Glück auf!‹ sich erfüllen«.[63]

Was geschieht mit meiner Firma?

Christine Englerth löste die anspruchsvolle Aufgabe, die Unternehmensnachfolge frühzeitig zu regeln und die Erbberechtigten gleichzustellen. Ihr Ziel war ein professionell abgewickelter Generationenwechsel, war sie doch Mutter von zehn Kindern und hatte selbst zweimal erlebt, welche Herausforderungen eine unplanmäßige Unternehmensübergabe mit sich bringt. Die organisatorischen und personellen Weichen für die Zukunft ihres Bergwerksbetriebes regelten die Statuten des EBV, die sie hatte ausarbeiten lassen. Was geschieht mit meiner Firma, wenn ich nicht mehr arbeitsfähig oder gestorben bin? Auf diese Frage hatte Englerth eine zukunftsfähige, praxistaugliche Antwort gefunden.

Durch die Aktiengesellschaft »Anonyme Gesellschaft Eschweiler Bergwerks-Verein« waren Englerths Erben verpflichtet, das Familienunternehmen »[...] ungetrennt zu erhalten, und somit nicht nur den Nachtheilen, welche aus einer künftigen Theilung oder Zerstückelung desselben unausbleiblich erfolgen würden, zu begegnen, sondern auch durch eine zweckmäßige, das Ganze umfassende Administration dessen möglichst vortheilhafte Benutzung für eine lange Dauer zu sichern [...]«.[64] Anders als bei einem sonst üblichen Fideikommiss, wonach das Familienvermögen, meist der Grundbesitz, ungeteilt in der Hand eines Familienmitgliedes blieb, hatte Christine Englerth eine Form gefunden, die den Fortbestand ihres Lebenswerkes sicherte und keines ihrer Kinder benachteiligte, da für alle ihrer zehn Kinder ein gleicher Aktienanteil vorgesehen war.

So sollte das Vermögen »[...] der anonymen Gesellschaft unter dem Namen Eschweiler Bergwerks-Verein [...] in zweihundert Aktien eingetheilt werden, und der Verein so lange bestehen, als das gemeinschaftliche Bergwerks-Eigenthum nutzbar gemacht werden kann«[65], heißt es in Paragraph 3 der Statuten. Besonders fällt dabei auf, dass die festgesetzte Aktienzahl zukünftig weder vergrößert noch einzelne Aktien in kleinere »Fractionen« aufgeteilt werden sollten. Wann der Bergwerks-Verein seine Arbeit aufnehmen würde, lag im Ermessen von »Wittwe Englerth«, die den bei weitem größten Teil des Vermögens des Aktien-Vereins besaß und »überdies lebenswierige Nutznießerin des auf ihre Kinder vererbten Antheils von diesem Vermögen« ist.[66] Sollte Englerth jedoch versterben, ohne dass der Verein durch ihre Erklärung die Arbeit aufgenommen hätte, »so versteht es sich von selbst, daß er von dem Augenblicke des Todesfalles an [...] unmittelbar ins Leben tritt [...]«, lautet der letzte Paragraph der Statuten.[67] Christine Englerth hatte allen Grund, ihr Unternehmen sicher in die Zukunft führen zu wollen. Hatte sie doch im Laufe von 20 Jahren eines der bedeutendsten Steinkohlebergwerke in Preußen geformt. Im Jahr 1833 förderte das Bergwerk 43.000 Tonnen Kohle, die das Unternehmen für 38.000 Taler absetzte. Bis 1838 stieg die Produktionsmenge sogar auf 76.000 Tonnen für 60.000 Taler.[68]

Der Eschweiler Bergwerks-Verein nimmt seine Arbeit auf

Als Christine Englerth mit 67 Jahren am 5. Mai 1838 an den Folgen eines Schlaganfalls starb, elf Tage nach dem Tod ihres Sohnes Karl (1806–1838), nahm der Eschweiler Bergwerks-Verein in den folgenden Tagen seine Arbeit auf. Englerth hinterließ acht Kinder und zwölf Enkelkinder. Auf der Gründungsversammlung des EVB am 19. Mai 1838 wählte unter dem Vorsitz des ältesten Sohnes Wilhelm die Versammlung den ersten Verwaltungsrat, dem der Sohn Friedrich Englerth (1793–1848) als Verwaltungsdirektor vorstand und zu welchem zwei von Englerths Schwiegersöhnen gehörten. Friedrich Englerth amtete zudem wie bereits sein Vater als Bürgermeister von Eschweiler. Die Englerth-Kinder hatten seit der Inbetriebnahme der Aktiengesellschaft 1835 jeweils zwei nennwertfreie Namensaktien erhalten, nach dem Tod ihrer Mutter teilten sie die übrigen 180 Aktien auf. Das heißt, die Aktionäre hielten mit ihren Aktien keinen Teilbetrag des Grundkapitals der neugegründeten Aktiengesellschaft, sondern eine Stückaktie, die den Aktionären ihren jeweiligen Anteil am Grundbesitz bescheinigte. Im Jahr der Inbetriebnahme der Aktiengesellschaft hatte auch der Tod des jüngsten Englerth-Sohnes Joseph die Familie erschüttert.

Einen Aufsichtsrat im heutigen Sinne gab es für den EBV noch nicht. Zum Betriebsdirektor wurde der seit 1802 im Unternehmen arbeitende Ingenieur und Bergmeister Johann Heinrich Gräser (1774–1857) ernannt. Der Reingewinn wurde an die Aktionäre ausgezahlt, nachdem jeweils 10 Prozent in einen Reservefonds eingelegt wurden, bis dieser 80.000 Taler umfasste. Allerdings waren die Aktionäre ebenso verpflichtet, bei Verlusten Zubuße zu zahlen, also für Verbindlichkeiten der Gesellschaft aufzukommen. Das Vermögen des EBV bei seiner Gründung wird auf 1,6 Millionen Taler geschätzt, 1850 betrug das Aktienkapital bereits 3 Millionen Taler.[69] Erst im Jahr 1850 formierte sich der EBV zu einer Aktiengesellschaft im heutigen Sinn.

Christine Englerth hatte mit der Gründung der Aktiengesellschaft die Zukunft ihres Unternehmens langfristig gesichert. Der EBV existierte bis zum Jahr 1992, allerdings längst nicht mehr in Familienbesitz, und agierte als eines der größten Bergwerksbetriebe im Aachener Revier. Zu dessen Besitz zählten, so der Wirtschaftshistoriker Andreas Reckendrees, die Gruben Centrum und Ichenberg, Aue, Probstei, Birkengang sowie 90 Prozent der Grube Atsch, die Konzession Eschweiler Reservegrube im Inderevier sowie eine Bleierzgrube. Daneben zählten im benachbarten Wurmrevier die Grube Neu-Lauerweg, 50 Prozent der Grube Alt-Lauerweg, 30 Prozent der Grube Neu Voccart und 50 Prozent der Grube Arth zum Betrieb.

Das königliche Oberbergamt in Aachen hatte Christine Englerth am 21. Dezember 1834 die »gute und musterhafte Leitung« ihrer Werke bescheinigt und befürwortete es, das Unternehmen in eine großbetriebliche Strategie zu überführen, da dieses Vorhaben »im allgemeinen Wohle der Provinz« liege.[70]

Christine Englerth hatte zweimal eine nicht vorbereitete Unternehmensnachfolge erlebt

Eine ungeplante Unternehmensübergabe hatte die 1767 geborene Englerth zum ersten Mal erlebt, als ihr Vater Johann Peter Wültgens am 20. Oktober 1787 starb. Christine Englerth war damals 20 Jahre alt und wenig darauf vorbereitet, sich mit der Leitung eines Unternehmens zu befassen. Da schon im Juni 1787 ihre Mutter gestorben war, blieben Christine und ihre drei unmündigen Geschwister Katharina und Walburga sowie der 16-jährige Ferdinand allein zurück. Sie erbten fünf Neuntel des sogenannten Eschweiler Kohlbergs, ein sich im Amt Eschweiler erstreckendes Revier. Das geerbte Kapitalvermögen der Geschwister betrug lediglich 6.000 Taler.[71] Der frischverheirateten Christine Englerth beziehungsweise vielmehr ihrem Mann Carl Englerth (1756–1814) fiel die Nachfolge des Bergwerksbesitzes zu, den ihr Vater erwirkt hatte.

Johann Peter Wültgens führt die Familie in den Bergbau

Ursprünglich stammte Christine Englerths Familie aus der Landwirtschaft. Dass die Familie Wültgens und später Englerth einmal die bedeutendste Bergbaufamilie des Reviers werden würde, war politischen und persönlichen Gründen geschuldet. Christines Vater Johann Peter Wültgens (um 1738–1787) verdiente seinen Lebensunterhalt zunächst als Landwirt. Als Christine etwa sechs Jahre alt war, noch vor 1780, zog die Familie in den Raum Eschweiler, wo der Vater als Rentmeister amtete und wenig später einen Pachtvertrag mit der bayrisch-kurpfälzischen Regierung für Burg und Gut Kinzweiler abschloss. Als Kurfürst Karl Theodor den Vertrag jedoch vorzeitig auflöste, weil ein neuer Besitzer Eigenbedarf angemeldet hatte, wehrte sich Wültgens und handelte durch vielfache Interventionen eine ansehnliche Abfindung heraus, denn ihm standen eigentlich noch 18 Pachtjahre zu: Am 20. Juli 1784 wurde der Landwirt mit Teilen des Eschweiler Kohlbergs vergütet. Um diesen Vorgang zu verstehen, sei angemerkt, dass die Förderung von Bodenschätzen mit wenigen Ausnahmen von grundeigenen Bodenschätzen wie Feldspat oder Dachschiefer immer vom Grundbesitz entkoppelt ist. Um die sogenannten bergfreien Bodenschätze wie Kohle abzubauen, sind landesherrliche beziehungsweise staatliche Genehmigungen erforderlich, die Johann Peter Wültgens zur Entschädigung erhielt. Seitdem wirtschaftete Wültgens als Landwirt und Bergwerksbesitzer. Seine gepachteten Abbaugebiete umfassten die bedeutenden Fettkohleflöze Großkohl, Forneggel und Krebs im Grubengebiet Hundend aus den Binnenwerken des Eschweiler Kohlbergs.[72] Mit diesem Tausch hatte Wültgens förmlich einen Sechser im Lotto gewonnen. Denn mit der Belehnung mit dem Flöz Großkohl erhielt Wültgens das mächtigste Flöz des Eschweiler Kohlbergs, das zudem sehr rein war.

Wültgens erwarb in der Folge ein karolingisches Königsgut, den »Kirschenhof« in der Altstadt von Eschweiler, und pachtete mehr als die Hälfte des Kohlbergs, unter anderem einen Teil der Grube Ichenberg. Offensichtlich verfolgte er den Plan, sämtliche Gruben des Kohlbergs unter seiner Leitung zusammenzuführen.

Über Christine Englerth persönlich ist wenig bekannt. Der Notar der Familie, Caspar Friedrich Voßen, schildert die junge Frau als »temperamentvoll und fröhlich, mit kecken Locken und lustigen dunklen Augen, die aber plötzlich ganz ernsthaft werden konnten, wenn ihr Vater sie mit wichtigen Dingen beauftragte«.[73]

Carl Englerth übernimmt: ein Bergwerksbetrieb im Aufbau

1786 hatte Christine Wültgens als fast 19-Jährige den elf Jahre älteren Carl Englerth, einen kurpfälzischen Offizier, geheiratet. Der Legende nach habe Carl Englerth Christine auf einem Militärball entführt, um dann heimlich ohne die Eltern in der Jülicher Militärkapelle die Ehe zu schließen. Bald nach der Hochzeit brachte Christine Englerth 1786 ein Zwillingspaar zur Welt, doch die beiden Mädchen erreichten das Erwachsenenalter nicht.

Nach dem Tod des Vaters beziehen die jungen Eheleute den Kirschenhof in Eschweiler, und Carl Englerth tritt die Nachfolge seines Schwiegervaters an. Zusammen mit seinem Schwager Ferdinand leitete er das Bergwerk. Mit dem Einsetzen der Industrialisierung und der Entwicklung der Eisenindustrie gewann auch die Steinkohle als Grundlage für den Betrieb von Hochöfen und Dampfmaschinen enorm an Wert. Dies hatte Christine Englerths Vater erkannt und nach und nach mehrere Gruben auf dem Eschweiler Kohlberg zu einem Besitz zusammengezogen.

Wenige Jahre, nachdem Englerth übernommen hatte, installierte der Landesherr 1794 die erste dampfbetriebene Pumpe Deutschlands am Eschweiler Kohlberg, mit der die Wasserhaltung des Bergwerks entscheidend verbessert wurde. Bereits Johann Peter Wültgens hatte sich für diese technische Neuerung eingesetzt, doch erst jetzt wurde die Dampfmaschine errichtet, die mit 46.080 Francs, also circa 12.300 Reichstalern, eine ausgesprochen teure Investition des Landesherrn war.[74] Zudem benötigte die Maschine täglich mehr als 5,1 Tonnen Kohle.

Ab 1802 hatten Carl Englerth und Ferdinand Wültgens die herrschaftliche Wasserhaltung mit den Wasserrädern der Herrenkunst und die Dampfmaschine gepachtet und im selben Jahr auch den aus Saarbrücken stammenden Ingenieur Johann Heinrich Gräser als technischen Direktor eingestellt, der in französischen Bergwerken gelernt hatte.[75] Zu dessen zentralen Aufgaben zählte es, die sogenannte Wasserhaltung, also die Entwässerung der Gruben, zu überwachen. Bevor er die Arbeit bei den Englerths aufnahm, hatte er bereits im Auftrag der Regierung den Kohlberg mit seinen Stollen und Schächten vermessen und war deshalb bestens mit den geologischen Verhältnissen des Abbaugebietes vertraut.

Politisch hatten sich die vergangenen Jahre unruhig gestaltet. Im Zuge der Koalitionskriege waren die linksrheinischen Gebiete 1794 durch die Franzosen besetzt worden. Doch Carl Englerth kooperierte mit den französischen Besatzern, nicht zuletzt, weil er fließend französisch sprach, und übernahm ab 1800 bis zu seinem Tod 1814 das Amt des Bürgermeisters.

In einem Punkt entpuppte sich der politische Machtwechsel für die Englerths als äußerst vorteilhaft. 1805 verschaffte sich Englerth von der französischen Regierung die Konzessionen, also die Erlaubnis zum Abbau der Steinkohlevorkommen im Kanton Eschweiler. Die Neufassung des französischen Berggesetzes 1791 machte die Familie 1810 zu Eigentümern vieler Gruben im Aachener Revier anstatt zu Pächtern. Bis 1814 hatte Carl Englerth schließlich den größten Teil des Bergbaus im Inderevier mit dem Kohlberg sowie kleinere Gruben im Wurm-Revier erworben.[76] Die Namen der beiden Bergbaureviere beziehen sich auf ihre Lage an den beiden Nebenflüssen der Ruhr, Inde und Wurm.

Wie der Wirtschaftshistoriker Reckendrees zusammenfasst, konnte sich das Wültgens-Englerthsche Unternehmen so gut entwickeln, weil erstens das Bergregal, also das Verfügungsrecht über den Abbau von Bodenschätzen, die Kohleförderung nicht an den oberflächlichen Besitz band, zweitens, weil die Bergordnung für eine einheitliche Verwaltung und eine relativ nachhaltige Nutzung der Kohlen sorgte, und drittens, weil die gemeinsame Wasserhaltung der Gruben, unter anderem durch die dampfbetriebene Pumpe, aber auch durch die anderen Wasserkünste, ein sehr hohes technisches Niveau besaß.[77]

1804 war kein gutes Jahr für die Familie Englerth, Christines Bruder Ferdinand starb 33-jährig. Sicherlich hat dieser Verlust nicht nur in der Familie, sondern auch im Unternehmen eine Leerstelle hinterlassen. Es ist nicht überliefert, ob Christine Englerth vor dem Tod ihres Mannes 1814 im Unternehmen aktiv mitgearbeitet hat. Zu vermuten ist es allerdings, da sie den Betrieb später anscheinend ohne weitere Komplikationen übernommen hat. Durch den frühen Tod ihres Bruders Ferdinands sind sicherlich Bereiche in der Verwaltung des Betriebs vakant geworden. Vielleicht hat Christine Englerth einige seiner Aufgaben übernommen.

Ein Vierteljahrhundert Bergwerksleitung: Christine Englerths Herausforderungen und Erfolge

Im Jahr 1814 wird Christine Englerth durch den Tod ihres Mannes zum zweiten Mal in ihrem Leben damit konfrontiert, ein Unternehmen unvorbereitet übernehmen zu müssen. Im Gegensatz zum Jahr 1787, in dem ihr Vater gestorben war und ihr Ehemann offiziell die Unternehmensnachfolge antrat, stellte sich die Ausgangslage nun anders dar. Christine Englerth war es als Witwe rechtlich erlaubt, selbst die Unternehmensleitung zu übernehmen.

Sie managte nun nicht nur eine Großfamilie mit zehn Kindern, sondern einen der größten Montanbetriebe im Raum Eschweiler. Zu diesem Zeitpunkt war ihr jüngster Sohn Joseph (1809–1835) fünf Jahre alt, die älteste Tochter Katharina (1788–1847) 26 Jahre. Insgesamt hatte Englerth mindestens zwölf Kinder zur Welt gebracht. Zehn von ihnen erreichten das Erwachsenenalter. Als Carl Englerth starb, waren die Söhne Wilhelm

(1789–1849), Ferdinand (1791–1864) sowie Friedrich (1793–1848) immerhin Anfang 20, sodass vermutet werden kann, dass sie zum Teil Aufgaben im Unternehmen übernahmen.

Allgemein hatte Christine Englerth die Führung der Familie gut geregelt. Ihre Schwester Katharina, die unverheiratet geblieben war, unterstützte die vielfache Mutter in der Haushaltsführung. Ein Hauslehrer unterrichtete die noch minderjährigen Kinder. Den Sohn von Johann Heinrich Gräser, Friedrich Gräser, ernannte Christine Englerth zu ihrem Privatsekretär. Später wird dieser sogar kaufmännischer Geschäftsführer.

Christine Englerth hat selbst keine Briefe oder autobiografischen Zeugnisse hinterlassen, die uns einen Einblick in ihre Gedanken geben. Wenige Beschreibungen von ihrem Privatsekretär und dessen Schwester geben einen Hinweis auf die Persönlichkeit der Unternehmerin und Mutter. Während der Obst- und Gemüseernte half Christine Englerth selbst mit, wenn nötig, und duldete es nicht, dass »auch nur eine einzige ihrer Töchter sich von den ermüdenden Arbeiten ausschloss«.[78] »Mit unermüdlicher Sorge und Ausdauer, aber auch allergrößter Sparsamkeit« sei Englerth ihren Geschäften nachgegangen.[79] In ihrem Hause habe man sie meist an ihrem Schreibtisch sitzend, vertieft in Geschäftspapiere, angetroffen.

Die ersten Jahre bis etwa 1820 gestalteten sich steinig. Ihren beiden Schwestern zahlte Englerth eine jährliche Lebensrente von 300 Talern, zudem erhielten sie eine hohe Einmalzahlung von 50.000 Talern zum Abgleich des Erbes. Allerdings führten die Auszahlungen an die Schwestern in den ersten Jahren wohl zu finanziellen Schwierigkeiten. Es heißt, die Englerth-Kinder seien in einfachen Kitteln und ledergeflickten Hosen herumgelaufen. Oftmals habe Englerth nicht gewusst, wie sie die Bergleute am Ende der Woche entlohnen sollte.

20 Jahre Management

Mit 47 Jahren hatte Christine Englerth das Unternehmen nach dem Tod ihres Mannes übernommen. Als sie etwa 50 Jahre alt war, wurde sie von Zeitzeugen als »noch jugendlich rasch und lebendig« beschrieben, »obgleich sie beinahe ein Dutzend erwachsener Kinder hat. Sie sieht noch sehr schön und blühend aus. Ihr dunkles Auge hat Feuer und Leben, wenn sie erregt wird. Ihre Wangen haben die Frische der Jugend, ihr Gang ist rasch und fest, leicht jede Bewegung. So einfach ihre Kleidung ist, so entbehrt sie doch nicht des vornehmen Geschmacks«.[80]

Die Leitung des Englerthschen Bergwerksbetriebes umfasste vielfältige Aspekte, die Christine Englerth im Blick haben musste. Die bergmännisch-technischen Aufgaben waren an Bergwerksdirektor Gräser delegiert, der bereits seit zehn Jahren im Unternehmen war. Dass zwischen Christine Englerth und ihm ein vertrauensvolles Verhältnis bestanden haben muss, demonstriert auch der Umstand, dass Christine Englerth ihn nach dem Tod ihres Mannes zum Vormund ihrer noch minderjährigen Kinder bestellte.

Zum einen ging es darum, die Kohle abzubauen und die mehrere hundert Meter in die Tiefe reichenden Schächte und Sohlen technisch zu bewirtschaften. Dies beinhaltete die Wetterführung, also die Versorgung mit Frischluft und die Ableitung der verbrauchten Luft, die Wasserhaltung und schließlich die Förderanlagen selbst. Da die abzubauenden Flöze weit unter dem Grundwasserspiegel liegen, benötigt ein Bergwerk Maschinen und Systeme, die kontinuierlich Wasser aus dem Berg pumpen. Der Antrieb der Pumpen geschah zunächst mit Wasserrädern, die nach und nach von Dampfmaschinen abgelöst wurden. Ein Teil der geförderten Kohle war für den Betrieb der eigenen Dampfmaschinen notwendig. Das Holz für die Gruben stammte aus dem etwa 2.000 Morgen umfassenden Waldbesitz der Familie.

Nach dem Abbau unter Tage musste die Kohle aufbereitet und gegebenenfalls zu Koks gebrannt werden, damit sie zum Beheizen der Hochöfen in der Eisenindustrie einsetzbar war. Dabei wurde zunächst die Rohkohle von Gesteinsmaterial getrennt und dann auf über 900 Grad erhitzt, damit nicht benötigte Gase entweichen und poriger Koks entsteht, der fast ausschließlich Kohlenstoff enthält. Für den sogenannten Hausbrand hingegen wurde Magerkohle verwendet. Kohle musste zudem ständig frisch an die Fabriken geliefert werden, lag sie länger auf Halde, verlor sie an Brennwert. Damit einher ging der Vertrieb der Kohlen.

Englerth übernahm ein Bergbauunternehmen, welches 1814 allein mit den Gruben Centrum und Birkegang täglich mehr als 110 Tonnen Kohle förderte, mehr als 500 Bergleute arbeiteten dazu unter Tage.[81]

Die zu dieser Zeit am meisten fördernde Grube Centrum hatte einen Obersteiger, sieben »Meisterknechte« sowie einen besonderen Steiger für den Übertagebetrieb. Ein Schichtmeister arbeitete für die Buchführung auf jedem Förderturm. Männer und Jungen ab 12 Jahren arbeiteten unter Tage in 12-Stunden-Schichten. Die Schachtanlagen wurden kontinuierlich vertieft. 1832 erreichten sie bereits eine Tiefe von mehr als 220 Metern. 1818 wurde oberhalb der Grube Centrum die erste Förderdampfmaschine errichtet. Schon Anfang der 1820er-Jahre hatte sich Centrum zu einer modernen, großen Anlage mit vier Förderschächten entwickelt, welche alle mit einer eigenen Wetterführung ausgestattet waren. Zudem war die Wasserhaltung ausgeklügelt. Hier wurde neben der Pumpanlage »Herrenkunst« mit drei Wasserrädern und der »Padtkohlkunst« mit zwei Wasserrädern die Dampfmaschine aus dem Jahr 1794 betrieben.

Die damaligen Arbeitsbedingungen sowie die Entlohnung entsprachen in keiner Weise heutigen Standards. So bewundernswert die Errungenschaften von Christine Englerth sind, markieren sie jedoch den Anfang einer Entwicklung in der die durch Industrialisierung entstandenen Großbetriebe vor allem materielle Wachstumsziele verfolgen, die nur durch die maximale Ausbeutung lohnabhängiger Angestellter erreicht wird. An deren Ende stehen bis heute Unternehmen, deren primär an Rendite- bzw. Shareholderorientierung ausgerichtete Bestrebungen in ihrer Nachhaltigkeit für Gesellschaft und Umwelt zu hinterfragen sind.

Kampf um Arbeiter

Im Vergleich zu anderen industriellen Branchen hatte der Bergbau im zweiten Viertel des 19. Jahrhunderts damit zu kämpfen, ausreichend Bergmänner zu gewinnen, da sich lukrativere und weniger gefährliche Arbeitsmöglichkeiten in Fabriken sowie durch den Bau von neuen Eisenbahnstrecken boten. Als in den 1830er-Jahren die Strecke zwischen Köln und Aachen gebaut wurde, bekam das auch das Bergbauunternehmen von Christine Englerth zu spüren. Insbesondere für den Bau von Tunneln waren die Hauer begehrt und erhielten oftmals einen doppelt so hohen Lohn wie unter Tage. Andererseits stieg die Nachfrage an Kohle in den umliegenden Fabriken, sodass es zu Lieferengpässen kam. »Wie gewinnen und halten wir unsere Arbeiter?« war insbesondere seit den 1830er-Jahren und darüber hinaus zu einer der drängendsten Fragen geworden.

Ausbau des Bergwerksbesitzes

Die Leitung des Bergwerks setzte ein enormes strategisches, organisatorisches und technisches Verständnis voraus. Wie lange würden die einzelnen Flöze abbaubar sein? Wo muss strategisch dazu gekauft werden? Wo müssen neue Schächte in Betrieb genommen werden? Wo lohnt es sich zu kaufen, damit sich die Konkurrenz nicht ausweiten kann? Welche Gruben müssen auf eine neue Förderung vorbereitet werden? All dies musste Christine Englerth berücksichtigen.

Christine Englerth handelte expansiv und kaufte während ihrer mehr als 20-jährigen Leitung des Bergwerks fast den gesamten Eschweiler und auch den Weisweiler Kohlberg und schuf so ein Bergwerksunternehmen, das einzigartig in Preußen war. Anfangs standen ihr jedoch lediglich 8.000 Reichstaler an Barkapital zur Verfügung.[82] Die Grube Centrum im Inde-Revier produzierte zu Lebzeiten von Christine Englerth als einzige im Raum Aachen die für die Industrie erforderliche Fettkohle. 1825 erwarb Englerth die Grube Ichenberg, die ebenfalls Fettkohleflöze besaß. Die Witwe legte sie jedoch sofort wegen Wasserhaltungsproblemen still. 5.500 Taler zahlte Englerth für die Grube sowie jährlich eine Rente von 1.525 Talern an die bisherigen Besitzer für die Dauer von 20 Jahren.[83] Auch der bisherige Betriebsleiter erhielt jährlich 675 Taler als Abfindung.

Als 1830 der Großunternehmer James Cockerill (1787–1837) den Münsterkohlberg erwarb und in der nach ihm umbenannten James-Grube in großem Maßstab begann, Flammkohle abzubauen, machte sich das einige Jahre im Englerthschen Betrieb durch zurückgehende Absätze bemerkbar.

1832 erwarb Englerth die Zechen Aue im Binnenwerk und Propstei im Außenwerk des Kohlbergs. 1832 ersuchte die Unternehmerin die preußische Bergbehörde um die Erteilung einer Konzession, damit ihr die Wasserkunst endgültig als Eigentum übertragen werde, gekoppelt mit der Verleihung zusätzlicher Flöze, die für die Zukunft des Bergwerks unabdingbar waren. Am 17. Dezember 1832 genehmigte ihr die Behörde die Anliegen.[84] Damit gehörten ihr die drei Herrenkunsträder der Wasserhaltung, die beiden Padtkohlkunsträder sowie die Dampfmaschine und das Herrenwehr, die sie vorher gepachtet hatte. 40.000 Taler zahlte Englerth dafür an die preußische Regierung.

Ende des Jahres 1833 gehören Christine Englerth, abgesehen von der Grube Atsch, der gesamte Eschweiler und Weisweiler Kohlberg.[85] Für die Zeche Centrum entstanden mehrere Schachthausanlagen. In ihrer Blütezeit förderte die Grube ein Drittel der gesamten Steinkohleproduktion des Aachener Reviers. 1830 ließ Englerth den Hauptkunstschacht oberhalb der Padtkohlkünste ebenso wie den Neu-Großkohlschacht mit einer Dampfmaschine für die Wasserhaltung ausstatten.[86] Sie erweiterte zudem die Grube Centrum um die Grube Ichenberg und die Grubenfelder Aue und Probstei.

Christine Englerth gründete nicht nur selbst eine Aktiengesellschaft, sondern investierte ihr Vermögen auch in andere: 1837 beteiligte sie sich zusammen mit ihrer Schwester Katharina bei der Rheinischen Eisenbahngesellschaft und stellte dort mit 202 Aktien die viertgrößte Aktienmehrheit.

Die wirtschaftlichen Aktivitäten der Familie Englerth im Eschweiler Raum

Die Großfamilie Englerth profitierte von zahlreichen wirtschaftlichen Unternehmungen der einzelnen Familienmitglieder. Um 1818 gründete Sohn Friedrich mit zwei anderen Geschäftspartnern die Maschinenfabrik »Englerth, Reuleaux & Dobbs«, eine der ältesten deutschen Maschinenfabriken, die Dampfmaschinen, Pumpen und Fördermaschinen produzierte. Die Fabrik nahm kontinuierlich Kohle aus dem Englerthschen Bergwerk ab.

1834 gründet der zweitjüngste Englerth-Sohn Karl 28-jährig (1806–1838) zusammen mit seinem Cousin Matthias Hubert Cüntzer die Eisengießerei »Englerth & Cüntzer«. Christine Englerth unterstützte seine Selbstständigkeit, indem sie ihm das Grundstück und die Wasserkraft des Ichenberggefälles übereignete. Die Königlich Preußische Oberberghauptmannschaft erlaubte ihm, bei der Eschweiler Pumpe eine Eisengießerei und eine Flammofen-Frischhütte mit einem Walzwerk anzulegen und zu betreiben.

»Sie haben Courage, Mevrouw Englerth!«

Christine Englerth hatte das Unternehmen, welches ihr Vater und ihr Mann auf den Weg gebracht haben, zielstrebig vergrößert. Mit der Gründung des Eschweiler Bergwerks-Vereins hat sie ihr Lebenswerk für die nächsten Generationen gesichert. Auch wenn kaum persönliche Quellen über Christine Englerth existieren, demonstriert ihr Erfolg, dass sie es verstanden hat, sowohl mit den Bergmännern als auch mit den industriellen Kunden erfolgreich zu kommunizieren. Sie kaufte zielstrebig neue Abbaugebiete hinzu und investierte in den technischen Ausbau der Gruben. Dies verdeutlicht, dass Englerth stets das große Ganze im Blick hatte und langfristig in die Zukunft plante. Ohne ihren visionären Blick hätte Englerth wohl auch den Eschweiler Bergwerks-Verein nicht gegründet. »Sie haben Courage, Mevrouw Englerth!«, soll der Notar und Vertraute der Familie Kaspar Friedrich Voßen zu ihr gesagt haben.[87] Mit der Gründung des Eschweiler Bergwerks-Vereins hat Englerth nicht nur Mut für Neues bewiesen, sondern auch den Betrieb für die nachfolgenden Generationen gesichert.

Take-aways

- Als Familienoberhaupt eine entsprechend ausgebildete Nachfolgegeneration entwickeln.
- Unternehmensübergabe frühzeitig organisieren und alle Erbberechtigten miteinbeziehen.
- Eine passende Rechts- beziehungsweise Unternehmensform für die Unternehmensnachfolge finden.
- Bei strategischen Planungen bereits an die nächste Generation denken.
- Grundbesitz und Beteiligungen kontinuierlich erweitern.
- Technische und organisatorische Innovationen wagen.
- Mit guter Organisation ist Familienleben und die Leitung eines Großunternehmens möglich.

»[…] dem ich nicht in jedem Vorschriften zu machen brauche, sondern [der] so mein Werk in acht nimmt, als wehre ich selbst da.«

Helene Amalie Krupp

(1732–1810)
Kauffrau und Immobilienbesitzerin

Seit mehr als 40 Jahren bietet Helene Amalie Krupp in ihrem Geschäft Waren von erlesener Qualität an. Bei ihr gibt es alles, was man zum gediegenen Leben braucht: Zucker, Kaffee, Tee, Reis, Gewürze, Stockfisch, Tabak und andere Delikatessen. Die wohlhabende Essener Oberschicht, Ratsherren, Kaufleute und nicht zuletzt die Mitglieder ihrer Familie kauften in ihrem Kolonialwarenladen am Flachsmarkt in der Essener Innenstadt ein. Manchmal musste die Geschäftsfrau bei ihren Händlern einen strengen Ton anschlagen. Am 11. März 1800 beschwerte sie sich in einem Brief bei ihrem Zwischenhändler in Bremen, dass der ihr soeben gelieferte Java-Kaffee eine Qualität besitze, »[…] daß man ihn kaum riechen kann, ohne ihn zu verabscheuen, im trinken ist er garstig […]«.[88]

Helene Amalie Krupp kam als Helene Amalie Ascherfeld am 10. Juli 1732 in Essen zur Welt, ihr Vater Peter Heinrich Ascherfeld (1702–1777) betrieb einen Kaufladen und zählte zu den vermögendsten Bürgern Essens, zudem amtete er als Ratsherr.[89]

Ende des Jahres 1751 heiratete die 19-jährige Helene Amalie Ascherfeld den 45-jährigen Friedrich Jodocus Krupp. Dieser war 1706 als ältester Sohn des Essener Bürgermeisters Arnold Krupp geboren worden und bereits schon einmal verheiratet gewesen. Seine erste Frau starb nach kinderloser neunjähriger Ehe, wohl nach 1737. Danach blieb Friedrich Jodocus Krupp mehr als zehn Jahre unverheiratet. 1732 hatte er einen Kolonialwarenhandel gegründet.

Die Eheleute lebten in der Essener Innenstadt in einem ansehnlichen Wohn- und Geschäftshaus am Flachsmarkt, Ecke Limbeckerstraße. Essen zählte damals etwa 3.500 Einwohner*innen. Friedrich Jodocus Krupp engagierte sich in verschiedenen städtischen Ämtern, etwa ab 1753 als Rentmeister.[90] Nachdem sie zwei Jahre verheiratet waren, kam der erste Sohn Peter Friedrich Wilhelm zur Welt. Im Jahr 1755 gebiert Helene Amalie Krupp den zweiten Sohn Johann Heinrich. Bereits nach wenigen Ehejahren starb Friedrich Jodocus Krupp am 5. Juni 1757. Die verwitwete Helene Amalie Krupp blieb allein mit zwei kleinen Söhnen zurück, war jedoch eng in das Netzwerk der beiden Familien Ascherfeld und Krupp eingebunden und erbte die Liegenschaften sowie den Kolonialwarenladen ihres Mannes.

Die junge Witwe übernimmt das Geschäft

Was Helene Amalie Krupp bewegte, kann nur ansatzweise nachvollzogen werden. Denn es existieren weder Tagebuchnotizen noch autobiografische Aufzeichnungen oder persönliche Briefe. Allerdings haben sich Dutzende ihrer Geschäftskorrespondenzen in einem Briefkopierbuch erhalten, sodass sich einige ihrer unternehmerischen Aktivitäten rekonstruieren lassen. Von ihren Briefkopien haben sich die Geschäftsbriefe aus den Jahren 1765 bis 1771 sowie aus den 1790er-Jahren bis zu ihrem Tod 1810 erhalten. So ergibt sich zwar eine Lücke von über 20 Jahren, auch fehlen Berichte darüber, wie Krupp das Geschäft als junge Frau übernommen hat, andererseits lässt der Zeitsprung erkennen, wie sich das Unternehmen von Helene Amalie Krupp über mehrere Jahrzehnte entwickelt hat.

Vermutlich unterstützte Helene Amalie Krupp ihren Mann längst vor seinem Tod dabei, den Laden zu führen, weil Friedrich Jodocus Krupp zahlreiche Ämter ausübte. Um das Unternehmen fortzuführen, verfügte die Witwe über komfortable Voraussetzungen: Ihr standen sowohl ausreichend finanzielles Kapital als auch soziale Kontakte zur Verfügung[91] – beides benötigte sie, um das Unternehmen ihres Mannes erfolgreich weiterzuführen.

In den ersten Jahren führte Krupp das Handelsgeschäft allein ohne Angestellte. Ihre Briefe unterzeichnete sie mit »Friedr. Jodocus Krupp sel. Wittib«, also als Witwe Krupp.[92] Anfangs verkaufte sie jede Art von Kolonialwaren wie Kaffee, Java-Kaffee, Kakao, Tee, Zucker, Reis, Leinöl, Leinsaat, Sirup, Korinthen, Seife, Tran, Tabak sowie Gewürze wie Anis, Kümmel, Ingwer oder Safran.[93] Parallel zum Laden ließ Helene Amalie Krupp über mehrere Jahrzehnte Schnupftabak produzieren, womit sie um 1759 begann.[94]

Warensortiment und Geschäftsbeziehungen

Ihre Waren aus Übersee bezog die Witwe in den ersten Jahren fast ausschließlich über die Niederlande, nämlich von den Firmen Andreas und Christian Korseberg, Snyders und Brück, Huibert Redoch, Gottfried Melchior Jäger, Johann Möhlich sowie Jan Mendrich Voogt.[95] Diese waren in der Handelsmetropole Amsterdam ansässig, wo täglich Waren aus Ost- und Westindien von Schiffen verladen und weiterverkauft wurden. Einige ihrer weiteren Zwischenhändler befanden sich mit Arnold Hambach en Zoon in Rotterdam, mit Jacob Kroel in Köln und mit Johann Helgers in Krefeld. Krupp sprach fließend niederländisch, wie aus ihren Korrespondenzen zu entnehmen ist.

Die eingekauften Produkte gelangten auf dem Wasserweg nach Essen; an den Häfen Ruhrort sowie in Mühlheim an der Ruhr wurden sie umgeschlagen.[96] Krupp verkaufte ihre Waren über zwei Absatzwege, zum einen direkt an die Endverbraucher in ihrem Laden am Flachsmarkt, zum anderen fungierte sie selbst als Zwischenhändlerin und gab größere Warenmengen an Kaufleute in Elberfeld, Hattingen, Ruhrort, Bochum, Wattenscheid und Duisburg ab.[97]

Für die eigene Sache zu kämpfen gehört zum Geschäft

Ihren Lieferanten schrieb sie in bestimmtem Ton. Den brauchte sie, wenn es darum ging, minderwertige Ware zu reklamieren, über Preise zu verhandeln sowie ausgebliebene Zahlungen und Wechsel einzufordern. Häufig schickte Krupp Beschwerden nach Amsterdam. Am 4. Oktober 1765 monierte sie beim Unternehmen Snyders und Brück, dass der ihr gelieferte Safran keine gelbe Farbe gehabt habe.[98] Im selben Monat kritisierte sie bei Korseberg, der Kaffee habe so mindere Qualität, dass sie ihn nicht verkaufen konnte. Außerdem sei ihr Ware geliefert worden, welche sie nicht angefordert habe. Im Jahr 1768 verweigerte sie gar, zwei Fässer Kaffee anzunehmen, da es »aber gar zu offenbar ist, daß die Caffebohnen so wie sie jetzt bei mir stehen stinkend und nicht vor keiner meiner Waar ausgegeben werden kann«.[99] Als sich der Amsterdamer Händler Johann Möhlich offenbar weigerte, den stinkenden Kaffee zu ersetzen, blieb der Kauffrau nur noch übrig, ihn einen Betrüger zu schimpfen.

Auch kam es vor, dass Waren nicht dem entsprachen, was zuvor als Probe gesendet wurde. Bei einem Rotterdamer Händler beschwerte sie sich, dass die Qualität der Leinsaat schlecht sei und deshalb nicht verkauft werden könne. Neben der Qualität verhandelte Helene Amalie Krupp ebenfalls zielsicher die Preise, zahlen wolle sie nur die »civilsten« beziehungsweise »äußersten« Preise.[100]

Nicht nur mit ihren Händlern, auch mit ihren Kundinnen und Kunden kommunizierte die Kauffrau. Stiegen die Preise bei ihren Zwischen- und Großhändlern, erhöhte auch Krupp ihre Preise, etwa als der Kaffeepreis in Amsterdam hochgegangen war. In der Beziehung zu ihren Kunden präsentierte sie sich kulant. Falls der im Preis angehobene Kaffee bis zu einem bestimmten Zeitpunkt abgeholt werde, gelten noch die alten Konditionen. Zudem war es üblich, dass Kunden bei ihr anschrieben. Als die Witwe jedoch Anfang des Jahres 1768 Geld benötigte, mahnte sie ausstehende Zahlungen an.[101]

Die Kauffrau weitet ihre Geschäftskontakte nach London aus und löst kontinuierlich auftretende Probleme

Einige Jahrzehnte später hat Krupp ihre Geschäftskontakte ausgedehnt und ihr Sortiment erweitert, wie Briefe aus den Jahren 1799 bis 1802 in ihrem Briefkopienbuch illustrieren. Neu ins Sortiment hatte sie inzwischen Gewürze wie Pfeffer, Senfsamen, Vanille sowie Branntwein, Käse, Getreide, Mais, Baumwolle, Orangenäpfel, spanische Seife, Butter sowie holländischen Genever, einen Wacholderschnaps, aufgenommen. Sie erweiterte das Sortiment auf andere Warenbereiche, welche die Lebensmittel ergänzten. So bezog sie etwa Porzellan von der Manufaktur H. Greens & Co. aus Leeds, die ihr Saucieren, Suppenteller, Senftöpfe, Dessertteller, Salzfässer sowie Waschbecken lieferte.[102]

Neben den Kolonialwaren handelte Krupp auch mit Leinwand und Tuch, die sie in ihrem Geschäft am Flachsmarkt verkaufte. Sie bezog die Stoffe aus den umliegenden Dörfern.

Inzwischen kooperierte sie mit immer mehr Firmen in Amsterdam und Rotterdam. Neuerdings arbeitete sie aber auch mit Unternehmen in norddeutschen Hafenstädten wie die Hamburger Firmen Chr. Matth. Schröder und Kahle, Pagensteher in Bremen und Gorrisen in Emden, die ihre Waren über London aus den englischen Kolonien bezogen. Auch mit diesen Händlern tauschte sie sich stetig aus, um die Warenqualität sicherzustellen und über Preise zu verhandeln. Einmal ließ die Qualität des Kaffees von Großhändler Pagenstecher aus Bremen zu wünschen übrig: Er sei nicht trinkbar. Als es nicht gelang, sich zu einigen, wechselte Krupp den Lieferanten. Auch bei anderen Händlern verzichtete sie auf weitere Geschäfte, wenn Waren nicht den vereinbarten Qualitätsstandards entsprachen oder sie das Gefühl hat, betrogen zu werden. Beispielsweise stellte sie mit den Gebrüdern Dietz aus Amsterdam die Geschäftsbeziehungen ein, da sie Scheu davor hatte, weiter mit diesen zu handeln. Es war zu Auseinandersetzungen gekommen, weil die Güte des Kandis nicht dem Muster entsprach und Dietz sich weigerte, ein angezeigtes Untergewicht zu vergüten. Auch war Krupp der Meinung, dass ihr Tran und Rosinen zu teuer verkauft und ihr zudem »horente Unkosten« berechnet worden seien.[103] So bedankte sich Krupp für das an entgegengebrachte Vertrauen und beendete die Zusammenarbeit. Klagen über zu hohe Preise und Untergewicht gehörten zum Tagesgeschäft.

Gleichermaßen wusste die Kauffrau verlässliche Geschäftsbeziehungen zu würdigen. Bei der Amsterdamer Firma Drees und Comp. bedankte sie sich am 23. April 1799, weil diese beim Einkauf von Öl in ihrem Sinne gehandelt hatten: »Ich muss in Amsterdam einen Freund haben, dem ich nicht in jedem Vorschriften zu machen brauche, sondern so mein Werk in acht nimmt, als wehre ich selbst da.«[104]

Manchmal traten Transportprobleme auf, etwa als sich wegen des 1799 einsetzenden Krieges gegen Frankreich Lieferungen verspäteten und Krupp postalisch bei ihren Zwischenhändlern in Amsterdam und Hamburg nachfragen musste, wann der von ihr bestellte Kaffee und andere Waren eintreffen würden.[105]

Mittlerweile hatte Helene Amalie Krupp direkte Kontakte nach London aufgebaut, wo der Überseehandel zusammenlief. Manchmal galt es, schnell zu reagieren, wenn beispielsweise die Kaffeepreise in London stiegen und sie ihren Einkäufer James Meyer vor Ort aufforderte, die Einkäufe zu stoppen. Den internationalen Zahlungsverkehr wickelte sie bargeldlos über Wechsel ab, welche sie ihren Briefen beifügte.

Witwe Krupp stellt Personal und Lehrjungen ein

Verschiedene Lehrjungen absolvierten im Krupp'schen Kolonialwarenladen eine Lehre. 1772 arbeitete der spätere Kauffmann Wilhelm Gottfried Wiskott bei der Witwe. Wie dieser später über seine Lehrzeit berichtet, soll Krupp sehr sparsam gewesen sein, obwohl oder eben gerade weil sie »[...] eine Frau von mehr als 50tausend Thaler« war.[106] Er hatte nur eine Schlafstelle »dicht an der Boden-Treppe auf einem luftigen Gang« erhalten und sie löschte abends die Lampe, weil es ihr »auf ein bieschen Oel ankam«.[107]

1786 lernte Wilhelm Franz Weber im Kolonialwarenladen. Die Lehrzeit war für vier Jahre vorgesehen, in denen der Lehrjunge von der Witwe insgesamt 100 Reichstaler erhalten sollte, wobei er die eine Hälfte vor Antritt des Dienstes und die andere Hälfte nach zwei Jahren der Lehre erhalten sollte. Wie damals üblich gehörte es dazu, dass sie den Lehrjungen in ihr

Haus aufnahm und ihn mit Kleidung und Essen versorgte. Falls der Lehrling etwas stehlen würde, war seine Mutter verpflichtet, den Schaden zu begleichen. Aber auch die Kauffrau als Lehrbetrieb verpflichtete sich laut Vertrag dazu, dass der Lehrling nicht ausgenutzt wird und lernt, wie man ein solches Geschäft führt.

Mit über 60 Jahren wollte sich Helene Amalie Krupp offenbar freie Kapazitäten verschaffen und stellte neben den Lehrlingen einen Handlungsdiener und Geschäftsführer für den Kolonialwarenladen ein. J. A. F. Bleckmann war spätestens ab 1796 im Unternehmen tätig, verließ das Geschäft jedoch 1801 wieder, um sich als selbstständiger Kaufmann niederzulassen.[108] Mit Bleckmann geriet Krupp später in »große Feindschaft«, wie sie 1804 erklärt. In einem Prozess, in welchem Krupp vorgeworfen wurde, wissentlich gestohlene Leinwand verkauft zu haben, belastete sie der ehemalige Geschäftsführer massiv. Die Anschuldigungen stellten sich allerdings als falsch heraus und Krupp wurde freigesprochen.

Helene Amalie Krupp entwickelt ein gezieltes Immobilienportfolio

Helene Amalie Krupp verfolgte eine sichere Anlagestrategie, um ihr Kapital zu vermehren: Sie investierte in Immobilien. Durch den Tod ihres Mannes hatte die Kauffrau bereits eine kleine Zahl an Grundstücken geerbt. Dazu zählte zum einen ihr Wohnhaus am Flachsmarkt, in welchem sich auch das Ladengeschäft befand. Das Haus hatte ihr Mann 1737 für 1.100 Reichstaler erworben und anschließend seinen schon bestehenden Laden dorthin verlegt.[109] Im Jahr 1810 war der Wert des Gebäudes um 1.900 Reichstaler auf 3.000 Reichstaler gestiegen. Geerbt hatte Krupp ebenfalls das Grundstück »Pfingstmanns Kotten« im Amt Bochum, das sie verpachtete. Als Miete erhielt sie jährlich 9 Scheffel Roggen, 10 Scheffel Gerste sowie einen Reichstaler und 30 Stüber Hofgeld. Ein weiteres Stück Land bei Steele, heute ein Stadtteil von Essen, verpachtete sie ebenfalls. Auch hatte ihr Mann schon im Jahr 1754 einen »Sybelschen Garten« an der Duno erworben, den er für 4 Reichstaler verpachtete.[110] In dieser Lage kaufte die Witwe später weitere Gärten hinzu. Einen anderen Garten erbte sie am Stadtgraben. Diesen Garten nutzte später ihre Schwiegertochter Petronella Krupp.

Ebenfalls erbte die Witwe von Seiten ihrer Primärfamilie Liegenschaften, nämlich als ihr Vater 1777 starb, zwei Grundstücke sowie ein kleines Haus am Flachsmarkt Nr. 451, welches sie vermietete.[111] Die Mietpreise erhöhte sie im Verlauf der Jahre: Zunächst waren es von 1777 bis 1784 8 Reichstaler jährlich, von 1785 bis 1800 12 Reichstaler und von 1801 bis 1810 sogar 20 Reichstaler.[112] Die Mietpreise hatte sie also um mehr als das Doppelte erhöht. Eines der beiden Grundstücke teilte Helene Amalie Krupp in 20 Gärten auf und verpachtete diese.[113] Ein kluger Schachzug.

Insgesamt hatte Helene Amalie Krupp im Wert von etwa 6.400 Reichstalern zwei Häuser, einen Kotten, also ein einfaches Wohnhaus, und sechs Grundstücke geerbt.[114] Diesen Immobilienbesitz vergrößerte sie systematisch, indem sie das erwirtschaftete Geld in weitere Immobilien anlegte.

Erstmals kaufte sie im Jahr 1763 zwei Grundstücke, den Kamp am Scheewinkel, den sie selbst nutzte, sowie eine Wiese. Als Pacht vereinbarte man das Heu des halben Herbstes, das in die Scheune der Familie Krupp geliefert werden musste, sowie 9 Reichstaler.[115] 1766 kaufte Krupp zwei weitere Wiesen, 1769 folgte ein Grundstück außerhalb der Limbecker Pforte, 1771 ein Garten, 1774 ein Teil des sogenannten »Schönebecks Hof«, den sie gegen Naturalienabgaben wie Roggen, Gerste, Hafer, Weizen, Schweine, Gänse und Hühner sowie 4 Reichstaler und 30 Stüber Dienst- und Spanngeld verpachtete. Diese Güter wiederum verkaufte Krupp dem Pächter, wofür sie im Jahr 1796 die Summe von 189 Reichstalern und 30 Stüber erhielt.

1776 erwarb sie ein weiteres Stück Land an der Windmühle, welches die Familie Krupp ebenfalls selbst bewirtschaftete. 1776 kam ein zweiter Garten an der Duno hinzu, 1777 folgten der dritte Garten an der Duno und ein Stück Land außerhalb der Viehofer Pforte auf dem Sessenberg.[116] Darüber hinaus befindet sich in ihrem Nachlassverzeichnis ein weiterer Garten in der Nähe des Stadtgrabens, über dessen Ankaufsumstände jedoch nichts bekannt ist.[117]

Des Weiteren kaufte sie die Hälfte eines Bauernhofes.[118] Von diesem Hof bekam sie jährlich 1 Malter Weizen, 5 Malter Roggen, 5 Malter Gerste, 5 Malter Hafer, 2 Schweine, 6 Hühner, 9 Pfund Flachs, ½ Pfund Pfeffer, ½ Pfund Ingwer, Holz und Tierfutter sowie 5 Reichstaler und 30 Stüber Dienstgeld.[119]

1783 ergab sich die Möglichkeit, ein weiteres Haus am Flachsmarkt, das sogenannte »Kauffmanns Haus«, zusammen mit einer Scheune, einer Mistgrube und einem Garten zu erwerben.[120] Krupps Geschäfte müssen in diesen Jahren floriert haben, denn schon 1784 kaufte Krupp einen weiteren Hof in Hordel bei Wattenscheid, der wie die anderen Höfe gegen Naturalleistungen verpachtet wurde. Dieser Hof entsprach einem Wert von 4.158 Reichstalern und 20 Stübern und war bei ihrem Tod 1810 die teuerste Liegenschaft in ihrem Portfolio.

Krupp investierte kontinuierlich weiter. 1795 kaufte sie ein Stück Land, welches an bereits ihr gehöhrende Grundstücke grenzte. 1797 erwarb sie die Walkmühle in Vogelheim, die sie ebenfalls verpachtete. Hier wurden gewebte Stoffe veredelt. Allerdings blieb das Essener Wollenamt Grundeigentümer der Mühle, wodurch Krupp ihrerseits einen jährlichen Mietzins an das Amt abzugeben hatte.[121] Die Mühle war eines der wenigen Grundstücke, welches über die Jahre an Wert verlor, die meisten ihrer Besitzungen hingegen erfuhren eine zum Teil beträchtliche Wertsteigerung bis zu ihrem Tod 1810. Die Mühle verlor zwar an Geldwert, sollte aber später aus einem anderen Grund berühmt werden. Als Helene Amalie Krupp 1810 verstarb, erbten ihre Enkel Friedrich Krupp und seine Schwester Helene die Mühle, welche heute als Keimzelle der Friedrich Krupp Gussstahlfabrik gilt.[122]

Weiterhin erwarb Krupp 1798 ein Stück Land namens »Voßler Kämpe«. 1800 kaufte sie von der Limbecker Bauernschaft eine Strecke Land, 1805 einen Garten in Werden an der Ruhr.[123] Zusätzlich besaß Krupp sieben kleinere Gärten. Helene Amalie Krupp kaufte ihre Grundstücke und Häuser mit System. Zum einen fokussierte sie sich auf Gärten und Wiesen, zum anderen auf landwirtschaftliche Betriebe. Die daraus entstandenen Pachteinnahmen ergaben neben ihrem Kolonialwarenladen einen sicheren zweiten Einkommensstrom. Zudem stieg der Wert ihrer Immobilien im Verlauf der Jahre deutlich.

Neben Immobilien investierte Krupp ihr Geld in Kuxe, also in Wertpapiere über einen Anteil an einem Bergwerk. 1806 erwarb sie zudem sechs Zechen beziehungsweise Anteile von Zechen. Insgesamt kaufte sie für 1.835 Reichstaler Bergwerksbesitz sowie in den Folgejahren weitere Kuxe.[124] Ihren gesamten Bergwerksbesitz von 2.910 Reichstalern und 48 Stüber vererbte sie zu gleichen Teilen ihren drei Enkeln.[125] Der Wert der Bergwerke stieg kontinuierlich an. Auch hier hatte Krupp frühzeitig erkannt, welches enorme Potenzial die Bodenschätze des Ruhrgebiets bargen.[126]

Die Kriegszeit nach der französischen Revolution erschweren den internationalen Warenhandel

Die 1790er-Jahre gestalteten sich für Helene Amalie Krupp sowohl persönlich als auch politisch aufreibend. Die politischen und gesellschaftlichen Auswirkungen der Französischen Revolution hatten Europa erschüttert. In der Folge besetzten während der sogenannten Koalitionskriege französische Truppen die linksrheinischen Gebiete. Die Auswirkungen des Krieges waren auch in Essen zu spüren; es kam unter anderem zu Nahrungsmittelknappheiten, 1802 besetzten preußische Truppen die Stadt. Krupp hatte mit Lieferschwierigkeiten von Waren zu kämpfen, die Transportwege wurden zunehmend unsicherer.

Daneben warf ein persönlicher Schicksalsschlag die Witwe aus der Bahn. Im Jahr 1795 starb ihr einziger noch lebender Sohn Peter Friedrich Wilhelm Krupp, er wurde nur 42 Jahre alt. Der jüngste Sohn Johann Heinrich war bereits im Jahr 1774 im Alter von 19 Jahren gestorben. 1777, drei Jahre später, verschied ihr Vater Peter Heinrich Ascherfeld. Mit dem nun erfolgten Tod ihres Sohnes gab es keinen politisch sowie geschäftlich mitten im Leben stehenden Mann mehr in Helene Amalie Krupps direkter Umgebung. Jedoch hinterließ ihr Sohn der Kauffrau einen Enkel, Friedrich Carl Krupp (1887–1826), zu dem sie offenbar ein enges Verhältnis pflegte und den sie in ihre geschäftlichen Tätigkeiten einband, indem er zunächst in ihrem Kolonialwarenladen eine kaufmännische Lehre absolvierte, bevor er in die Eisenindustrie wechselte.

Als sich im Mai 1799 die Versorgungssituation in Essen während des Zweiten Koalitionskrieges dramatisch zuspitzte, suchte Krupp nach Möglichkeiten, um ihre Stadt mit Nahrungsmitteln zu versorgen. Sie informierte sich bei ihrem Großhändler Drees & Co in Amsterdam über die Getreidepreise, weil sie »zur Stütze der Noth […] bei einem bevorstehenden Mangel ohne einen Heller auf Verdienst« helfen wollte.[127] Zwei Wochen später kaufte sie Roggen für die beträchtliche Summe von 1.400 Reichstalern.[128]

Die Geschäftsfrau wechselt die Branche und investiert in eine Eisenhütte

Dass Helene Amalie Krupp durch und durch Unternehmerin war, zeigte sich nicht nur daran, dass sie sich mit ihrem Kolonialwarenladen und dem Immobiliengeschäft zwei ineinandergreifende, sichere Standbeine aufgebaut hatte. Sie übergab zudem nie die Geschäftsleitung an mögliche männliche Nachfolger – spätestens als ihr Sohn volljährig wurde, wäre das möglich gewesen; ebenso hätte sie wieder heiraten können. Es zeigte sich auch daran, dass sie das Potenzial der beginnenden Industrialisierung erkannte und sich deshalb in einem für sie neuen Wirtschaftszweig, der Eisenproduktion, versuchte. Die Schwerindustrie begann sich seit wenigen Jahrzehnten im Ruhrgebiet zu entwickeln. Im Jahr 1758 hatte die St.-Antonii-Hütte in Oberhausen-Osterfeld erstmals Eisen verhüttet.

Ab den 1780er-Jahren beschäftigte sich Krupp konkret mit der Eisenherstellung und stieg als Investorin in das Eisenhüttenwerk »Gute Hoffnung« in Sterkrade, dem heutigen Oberhausen, ein. Spätestens ab 1786 trat sie gesichert als Gläubigerin des Besitzers der Eisenhütte »Gute Hoffnung«, Eberhard Pfandhöfer, in Erscheinung. Rückblickend schreibt Krupp: »Eberhard Pfandhöfer baute im Jahr 1782 durch meine baare Vorschüsse die Gute Hoffnungs Eisenhütte zu Sterkrade.«[129]

Aber die Hütte arbeitete nicht profitabel. Bereits im Jahr 1796 konnte die Hütte nicht mehr produzieren, weil der Betreiber Pfandhöfer Zahlungsprobleme hatte. Pfandhöfer schien zunächst ein innovativer Unternehmer zu sein, scheiterte jedoch daran, das Werk erfolgreich zu führen, weil er an Alkoholproblemen litt und sich auf verlustreiche Spekulationen eingelassen hatte.[130] Schließlich floh er nach Holland. Als Pfandhöfer Konkurs anmeldete, kaufte Krupp die Hütte im Jahr 1799 für 15.000 Reichstaler, weil sie offenbar schon viel Eigenkapital in das Werk investiert hatte. Der Kauf der Eisenfabrik war bei weitem ihre größte Investition.

Schon im Spätsommer 1799 sollte die Hütte auf Drängen von Krupp wieder den Betrieb starten, aber es dauerte bis zum Juni 1800, bis die Öfen angeblasen wurden und die Eisenproduktion begann.[131] Langfristig stellte sich kein Erfolg ein, schlimmer noch: Rechtsstreitigkeiten mit der benachbarten St.-Antonii-Hütte über die Wasserrechte erschwerten den Betrieb.[132] Beide Hütten nutzten die Wasserkraft desselben Baches. Da jedoch die St.-Antonii-Hütte flussaufwärts lag, befand sich Krupp in der schlechteren Position. Staute die St.-Antonii-Hütte das Wasser auf, fehlte Krupp die Antriebskraft, um ihr Gebläse zu betreiben; die Produktion musste pausieren.

Die Hütte »Gute Hoffnung« wurde von der preußischen Regierung gefördert, da diese an der dort produzierten Munition interessiert war, und bezog das Eisenerz als Rohstoff aus dem eigenen Land. Neben verschiedenen Gusseisenwaren produzierte das Werk Kugeln und Haubitzen für die preußische Armee[133], die zu dieser Zeit gegen die napoleonischen Truppen kämpfte. Damit legte Helene Amalie Krupp den Grundstein für die fragwürdige Anbindung der Firma Krupp an die deutsche Rüstungsindustrie.

Krupp befand sich mit der Eisenproduktion in einem ihr völlig neuen Metier, wie aus ihren Briefwechseln nach Holland zu schließen ist, in denen sie sich, kurz nachdem sie die Hütte übernommen hatte, bei den Handelspartnern ihres Kolonialwarenladens nach Preisen und Absatzmöglichkeiten für Gusseisenprodukte erkundigte. So sollte etwa ihr Geschäftspartner in Rotterdam, Bleckmann, für ihre Produkte werben: »Eiserne Platten, Beine aller Art, Kugeln, Granaten, Haubitzen, Bomben, kurz alles, was gegossen werden kann.«[134] Ob Bleckmann als Grossist von Kaffee und Co. indes in Bezug auf Eisenwaren der richtige Vertriebspartner für Krupp war, bleibt fragwürdig. Beinahe hilflos wirkt sie, als sie ein anderes befreundetes Unternehmen in Rotterdam um Rat fragte: »Rathen Sie mir mahl zu einem guten Plane, sagen sie mir nach meiner Bitte, ob Hoffnung zum Abgange der Eisen Waaren ist und wie die Preise stehen.«[135]

Krupp beendet das verlustreiche Geschäft

1807 überschrieb die inzwischen über 70-jährige Helene Amalie Krupp ihrem Enkel Friedrich Krupp die Hütte »Gute Hoffnung«. Verwunderlich bleibt, warum Krupp hier keinen erfahrenen »Eisenmann« einsetzte. Anders als die Walzwerksbesitzerin Rebecca Lukens konnte sich Krupp nicht auf ihre Arbeiter verlassen – etwa 80 Männer beschäftigte die Hütte als Former, Schmelzer, Platzarbeiter, Steingräber, Holzfahrer und Köhler.[136] Häufig traten leitende Angestellte nicht zum Dienst an, sodass nicht produziert werden konnte.

Schließlich entschloss sich Krupp im Jahr 1808, ihr Auswärtsspiel zu beenden. Zunächst entzog sie ihrem Enkel die Verfügungsgewalt und verkaufte anschließend am 14. September 1808 die Hütte für 38.000 Reichstaler.[137] Immerhin, beim Verkauf des Werks zeigte sich wieder Krupps unternehmerisches Geschick, sodass sie den Verkaufspreis zwischen zwei konkurrierenden Kaufinteressenten in die Höhe treiben konnte, indem sie Franz Haniel, den Mitinhaber der St.-Antonii-Hütte, und seinen Schwager Heinrich Huyssen gegeneinander ausspielte. Statt der ursprünglich angesetzten 30.000 Reichstaler gelang es ihr, die Hütte für 38.000 Reichstaler zu verkaufen.[138]

Um in der Schwerindustrie Fuß zu fassen, hätte es mehr Durchhaltevermögen und größere Investitionen in eine modernere Ausstattung der Hütte gebraucht, da sich die Hütteneinrichtung betriebstechnisch in einem schlechten Zustand befand. Als Fazit bleibt festzuhalten, dass Helene Amalie Krupp das Know-how für diesen neuen Expansionskurs fehlte, auch wenn sie mit diesem Schritt die Startrampe der Familie Krupp für die Eisen- und Stahlproduktion legte. Weder besaß Krupp das notwendige Vertriebsnetz, noch war sie versiert darin, die Preise für ihre Platten, Kugeln und Granaten zu kalkulieren. Ebenso stellte die Beschaffung der Rohstoffe zahlreiche Hindernisse dar. Die benötigte Holzkohle für die Öfen konnte etwa im Winter wegen zu viel Schnee oder zugefrorener Flüsse nicht geliefert werden.[139] Und während sie beim Kaffee mit ihren Lieferanten über dessen geschmackliche Qualität diskutierte und in ihrem Kolonialwarenladen nur hochwertige Produkte anbot, konnte ihre Hütte bei der Eisenqualität nicht mithalten. Krupp fehlte schlicht das spezialisierte Wissen zu Material und Produktionsprozessen. Als die Hütte 1806/07 von dem Techniker Franz Dinnendahl den Auftrag erhielt, Eisenteile für Dampfmaschinen zu produzieren, hätte das für Krupp ein Breakthrough-Auftrag werden können, der den Weg zu weiteren Kunden geebnet hätte. Stattdessen kam es zu ernsthaften Schwierigkeiten in der Produktion. So beschwerte sich Auftraggeber Dinnendahl, dass er »den Zylinder wegen der damals in Gießen großer Stücke noch unvollkommenen Eisenhütte zu Sterkrade fünfmal von neuem und dennoch in drei Stücken mußte gießen lassen, ehe derselbe brauchbar war«, welches ihm »nicht nur großen Schaden, sondern auch mancherlei Verdrießlichkeiten verursachte«.[140]

Helene Amalie Krupp bewies in der Schwerindustrie keine Ausdauer, ihr Enkel Friedrich Krupp hingegen, der ebenfalls mit der Hütte »Gute Hoffnung« grandios gescheitert war, begann mit dem von seiner Großmutter geerbten Vermögen ein neues Abenteuer, indem er mit dem Geld am 20. November 1811 eine Werkstatt am Webermarkt gründete, die »Friedrich Krupp Gußstahlfabrik zur Verfertigung des englischen Gußstahls und aller daraus resultierenden Fabrikate«.[141] Wenig später baute er die sich ebenfalls im Krupp'schen Besitz befindende alte Walkmühle in Vogelheim um und nahm 1812 dort den Betrieb auf. Den geerbten Kolonialwarenladen am Flachsmarkt löste er auf. Allerdings sollte das Werk erst unter Friedrichs Sohn Alfred Krupp zu Weltruhm gelangen, nachdem Friedrich Krupp 1826 im Alter von 39 Jahren gestorben war und sein Sohn Alfred mit 14 Jahren die Leitung übernahm. Doch das ist eine andere Geschichte.

Bei allem Verdruss um die mit dem Eisenhüttenwerk »Gute Hoffnung« entstandenen finanziellen Verluste, Helene Amalie Krupp konnte es sich leisten, einen gescheiterten Ausflug in die Eisenindustrie zu unternehmen. Sie besaß genügend Kapital, um nicht ernsthaft in Bedrängnis zu geraten.

Mit unternehmerischer Handwerksarbeit erwirtschaftet Krupp Millionen

Die kontinuierliche Investition ihrer Gewinne aus der Kaufhandlung in neue Liegenschaften, die sie vermieten konnte, dürfte Krupp nach heutigen Maßstäben zur mehrfachen Millionärin gemacht haben. So erfolgreich Krupp war, so undurchsichtig bleibt, was die Witwe antrieb, den Einzelhandel zu verlassen und in die Schwerindustrie zu wechseln. Zum ersten Kontakt der Krupps mit der Eisenindustrie kommt es durch Helene Amalie Krupp. Und obwohl ihr Versuch scheiterte, im industriellen Sektor Fuß zu fassen, wies Helene Amalie Krupp die Richtung vom Handel in die Produktion und ebnete mit dem Einstieg in die »Gute Hoffnung«-Hütte der Familie Krupp den Weg zum bedeutendsten Industrieunternehmen Europas.

Bewusst scheint sie darauf verzichtet zu haben, wieder zu heiraten oder die Geschäftsführung ihres Unternehmens an ihren Sohn weiterzugeben. Stattdessen blieb sie im Sattel und führte die Zügel ihres auf Diversifikation bedachten Unternehmens bis zu ihrem Tod am 9. Mai 1810.

Sie navigierte sich sicher durch die alltäglichen Unwägbarkeiten des Unternehmens und scheute nicht davor zurück, für ihre Positionen einzutreten. Helene Amalie Krupp war keine Superheldin mit Superkräften, die gegen Monster und Bösewichte kämpfen musste, sondern eine Kauffrau, die über 50 Jahre saubere unternehmerische Handwerksarbeit leistete und sich gerade deshalb zu einer Multimillionärin entwickelte.

Take-aways

- Mehrere solide Geschäftszweige entwickeln.
- Risikoreiche Geschäfte wie einen Branchenwechsel nur bei finanzieller Absicherung und ausreichender Kompetenz wagen.
- Vermögensaufbau durch kontinuierliches Arbeiten und Reinvestieren des Kapitals vorantreiben.

Zum Weiterlesen

Probst, Anke (1985): Helene Amalie Krupp. Eine Essener Unternehmerin um 1800, *Zeitschrift für Unternehmensgeschichte*, Beiheft 33, Stuttgart.

HANDEL UND FINANZEN

Wirtschaftsgeschichte ist nicht weiblich, das offenbart vor allem ein Blick in die Geschichte der Finanzbranche. Frauen und die Geschichte des Bankwesens, das klingt wie Feuer und Wasser, das einfach nicht zusammenpasst. Aber es gab sie, die Kauffrauen, die Bänkerinnen, die Investorinnen. Doch ist ihr Erbe kaum bis gar nicht erforscht. Hier fehlt es noch mehr als bei anderen Themen dieses Buches an Grundlagenforschung. Wünschenswert wären beispielsweise Abschlussarbeiten und Dissertationen zu Charlotte Amalie von Hessen-Philippsthal (1730–1801), der Finanzreformerin in Sachsen-Meiningen, zu der niederländischen Finanzinvestorin Johanna Borski-van de Velde (1764–1846), die die Nederlandsche Bank vor dem Ruin rettete, oder zu Sarah Sophia Child Villiers, der Countess of Jersey (1785–1867), die 50 Jahre Senior Partnerin der Bank Child & Co war. Wie haben diese und andere Frauen das Geld- und Bankensystem beeinflusst?

Umso spannender ist der Blick auf die nächsten zwei Frauen. Im 18. Jahrhundert stand Madame Kaulla als Mutter von mindestens fünf Kindern einem großen Handelshaus vor und schaffte nach erheblichen Gewinnen durch Heereslieferungen den Sprung in die Finanzbranche, als sie zusammen mit ihrem Bruder – ein männliches Gesicht brauchte es – die Württembergische Hofbank gründete.

Ein Jahrhundert früher reist Glikl bas Judah Leib durch Europa, um mit Juwelen zu handeln und Kredite zu vergeben. Beide Beispiele stammen aus einer Zeit, in der Real- und Finanzwirtschaft noch nah beieinander lagen. Sie zeigen den ständigen Kreislauf von Kapital erwirtschaften und möglichst schnell reinvestieren, etwa in Kleinkredite wie bei Glikl bas Judah Leib.

Hoffaktorentätigkeit und Heereslieferungen waren Geschäfte mit hohen Gewinnmargen und einer daraus resultierenden starken Kapitalbildung. Gepaart mit einem weitreichenden Kundennetz bildete dies die Grundlage, um ins Bankgeschäft zu wechseln. So sind Madame Kaulla und die Württembergische Hofbank ein typisches Beispiel für die Entstehung einer Privatbank zu Beginn des 19. Jahrhunderts.

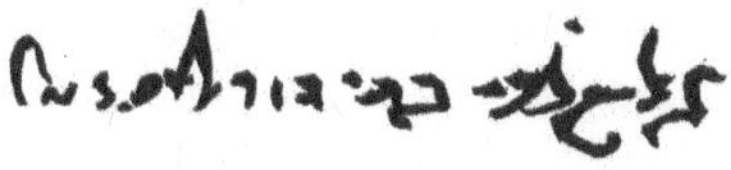

»Zeig mir deine Bilanz.«

Glikl bas Judah Leib

(1646–1724)
Juwelenhändlerin

Glikl bas Judah Leib ist 43 Jahre alt, als ihr Mann Chajim ben Joseph Hameln nach 30-jähriger Ehe auf einen spitzen Stein stürzt und stirbt. Damit wendet sich im Jahr 1689 das Leben der Hamburger Kauffrau, die zwölf Kinder hat, von denen noch acht zu betreuen und zu verheiraten sind. Doch mehr noch, Glikl bas Judah Leib, also die Tochter des Judah Leib, steht nun vor der Aufgabe, ein auf europäischem Terrain spielendes Unternehmen zu übernehmen. Und sie ist Jüdin und muss deshalb immer im Auge behalten, wie sich die politische Situation entwickelt. Nach dem Tod ihres Mannes fühlt sie sich wie »vom Himmel auf die Erde geworfen«. Ihre Familie hat mit Chajim Hameln »den getreuen Hirt verloren«. Glikl bas Judah Leib hat 30 Tage Zeit, um sich zu überlegen, was sie machen will. Nach den traditionellen 30 Trauertagen legt sie los. Sie übernimmt jedoch nicht nur die Führung des Juwelenhandels, sondern beginnt auch, auf westjiddisch und in hebräischer Schrift ihre Memoiren aufzuschreiben.

»Meine Frau, die weiß von allem. Lasst sie tun, wie sie vordem zu tun gepflegt.«[1] Diese Sätze gehören zu den letzten Worten, die ihr Mann sagt, und genau das macht Glikl bas Judah Leib. Wie die Historikerin Natalie Zemon Davis in ihrer Biografie über die jüdische Kauffrau schildert, wirkte Glikl bas Judah Leib bereits während der Ehe im Unternehmen mit. Sie setzte Gesellschafterverträge auf, unterstützte ihren Mann bei der Buchführung, bei Darlehensgeschäften sowie bei der Pfandleihe.[2]

Nach dessen Tod verschaffte sich Glikl bas Judah Leib zunächst einen Überblick über die Geschäftsunterlagen und stellte fest, dass sie 20.000 Reichstaler schuldig waren.[3] Aber sie schätzte ein, dass sie die Schulden begleichen könnte und für sie und die »Waisenkinder« genug übrigbleiben würde, um zurechtzukommen. Sie hatte weniger als 100 Reichstaler Bargeld im Haus, machte mit ihren ältesten Söhnen Nathan und Mordechai Bilanz, versteigerte ihre Waren, beglich innerhalb eines Jahres die Schulden und verlieh das vorhandene Bargeld wieder auf Zinsen.[4]

Das Unternehmen basiert auf drei Standbeinen

Glikl bas Judah Leibs Zukunftsstrategie für ihr Handelsunternehmen beruhte auf drei Säulen: Sie stärkte den Handel mit Perlen und Juwelen; deshalb reiste sie zu Messen und Kunden, integrierte ihre beiden Söhne in die Firma und ergänzte den Juwelenhandel um Kreditgeschäfte. Darüber hinaus begründete sie zweitens einen Warenhandel und eine Strumpffabrik, die sie für »etliche Tausende« selbst aufbaute und die ihr Sortiment erweiterte.[5] Sie führte ein Gewölbe, in dem sie Waren lagerte und verkaufte. Teil drei der Strategie zielte auf die europäische Heiratspolitik für ihre Kinder, über welche sie sich und ihre Familie an die jüdische Elite band.

Glikl bas Judah Leib lebte in Hamburg, welches damals mehr als 60.000 Einwohner zählte und über seinen Hafen mit vielen europäischen Handelszentren wie London, Amsterdam, Lissabon, aber auch Moskau verbunden war. Hier hatte sie vor fast dreißig Jahren zusammen mit ihrem Mann den Edelsteinhandel aufgebaut, obwohl sie als jüdische Bürger in der Stadt nur geduldet waren, keinen Grundbesitz und keine Häuser erwerben durften.

Juwelen-, Perlen- und Edelsteinhandel

Der Juwelenhandel erfolgte entlang einer globalen Handelskette, die in den Diamantenminen Indiens und Indonesiens ihren Anfang nahm und beim europäischen Adel und wohlhabenden Bürgern in Europa endete. Perlen stammten vielfach aus der Karibik, Rubine und Smaragde kamen aus Asien und Südamerika. Vor den Endkunden standen in dieser geografisch langen Handelskette Kaufleute wie Glikl bas Judah Leib, die Edelsteine wie Diamanten, Brillanten, Smaragde und Rubine an Goldschmiede und Konsumenten in Europa verkauften. Noch in ihrer Todesanzeige wurde die Kauffrau als »ausgesprochen geschickt im Handel mit Edelsteinen« gelobt.[6]

Die Edelsteine bezog die Juwelenexpertin vor allem in Amsterdam, wo sie sich mit ihrem Mann Chajim Hameln und nach dessen Tod in Begleitung ihrer Söhne häufig aufhielt. Im 17. Jahrhundert gab es in Europa kaum einen interessanteren Ort als Amsterdam, das sich durch den Aufstieg der Niederlande zur bedeutenden See- und Handelsmacht als Umschlagplatz und Wirtschaftszentrum etabliert hatte. Hier hatte 1609 die Wisselbank eröffnet, die erste öffentliche Wechselbank außerhalb Italiens. 1611 gründeten Amsterdamer Kaufleute die erste Wertpapierbörse und die Kaufleute der Ost-Indischen und West-Indischen Compagnie unterhielten hier ihre Lager- und Verwaltungshäuser. Dass die Vereinigten Niederlande (Generalstaaten) im 17. Jahrhundert zur globalen Wirtschaftsmacht aufgestiegen waren, verdeutlicht noch heute die niederländische Malerei, die mit Rembrandt van Rijn, Johannes Vermeer und Judith Leysters ihre Blütezeit erlebte. Es ist kein Zufall, dass Gemälde wie Vermeers »Mädchen mit dem Perlenohrring« (1665) jene Objekte und Statussymbole zeigen, mit denen bevorzugt gehandelt wurde. Regelmäßig reiste deshalb Glikl bas Judah Leib in Begleitung ihrer Söhne mit dem Schiff nach Amsterdam, um Juwelen und Perlen einzukaufen. Neben Antwerpen, Venedig, Lissabon und später London zählte Amsterdam zu jenen europäischen Handelsstädten, in denen Edelsteinhändler, Diamantenschneider und -schleifer sowie Juweliere Edelsteine weiterverkauften und verarbeiteten.[7] »Mein Sohn Nathan und ich, wir haben in Amsterdam alle Tage mit Edelsteinen gehandelt«[8], berichtet Glikl bas Judah Leib in ihren Memoiren, als sie anlässlich der Hochzeit ihrer Tochter Esther in Amsterdam weilt.

Einer der Diamantenhändler in der jüdischen Gemeinde von Amsterdam war Manuel Levy Duarte (1631–1714), der mit dem Juwelenhändler Jacob Athias die Geschäftspartnerschaft »Athias und Levy« eingegangen war.[9] Zusammen erwarben sie Rohdiamanten, die sie entweder weiterverkauften oder von Schleifern und Schneidern bearbeiten und von Goldschmieden zu Schmuck fertigen ließen. Sie vertrieben die Edelsteine schließlich an Juwelenhändler*innen oder direkt an adlige Kundschaft.[10] Von diesen und anderen Diamantenunternehmern wird Glikl bas Judah Leib, wenn sie in Amsterdam war, Diamanten gekauft haben.[11] Sie handelte in erheblichen Dimensionen mit Juwelen, etwa wenn sie berichtet, dass sie auf eine nach Wien geplante Reise Juwelen im Wert von 50.000 Reichstalern mitnehmen wollte.[12] Besonders weil es um hohe Summen ging, verlief der Handel mit Juwelen diskret. Geschäfte und Verträge wurden mit Handschlag besiegelt.

Was machte es für Glikl bas Judah Leib und andere Kaufleute ihrer Zeit attraktiv, mit Juwelen zu handeln? Diamanten, Perlen und andere Edelsteine dienten nicht nur als funkelnde Schmuckstücke, sondern wurden auch als alternatives Zahlungsmittel eingesetzt.[13] Wer Juwelen besaß, galt als kreditsicher. Im Zweifelsfall konnten nämlich Steine und Preziosen als Pfand eingesetzt werden, um sich Bargeld zu verschaffen, um ein Darlehen abzusichern oder einen Kauf zu tätigen.[14] Jede Perlenkette, jeder Edelstein, mit der sich eine Frau schmückte, machte sie in den Augen der Welt reicher. Schmuck galt als ein Bankausweis und war nicht nur ein Symbol für Reichtum, sondern zugleich eine Währung, die man am Körper trug.

Perlen und Edelsteine wurden auf Kredit gekauft

Handelswaren wie Perlen, so informiert Glikl bas Judah Leib, sollten zügig weiterverkauft werden, da sonst zu hohe Zinsen entstünden. »Wenn sie lang liegen, fressen die Zinsen den Verdienst auf«[15], lässt sie die Leser*innen ihres Buches wissen. Das heißt, Glikl bas Judah Leib und ihr Mann erwarben Perlen und Edelsteine oft auf Kredit, wollten diese dann jedoch schnell weiterverkaufen. Denn Juwelen zu lagern und aufzubewahren bedeutete, Kapital zu binden.[16]

Einmal wollte der junge Chajim Hameln Perlen im Wert von 6.000 Reichstalern Bankgeld nach Moskau exportieren.[17] Doch er wartete zu lange auf ein lukratives Angebot. Als in Moskau ein Krieg ausbrach und die Kaufleute dort keinen Absatzmarkt mehr vorfanden, konnte Chajim die Perlen nur noch zu einem schlechten Preis veräußern, nämlich für 400 Reichstaler weniger als das erste Gebot, welches er erhalten hatte. Glikl bas Judah Leib mahnt deshalb an, dass allezeit der erste Käufer der beste sei und ein Kaufmann es verstehen müsse, »ebenso schnell ja als nein zu sagen«.[18]

Von Anfang an bezog ihr Ehemann Glikl bas Judah Leib in die Geschäfte mit ein. Als sie ungefähr 25 Jahre alt war, hätte ihr Mann »gar fleißig« gehandelt und sie habe das Ihrige dazu beigetragen. »Ich schreibe es mir nicht zum Ruhm, daß mein Mann – das Andenken des Gerechten zum Segen – von niemandem einen Rat angenommen hat, als was wir uns immer zusammen besprochen haben.«[19] Um 1661, 13 Jahre nach dem Ende des Dreißigjährigen Krieges, hatte sich das Paar in der freien Reichsstadt Hamburg niedergelassen, wo eine große jüdische Gemeinde ansässig war.

Das Unternehmerpaar schickte andere Juden als Handelsdiener, Faktoren und Geschäftspartner zu Messen und Handelsorten.[20] Einmal hatten sie den aus Polen stammenden Angestellten namens Mordechai nach Danzig gesendet, um mit Perlen zu handeln. Der Perlenhandel, so schätzte es Glikl bas Judah Leib rückblickend ein, machte damals das Hauptgeschäft im Juwelenhandel aus.[21] Nachträglich ärgerte sie sich jedoch, dass sie nicht erkannte, wie gut sie in Danzig auch mit anderen Edelsteinen hätten handeln können.

Später, als sie in den 1690er-Jahren das Unternehmen längst selbst führte, resümiert Glikl, sie hätte einen schönen Handel mit Unzenperlen gehabt. »Ich hab von allen Juden gekauft [die Perlen] und sie dann ausgelesen und sortiert und wieder verkauft an Orten und Enden, wo ich gewußt hab, daß sie angenehm sind, und habe großen Kredit gehabt.«[22]

Die Gesellschaft des 17. Jahrhunderts war dadurch gekennzeichnet, dass sie permanent unter fehlenden Finanzmitteln litt. Gleichzeitig lag das Finanzgeschäft nicht ausschließlich in den Händen von Banken, und der private Bankensektor war erst schwach entwickelt.[23] Daher existierten institutionalisierte und nicht institutionalisierte Kreditquellen nebeneinander[24], bei denen häufig Kaufleute – so wie Glikl bas Judah Leib und ihr Mann – als Kreditgeber agierten. »Viele hiesige Familienväter, die jetzt fast Hauptmitglieder der Gemeinde sind, haben Gott gedankt, wenn wir ihnen Kredit gegeben haben«[25], erinnerte sich die Unternehmerin über den Verleih von Kleinkrediten. Mit den Kreditgeschäften ergänzten die Eheleute ihre Handelstätigkeit optimal, unterhielten sie doch durch ihre gewerbliche Tätigkeit zahlreiche Kontakte zu potenziellen Kunden.[26]

Später, nach dem Tod ihres Mannes, verlieh Glikl bas Judah Leib die Mitgift ihrer Kinder gegen Zinsen, bis diese gebraucht wurde.[27]

Zudem betätigte sich Glikl bas Judah Leib an der Hamburger Börse, an der zu dieser Zeit nicht nur mit Geld, sondern auch mit Waren gehandelt wurde. Dazu arbeitete Glikl bas Judah Leib vermutlich mit einem Partner oder männlichen Begleiter zusammen, wie Natalie Zemon Davis annimmt.[28]

Warenhandel und Textilien bildeten ein zweites Standbein

Für die 1690er-Jahre resümiert die Unternehmerin stolz in ihrem Buch, sie habe viel mit Waren gehandelt, sodass sie jeden Monat Waren im Wert von 500 oder 600 Reichstalern verkauft hat. Um welche Waren es sich genau handelte, beschreibt sie in ihren Memoiren nicht. Ausführlicher erklärt sie demgegenüber ihren Arbeitsalltag. Sie reiste zweimal jährlich auf die Messe nach Braunschweig. Weiterhin hatte sie Waren aus Holland kommen lassen und kaufte ebenso viele Waren in Hamburg und verkaufte diese wieder. Sie unterhielt dazu ein eigenes Warenlager, ein »Gewölb«. »Ich hab mich auch nicht verschont und bin gereist im Sommer und Winter und bin den ganzen Tag durch die Stadt gelaufen.«[29] Reisen dauerten oft viele Wochen, wie aus ihren Aufzeichnungen zu erfahren ist. Da diese zudem mit vielen Gefahren verbunden waren, insbesondere für jüdische Reisende, beschreibt Glikl bas Judah Leib verschiedentlich wie »gar sehr« sie sich freut, wenn sie etwa nach zwölf Wochen Abwesenheit zurück nach Hause kommt und ihre Kinder und die gesamte Familie gesund vorfindet.[30]

Mit der Eröffnung einer eigenen Strumpffabrik setzte die Kauffrau weiterhin eine Familientradition fort. Bereits Glikl bas Judah Leibs Großmutter Mate bas Jakob hatte Textilien produziert. Zusammen mit ihrer

Tochter Bele – Glikls Mutter – hatte sie sich als Klöpplerin von Gold- und Silberspitzen selbstständig gemacht und sogar Lehrmädchen angestellt.[31] Die Strumpffabrik, so schreibt Glikl bas Judah Leib, hatte sie für »etliche Tausende« selbst aufgebaut und damit ihren Warenhandel ergänzt.[32]

Glikl bas Judah Leib als Ehevermittlerin

Als Chajim im Jahr 1789 starb, war Glikls jüngste Tochter elf Jahre alt, die vier ältesten der zwölf überlebenden Kinder – sechs Mädchen und sechs Jungen – waren bereits verheiratet. Für acht ihrer Nachkommen galt es demnach, Eheallianzen anzubahnen, Mitgiften zur Verfügung zu stellen und Hochzeiten auszurichten. Dies war vor allem ein finanziell aufwendiges Unterfangen und wohl ein Grund, warum Glikl bas Judah Leib ihre Geschäfte erfolgreich führte. Die in Hamburg geborene Kauffrau wurde selbst im Alter von fast zwölf Jahren mit Chajim ben Joseph aus Hameln verlobt. Knapp zwei Jahre später heirateten die beiden, wie sie in ihren Memoiren berichtet, und lebten zunächst in Hameln.[33] In dem »lumpigen, unlustigen Ort« Hameln sieht Glikl bas Judah Leib indes keine berufliche Perspektive. Dort hatten sie wenig Geschäft, »denn Hameln war kein Ort von Handelschaft«.[34] Nach einem Jahr zieht das junge Paar nach Hamburg zu Glikls Eltern, obwohl »beide noch junge unerfahrene Kinder gewesen, die wenig oder nichts vom Handel gewußt, wie es in Hamburg dienlich gewesen wäre«.[35] In Hamburg wurde Glikl »stracks schwanger« und brachte die erste Tochter Zipora zur Welt.[36]

Das vertauschte Kind

Glikl bas Judah Leib beschreibt, dass sie zur gleichen Zeit wie ihre Mutter im Wochenbett gelegen habe und daraus skurrile Situationen entstanden seien, etwa, als die Mutter nachts versehentlich ihre Enkeltochter statt ihrer neugeborenen Tochter mit ins Bett nahm und im ganzen Haus Unruhe ausbrach, weil die Wiege der Zipora leer und das Kind scheinbar verschwunden war.[37] Nach der Geburt ihrer ersten Tochter mietete das Paar in Hamburg ein schönes Haus für 50 Reichstaler Miete im Jahr und hielt sich Dienstpersonal.[38] Jeweils im Abstand von zwei Jahren brachte die Kauffrau 14 Kinder zur Welt, die sie alle selbst stillte und von denen zwölf das Erwachsenenalter erreichten.

Nun galt es, die acht noch nicht verheirateten Kinder strategisch zu verbandeln, was Glikl bas Judah Leib auch gelang.

Neun Hochzeiten und ein Bankrott

Hochzeiten waren ein gesellschaftliches Ereignis in der jüdischen Oberschicht und nehmen einen dementsprechend großen Teil in der Autobiografie der Kauffrau ein. Insbesondere die Hochzeit von Glikl bas Judah Leibs ältester Tochter Zipora im Jahr 1674 schildert sie ausführlich. Das 13-jährige Mädchen wurde mit dem 18-jährigen Kosman, dem Sohn von Elias Gomperz (um 1615–1689), dem brandenburgischen Hoffaktor, verheiratet. Glikls Familie nutzte die Reise zunächst – Glikl bas Judah Leib stillte noch ein Kind –, um in Amsterdam Geschäfte zu erledigen.[39] Während ihrer dreiwöchigen Reise hätten sie, so die Kauffrau, mehr als 12 Dukaten verbraucht, doch dies sei egal gewesen, denn ihr Mann habe die halbe Mitgift durch Geschäfte in Amsterdam wieder eingenommen.[40] In Kleve kamen sie in ein Haus, welches Glikl von der Ausstattung wie eine königliche Wohnung empfunden hatte. Den ganzen Tag hatten sie keine Ruhe vor vornehmen Männern und Frauen, die kamen, um sich die Braut anzusehen. Die ungewöhnliche Verbindung rief so viel Aufmerksamkeit hervor, dass sogar der 13-jährige Prinz Friedrich von Brandenburg sowie der klevische Stadthalter Fürst Moritz von Nassau an der Hochzeit teilnahmen.[41] Am Hochzeitstag nach der Trauung bewirtete der Vater des Bräutigams die Gäste mit »Konfekten«, »Konfitüren«, »guten fremden Weinen« und »fremden Früchten«.[42] Ganz die Juwelenhändlerin erwähnt Glikl bas Judah Leib nicht nur die »königlichen Leckerbissen«, sondern auch einen portugiesischen Gast namens Mocatta, der Juwelier war und eine diamantenbesetzte goldene Uhr im Wert von 500 Reichstalern mit sich führte.[43]

Diese Eheschließung zwischen der Familie des wohlhabenden brandenburgischen Hofjuden, Hoflieferanten und Kreditgebers Elias Gomperz, »ein »Name für hunderttausend Reichstaler«, so Glikl bas Judah Leib, und des jungen Juwelenhändlers Chajim Hameln aus Hamburg erstaunte so sehr, dass sogar Wetten an der Börse abgeschlossen wurden, ob die Ehe zustande käme.[44] Doch neben dem absoluten Reichtum spielten auch Klugheit, Ehre und Herkunft eine Rolle, sodass die Ehe trotz der finanziellen Diskrepanz geschlossen wurde.

Die beim Tod ihres Mannes noch unverheirateten acht Kinder vermählte Glikl bas Judah Leib nach folgender Strategie: Den zweitgeborenen Sohn Nathan sowie Sohn Mordechai verheiratete sie mit Töchtern der jüdischen Oberschicht in Hamburg. Sie sollten vor Ort bleiben und die verwitwete Mutter im Unternehmen unterstützen.[45] Ihre Tochter Hanna verheiratete Glikl bas Judah Leib mit einem Cousin, Samuel, nach Hameln. Tochter Esther ging nach Metz zu Moses Krumbach, Sohn des Bankiers Abraham und der Kauffrau Jachet/Agathe Gompertz.[46] Die Hochzeit führte die Familie allerdings nicht in Metz durch, wie die Unternehmerin beschreibt, sondern in Amsterdam, um die Hochzeit mit einer Geschäftsreise zum Juwelenhandel verbinden zu können.[47] Die Feierlichkeiten verliefen so vornehm, »als nicht in hundert Jahren in Amsterdam gewesen ist«, kostete die Familie allerdings auch »über vierhundert Reichstaler«.[48] Anschließend blieben Glikl und Sohn Nathan noch einige Wochen in Amsterdam, um ihre Geschäfte abzuwarten.[49]

Sohn Löb verheiratete die Mutter nach Berlin. Doch zunächst musste sie zuschauen, wie ihr Sohn als selbstständiger Unternehmer scheitert, sich bestehlen lässt und sich verschuldet. Als Glikl bas Judah Leib diese Dinge zu Ohren kommen, sei ihr darüber fast »die Seele weggeflogen« und sie sei auf der Stelle ohnmächtig geworden.[50] Auf der Leipziger Messe stellte sie ihren Sohn zur Rede, doch dieser versuchte, sich bei seiner Mutter herauszureden. Da gibt Glikl bas Judah Leib klare Anweisungen: »Zeig mir deine Bilanz.«[51] Als er diese nicht vorweisen konnte, reiste sie mit Löb nach Berlin, ordnete seine Geschäfte und beglich seine Schulden.

Für Sohn Joseph arrangierte Glikl bas Judah Leib die Ehe mit der Tochter von Meir Stadthagen, einem prominenten Kaufmann in Kopenhagen, wohin Joseph dann zog. Die Söhne Sanwil und Moses verbanden sich mit der Elite fränkischer Juden. Letzterer heiratete die Tochter des Ansbacher Hofjuden Samson Baiersdorf, der für Markgraf Christian Ernst von Brandenburg-Bayreuth (1644–1712) tätig war.[52] Nachdem die Verlobung in Bayreuth geschlossen wurde, nutzte Glikl bas Judah Leib die Reise, um die Messe in Naumburg zu besuchen.[53]

In der Folge schaffte es ihr Sohn Moses, selbst Hoffaktor und zudem auch Landrabbiner zu werden.[54]

Für ihre Tochter Freudchen organisierte Glikl bas Judah Leib die Ehe mit Mordechai Hamburger, der sich ab 1701 in London aufhielt und sich später im Diamantenhandel in Madras betätigte.[55] Der Schwiegersohn wirkte also am Ursprung der Diamantenhandelskette, während Glikl bas Judah Leib als Juwelenhändlerin in Europa handelte. Die jüngste Tochter Mirjam hingegen – vielleicht weil die Mutter Glikl inzwischen in Metz eine neue Ehe eingegangen war – verheiratete sich »nur« mit dem Besitzer eines Speditionsgeschäfts.[56]

Eine neue Ehe führt in den Ruin

Mit der durchdachten Heiratspolitik für ihre Töchter und Söhne baute Glikl bas Judah Leib gezielt ihre Handelsbeziehungen aus. Einzig bei der Wahl ihres eigenen Bräutigams unterlief ihr ein nicht zu korrigierendes Missgeschick. Nachdem sie elf Jahre als Witwe gelebt hatte, beschloss auch sie wieder zu heiraten und einen der vielen Vermittlungsvorschläge anzunehmen, die seit dem Tod ihres Mannes an sie herangetragen wurden. Im Sommer des Jahres 1699 willigte sie deshalb in die Ehe mit Hirsch Levy ein, einem wohlhabenden Financier und Lieferanten der Armee Ludwigs XIV. (1638–1715) aus Metz[57], wo bereits ihre Tochter Esther lebte. Denn sie mochte sich für die Zeit ihres »hohen Alters in guten ruhigen Stand« begeben und »in einer so heiligen Gemeinde« ihrer »Seele wohl tun«.[58] Daraufhin löste sie ihren gesamten Warenbestand in Hamburg auf, beglich ihre Schulden und verließ die Hafenstadt zusammen mit ihrer jüngsten Tochter Mirjam für immer.[59]

Bei ihrer Ankunft in Metz ließ ihr Hirsch Levy vergoldete Platten mit Konfekt, Limonen, Orangen sowie bestes inländisches Obst überreichen. Er schenkte ihr eine goldene Kette, die sich jedoch, wie sich in den folgenden zwei Jahren zeigen sollte, »zu einem Strick und zu einer eisernen Banden« entwickelt.[60] Im Jahr 1700 heiraten die beiden.[61]

Obwohl Glikl bas Judah Leib bei ihrem neuen Ehemann »so viel rares Silber und Gold gesehen, wie ich bei keinem reichen Mann in ganz Deutschland gesehen habe«[62], erlitt dieser nach zwei Jahren 1702 den finanziellen Ruin. Kreditoren schickten Gerichtsdiener ins Haus und das Ehepaar verbrachte die folgenden Jahre bis zum Tod von Hirsch Levy im Jahr 1712 in relativer Armut.[63] Die einst so wohlhabende Geschäftsfrau stand nun völlig mittellos da und zog schließlich in den Haushalt ihrer Tochter Esther. Im Alter von 78 Jahren starb Glikl bas Judah Leib im Jahr 1724 am Tag des jüdischen Neujahrsfestes Rosch Haschanah.[64]

Der Mensch zwischen Zeit und Ewigkeit

Glikl bas Judah Leib begann, ihre Lebensgeschichte nach dem Tod ihres ersten Mannes Chajim Hameln 1691 in schlaflosen[65], sorgenvollen Nächten aufzuschreiben, damit ihr keine melancholischen Gedanken kämen.[66] Bis zum Jahr 1719 zeichnet sie ihr Leben nach, spricht über die Geburt ihrer Kinder und Enkelkinder, den Tod ihres Mannes, eines Säuglings, ihrer dreijährigen Tochter Mate sowie ihrer erwachsenen Kinder Hendele und Sanwil. Mit Hilfe des Schreibens verarbeitete sie ebenso den finanziellen Niedergang ihres zweiten Gatten. An vielen Stellen erweitert Glikl bas Judah Leib ihre Lebensgeschichte um religiöse Erzählungen und Parabeln. Doch mehr noch, die hochgebildete Kauffrau Glikl bas Judah Leib schildert stolz und selbstbewusst die Geschichte ihres Handelsunternehmens, das sie zusammen mit ihrem Mann Chajim ben Joseph als junge Frau in Hamburg aufbaut hatte und bis zur Hochzeit mit Hirsch Levy in Metz im Jahr 1700 erfolgreich führte.

Glikl bas Judah Leib zählte zur Wirtschaftselite ihrer Zeit. Bei ihr gingen Waren- und Juwelenhandel mit Kredit- und Garantieleistungen Hand in Hand. Der Stolz über ihre eigene unternehmerische Leistung und Disziplin funkelt in Sätzen wie »Wenn ich an der Börse zu einer Börsezeit hätte zwanzigtausend Reichstaler Banco haben wollen, hätte ich sie bekommen können.«[67] wie ein Diamant in unsere Zeit. Gern bemaß die Kauffrau den Wert von sich selbst, ihren Kindern, Schwiegerkindern, ihren Eltern und Verwandten in Reichstalern, so wie es in ihrem gesellschaftlichen Umfeld üblich war.

Gleichzeitig verdeutlicht sie mit ihrem Lebensbericht, dass es am Ende um mehr als nur um Geld ging. »Hat man Geld oder Ware von anderen Leuten in Händen, muß man mehr Sorge dafür haben als für das seinige selbst, damit man, Gott bewahre, keinem ein Unrecht tut.«[68] Denn man werde im Jenseits zuerst gefragt, ob man ehrlich gehandelt und sich im Diesseits bemüht habe oder stattdessen durch Raub und Diebstahl Geld gesammelt hätte. Warum solle »der Mensch das Zeitliche für das Ewige verkaufen?«, fragt sie.[69]

Glikl bas Judah Leib stellt ihre unternehmerische Tätigkeit damit in einen moralischen Kontext, religiös-ethisches Handeln und wirtschaftlicher Erfolg gehören bei ihr zusammen. Deshalb erzählt sie in ihrem siebenteiligen Buch nicht nur von wirtschaftlichen Errungenschaften und familiären Ereignissen, sondern spricht zugleich über Zeitlichkeit und Ewigkeit, über Mensch und Gott. Und lädt damit ihre Leserinnen und Leser dazu ein, selbst das eigene Leben in größere Zusammenhänge zu setzen.

Take-aways

- »Wer um Vergangenes klagt, bittet umsonst«, ist Glikl bas Judah Leibs Einstellung.
- Mobilität und ein überregionales Netzwerk bilden die Grundlage für wirtschaftlichen Erfolg.
- Familie und Geschäft sind eng miteinander verwoben.
- Reisen sind immer doppelt zu nutzen: Familiäre Anlässe und geschäftliche Termine miteinander verbinden.
- Der erste Käufer ist immer der beste. Ein Kaufmann muss es verstehen, »ebenso schnell ja als nein zu sagen«.
- »Hat man Geld oder Ware von anderen Leuten in Händen, muss man mehr Sorge dafür haben als für das seinige selbst, damit man, Gott bewahre, keinem ein Unrecht tut.«

Zum Weiterlesen

Die Memoiren der Glückel von Hameln. Aus dem Jüdisch-Deutschen von Bertha Pappenheim, Wien 1910. Ein Nachdruck dieser Ausgabe erschien mit einem Vorwort von Viola Roggenkamp, Weinheim und Basel 1994 (3. Aufl. 2013).

»In unserem Geschäft heißt es arbeiten, hart und angestrengt. Vom frühen Morgen bis zum späten Abend.«

Madame Kaulla

(1739–1809)
Bänkerin, Hoffaktorin, Philanthropin

Madame Kaulla galt als reichste Frau Deutschlands. Bei ihren Geschäften scheute die Bänkerin, Unternehmerin und erfolgreiche Logistikerin kein Risiko und ging sogar lebensgefährliche Situationen ein: Als sie als Heereslieferantin auf Umwegen versuchte, durch ein feindliches Lager zu reiten, sah sie plötzlich französische Reiter herangaloppieren. »Mit einer Tollkühnheit, wie sie nur der Augenblick der Gefahr eingibt, suchte sie schleunigst samt ihrem Troß hinter einem zufällig am Wege stehenden Bretterverschlag Zuflucht.«[70] Darin harrte Kaulla zusammen mit ihren Begleitern zwei Tage und Nächte aus, bis die Gefahr vorüber war, erzählt eine Geschichte. Damals war die charismatische Unternehmerin etwa 50 Jahre alt. Blickt man auf die Biografie Madame Kaullas, stellt sich vor allem eine Frage: Gab es etwas, das die Mutter von fünf Kindern nicht konnte?

Kaulla – ein Markenname

Kaule oder Karoline bat Raphael wurde 1739 in der oberschwäbischen Stadt Buchau am Federsee als ältestes von sechs Kindern geboren. Ihre Familie war jüdischen Glaubens. Ihr Vater Raphael Isaak ben Benjamin (1713–1760) betätigte sich als Hoflieferant des Fürsten von Hohenzollern-Sigmaringen Joseph Friedrich (1702–1769). Ihre Mutter Rebekka stammte vermutlich aus der Familie der Regensburger.

Später, als Kaule in das Unternehmen ihres Vaters einstieg, nannte sich die junge Unternehmerin bei Geschäften zum besseren Verständnis Kaulla. Seit etwa ihrem 30. Lebensjahr verwendete sie den Namen ausschließlich und unterschrieb mit »M. Kaulla«. Madame Kaulla wurde zu ihrer Marke. Und diese entwickelte sich so stark, dass schließlich ihre gesamte Familie den Namen Kaulla als Nachnamen übernahm.

Als Kaule acht Jahre alt war, zog die Familie in die Residenzstadt Hechingen, das Zentrum des kleinen, hochverschuldeten Fürstentums Hohenzollern-Hechingen. In der 25 Kilometer südlich von Tübingen gelegenen Stadt erhielt ihr Vater bei Fürst Joseph Friedrich Wilhelm von Hohenzollern-Hechingen (1717–1798) das Privileg des Hoffaktors. Lange sah es so aus, als gäbe es nur Mädchen in der Familie Kaulla. Erst nach den drei Schwestern Kaule, Jeanette und Hannele folgte, als Kaule bat Raphael elf Jahre alt war, zunächst Bruder Jacob (circa 1750–1810) sowie Hirsch (1756–1798) und Maier (circa 1757–1815). Ihr Vater sah deshalb in seiner ältesten Tochter lange seine Nachfolgerin. Die Kinder erfuhren eine herausragende Bildung. Ein jüdischer Hauslehrer lebte im Haus, außerdem erhielten Kaule und ihre Geschwister Deutschunterricht.

Mutter und Geschäftsfrau

Mit 18 Jahren wurde Kaulla 1757 von ihrem Vater mit dem Hechinger Schutzjuden und Pferdehändler Akiba Salomon Auerbach (1734–1812) verheiratet. Bald nach der Hochzeit brachte sie das erste Kind auf die Welt, insgesamt gebar Madame Kaulla mindestens fünf Kinder: Mayer (1757–1823), Wolf (1758–1841), Tochter Michle (1761–1821), Veit (1764–1811) und Raphael (1765–1828).

Im Gegensatz zu Madame Kaulla zeigte ihr Mann kaum Interesse am Geschäftlichen. Nachdem das Paar geheiratet hatte, überließ er seiner Frau den Pferdehandel. Kaulla nahm die Aufgabe an, für das Einkommen der Familie zu sorgen. Das klingt zwar nach einer ungewöhnlichen Rollenverteilung, war jedoch bei orthodoxen Juden nicht unüblich, weil sich die Männer häufig dem Thorastudium widmeten, während die Frauen wirtschafteten. Offensichtlich hatte ihr Vater Madame Kaulla frühzeitig in sein Handelsunternehmen eingeführt, denn sie übernahm nach der Hochzeit nicht nur den Pferdehandel ihres Mannes, sondern auch mit 21 Jahren die Firma ihres Vater, als dieser 1760 gestorben war. Wie Rotraud Ries bemerkt, muss für die Familie klar gewesen sein, dass die 21-jährige Kaulla und nicht etwa ihre verwitwete Mutter das Unternehmen weiterführt.[71] Ihr ältester Bruder Jacob war damals erst elf Jahre alt und damit zu jung, um die Unternehmensnachfolge anzutreten. Kaulla verband den Pferdehandel ihres Mannes mit dem väterlichen Handelsunternehmen und belieferte nun den Fürstenbergischen Hof in Donaueschingen mit Pferden, Waren zur Hofhaltung sowie Juwelen, Perlen und Silber.

Eine Familie zu gründen und zu arbeiten, schien die Jungunternehmerin nie als zwei unterschiedliche Dinge verstanden zu haben – ganz im Gegenteil, sie baute ihr Unternehmen zeitgleich mit ihrer kinderreichen Familie auf, genauer, während sie zwischen ihrem 18. und 26. Lebensjahr ihre Söhne und eine Tochter gebar.

Hoffaktoren

Was ist eine Hoffaktorin, ein Hoffaktor? Hoffaktoren oder Hofjuden, also Kaufleute jüdischen Glaubens, finanzierten in der Zeit des Absolutismus das Leben vieler Herrschender, indem sie diese mit Kapital und Luxusgütern versorgten. Nach dem Dreißigjährigen Krieg war ein wirtschaftliches Vakuum entstanden, welches jüdische Financiers erfolgreich ausfüllten und zu sogenannten Hoffaktoren aufsteigen ließ. Dabei übernahmen Menschen jüdischen Glaubens ökonomisch bedeutende Funktionen. So entstand der Eindruck, dass ihnen der Sinn für Geld angeboren wäre, obwohl sie vielmehr aus einer Art Lückenbüßerrolle Finanzgeschäfte übernahmen, da es Juden seit dem Mittelalter verboten war, ein Handwerk auszuüben und Grundbesitz zu erwerben.

Im 17. und 18. Jahrhundert belieferten Hoffaktoren Fürsten mit Pferden, Juwelen, Gold und Silber und fungierten als Kreditgeber für Adelshäuser, manchmal übernahmen sie diplomatische Missionen oder betrieben Münzstätten. Im 19. Jahrhundert entwickelte sich die Position des Hoffaktors mehr und mehr zu jener des Hofbankiers. Im Gegenzug für ihre ursprünglich aus einer Notsituation entstandene Finanzarbeit erhielten Hofjuden Zollfreiheiten und Aufenthaltsrechte, von denen auch die Familie Kaulla zunächst in Hechingen und später in Stuttgart abhängig war. Auf den Schutz ihrer Fürsten waren sie angewiesen. Anderenfalls war das Leben der jüdischen Geschäftsleute schnell in Gefahr, wie die Biografie von Joseph Süß Oppenheimer (1698–1738) demonstriert, der im Jahr 1738 40-jährig in Stuttgart, ein Jahr vor Madame Kaullas Geburt, am Galgen gehängt wurde. Jüdische Unternehmende waren zwar geduldet, aber nicht willkommen und mussten aufgrund des herrschenden Antisemitismus um ihr Leben bangen.

Handelsradius: Donaueschingen, Hechingen, Stuttgart

Madame Kaulla arbeitete für mehrere Fürstenhöfe und hatte damit ihr Unternehmen auf sichere Beine gestellt, da sie nicht von nur einem Auftraggeber abhängig war. 1768 erhielt Kaulla das Patent zur Hoffaktorin des Fürstenbergischen Hofes in Donaueschingen. Sie wird bereits einige Jahre zuvor für den Fürsten tätig gewesen sein, setzte doch die Ernennung zur Hoffaktorin voraus, dass sie bereits eine Zeit lang für diesen Geschäfte tätigte. Kaulla lieferte Pferde, Juwelen, Silber sowie Waren zur Hofhaltung an den Hof.

Joseph Wenzel von Fürstenberg (1728–1783) stellte Kaulla am 20. Juli 1769 einen freien Geleitpass aus, mit dem es der Geschäftsfrau erlaubt war, frei zu reisen und Handelsgüter mit sich zu führen. Stoffe und Schmuck lieferte Kaulla an die Fürstin Maria Josepha zu Fürstenberg (1731–1783), von welcher die Unternehmerin mit »Mein liebe Kaull« in Briefen angesprochen wurde. Für die Fürstin besorgte sie unter anderem

»19 Stück Berlen, gefasst mit Silber und in feyner Verguld das Stück à 24 kr.«, roter Atlas, Ringe oder ein silbernes »Caffeekännchen«.

Gleichzeitig arbeitete Kaulla bereits mit dem Württembergischen Hof zusammen. Herzog Karl Eugen (1728–1793) erteilte ihr am 7. Juli 1770 den Titel einer »Herzoglich Württembergischen Hoffaktorin«: »S[eine] H[erzogliche] D[urchlaucht] sind jezo gnädigst gesonnen, der demüthigsten Supplicantin den Titul einer Herzoglichen Hof-factorin beizulegen.«[72] Allerdings war damit kein Aufenthaltsrecht in Stuttgart und Ludwigsburg, sondern nur in Freudental nördlich von Stuttgart verbunden. Erst im Jahr 1797 erhielten sie und ihr Bruder Jacob den Hofschutz für Stuttgart und Ludwigsburg, der ihr allerdings aufgrund von Protesten des Magistrats, der Stuttgarter Kaufmannschaft sowie der Landesversammlung zunächst nach kurzer Zeit wieder entzogen wurde.

Ihre Tätigkeit als Hoffaktorin erforderte es, viel zu reisen. Kaulla führte dazu einen Hausrabbiner und einen Schächter mit sich. Als ihr Bruder Jacob ein entsprechendes Alter erreicht hatte, nahm sie diesen als Teilhaber in die Firma »Kaulla & Cie.« mit auf. Denn als Frau war Madame Kaulla in ihren Handlungsmöglichkeiten eingeschränkt. 1780 wurde Jacob zum Fürstenbergischen Hoffaktor ernannt.

Die Provinz bietet lukrative Geschäftsmöglichkeiten

Hofpatente galten jeweils nur für die Regierungszeit des unterzeichnenden Herrschers. Im Jahr 1783 waren die Hoffaktorenpatente für die beiden Geschwister in Donaueschingen in der Folge eines Herrschaftswechsels nicht verlängert worden. Doch geschäftlich vielseitig aufgestellt, hatten die Geschwister Kaulla 1779 am Hof von Hohenzollern-Hechingen wie einst ihr Vater Patente als Hoffaktoren erworben.[73] Fürst Joseph Wilhelm pflegte eine kostenintensive Hofhaltung, besonders die Jagd und teure Pferde soll dieser überaus geschätzt haben. Sein luxuriöser Lebensstil führte zu einer hohen Verschuldung, was Kaullas Chance für den Einstieg ins Kreditgeschäft darstellte. In Hechingen erwarben die Kaullas zudem Immobilien. Für die Lagerung von Tuch mieteten die Geschwister Kaulla das Hechinger Rathaus, später kauften sie den Fruchtkasten, ein Fachwerkbau in der Schloßstrasse.

Heereslieferantin

In der Krise werden die Karten neu gemischt. So wie der Onlinehandel zu den größten Gewinnern der Coronajahre 2020/21 gehört, waren es Handelsunternehmen wie Kaulla & Cie., welche das wirtschaftliche Potenzial der beiden Kriegsjahrzehnte nach der Französischen Revolution nutzten und umgehend ihr Geschäftsmodell um Heereslieferungen erweiterten. Im Jahr 1790 erhielten die Kaullas einen ersten großen Auftrag für Versorgungslieferungen für die kaiserlich-königlichen Truppen in den Österreichischen Niederlanden durch Herzog Karl Eugen zu Württemberg. Die logistische Versorgung des Militärs war zu dieser Zeit weitestgehend privatwirtschaftlich organisiert. Um die Soldaten mit Lebensmitteln und deren Pferde mit Futter zu versorgen, erhielt die damals 53-jährige Kaulla ihren ersten Auftrag als Heereslieferantin für die in den Niederlanden stationierten Truppen, wie ein Vertrag vom 30. November 1790 dokumentiert. Kaulla & Cie. hatte mit dem Generalverpflegungsamt vertraglich geregelt, 30.000 Zentner Roggen Wiener Gewichts (circa 1680 Tonnen) sowie 60.000 Metzen Hafer niederösterreichischen Maßes zu kaufen und abzuliefern.[74] Das Getreide sollte sie ins kaiserliche Magazin nach Trier oder auch nach Koblenz oder Köln liefern. Solche Aufträge stellten ein umfangreiches logistisches Unterfangen dar, musste doch das Getreide wie die umgerechnet etwa 24.000 Badewannen voll Hafer zunächst einmal eingekauft werden. Ein kaiserlicher Minister informierte die Häupter des sogenannten Schwäbischen Kreises, einer sich über Baden, Württemberg und Franken erstreckenden Verwaltungseinheit, dass Lieferanten frei ankaufen und durchreisen könnten.[75]

Durch die vorhandenen Kontakte mit den Fürstenbergischen und Württembergischen Fürsten vernetzten sich die Kaullas mit dem kommandierenden General der Reichsarmee, Erzherzog Karl von Österreich-Teschen (1771–1847), der später in Donaueschingen sein Hauptquartier aufschlug und dort ein Reserveheer aufstellte. Als die Koalitionskriege ausbrachen – der letzte große militärische Konflikt im vormodernen Europa nach der Französischen Revolution – und die Franzosen den Rhein überschritten hatten, fanden zahlreiche Schlachten zwischen Österreich und den napoleonischen Truppen auf dem Gebiet des heutigen Baden-Württembergs statt. Um diese Vorgänge zu verstehen, sei daran erinnert, dass bis zum Beginn des 19. Jahrhunderts im badischen Raum sowie nördlich des Bodensees zahlreiche Gebiete zu Österreich, nämlich zu Vorderösterreich gehörten. Kaulla gelang es, die gesamte Verproviantierung der Reichsarmee zu übernehmen, also die Armee mit Nahrungsmitteln und Kleidung in Millionenwerten zu versorgen. In den Jahren 1799/1800 lieferte Kaulla für die kaiserlichen Armee, die Erzherzog Karl für seine Truppen von Württemberg forderte, Heu nach Villingen, für das sie einen Vorschuss von 25.000 Gulden erhielt, sowie 20.000 Metzen Hafer und 4.000 Zentner Mehl.[76] Erzherzog Karl schrieb am 23. Juni 1801 aus Donaueschingen an den »Besonders lieben Herrn Kaulla«, dass er Kaiser Franz über Kaullas Leistungen informiert habe.[77] Daraufhin wurde Jacob Kaulla 1801 in Wien mit dem Titel eines kaiserlichen Rats ausgezeichnet, während Madame Kaulla im Jahr 1807 als Frau immerhin die große österreichische goldene Ehrenkette mit Medaille verliehen wurde.

Ebenfalls für die Jahre 1805 und 1807 dokumentieren die Quellen umfangreiche Lieferungen an die k. u. k. österreichischen Magazine in Ulm, die der Agent Abraham Weil für die Kaullas durchführte.[78]

Die »Wirtembergische Hof-Banque, M. & J. Kaulla«

Die enormen Gewinne aus den Verpflegungslieferungen für das Militär erlaubten es den Geschwistern, ihre geschäftlichen Tätigkeiten verstärkt auf das Finanzwesen auszurichten und als Kreditgeber für verschiedene Fürsten zu fungieren, die durch die laufenden Kriege hochverschuldet waren. Dabei bewegten sie Millionen und nahmen entsprechende Zins- und Provisionsgewinne ein. Bereits am Hohenzollernhof in Hechingen waren die Kaullas in das Finanzgeschäft eingestiegen. Im Jahr 1796 liehen sie dem Hof mehrmals hohe Beträge: 15.000 Gulden, 10.000 Gulden, 10.500 sowie 4.000 Gulden.[79]

Vor allem finanzierten die Kaullas jedoch Herzog Friedrich II. von Württemberg (1754–1816), ab 1806 König, um Kontributionszahlungen an Frankreich leisten und politische Projekte vorbei an den starken Landständen umsetzen zu können.[80] Häufig ging es um Summen von mehreren Hunderttausend Gulden. Die inzwischen von den Kaullas erreichte Finanzkraft zeigte sich besonders in den Jahren um 1800, als sie die Kreditierung englischer Subsidienzahlungen, also Hilfszahlungen für Württemberg übernahmen. Bis Mai 1800 hatten die Kaullas bereits 405.000 Gulden auf die erwarteten englischen Hilfszahlungen vorgestreckt.[81] Für gewöhnlich erfolgten die Zahlungen in Wechseln, doch im Jahr 1800 wird berichtet, dass Madame Kaulla einmal 150.000 Gulden bar als Silbergeld in neun Fässern lieferte.[82]

What's next? Diese Fragen stellen sich viele Unternehmende. Für die Kaullas beantwortete der Württembergische Herzog Friedrich II. die Frage, indem er Kaulla & Cie. half, ihren Geld- vom Warenhandel zu trennen und ein eigenes Bankhaus zu gründen.

Jacob Kaulla war am 9. Februar 1800 zum württembergischen Hofbankier in Stuttgart ernannt worden[83], als Frau konnte Madame Kaulla einen solchen Titel nicht erhalten. Bereits 1704 hatte Herzog Eberhard Ludwig (1676–1733) die »Fürstlich Württembergische Hof-Banco« als eine Art Rentenversicherung gegründet, aber schon 1738 wurde das Geldinstitut wieder geschlossen. Knapp 60 Jahre später griffen die Kaullas zusammen mit Herzog Friedrich II. die Idee wieder auf und gründeten 1802 die Württembergische Hofbank, die bis 1869 mit dem Aufkommen der modernen Aktienbanken als wichtigste Kreditstütze des Landes fungierte. In der Schmalen Straße 11 in Stuttgart war die Bank beheimatet. Dort unterhielten Madame Kaulla und ihr Bruder auch eine Wohnung. Später kauften sie das gegenüberliegende Haus des preußischen Gesandten von Madeweiß an der Königsstraße 11.

Am 20. August 1802 wandelte der Herzog das Kreditinstitut in eine Hofbank um, »zur Beförderung des in- und ausländischen Handels«.[84] Alle herrschaftlichen Kassen sollten von nun an ihre Wechselgeschäfte mit der Hofbank durchführen. Die Hälfte des Gründungskapitals von 300.000 Gulden stammte von Herzog Friedrich, die andere Hälfte legten die Kaullas ein. Dennoch war die Hofbank eine Privatbank, die der Landesfürst jedoch auf verschiedenste Art und Weise unterstützte. Am 1. Juli 1807 wurde der Anteil der Kaullas auf 250.000 Gulden erhöht, aufgeteilt in fünf persönliche Anteile, Obligationen zu je 50.000 Gulden, welche offenbar fünf verschiedenen Familienmitgliedern gehörten. Diese ohne das Herrscherhaus vorgenommene Kapitalerhöhung verdeutlicht, dass die Bank keine staatliche Einrichtung, sondern ein privates Bankinstitut blieb, obgleich die Geschäftsführung neben den Kaullas von Beauftragten des Herzogs besorgt wurde.[85] So informierten Madame und Jacob Kaulla im Oktober 1802 Fürst Karl Joachim zu Fürstenberg (1771–1804), dass sie das Bankhaus gegründet hätten, bei dem die »Surintendence und Direction« bei dem geheimen Rat und Kammerpräsidenten Freiherrn von Mandersloh und dem Vizedirektor der Rentkammer Dünger liegen würde, ihnen aber sei »die Führung der Cassa und die Firma in Courant Geschaefften« gnädigst anvertraut worden.[86] Das heißt, die Oberaufsicht lag offenbar bei den Beamten des Herzogs, das operative Geschäft führten die Kaullas jedoch selbstständig aus. Die Bankiers schlossen ihr Schreiben selbstbewusst mit der Bemerkung, dass sie »keines Weegs« daran zweifeln, »dass Sie sich durch gefaellige Versuche bald veranlasst finden werden, uns Ihr Interesse anzuvertrauen«.[87]

Die Kaullas gehörten zu den ersten Bankgründern Deutschlands. Die Württembergische Hofbank ging 1924 nach mehreren Fusionen in der Deutschen Bank auf.

Zusammen mit dem Württembergischen Fürsten führten die Kaullas nicht nur die Bank, sondern hielten zwischen 1808 und 1814 das Monopol für den württembergischen Salzhandel. Sie importierten Salz aus Bayern nach Württemberg. Von 26.000 Fässern jährlich ist die Rede, hinzu kamen noch etwa 1.500 Fässer für die Fürstentümer Hohenzollern.[88]

Organisationsstruktur des Unternehmens

Versucht man ein Organigramm dieses komplexen Großunternehmens zu erstellen, stehen an oberster Stelle die beiden Geschwister Madame und Jacob Kaulla. Als »eigentlich das Haupt des Kaullaischen Hauses« bezeichneten auch die Geschäftspartner Madame Kaulla[89], während ihr Bruder Jacob aufgrund seines männlichen Geschlechts für die Repräsentation zuständig war. Ihn führten Geschäftsreisen unter anderem nach Paris und Wien, 1805 besuchte er London. Jacob galt als Wunderkind, schon früh konnte er ganze Bücher der hebräischen Bibel auswendig aufsagen, heißt es. Madame Kaulla hatte Jacob auch familiär stark an sich gebunden, war er doch Madame Kaullas Bruder und zugleich ihr Schwiegersohn, nachdem er in zweiter Ehe ihre Tochter Michle zur Frau erhalten hatte.

Anscheinend existierte neben Jacob und Madame auch ein Geschäftsführer. Als solcher wird Aaron Liebmann 1807 in den Quellen bezeichnet, als er zum Kaiserlich-Königlichen Hoffaktor ernannt wurde.[90]

Neben dem Bruder Jacob zählte ihr erweitertes familiäres Netzwerk zur Unternehmensstruktur, welches ähnlich wie bei den Kindern von Glikl bas Judah Leib die geschäftlichen Handlungsoptionen ausweitete. So wurde beispielsweise Kaullas Schwester Jeanette mit dem Hoffaktor Salomon Isaak Regensburger in Augsburg, später Hechingen, verheiratet, ihr Bruder Hirsch Raphael wirkte als Hofagent in Hessen-Darmstadt. Auch Kaullas Kinder beziehungsweise ihre Schwiegersöhne waren entweder in das mütterliche Unternehmen eingebunden oder als Hoffaktoren tätig, sodass sie überregional nicht nur geschäftlich, sondern auch verwandtschaftlich vernetzt war. Sohn Veit etwa betätigte sich als königlich bayrischer Hoffaktor. Wolf Kaulla machte sich als Pferdekenner verdient, war zeitweise am Marstall des Hofes von Hechingen angestellt und in den umfangreichen Kaullaischen Pferdehandel involviert. Später erhielt er den Titel kaiserlicher Rat und wurde in der Nachfolge von Jacob Kaulla königlich württembergischer Hofbankier.

Außerhalb der Familienstruktur muss Madame Kaulla mit einem Netzwerk aus Agenten zusammengearbeitet haben. In Gesuchen an den Fürsten von Donaueschingen schreibt Kaulla vielfach von ihren »Leüthen«. Gabriele Katz vermutet, dass Kaulla eine Vielzahl von sogenannten Landjuden sowie Hausierer, eine Art fliegender Händler, und Kleinhändler beschäftigt habe. Bei den Heereslieferungen wird Kaulla hauptsächlich mit Kurierpost ihr System aus Unterhändlern und Pferdetransportwagen organisiert haben.

Madame Kaullas Arbeitsalltag

Ein Emailbild mit scherenschnittartigen Figuren veranschaulicht eine Szene aus dem Arbeitsalltag von Madame, in der sie auf einem Marktplatz Pferde an Offiziere verkauft. In ausladendem Kleid mit Schirm in der Hand sitzt die Geschäftsfrau elegant auf einem Stuhl und überwacht den Handel. Neben ihr stellt an einem Tisch ein Schreiber Kaufverträge aus. Knechte führen die Pferde vor. Einkaufen, Verhandeln, Verkaufen stellten die zentralen Tätigkeiten der Unternehmerin dar. Eine beträchtliche Zeit ihres Tages hat Kaulla Korrespondenzen geführt, um Geschäfte anzubahnen, zu organisieren und abzuschließen.

Einen Einblick in ihren Arbeitsalltag gibt folgende Anekdote: Einmal hatte ein Geschäftsfreund aus Frankfurt gebeten, dass sein Sohn bei den Kaullas lernen könne. Frau Kaulla lud den jungen Mann zu sich ein. Der Jüngling war nach der neuesten Mode gekleidet und hielt einen Zylinder in der Hand, als er Madame Kaulla erwartete. »Mit gepuderter Perücke und seinen Schnurrbart drehend«, heißt es, habe er vor dem Spiegel gestanden und sich von Kopf bis Fuß gemustert. Da ging die Tür auf und Frau Kaulla trat ein. Überrascht blickte sie zu dem modisch gekleideten jungen Mann und sprach zu ihm: »Junger Mann, in unserem Geschäft heißt es arbeiten, hart und angestrengt, vom frühen Morgen bis zum späten Abend. Da kann man nicht wie sie, gestriegelt und gebügelt nach dem neusten Modejournal einhergehen. Ich kann ihn in unserem Geschäft nicht brauchen. Kehre er nur gleich wieder heim, zurück zu seinen Eltern und lasse sich dort anstellen.« Daraufhin verließ sie das Zimmer und ließ den jungen Mann verblüfft stehen.[91]

Durchsetzungsfähigkeit

Die erhaltenen Korrespondenzen von Madame Kaulla bezeugen, wie eloquent und selbstbewusst die Geschäftsfrau auftrat. Wenn nötig forderte sie über Jahre ihre wirtschaftlichen Ziele ein, bewies Durchhaltewillen und ließ sich auch von Rückschlägen und Abweisungen nicht abhalten. 1768 erhielt Kaulla das Patent als Hoffaktorin in Donaueschingen. 1769 folgte ein freier Geleitpass für ihre Waren, der jedoch nicht mit einer zollfreien Einfuhr der Waren verbunden war. Im Oktober 1776 ersuchte Kaulla bei Fürst Joseph Wenzel erneut, ihre Waren zollfrei einführen zu können: »Derohalben erbete ich Eure hochfürstl[iche] Durchlaucht unterthänigst, mir und meinen leüthen, die nemlichen beweisen, daß sie in meinen Diensten seyen, die zollfreiheit für sich, und alle waaren, auch offerten gnädigts decretieren zu lassen […].«[92] Jedoch antworteten ihr die Räte am 23. November 1776 wieder, dass der freie Geleitpass keine Zollfreiheit beinhaltet.[93] Am 21. Dezember 1776 wendet sie sich erneut an den Fürsten und weist berechtigterweise darauf hin, dass Zollfreiheit üblicherweise zum Status einer Hoffaktorin gehöre, »welche in allen Landen, wo Hofliveranten sind, üblich ist«.[94] Schließlich hatte sich das Insistieren gelohnt, am 10. Januar gestand ihr der Hof die Zollfreiheit für alle Waren zu, welche sie zur Hofhaltung und an die Dienerschaft schicken würde.[95] So kam das Unterfangen, an dem sie offensichtlich seit Jahren arbeitete, teilweise zu einem erfolgreichen Abschluss. Allerdings scheint Kaulla weiterhin andere Waren durch das Fürstenbergische Territorium gebracht zu haben, ohne diese zu verzollen, was immer wieder zu Konflikten führte.

Karitatives Engagement

Zeitlebens gibt Madame Kaulla einen Teil des erarbeiteten Wohlstands zurück. »Schon 30 Jahre bezahle ich aus eigenem Vermögen eigene Lehrer für arme Judenkinder«, schreibt Kaula 1803 an Fürst Hermann Friedrich Otto von Hohenzollern-Hechingen (1751–1810).[96] Jeden Freitag spendete Madame Kaulla Bedürftigen Öl, Mehl und Wein. Ebenfalls richtete sie ein Hospiz für umherziehende arme Juden ein.[97] Außerdem gründete Kaulla ein jüdisches Lehrhaus und stiftete eine Bibliothek, wozu sie das Haus »in der Münz« in Hechingen umbauen ließ. Darin befand sich bereits eine Privatsynagoge sowie das Badehaus der Familie. Hinzu kamen nun Wohnungen für drei Stiftsrabbiner sowie Schulräume.

»[...] an Weisheit und Rat war sie bedeutender als ein Mann«

»Für ein gutes Leben« ziert eine hebräische Inschrift eine Tasse aus Madame Kaullas Nymphenburger Kaffeeservice. Als die engagierte Geschäftsfrau 1809 mit 70 Jahren stirbt, hatte sie sich tatsächlich ein gutes Leben gestaltet. Ihre Traueranzeige vom 19. März lobt Kaulla als eine Frau von seltenen Geistesgaben und von edlem Charakter. Einen großen Teil ihres Segens, den ihr die Vorsehung zuwies, habe sie zum Wohltun verwendet. »Sie war die Stütze der Notleidenden ohne Unterschied der Religion, und tausend Thränen der Armen hier und anderwärts fließen auf ihr Grab.«[98] Während die Großunternehmerin bei öffentlichen Titeln aufgrund ihres Geschlechts von ihrem Bruder Jacob überflügelt wurde – er wurde Hofbankier, erhielt einen kaiserlichen Ratstitel und den Rabbinertitel –, offenbart die monumental angelegte Familiengrabanlage in Hechingen auf den ersten Blick, wer das Unternehmen leitete: Ein großer Steinsarkophag thront in der Mitte zwischen zwei Stelen, die an ihren Bruder (gest. 1810) und ihren Ehemann (gest. 1812) erinnern. Der Madame Kaulla gewidmete Sarkophag trägt die hier nach Rotraud Ries übersetzt wiedergegebene hebräische Inschrift:

> »Hier ist geborgen
> Eine teure, reine Frau. Als Banner ihres Stammes wurde sie aufgestellt.
> Eine Herrin, die nach Gerechtigkeit strebte. Unter Königen erwarb sie sich einen großen Namen,
> an Weisheit und Rat war sie bedeutender als ein Mann.
> Ihr Haus zierte sie mit einem Namen, einen Namen für die Ewigkeit hat sie vererbt.«[99]

Madame Kaulla, die ursprünglich Kaule bat Raphael hieß, wirtschaftete so erfolgreich, dass ihr Mann, ihre Brüder und die nachkommenden Generationen ihren Namen als Nachnamen führten. Kaulla war eine Ausnahmeunternehmerin, die bereits in jungen Jahren und ohne den Witwenstatus zielstrebig ihre Ziele umsetzte, indem sie das Muttersein mit dem Aufbau eines großen Familienunternehmens verband. Sie baute eine stabile Unternehmerfamilie auf und gestaltete eine tragfähige Unternehmenskultur, die von ihrem jüdischen Glauben geprägt war. Sie kombinierte ihre fachliche Kompetenz mit der Pflege von Beziehungen, mit Disziplin, Hartnäckigkeit und Selbstbewusstsein. Wie sähen weibliche Biografien aus, wenn von Anfang an gesetzt wäre, dass Frauen für das Verdienen des Lebensunterhaltes zuständig sind? Das Leben von Madame Kaulla gibt darauf eine Antwort.

Take-aways

- Risiko streuen: Mehrere solide Geschäftszweige aufbauen, verschiedene, starke Auftraggeber*innen etablieren.
- Konflikte aushalten und bestimmt einfordern, was einem zusteht.
- Eine tragfähige, generationenübergreifende Unternehmenskultur entwickeln.
- Die gesamte weitere Familie im Unternehmen involvieren.
- Das Unternehmen kontinuierlich auf eine neue Ebene heben.

Zum Weiterlesen

Katz, Gabriele (2006): *Die erste Unternehmerin Süddeutschlands und die reichste Frau ihrer Zeit.* Madame Kaulla 1739–1806, Filderstadt.

MARKETING UND VERTRIEB

Wie gestalte ich mein Produkt in Bezug auf die Kundenwünsche? Auf welchem Vertriebsweg erreicht es meine Kund*innen? Wie kommuniziere ich mit meinen Kund*innen? Wie gestalte ich die Preise? Wie empathiefähig bin ich meinen Kund*innen gegenüber? Die folgenden drei Unternehmerinnen lösen die zentralen Fragen des Marketing-Mix auf ihre ganz eigene Weise und legen dabei den Schwerpunkt sowohl auf die Vertriebsform als auch auf die Werbung.

Um ihren Spitzenchampagner in die Welt zu bringen, galt es für Veuve Clicquot zahlreiche Faktoren zu beachten: den Verkauf, die Logistik, den Vertrieb durch Agenten und regionale Handelsvertretungen zu organisieren sowie die Bedürfnisse ihrer Endkund*innen zu erkennen, die sich in ihrem Fall in ganz anderen Kulturen wie Russland und den USA befanden. Sogar den Geschmack des Champagners, speziell die Süße, stimmte sie auf die Kundenwünsche ab.

Völlig neu erfand Martha Matilda Harper den Vertrieb für ihre Beauty-Dienstleitungen in Form des Franchise-Systems. Als Franchise-Geberin expandierte sie mit ihren Haarsalons, den »Harper Method Shops« weltweit. Harper hat nicht nur das moderne Franchise-System erfunden, sondern ist auch eine Vorreiterin als Sozialunternehmerin. Sie stellte die soziale Rendite genauso in den Vordergrund wie die finanzielle. Sie befähigte bildungsmäßig und finanziell benachteiligte Frauen, ehemalige Hausangestellte wie sie einst eine war, dazu, selbst Unternehmerinnen zu werden.

Lydia E. Pinkham und ihre Familie setzten alle Karten auf Werbung und Kommunikation. Sie sprach mit ihrem Produkt und ihrer Werbung bei ihren Kundinnen Themen und Probleme an, mit denen diese vorher allein waren. Sie bot ihren Kundinnen eine emotionale Heimat und kommunizierte dies in ihrer Werbung. Alle drei Geschäftsfrauen besaßen die notwendige Empathiefähigkeit, die es braucht, um aus Kundenperspektive zu denken.

»Ich möchte, dass meine Marke an erster Stelle steht, von New York bis Sankt Petersburg.«

Barbe-Nicole Clicquot-Ponsardin, genannt Veuve Clicquot

(1777–1866)
Champagnerproduzentin

Manchmal lohnt es sich, alles auf eine Karte zu setzen. Oder auf ein Schiff. Als Barbe-Nicole Clicquot-Ponsardin, besser bekannt als Veuve Clicquot, nach der Abdankung Napoleons 1814 ein Schiff charterte, ging sie ein hohes Risiko ein. Seit 1810 waren französische Waren vollständig aus Russland ausgeschlossen, die Seeblockade der Briten in Ärmelkanal und Ostsee sowie die von Napoleon verhängte Kontinentalsperre (1806–1813) hatten den Export seit Jahren schwer eingeschränkt. Ein Handelsschiff zu entsenden, war zu einem Vabanquespiel geworden. Dennoch ließ Veuve Clicquot ein Schiff mit 10.550 Flaschen ihres besten Champagners beladen, um diese nach Russland zu versenden. Ob die Flaschen jemals in Sankt Petersburg ankommen würden, war ungewiss. Das Schiff ihres holländischen Reeders könnte gestoppt werden, die Flaschen könnten zu Bruch gehen oder das wertvolle Getränk könnte durch Temperaturschwankungen verderben.

Veuve Clicquot konnte nicht auf bessere Umstände warten, wenn ihr Champagner vor dem ihrer Konkurrenten in Russland eintreffen sollte. Nur wenn sie zuerst in Russland sein würde, konnte sie sich im Gedächtnis ihrer Kundinnen und Kunden verankern und sich als Marktführerin im Zarenreich positionieren. Der erste Champagner nach Jahren ohne französischen Luxus würde etwas Außergewöhnliches sein. Dann würden die Russen die Marke Veuve Clicquot mit Neubeginn, Kriegsende und lang herbeigesehntem Luxus assoziieren. Würde sie es schaffen, vor dem in Épernay ansässigen Jean-Rémy Moët und allen anderen Champagnerproduzenten in Sankt Petersburg anzukommen?

Die fragile Fracht begleitete ihr Handelsvertreter Louis Bohne auf der mehrwöchigen Seereise nach Königsberg und Sankt Petersburg. In seinen Briefen berichtet er von den unbequemen Bedingungen an Bord. Es gab kein Bett und keine Koje. Eine Matratze durfte er sich in den Frachtraum legen, um sich zu verpflegen, nahm er massenweise Kartoffeln und Zwiebeln mit an Bord. Und es wimmle vor Ungeziefer, welches ihn bei lebendigem Leibe fressen würde, meldete er seiner Chefin postalisch nach Reims.[1] Doch die hatte bereits vorgesorgt, um ihren besten Verkäufer bei Laune zu halten. Veuve Clicquot hatte ihm als besonderen Reiseproviant sechs Flaschen Cognac, 18 Flaschen besten Rotweins sowie als Lektüre eine sechsbändige Ausgabe von Cervantes' Don Quixote mitgegeben.[2] Madame Clicquot sorgte sich um ihre Handelsvertreter und motivierte diese in ihren Briefen kontinuierlich. Dies war notwendig, setzten doch die Männer einerseits buchstäblich ihr Leben bei den abenteuerlichen Reisen aufs Spiel und sollten sich andererseits bestens um den exklusiven Champagner kümmern. So wie Louis Bohne, der im Jahr 1814 mit den 10.550 geladenen Champagnerflaschen eines Jahrhundertjahrgangs im Wert von heute mehr als 800.000 Euro über die Nord- und Ostsee segelte. Es stand viel auf dem Spiel.

Die meisten Champagnerkeller Frankreichs befinden sich in Reims

In Reims und Épernay hatten sich im 18. und 19. Jahrhundert die großen Traditionshäuser des Champagners gegründet: Moët & Chandon, Ruinart, Mumm, Roederer, Pommery und auch Veuve Clicquot, das Unternehmen von Barbe-Nicole Clicquot-Ponsardin. Als sie ihren Champagner nach Russland verschiffen ließ, lenkte die Witwe die Geschäfte bereits seit neun Jahren. Die Schiffsladung zählte zu einem von vielen verblüffenden Manövern, die Veuve Clicquot in ihren 89 Lebensjahren tätigte und mit denen sie ihr Unternehmen »Veuve Clicquot« weltberühmt machte.

Seit 1805 hatte sich die Witwe durch turbulente Kriegszeiten gekämpft, in denen in Europa kaum Handel mit Luxusgütern möglich war. Ihr Mann François Clicquot hatte 1799 den Weinhandel seines Vaters übernommen. Damals war die am 16. Dezember 1777 in Reims zur Welt gekommene Barbe-Nicole Clicquot-Ponsardin ein Jahr mit François verheiratet. Während sich ihr Mann in die Weingeschäfte einarbeitete, brachte Clicquot-Ponsardin am 20. März 1799 ihre erste und einzige Tochter Clémentine zur Welt.[3] Ihr Schwiegervater Philippe Clicquot, ein Bankier und Textilhändler, hatte das Weinunternehmen 1772 mit dem Ziel gegründet, »die Grenzen des französischen Königreichs zu überschreiten, um den feinen Geschmack des Champagners ins Ausland zu bringen«.[4] Dies gelang ihm nach wenigen Jahren. Bereits 1780 exportierte Philippe Clicquot seinen Champagner erstmals nach Moskau, ein Jahr später nach Sankt Petersburg.[5] Philippe Clicquot kaufte etwa 90 Prozent der Grundweine ein, die er zu Cuvées verschnitt. Madame Clicquot erwarb später etwa 70 Prozent des Grundweins hinzu, um ihren Champagner zusammenzustellen.

François Clicquot macht in Basel eine besondere Entdeckung

Anfang des 19. Jahrhunderts war Europa von den Napoleonischen Kriegen gezeichnet. Als nach dem Frieden von Lunéville im Jahr 1801 eine Handelsreise in die deutschsprachigen Gebiete wieder möglich schien, brach François Clicquot 1801 auf, um in Deutschland und der Schweiz

Wein zu verkaufen. Er erzielte einige Geschäftsabschlüsse, seine großen Erwartungen erfüllten sich jedoch nicht. In Basel hatte er allerdings jemanden entdeckt, der von größter Bedeutung für das Unternehmen werden sollte: den aus einer Mannheimer Weinhändlerfamilie stammenden, kleinen, rundlichen und rothaarigen Handlungsreisenden Louis Bohne. Er besaß alle Eigenschaften, die einen erfolgreichen Vertreter ausmachten. Bohne konnte sich in mehreren Sprachen ausdrücken, führte unterhaltsam Gespräche, ging versiert mit Zahlen um und zeigte sich genauso weinbegeistert wie François Clicquot, der ihn umgehend einstellte.[6]

Der neue Status als Witwe eröffnet Möglichkeiten

Erfolgreich verkaufte Louis Bohne die Weine aus Reims in Deutschland, Preußen und Polen. Nach Russland sollte auf Wunsch des Seniors Philippe Clicquot zunächst kein Vertrieb stattfinden. Jedoch schickte François Louis Bohne, der inzwischen zu einer Art Sales Director aufgestiegen war, entgegen des Wunsches seines Vaters ebensolchen im Sommer 1804 dennoch ins Zarenreich.[7] Allerdings hatten Clicquot und Bohne die Lage falsch eingeschätzt. Der Vertreter vermeldete aus Sankt Petersburg, dass der übermäßige Luxus in Russland dazu führe, »dass der Weinverkäufer nach Abzug aller Kosten nichts verdient und in einem schlechten Jahr sogar Verluste hinnehmen muß«.[8] Am Ende gelang es Bohne dennoch, ansehnliche Bestellungen aus Russland von 25.000 Flaschen anzukündigen.[9]

Mitten in diesen Entwicklungsjahren des Unternehmens stirbt François Clicquot unerwartet am 23. Oktober 1805, vermutlich an Typhus. Alles sieht danach aus, als werde die Firma abgewickelt. Es wird vermeldet, dass der Vater und die junge Witwe des Verstorbenen nur so lange weiterarbeiten werden, bis die Liquidation des Unternehmens organisiert sei.[10] Barbe-Nicole Clicquot-Ponsardin ist zu diesem Zeitpunkt fast 28 Jahre alt. Was sie bewogen hat, das Unternehmen ihres Mannes weiterzuführen, bleibt unklar. Ebenfalls ist nicht gesichert, ob sie zuvor bereits aktiv im Unternehmen mitgewirkt hatte. Bekannt ist lediglich, dass sie zusammen mit ihrem Mann häufig die Weinberge und -güter inspizierte.

Einige Wochen nach dem Tod ihres Mannes entscheidet sich Madame Clicquot, das Unternehmen fortzuführen. Die junge Witwe wählt den deutlich älteren Textil- und Weinhändler Jérôme Alexandre Fourneaux, einen der besten Unternehmer der Stadt, als Geschäftspartner. Zusammen gründen sie am 10. Februar 1806 das Unternehmen »Veuve Clicquot Fourneaux & Cie.«. Veuve Clicquot und Fourneaux hatten 80.000 Francs in das Unternehmen eingebracht.[11] Zudem investierte Philippe Clicquot Wein im Wert von 30.000 Francs als Sacheinlage in das Unternehmen.[12] Im selben Jahr zog sich ihr Schwiegervater Philippe Clicquot aus dem Textilgeschäft zurück und versuchte, seine Kunden aus dem Textilhandel als Kunden für die Still- und Schaumweine zu gewinnen.

Napoleon reduziert im Code civil die Rechte der Frau

Bei aller Dramatik der Umstände bot sich durch die Witwenrolle eine Chance, die andere Frauen nicht besaßen: Barbe-Nicole Ponsardin-Clicquot konnte als Unternehmerin leben und selbstwirksam handeln. Diese Option erschien wohl auch Madame Clicquot sinnvoll, hatte doch der 1804 von Napoleon erlassene Code civil, das erste bürgerliche Gesetzbuch Frankreichs, die Rechte der Frauen wieder massiv eingeschränkt. Demnach durften verheiratete Frauen, wenn diese unternehmerisch tätig waren, ohne die Zustimmung des Ehemannes, weder Rechtsgeschäfte abschließen noch Eigentum erwerben oder einen Prozess führen. Bei unverheirateten Frauen handelte deren Vater als Vormund.[13] Außerdem kannte Clicquot das Modell der »Witwenunternehmerin« aus dem Weinbau und -handel, doch keine dieser Witwen war annähernd so erfolgreich, wie es Veuve Clicquot werden sollte. Sie plante von Anfang an ein Exportgeschäft im großen Stil.

Tausende Flaschen verderben in Amsterdam

Aus heutiger Perspektive führte Veuve Clicquot ein KMU (kleines oder mittleres Unternehmen) mit einem überschaubaren Mitarbeiterstab. Einerseits arbeiteten für sie Festangestellte wie Küfer, Kellerarbeiter, Verwaltungsangestellte für die Buchhaltung und die Korrespondenz. Andererseits engagierte das Unternehmen Saisonarbeiter zu den Hochzeiten des Weinjahres: also während der Weinlese, der Abfüllung, der Etikettierung und dem Verpacken der Flaschen, oder wenn im Winter im Weinberg die Rebstöcke beschnitten wurden.

Gleich im ersten Geschäftsjahr 1806 hatten Veuve Clicquot und ihr Partner trotz Handelssperren für mehr als 50.000 Flaschen Käufer gefunden, die sie über Amsterdam verschiffen wollten.[14] Aber dann blockierten im März 1806 die Engländer die preußischen Häfen, sodass von Amsterdam keine Schiffe mehr gen Osten auslaufen konnten. Jérôme Alexandre Fourneaux reiste umgehend persönlich in die niederländische Hauptstadt, um zu überlegen, was mit der wertvollen Ladung zu tun sei, und entschied sich, die Flaschen vor Ort zwischenzulagern. Im August wurde der Handelsreisende Charles Hartmann nach Amsterdam geschickt, um den Zustand des Champagners zu überprüfen. Hartmann hatte nichts Gutes zu vermelden. Er habe den Inhalt der meisten Flaschen, nachdem er sie aus dem Papier und Stroh gewickelt hatte, verdorben vorgefunden. Würde Veuve Clicquots neuerliches Verschiffungsprojekt wieder in einer finanziellen Katastrophe enden?

Veuve Clicquot kämpft mit Liquiditätsproblemen

Im Jahr 1810 stieg der Geschäftspartner Fournaux aus dem gemeinsamen Unternehmen aus. Nun führte die Witwe das Champagnerunternehmen unter dem Namen »Veuve Clicquot Ponsardin & Cie.« allein. In ihrem neuen Geschäftsbuch notierte sie am 21. Juli desselben Jahres neben ihren Weinbergen den weiteren Besitz: 59.986 Flaschen Wein, 72 Weinfässer, 10.365 leere Flaschen und 124.500 Korken. Auch vermerkt sie die 30.000 geliehenen Francs von ihrem Schwiegervater.[15]

Mittlerweile ging es ihr finanziell so schlecht, dass ein Vertreter im Jahr 1810 nicht nur ihre Weine, sondern auch ihre Perlenketten und einen Diamanten an den Höfen Osteuropas verkaufen sollte. Offensichtlich kämpfte Clicquot mit Liquiditätsproblemen, die auch darauf beruhten, dass sich die beiden Geschäftspartner getrennt hatten, und daher weniger Kapital im Unternehmen zur Verfügung stand.[16]

Die Absatzzahlen fielen in den folgenden Jahren dramatisch: 1810 verkaufte das Unternehmen 45.000 Flaschen, 1811 waren es 17.000, 1812 nur 10.000 und 1813 dann 14.000.[17]

Auf das Schiff nach Russland hatte Clicquot die Flaschen des »Kometenjahrgangs« 1811 geladen, den »Vin de la Comète«. Nie zuvor habe es so reife und so süße Trauben gegeben, heißt es über den Jahrgang. Die besonders günstigen Wetterbedingungen, die dieses Weinjahr außergewöhnlich machten, führte man auf den Kometen Flaugergues zurück, der 1811 am Himmel erschien und dem Jahrgang später seinen Namen gab. Obgleich der Wein im Sommer 1811 wunderbar reifte, versiegten die Einnahmen des Unternehmens mehr und mehr. Veuve Clicquot schrieb Louis Bohne nach Holland, dass es möglicherweise notwendig sei, die Preise zu senken, und sie ihm die Erlaubnis erteile, dies zu tun, bevor mögliche Aufträge verloren gehen würden. Aber auch durch diese Strategie gingen keine neuen Bestellungen ein.[18]

Als im Januar 1814 die napoleonischen Truppen durch Reims zogen und die alliierten preußisch-russischen Truppen vor der Stadt standen, ließ Veuve Clicquot kurzerhand ihre Keller zumauern, um die abertausenden Flaschen des Kometenjahrgangs und ihre anderen Weine vor Plünderungen zu schützen.[19] Sie ahnte, dass eine Verwüstung der Keller ihren Ruin bedeuteten würde. Aber sie überstand diese aufregenden Wochen relativ unbeschadet.

Aufgrund der andauernden Kriegssituation in Europa hatte sich Veuve Clicquot über die Jahre wieder mehr dem französischen Markt zugewandt, aber nun, nach dem Ende der Koalitionskriege, als Napoleon Anfang April 1814 der Krone entsagt hatte, sah Clicquot ihre Chance gekommen, ihre Marktführerschaft in Russland sowie im deutschsprachigen Raum auszubauen. Endlich, schrieb Clicquot, sei die Stunde gekommen, da nach all dem Leid, welches »unserer Stadt widerfahren ist, wir wieder frei atmen und auf einen allgemeinen, dauerhaften Frieden sowie auf geschäftliche Aktivitäten, die so lange brachgelegen haben, hoffen können«.[20] Zum Glück sei sie verschont geblieben. Ihr Besitz und ihre Keller waren unversehrt. Und so war sie bereit, »die Geschäfte wieder aufzunehmen«.[21]

Veuve Clicquot setzt alles auf eine Karte

Die Abdankung Napoleons am 12. April 1814 in Fontainebleau galt Madame Clicquot als Startschuss, ihre internationale Handelstätigkeit wieder aufzunehmen. Sie charterte umgehend ein Schiff, ließ am 20. April 1814 ganze 10.550 Champagnerflaschen des Kometenjahrgangs auf Wagen laden und über Paris nach Rouen transportieren, von wo aus das Schiff die Seine entlang zum Meer segelte. Am 3. Juli lief der 75-Tonner »Gebroders« in Königsberg ein, und Louis Bohne vermeldete seiner Chefin: »Unser Schiff ist seit vielen Jahren das erste, das mit Wein aus der Champagne beladen von Rouen aus nach Norden gesegelt ist.«[22] In Königsberg wurde Bohne der goldene Nektar förmlich aus den Händen gerissen. Nachdem die Nachfrage das Angebot überstieg, erhöhte Bohne die Preise auf 5,5 Francs pro Flasche, etwa 80 Euro in heutigem Wert. Die Flaschen, die er in Königsberg nicht verkaufte, schickte er an den Großhändler Monsieur Boissonnet nach Sankt Petersburg, der später Clicquots Agent wurde.

Alle 10.550 Flaschen wurden verkauft. Ihr Wagemut hatte Clicquot einen Umsatz von heute umgerechnet mehr als 800.000 Euro eingebracht. »Mein Gott! Was für ein Preis! Was für eine Nachricht! Ich bin außer mir vor Freude und Zufriedenheit«, schrieb sie an Bohne und dankte ihm »tausend und abertausend Mal«.[23] Noch bevor Bohnes Meldung über den erfolgreichen Verlauf in Königsberg eingetroffen war, hatte Clicquot schon die nächste Ladung mit Flaschen nach Sankt Petersburg verschiffen lassen. In seinen Briefen gibt Bohne offenherzig zu, worauf der nun einsetzende dauerhafte Erfolg gründet: »Dank Ihrer weitsichtigen Handlungsweise, Ihrem ausgezeichneten Wein und der nahtlosen Übereinstimmung unserer Ideen verfügen wir über die glücklichste Entscheidungs-, Handlungs- und Ausführungsstrategie«.[24] Es sei nur recht und billig, dass Madame Clicquot für ihre jahrelangen Rückschläge entschädigt und für ihre beispiellose Beharrlichkeit belohnt werde. Bis in die 1870er-Jahre stiegen die Absätze des Unternehmens in Russland kontinuierlich. 1816 verkaufte Clicquot 43.000 Flaschen, 1821 waren es bereits 280.000.[25]

Weil Clicquot die erste war, die nach den entbehrungsreichen Kriegsjahren in Sankt Petersburg ihren Champagner präsentierte, zog sie große Aufmerksamkeit auf sich. Sie hatte eine werbetechnische Meisterleistung vollbracht, indem die Marke Veuve Clicquot als erste auf einen der damals wichtigsten Champagnerabsatzmärkte zurückkehrte und ihren Champagner auf diese Weise tief im russischen Leben verwurzelte.

Ein Vertrieb mit System: Vertreter und Agenten

Laut dem Unternehmensarchiv von Veuve Clicquot arbeiteten um 1814 etwa 30 Festangestellte für die Witwe.[26] Zwischen 1805 und 1820 beschäftigte Veuve Clicquot zudem durchschnittlich fünf Verkäufer, von denen jeder ein bestimmtes Gebiet in Europa bearbeitete. Diese nahmen die Bestellungen von Weinhändlern, Gastwirten, Hotels, Groß- und Einzelhändlern entgegen und standen außerdem in direktem Kontakt mit wohlhabenden Privatkunden. Neben Russland bediente Veuve Clicquot folgende Zielmärkte: Großbritannien, Deutschland, Belgien und die Niederlande, die Vereinigten Staaten von Amerika, Italien, Schweiz, die baltischen Länder sowie das Kaisertum Österreich-Ungarn.

Louis Bohne bearbeitete Russland, das Baltikum und Polen. Charles Bahnmeyer agierte in Skandinavien, Henry Kruthofer in Schlesien. Frederick Boldeman und sein Nachfolger Hartman verwalteten Österreich-Ungarn und Mitteleuropa. Joseph Föhrman und François Majeur waren für Italien zuständig. Großbritannien und die USA managte Madame Clicquot hingegen selbst.

Marktforschung im 19. Jahrhundert

Als sich die Absätze signifikant erhöhten, begann Madame Clicquot ab den 1820er-Jahren in jedem Land mit lokalen Agenten zusammenzuarbeiten. Die Veuve-Clicquot-Agenten erhielten ein exklusives Importrecht für ihr Land. Das Monopol für den Import ihres Champagners vergab Clicquot jeweils nur an eine einzige Firma pro Land. Der mit einer Firma geschlossene Vertrag wurde jedes Jahr begutachtet oder für einen bestimmten Zeitraum festgelegt und am Ende der Laufzeit des Vertrages überprüft. Den Firmen war es erlaubt, in ihrem Land Tochtergesellschaften zu eröffnen, wie beispielsweise der in New York ansässige Agent eine Kooperation mit einem Unternehmen in San Francisco einging, welche die Westküste der Vereinigten Staaten bediente. Ebenso unterhielt der britische Veuve-Clicquot-Agent Tochtergesellschaften in den britischen Kolonien.

Die Agenten bewarben die Marke, suchten nach neuen Kunden, nahmen Bestellungen entgegen und leiteten diese an die Zentrale in Reims weiter. Zudem waren sie verpflichtet, Marktforschung zu betreiben. Sie lieferten Informationen über den Geschmack der Kunden und erforschten, welche Art von Champagner und Verpackung die Kunden wünschten. Denn häufig wurde der Champagner je nach Kundenwunsch extra gesüßt. Die Großhändler sollten zudem helfen, Fälschungen und Schmuggel aufzudecken, was zu dieser Zeit aufgrund fehlender Markenrechte ein ernsthaftes Problem darstellte.

»Leider haben sich keine Verträge in den Archiven erhalten«, erklärt die bei Veuve Clicquot zuständige Heritage-Managerin Isabelle Pierre auf die Frage, wie Agenten und Vertreter bezahlt worden sind. Aus der Korrespondenz zwischen Madame Clicquot und ihren Verkäufern sei jedoch zu entnehmen, dass diese auf Provisionsbasis vergütet und ihre Spesen von der Firma übernommen wurden. Im Gegenzug mussten sie regelmäßig Bericht über ihre Außendiensttätigkeit erstatten und dokumentieren, welche Städte sie besucht und welche potenziellen Kunden sie getroffen hatten. Madame Clicquot kommentierte ihre Berichte, gab ihnen Ratschläge und machte ihnen Vorschläge, wie sie weiter vorgehen könnten.

Jede Stufe des Erfolgs bringt neue Herausforderungen mit sich

Dass jeder Erfolg von neuen Herausforderungen begleitet wird, merkte auch Veuve Clicquot. Nun konnte sie sich Marktführerin in Russland nennen, hatte jedoch Mühe, die hohe Nachfrage zu bedienen, zumal die Ernten in den Folgejahren schlecht ausfielen. 1819 verschickte sie deshalb eine Nachricht an ihre Kundinnen und Kunden, dass keine neuen Aufträge mehr angenommen werden können und die Bestellungen von alten Freunden um die Hälfte reduziert werden müssten.[27] Zu Kunden und Geschäftspartnern stand sie zeit ihres Lebens in engem Kontakt. Pro Jahr erhielt Madame Clicquot durchschnittlich 7.000 Briefe, insgesamt sind mehr als 100.000 Briefe an sie und ihr Unternehmen erhalten.

Auch arbeitete sie akribisch daran, die aufwendigen Produktionsprozesse zu verbessern. Denn für Veuve Clicquot gab es immer nur eine Qualität, nämlich die beste. Das bedeutete, ihr Champagner sollte klarer werden, was dadurch erreicht werden konnte, dass die Heferückstände der Flaschengärung besser entfernt wurden. Besonders mühsam gestaltete sich daneben das Degorgieren, bei dem viel Wein verloren ging. Veuve Clicquot dachte im Keller genauso akribisch nach vorne wie beim Vertrieb.

Wie Champagner entsteht

Wie entsteht Champagner? Zuerst werden wie bei jedem Wein die Trauben gekeltert. Bei der Champagnerproduktion kommen vor allem die klassischen Traubensorten Chardonnay, Pinot Noir und Pinot Meunier zum Einsatz.

Nach dem Pressen wird dem Traubensaft Hefe und etwas Zucker beigefügt, damit er im Fass reift. Im nächsten Frühjahr werden die jungen Weine verkostet und zu der jeweils für ein Champagnerhaus typischen Mischung, der Cuvée, zusammengestellt. Nun folgt der Schritt, der den Champagner zu dem macht, was er ist: ein Schaumwein, der Kohlensäure enthält. Dazu wird die Cuvée in Flaschen abgefüllt und erhält bei diesem Schritt noch einmal eine Hefe-Zucker-Mischung, die eine zweite Gärung, die sogenannte Flaschengärung in Gang setzt. Dabei entsteht die Kohlensäure, die den Champagner fein perlen lässt. Mindestens 18 Monate, manchmal jedoch auch mehrere Jahre, reift der Schaumwein nun in dunklen, kühlen Kellern auf dem Hefesatz. Danach werden die Rückstände der mittlerweile abgestorbenen Hefebakterien aus der Flasche entfernt, die dabei verlorengegangene Flüssigkeitsmenge wird aufgefüllt und der Champagner erhält seinen endgültigen Korken.

Veuve Clicquot entwickelt einen Meilenstein für die Champagnerproduktion

Nach 1815 arbeitete Madame Clicquot zusammen mit ihrem Kellermeister Antoine Müller daran, die Qualität des Weines zu verbessern. Der Überlieferung nach sei Madame Clicquot nachts unbemerkt in die Keller hinabgestiegen, um mit den Weinen zu experimentieren. Zu ihrer Zeit stellte es eine enorme Herausforderung dar, die Rückstände der zweiten Gärung aus der Flasche zu entfernen. Oftmals blieb trotzdem ein feiner Sand in der Flasche zurück.

Madame Clicquot hat deshalb ihren Esstisch mit Löchern versehen lassen und so eine erste Variante des berühmten Rütteltischs erfunden, eine der bedeutendsten Innovationen in der Champagnerproduktion des 19. Jahrhunderts. Dabei konnten die Champagnerflaschen mit dem Hals nach unten in verschiedenen Winkeln in die Löcher gesteckt werden, sodass die Heferückstände im Verlauf einiger Wochen vollständig vom Flaschenbauch in den Flaschenhals wanderten.[28] Der heute bekannte Rütteltisch kam um 1840 in der Champagne auf, bei dem auch der Winkel des Tisches verändert werden konnte. Beim Vorgang des Rüttelns spricht man von der sogenannten *reumage*. Der Rütteltisch revolutionierte die gesamte Champagnerherstellung in den Kellern von Madame Clicquot, deshalb versuchte sie lange Zeit, die neue Methode vor ihren Konkurrenten geheim zu halten.

Haben sich unten im Flaschenhals über dem provisorischen Korken nach einigen Wochen die Gärungsrückstände abgesetzt, wird die Flasche kurz geöffnet und der Satz entfernt (heutzutage lässt man den Flaschenhals gefrieren, damit ein kleiner Eispfropfen mit dem Satz entsteht). Die verlorene Weinmenge wird anschließend mit der sogenannten Dosage ersetzt, die damals aus Branntwein und Zucker bestand. Degorgieren nennt man diesen Vorgang. Anschließend erhielten die Flaschen ihre mit dem Brandzeichen von Veuve Clicquot versehenen Korken. Früher trank man den Champagner viel süßer, mit 200 bis 300 Gramm Restzucker. Heute liegt der Zuckergehalt pro Liter bei etwa 20 Gramm. Was Veuve Clicquot damals so erfolgreich verkaufte, ähnelte nur beschränkt unserer heutigen Vorstellung von Champagner.

Ein Schloss über dem Marnetal und 45 Keller für den Champagner

Die Jahresumsätze der Witwe entsprachen mittlerweile einem heutigen Wert von hunderten Millionen Euro. In diesen Dimensionen benötigte das Unternehmen ein repräsentativeres Ambiente, befand Madame Clicquot, die immer häufiger von Kunden aus dem Ausland besucht wurde. Im Jahr 1819 erwirbt sie zusammen mit ihrem Schwiegersohn Louis de Chevigné das auf einem Felsen hoch über Épernay thronende Château Boursault, welches eine grandiose Aussicht über das Marnetal eröffnet und Wälder und Felder von 10.000 Hektar umfasste.

Zudem kauft sie kontinuierlich weitere Champagnerlagen hinzu. Als ihr Vater Nicolas Ponsardin im Jahr 1820 stirbt, der inzwischen den Titel eines Barons, verliehen durch Napoleon, trug, scheint ihr durch ein mögliches Erbe weiteres Kapital zur Verfügung gestanden haben, das sie erneut in Grundbesitz investierte.

Als Philippe Clicquot den Weinhandel im Jahr 1772 gegründet hatte, besaß er lediglich 2,5 Hektar. Im Jahr 1805 zählten die hauseigenen Weinberge 4 Hektar. Bis zum Tod der Witwe im Jahr 1866 hatte sie insgesamt Weinberge von fast 41 Hektar erworben.[29] Neben dem Zukauf von Lagen erwirbt Veuve Clicquot 1822 in Reims das opulent-repräsentative Palais Le Vergeur. Zehn Jahre später zieht die Familie nach dem Tod von Clicquots Mutter, die Barbe-Nicole bereits mit 17 Jahren zur Welt gebracht hatte, zurück ins Hôtel Ponsardin, wo sie aufgewachsen war. In diesem Anwesen im Stil Louis XVI. lebt sie zusammen mit ihrer Tochter Clémentine, ihrem Schwiegersohn und ihrer 1818 geborenen Enkelin Marie-Clémentine de Chevigné. Unter dem Hôtel Ponsardin befinden sich zahlreiche Weinkeller, wo der exklusive Veuve-Clicquot-Champagner reift. Zudem hatte die Witwe 1822 in der Rue de Temple einen weiteren unterkellerten Geländekomplex als Produktionsstandort hinzugekauft.[30] Alle Liegenschaften befanden sich im Zentrum von Reims. 1882 beschreibt der englische Autor Henry Vizetelly in seiner *Geschichte des Champagners* die eindrucksvollen Kellerliegenschaften von Veuve Clicquot: Jeder der 45 Keller habe einen Namen und der kleinste unter ihnen sei so groß wie ein riesiges Apartment.[31] Und er fährt fort: »Nach Russland wird der Clicquot-Champagner in Kisten mit 60 Flaschen verschickt, während die

Kisten für China sogar doppelt so viele enthalten.« Die Clicquot-Cuvée werde im Keller St. William hergestellt. Dort würden 120 Fässer Wein mit Hilfe eines Krans hochgezogen und täglich in den Tank entleert.[32] Die Abfüllung des Weins beginne in der Regel Mitte Mai und dauere einen ganzen Monat.

Louis Bohne stürzt von einer vereisten Brücke und stirbt

Mitten in den prosperierenden Jahren stirbt 1821 Clicquots erfolgreichster Vertreter Louis Bohne, als er im Januar in Straßburg von einer vereisten Brücke in den Rhein stürzt. Kurz darauf stellt die Witwe den ebenfalls aus Deutschland, nämlich aus Wetzlar stammenden 20-jährigen Edouard Werlé ein, der später das Management des stetig wachsenden Unternehmens übernehmen wird. Weniger harmonisch verläuft die Zusammenarbeit mit dem seit 1807 im Unternehmen arbeitenden Deutschen Georg Kessler. Er entwickelte sich vom Buchhalter zum Kellermeister, Verkäufer und Prokurist. Rätselhaft bleibt, warum die Witwe 1821 ankündigt, Georg Kessler am 20. Juli 1824 das gesamte Vermögen des Unternehmens überschreiben zu wollen.[33] Sechs Monate später nimmt sie die Entscheidung zurück und verkündet stattdessen, ins Woll- und Bankgeschäft einsteigen zu wollen. Daraufhin gründet sie die Bank »Veuve Clicquot Ponsardin & Cie.«, bei der ab 1822 zahlreiche Unternehmer ihr Geld anlegen. Kessler erwirbt mit Clicquot je eine Spinnerei in Esslingen und in Frankreich. 1826 trennen sich jedoch Clicquot und Kessler. Er behält die Spinnerei in Esslingen und baut dort Deutschlands älteste Sektkellerei auf. 800.000 Francs soll Clicquot bei der Trennung verloren haben.[34] Und auch die Bank entwickelt sich zu einem unternehmerischen Desaster und muss 1829 wieder geschlossen werden.

1831 ernennt Clicquot Werlé zu ihrem neuen Teilhaber. Aufgrund des wachsenden Erfolgs holen Clicquot und Werlé im Jahr 1841 zwei neue Geschäftspartner ins Unternehmen. Edouard Werlé leitet von da an offiziell das Unternehmen.[35] Das entlastet die inzwischen 64-jährige Madame Clicquot, die sich nun verstärkt in ihrem Schloss Boursault aufhält. Werlé fährt den Direktverkauf zurück und vertreibt über die länderspezifischen Agenten.[36]

Architektur im Dienst des Weinmarketings: ein neues Schloss

Zwischen 1843 und 1848 lässt Clicquot ein neues Schloss im Neorenaissancestil neben dem alten Schlossgebäude in Boursault mit unzähligen Türmen und Türmchen errichten. Da ihr altes Schloss aus dem 16. Jahrhundert sehr klein ist, konnte sie dort nicht viele Leute empfangen.[37] Auf dem neuen Schloss lebte sie mit ihren Kindern, Enkeln und Urenkeln. Hier las sie viel, etwa die Werke von Victor Hugo, Charles Baudelaire und Gustave Flaubert. Zeit ihres Lebens hatte sie ihre Cousine beauftragt, wenn diese nach Paris fuhr, für sie Bücher einzukaufen. Für ihre Sommeraufenthalte auf Boursault ließ Clicquot von ihren Bediensteten ganze Kisten mit Büchern von Reims auf das Schloss bringen.

Am 29. Juli 1866 stirbt Madame Clicquot in Boursault im Alter von 89 Jahren. Seit dem Tod von Madame Clicquot lautet die Rechtsform der Firma »Werlé & Co., Nachfolger von Veuve Clicquot-Ponsardin«, wobei die Marke, deren alleiniger Inhaber M. Werlé und sein Sohn sind, weiterhin »Veuve Clicquot-Ponsardin« heißt. Heute gehört die Marke Veuve Clicquot zum Luxusgüterkonzern LVMH Moët Hennessy - Louis Vuitton SE, der die Rechte an mehr als 50 verschiedenen Marken hält. Champagnermarken wie Moët & Chandon, Ruinart und Veuve Clicquot, die im 19. Jahrhunderts um die Absatzmärkte kämpften, befinden sich dadurch ironischerweise heute unter einem Dach.

Veuve Clicquot hat in ihrem Leben viel erreicht. Neben ihrem unübersehbaren Ehrgeiz fallen weitere Qualitäten auf: Erstens ihre Kühnheit und ihr Wagemut. Sie legt eine Schippe drauf, wo andere nervös werden, und spielte sich mit diesen speziellen Fähigkeiten in den Kreis der weltweit führenden Champagnerproduzenten. Zweitens: ihre Ausdauer. Sie lässt sich nicht schnell frustrieren; sie bleibt dabei, auch wenn etwas scheinbar nicht vorangeht. Drittens: ihr Geschick, nicht nur an ihrem Produkt, sondern an ihrem Unternehmen zu arbeiten. Sie baut eine Organisations- und Managementstruktur auf, die sie weltweit agieren lässt. Und viertens: ihre Sachkunde im Weinberg und im Keller, die zu ungewöhnlichen Innovationen führen. Veuve Clicquot gab sich nicht mit der Oberfläche zufrieden, ob sie sich bei Themen gut auskannte oder nicht. Sie grub tiefer. Ihr langes Leben ist geprägt von kühnen

Entscheidungen, die meistens zu ungewöhnlichen Resultaten führten, manchmal auch scheiterten.

Take-aways

- Bewusst Risiken eingehen. Der Konkurrenz immer einen Schritt voraus sein.
- Handeln Sie wagemutig, dann können Sie viel erreichen.
- Die Marktführerschaft anstreben.
- Eine Managementstruktur aufbauen.
- Ein repräsentatives Ambiente schaffen.
- Es gibt nur eine Qualität: die beste.
- Weiterentwicklung des Produkts und der Unternehmensstruktur.

Zum Weiterlesen

Crestin-Billet, Frédérique (1992): *Veuve Clicquot. La grande dame de la Champagne*, Grenoble Cedex.

»[...] being satisfied with things as they are is a sure sign of decline. [...] Constructive Discontent, is to me, a higher faculty of mind.«

Martha Matilda Harper

(1857–1950)
Erfinderin des modernen Franchise-Systems, Sozialunternehmerin

Aral-Tankstellen, EDEKA-Supermärkte, Obi-Baumärkte, Kieser-Training-Fitnesscenter, Burger-King-Restaurants, Engel & Völckers-Immobilien, Hilton-Hotels, Hertz-Autovermietungen, Swarovski-Schmuckläden, Fressnapf-Tiernahrung, Schülerhilfe-Nachhilfeschulen und viele mehr. All diese Unternehmen basieren auf dem Franchise-System, das eine der erfolgreichsten Vertriebsmethoden im aktuellen Wirtschaftsgefüge darstellt. Begründet hat dieses System die einstmalige kanadische Hausangestellte und spätere Multimillionärin Martha Matilda Harper. Am 21. August 1888 eröffnete Harper ihren ersten Haarsalon, der zum Grundstein ihres bis zu 500 Filialen umfassenden Imperiums werden sollte.

Harper entwickelte ihr System von wirtschaftlich selbstständigen Dependancen fast 70 Jahre, bevor Ray Kroc mit dem McDonald's-Franchise Erfolge gefeiert hat. Doch im Gegensatz zum Serienentrepreneur Kroc leitete Harper auch ein soziales Motiv. Sie wollte Frauen und besonders Dienstmädchen, wie sie selbst eines gewesen war, den Weg in die wirtschaftliche Unabhängigkeit bereiten. 1926 schrieb Martha Matilda Harper in einem Unternehmens-Newsletter: »Ich glaube, dass die große Errungenschaft der Harper-Methode nicht in der großen Anzahl unserer Geschäfte besteht – auch wenn die Sonne darüber nie untergeht. [...] Die große Errungenschaft des Harper-Imperiums sind die Frauen, die es geschaffen hat.«[38] So vergab Harper die Lizenzen für die ersten 100 Harper Method Shops ausschließlich an ehemalige Dienstmädchen.

Erst entwickelt Harper nachts ein Haarwasser, dann eröffnet sie ihr erstes Haarstudio

Martha Matilda Harper wurde am 10. September 1857 im Dorf Munn's Corner bei Oakville, Ontario, in Kanada geboren. Mit sieben Jahren schickten ihre Eltern sie zum Geld verdienen als Dienstmädchen in eine fremde Familie. Nach ihrem zwölften Lebensjahr arbeitete das Mädchen für einen Arzt, der sich mit der Physiologie von Kopfhaut und Haaren sowie mit der Haarpflege beschäftigte. Später erzählte Harper die Legende, dass ihr ein Arzt deutscher Herkunft auf dem Totenbett die Rezeptur eines Haarwassers verraten habe.[39]

Mit 25 Jahren wanderte Martha Matilda Harper in die USA aus, nach Rochester im Bundesstaat New York. Geleitet hatte sie die Vorstellung, dies sei »ein Land der Verheißung, des Handelns und der Möglichkeiten«.[40] Hier trat die junge Frau wieder eine Stelle als Dienstmädchen an. Zunächst bei den Hoveys, die jedoch nach einem Jahr ihr Haus verkauften und ihr Dienstmädchen ebenfalls den neuen Besitzern, dem kinderlosen Ehepaar Lullea und Owen Roberts überließen. Nach ihren 14-stündigen Arbeitstagen experimentierte Harper mit einem Haarwasser. Das Ehepaar, welches Harper beinahe wie eine Tochter angenommen hatte, stellte Harper schließlich einen Werkzeugschuppen hinter dem Haus zum Produzieren des Haarwassers zur Verfügung.[41] Und bald pflegte Harper nicht nur die Haare ihrer Hausherrin Lullea Roberts, sondern kümmerte sich ebenso um die Haarpracht von deren Freundinnen. Nach sechs Jahren fasste Harper den Plan, einen eigenen Laden zu eröffnen.

Ein exklusiver Standort für exklusive Kundinnen: 1888 eröffnet der erste Harper Method Shop

Als Standort wählte Martha Matilda Harper die beste Adresse im Ort und platzierte ihren ersten Shop im modernsten, teuersten und damals höchsten Gebäude von Rochester, dem 1868 fertiggestellten Powers Building. Korinthische Säulen fassen den Eingang des Gebäudes ein, im Innern führt ein repräsentatives Treppenhaus durch das Bauwerk, in welchem sich eine Kunstgalerie über die gesamte fünfte Etage erstreckte. Das Powers Building installierte zudem als erstes Gebäude im Bundesstaat New York einen Personenaufzug. Obwohl oder gerade weil Harper als Dienstmädchen aufgewachsen war, hatte sie ein Gespür für Qualität, Stil und Geld. Von Anfang an hatte sich Harper auf das Premiumsegment spezialisiert und so erkannte sie folgerichtig, dass einzig das Powers Building die passende Umgebung für ihr innovatives Dienstleistungsangebot darstellte. Schließlich eröffnete Martha Matilda Harper 1888 im Raum 516 den ersten »Hairdressing and Skin Treatment Salon« von Rochester unter dem Namen »The Harper Method Shop«. Um das Geschäft einzurichten, investierte die angehende Unternehmerin ihr gesamtes angespartes Vermögen von 360 US-Dollar. Ihr Anspruch war es, dass ihre Kundinnen in ihrem Geschäft einen luxuriösen sowie qualitativ hochwertigen Service erfahren. Dazu benötigte sie eine ebensolche Umgebung.

Schon früh holte sich Harper mit John Van Voorhis eine Anwaltskanzlei an Bord, mit der sie Jahrzehnte zusammenarbeiten sollte.[42] Zunächst kamen nur wenige Kundinnen, doch Martha Matilda Harper nutzte die Gelegenheiten, die sich ihr boten. Als ein Musiklehrer, der seine Räume direkt neben Harpers Salon hatte, nicht wusste, wo er die wartenden Mütter seiner Musikschüler*innen unterbringen sollte, bot ihm Harper ihre Stühle als Wartebereich an.[43] Die Mütter nutzten daraufhin die Wartezeit, um sich ihre Haare pflegen zu lassen. Bald füllte sich der Salon regelmäßig mit Kundschaft.

Harpers bodenlanges Haar demonstriert, wie ihre Haarpflege wirkt

Martha Matilda Harper trug ihr volles Haar zu dieser Zeit bodenlang. Auf diese Weise machte sie selbst die beste Werbung für ihren Service und sie bewarb ihr Angebot folgerichtig mit Fotos, die ihre Haarpracht abbildeten. Auf diese Weise machte sie sich selbst zu einer glaubwürdigen Werbefigur.

Bald stellte Harper erste Assistentinnen ein, die sie aus ehemaligen Dienstmädchen rekrutierte, da diese die benötigte Servicementalität verinnerlicht hätten. Denn Harper war davon überzeugt, dass eine zufriedene Kundin die beste Werbung für ihren Salon sei. Bereits in der Anfangszeit nahm die ebenfalls aus Rochester stammende Frauenrechtlerin Susan B. Anthony (1820–1906) Harpers Dienste in Anspruch, die weitere Frauenrechtlerinnen als Kundinnen für den Harper Method Shop akquirierte und Harper häufig als Beispiel anführte, was eine Frau erreichen könne.[44]

Nachdem sie ihr Geschäft eröffnet hatte, engagierte Harper Privatlehrer, die sie in geisteswissenschaftlichen Fächern wie Soziologie, Geschichte und Kunstgeschichte unterrichteten. Zudem besuchte sie Abendkurse an der Rochester University.[45] Später trat sie dem 1901 gegründeten örtlichen Golfclub bei.[46] 1910 wurde die Unternehmerin als erste Frau Mitglied der Handelskammer von Rochester.

Harper gelang es, zahlreiche wohlhabende Frauen als Kundinnen zu gewinnen. Schon bald stieg die Nachfrage nach Harper Method Shops in anderen Städten. Nachdem sie von vielen auswärtigen Kundinnen ermutigt worden war, Läden in ihren Städten zu eröffnen, bat sie diese, für sie Werbung zu machen und Unterschriften von potenziellen Kundinnen zu sammeln. Diese Marktanalysen gaben ihr positive Rückmeldungen von illustren Persönlichkeiten wie der Industriellengattin Bertha Palmer (1849–1918) aus Chicago. Daraufhin eröffnete Harper 1891 das erste »Branch Office« in Buffalo. Ihre Schwester Harriet setzte sie als Shopbesitzerin ein. Ein nächstes Geschäft eröffnete in Detroit und 1893 ein anderes im Marshall Field's Department Store in Chicago.[47] Das Vertriebsmodell funktionierte, es folgten in den nächsten Jahren hunderte Shoperöffnungen.

Ein Urlaub mit Folgen

Nach fast 25 Arbeitsjahren tritt Martha Matilda Harper im Alter von 55 Jahren ihre erste Erholungsreise an, die sie im Sommer 1912 in den Yellowstone Nationalpark führt. Dort begegnet sie dem Fahrer Robert McBain. In den folgenden Jahren integriert Martha Matilda Harper den 24 Jahre jüngeren Mann nach und nach ins Unternehmen. Ab 1916 arbeitete er als Executive Assistent[48], 1920 heirateten die beiden. Ihrer Nichte zufolge hatte Harper ihren zukünftigen Gatten gewarnt: »Marry me and you marry my family. We come together.«[49] Womit die Unternehmerin nicht nur ihre tatsächliche Familie, sondern vor allem die »Harper Girls« und ihre frühere Vorgesetzte Lullea Roberts meinte, um die sie sich mittlerweile kümmerte. Später erwarb Harper ein Haus mit 22 Zimmern, in welchem auf einer Etage ihre »Harper Girls« wohnen konnten, wenn diese den Unternehmenssitz besuchten.[50]

Während McBain sich nun verstärkt um die Verwaltung des Unternehmens kümmerte, bereiste seine Frau die zahlreichen Harper-Shops, rekrutierte neue Shopbesitzerinnen, motivierte die Franchisenehmerinnen und Mitarbeitenden und entwickelte neue Unternehmensziele. Werbeanzeigen erschienen in lokalen Zeitungen und dem Christian Science Monitor, die Vogue zeigte ihre Produkte ebenso wie das Ladies Home Journal und andere Zeitschriften.[51]

Eigene Kosmetik- und Haarpflegeprodukte erweitern das Serviceangebot

Inzwischen waren die Harper-Shops so angewachsen, dass ihre Räumlichkeiten im Powers Building und auf dem Gelände der Familie Roberts für die gestiegene Produktion ihrer Pflegeprodukte nicht mehr ausreichten. Es wurde eine eigenständige Fabrik zur Herstellung der Kosmetik- und Haarpflegeprodukte benötigt, sodass Harper 1921 ein neues Gebäude an der 1233 East Main Street in Rochester als Unternehmenssitz und Produktionsort für die Harper-Method-Produkte errichten ließ. An der Fassade des 1922 eröffneten »Laboratory« genannten Gebäudes ließ sie ihren Namen in einem Feld Gussbeton anbringen. In den Folgejahren eröffnete ein zweiter Produktionsstandort in Niagara Falls, Ontario.[52] Harper hatte sich im Verlauf ihres Lebens ein beachtliches Renommee erarbeitet. Zu den Kund*innen – 15 Prozent waren männlich[53] – zählten die Präsidenten Woodrow Wilson und Calvin Coolidge mit seiner Frau Grace, Joseph Kennedy, die Schauspielerin Helen Hayes, die Marx Brothers und viele mehr.[54] Viele der illustren Persönlichkeiten betreuten die Shopbetreiber*innen auch zu Hause.

1928 feierten die Harpers in einem nationalen Festakt das 40-jährige Bestehen des Unternehmens, 1938 wurde mit einer Festwoche das Goldene Jubiläum begangen. Die 1929 beginnende Wirtschaftskrise führte zur Schließung einiger Geschäfte, doch insgesamt überlebte das Unternehmen die Jahre der Großen Depression relativ unbeschadet. Bis zur Wirtschaftskrise war das Imperium auf mehr als 500 Shops angewachsen, danach existierten etwa 300 Läden.[55] Im Jahr 1932 übernahm ihr Ehemann Captain Robert McBain die Geschäftsführung, Martha Matilda Harper ist inzwischen 78 Jahre alt. Ab 1938 zog sich Harper altersbedingt immer mehr aus dem Unternehmen zurück. Damit veränderte sich die Unternehmensphilosophie, die nun nicht mehr darauf setzte, die innerer Schönheit ihrer Kundinnen zum Leuchten zu bringen, sondern Schönheit durch die Verwendung von Beautyprodukten käuflich machte. Eine Broschüre aus dem Jahr 1940 listet alle 420 Shops auf, die meisten befanden sich in den USA und Kanada. In Europa gab es Filialen in London, Paris, Nizza, Cannes sowie in Berlin an der Kurfürstenstraße, neben dem später im Zweiten Weltkrieg zerstörten Luxushotel Eden. Auch der Standort der Berliner Dependance wird mit Bedacht gewählt worden sein, entsprachen doch die Hotelgäste der idealen Klientel für Harpers Salon.

Martha Matilda Harper starb am 3. August 1950, gezeichnet von einer Demenzerkrankung. Laut der Harper-Biografin Jane R. Plitt betrug das Vermögen von Harper und ihrem Mann mehr als 750.000 US-Dollar[56], was einem heutigen Wert von mehreren Millionen Dollar entspricht. Das Unternehmen verkaufte McBain 1956, es bestand noch bis 1972. Zeit ihres Lebens schien Martha Matilda Harper einen enormen Durchsetzungswillen sowie Machtanspruch besessen zu haben, wie folgende Begebenheit veranschaulicht. Als sich die alte, bereits verwirrte Dame einmal Lippenstift über die Augenbrauen gezogen und man sie darauf hingewiesen hatte, dass dieser doch auf die Lippen gehöre, antwortete sie der Überlieferung nach schlagfertig: »If Martha Matilda Harper does it, the world will follow.«[57] Es braucht wohl eine solche Überzeugung und ein solches Selbstbewusstsein, um ein riesiges Unternehmensimperium zu schaffen, wie es Martha Matilda Harper aus der Position eines Dienstmädchens heraus gelungen ist.

Professionelle Haarpflege als Marktlücke

Um den Nutzen von Harpers Geschäftsidee zu verstehen, sollte man sich in Erinnerung rufen, wie schwierig es im 19. Jahrhundert war, lange Haare selbst zu waschen. Es gab weder fließendes warmes Wasser noch einen Duschkopf zum Abbrausen oder gar einen Fön zum Trocknen der Haare. Regelmäßiges Haarewaschen war nicht gang und gäbe. Wichtiger als der ästhetische Aspekt waren die hygienischen Auswirkungen einer mangelhaften Haarpflege. Insbesondere bei Frauen kam es deswegen zu Haarausfall, oftmals hatten Frauen mit Läusen und anderem Tierbefall zu kämpfen, Schuppen und Kopfhauterkrankungen entstanden durch die Verwendung scharfer Waschmittel. Besonders bei Hochsteckfrisuren konnte es vorkommen, dass sich Frauen nur alle vier Wochen die Haare wuschen. Haarpflege wurde im Privaten ausgeführt, es gab weder flüssiges Shampoo noch professionalisierte Orte für die Haarpflege. Hier erkannte Harper eine Marktlücke: Frauen brauchten eine professionelle Haarpflege. Kern der speziellen Harper-Methode bildeten neben dem Waschen ausgedehnte Massagen für den Kopf, den Nacken und die Schultern. Von Anfang an behandelten die Harper-Shops Haarausfall. Grundlage bildete das von Harper entwickelte Haarwasser, mit welchem sie ihr Geschäft in der Gesundheits- und Schönheitsindustrie aufbaute. Bereits 1888 ließ Martha Matilda Harper das »Mascaro Tonique« patentieren.[58] Es enthielt Cantharidin, ein Inhaltsstoff der Spanischen Fliege, Salbei, Salz, Chinin and 50 Prozent Alkohol. Ebenfalls produzierte die Unternehmerin ab 1888 den Harper-Methode-Haarbalsam in Rochester, welcher laut Verpackung die normale Sekretion von natürlichem Öl reguliert, trockene und ekzematöse Zustände der Kopfhaut ausgleicht, die hartnäckigsten Fälle von Schuppen überwindet und Haarausfall stoppt. Des Weiteren brachte Harper ein Trockenshampoo und Contoure Body Powder auf den Markt. Im Laufe der Zeit entwickelte die Geschäftsfrau eine umfassende Produktpalette, die von verschiedenen Kämmen und Bürsten zu Hair Tonic, Facial Oil und Cremes sowie Make-up-Entferner-Creme reichte. Die Produkte der Harper-Methode ergänzten sich in einer kompletten Pflegeserie. Später kam ein Harper-Parfum dazu.[59] Mit Beginn der 1930er-Jahre distribuierte Harper ihre Produkte auch über Kaufhäuser.[60]

Kundennutzen als Leitidee

»Health first« war die zentrale Idee hinter Marthas Geschäftskonzept. Immer wieder nahm sie dieses Thema in der unternehmensinternen Kommunikation auf, bei der sie wie etwa 1932 in einer Schrift unter dem Titel »The Scientific Care of the Hair and Scalp« zentrale Punkte der Haarpflege erläuterte. Von hoher Bedeutung sei es dabei, die Kopfhaut gut zu reinigen und die Durchblutung anzuregen, damit das Haar üppig wachsen könne. Schönheit und Gesundheit seien untrennbar miteinander verbunden, so Harper, die schließlich an anderer Stelle zuspitzt, »Human beauty is the result of proper condition of mind as well as surface and form«.[61] So verwundert es nicht, dass Harper gegen das Färben von Haaren und gegen die Anwendung der Dauerwelle war und diese Behandlungen zu ihren Lebzeiten nicht in den Harper-Shops durchgeführt worden sind.

»Wie fühlen sich die Kundinnen?«, und nicht, »Wie sehen sie aus?«, war die Maxime von Harpers Handeln. Service galt als oberster Leitsatz. »Die Gedanken jeder Shopbetreiberin sollten sich auf den Wunsch konzentrieren, ihrer Kundin auf bestmögliche Weise zu dienen«, lässt Harper 1926 im Handbuch verlautbaren.[62] Vom ersten Moment, in welchem die Kundin begrüßt wird, solle diese einen Komfort und eine Leichtigkeit genießen, die alle störenden Einflüsse beiseiteschieben.[63] Ihre Kundinnen sollten stolz darüber sein, dass sie im Harper Method Shop gepflegt wurden. Wie Jane Plitt, die Wiederentdeckerin von Martha Matilda Harper bemerkte, war es die Aufgabe der Shopbetreiberin, die natürliche Schönheit der Kundin zum Vorschein zu bringen: »Eine gesunde Frau strahlt Charme aus. Wir nennen das Schönheit.«[64]

Harper entwickelte die vier Pfeiler des Franchise-Systems

Statt ein eigenständiges Geschäftsmodell zu entwickeln, dessen Erfolg sich oft nur schwer einschätzen lässt, kaufen Franchisenehmer*innen lieber Lizenzen, um sich mit einem bewährten Geschäftsmodell sowie einer bekannten Marke in die Selbstständigkeit zu wagen. Dabei verkauft die Franchisegeberin in erster Linie ein entwickeltes und erprobtes Geschäftssystem, es geht also im Kern um Know-how-Entwicklung und -Transfer.[65] Franchisenehmer*innen erwerben also eine gewisse Sicherheit, während für den Franchisegeber die Vorteile darin bestehen, dass selbstständige Franchisenehmer*innen im Vergleich zu Angestellten nachhaltiger und motivierter arbeiten und das Unternehmensrisiko selbst tragen.[66] Zudem ist der Kapitalaufwand für den Franchisegeber viel geringer, als wenn er die Filialen systemimmanent aufbauen würde.

Wie funktionierte das Harper-Method-Shop-System? Schon Martha Matilda Harper hat in ihrem Geschäftsmodell die vier grundlegenden, heute noch gültigen Pfeiler des Franchise-Systems entwickelt, die eng zusammenhängen: 1. den Franchise-Vertrag, 2. das Handbuch, 3. das Training sowie 4. die Leistungen[67], also Kosmetik- und Haarpflegeprodukte sowie die Haarbehandlungen und Massagen.

Über die Zahlenseite von Harpers Franchise-System ist wenig bekannt. Die ersten 100 ihrer 500 Läden vergab Harper an ehemalige Hausangestellte, wie sie einst selbst eine war. Einerseits vertraute sie auf deren Arbeitsethik und Serviceorientierung, andererseits wollte die Unternehmerin standesmäßig benachteiligten Frauen zur ökonomischen Unabhängigkeit verhelfen. Die Shopeigentümerinnen mussten das von Harper erfundene Waschbecken mit einem Ausschnitt für den Nacken sowie den verstellbaren Shampoonierstuhl erwerben und sich vertraglich dazu verpflichten, die Harper-Methode zu befolgen und nur von Harper hergestellte Produkte zu verwenden beziehungsweise diese für den Heimbedarf zu verkaufen. Vor der jeweiligen Shoperöffnung wurden die Franchisees in einem der Harper-Läden ausgebildet, was länger als ein Jahr dauern konnte. Harper selbst wählte die Lage eines neuen Standorts aus, die immer erstklassig war, wie etwa die Berliner Dependance neben dem Luxushotel Eden an der Kurfürstenstraße bezeugt. Die Art der Verträge ist heute nicht mehr nachvollziehbar. Anscheinend existierten ein finanzielles Rückzahlungssystem und Stipendien, mit denen die Franchisenehmer*innen ohne Eigenkapital in ihre Selbstständigkeit starten und den Kaufbetrag durch die erwirtschafteten Einnahmen zurückzahlen konnten. Nachdem diese Zahlungen beendet waren, konnte sich die Shopbesitzerin auf »der Autobahn zum Reichtum fühlen«, wie Harper eine Franchisenehmerin im Unternehmensnewsletter werbewirksam berichten lässt.[68]

Corporate Identity

Als Logo der Harper Method Shops und Produkte diente ein Füllhorn, das sich Harper zusammen mit ihrem Mascaro Hair Tonique am 22. März 1888 patentieren ließ.[69] Ihren Franchisenehmer*innen erklärte Harper die Bedeutung des Füllhorns im *Harper Method Textbook*, dem Systemhandbuch: Das Füllhorn symbolisiere die großzügigen finanziellen Belohnungen, die einem Dienstmädchen zufallen würden, das klug genug ist, eine »Harperite« zu werden.[70]

Ihr Personal kleidete Harper in weiße Uniformen mit Schürzen und weißen Kopfbedeckungen, das fast an das Outfit einer Krankenschwester erinnerte und Professionalität signalisieren sollte.[71] Ordnung und Sauberkeit waren für Harper indiskutable Voraussetzungen für einen soliden Shopauftritt. Denn wenn Kundinnen Schmutz entdecken würden, so Harper, könnten sie denken, es werde nicht gut gearbeitet. Martha Matilda Harper besuchte in regelmäßigen Abständen ihre Shops, um die Qualitätsstandards zu prüfen. Ihre Servicestandards setzte sie so hoch an, dass sie bereits in den Anfängen den Shampoonierstuhl sowie das Waschbecken mit dem Nackenausschnitt erfand, damit ihren Kundinnen kein Seifenwasser ins Gesicht läuft. Leider versäumte sie diese im Gegensatz zu ihrem Markennamen und den Haarpflegemitteln patentieren zu lassen. Nationale Werbekampagnen unterstützten die einzelnen Läden.

Insbesondere nachdem Harper die Verwaltung ihres Unternehmens an ihren Ehemann übertragen hatte, reiste die Geschäftsfrau um die Welt und inspizierte ihre Läden, um sicherzustellen, dass darin nur Harper-Produkte verwendet und die Standards eingehalten wurden. Als sich etwa ihre Nichte in Kanada nicht an die Regeln hielt, schloss Harper ihren Laden.

Klatsch und Tratsch waren verboten

Genauso wie für den äußerlichen Auftritt machte Harper Vorgaben, wie sich die Shopbesitzerinnen und Angestellten zu verhalten hatten. »Never permit gossip«, schreibt Martha Matilda Harper im *Harper Method Textbook*.[72] In ihrem Manual weist Harper darauf hin, dass die Shop-Besitzerinnen bei ihrer Personalauswahl sehr sorgsam vorgehen sollten: »Der Ruf eures Shops hängt sowohl von euren Mitarbeiterinnen als auch von euch selbst ab. Ihr wollt Mitarbeiterinnen, die offensichtlich gut erzogen sind und gut aussehen. Nicht jedes Mädchen ist vom Temperament her geeignet. [...] Sie benötigt Charakter, Persönlichkeit, Gesundheit, Intelligenz, Taktgefühl und die richtige Einstellung.«[73]

Harpers Motto, das sie ihren »Girls« vermittelte, lautete: »Sei jedem Problem gewachsen, das auftaucht. Gib niemals auf. Sei die Meisterin.«[74] Ebenso wies sie darauf hin, dass nur kontinuierliche Unzufriedenheit Fortschritt ermögliche. Zufrieden sein mit den Dingen, wie sie sind, sei ein sicheres Zeichen für Nachlassen. »Konstruktive Unzufriedenheit« ist daher für Harper eine höhere geistige Fähigkeit.[75]

Ein stark ausgeprägter Servicegedanke kennzeichnete die Unternehmenskultur der Harper Method Shops. So hatten die Läden für berufstätige Frauen an einigen Tagen bis 22 Uhr geöffnet, für Kinder ließ Harper Spielecken in den Läden einrichten. In einer Unternehmenspublikation schlussfolgerte die Geschäftsfrau 1926 weise, dass die kleinen Kunden von heute die loyalsten und beständigsten Kunden der Zukunft sein werden.[76]

Trainingscenter für die Harper-Kultur

Die Grundlagen ihres Systems hielt sie im *Harper Method Textbook* und im *Harper Method Beauty School Training Manual* fest. Dieses gibt Anleitungen für alle Dienstleistungen der Harper-Methode. Und es enthält beispielsweise anatomische Zeichnungen der Arterien, Venen, Muskeln und Nerven von Kopf, Gesicht und Hals. Zu den wichtigsten Elementen der Harper-Behandlung zählte das Massieren.[77] Alle Behandlungen erfolgten nach festgelegten Standards. Mit dem *Harper Method Progress* verschickte Harper ab 1924 einen mehrmals im Jahr erscheinenden Newsletter an die Franchisenehmer*innen. Mit wachsendem Geschäftserfolg installierte Harper Ausbildungsschulen in den USA und Kanada. Bis 1938 hatte Harper fünf Harper Method Training Centers errichtet, in Rochester, Madison, Atlanta sowie im kanadischen Winnipeg und Vancouver. Das sechsmonatige Training kostete 175 US-Dollar.[78] Harper selbst deklarierte ihre Schule als »America's First School of Beauty Culture«.[79] Die »Martha M. Harper School of Shampooing and Scalp Treatment« verlieh Diplome, die sich die Girls als Qualitätsausweis in ihre Läden hängen konnten. Es gab zudem Weiterbildungen wie Summer Schools und Brush-up-Kurse. Absolventinnen des Harper-Method-Lehrgangs durften die Harper-Method-Graduate-Anstecknadel tragen, ein kleiner emaillierter Button mit dem Symbol des Füllhorns.

Die Organisationsstruktur einer Freikirche diente als Vorbild

Doch wie kam Martha Matilda Harper auf ihr Businessmodel? Als ich bei der Harper-Biografin Jane Plitt nachfrage, gibt sie eine verblüffende Antwort: »Ich glaube, dass Martha Matilda Harper das Einzelhandels-Franchising auf der Grundlage der Organisation der Christian Science Church konzipiert hat. Sie war eine echte Visionärin!« Die Christian Science Church ist eine christliche Glaubensgemeinschaft und entwickelte sich später zu einer weltweiten Bewegung geistlicher Heiler. Begründet hatte sie die religiöse Lehrerin Mary Baker Eddy (1821–1910) Ende der 1870er-Jahre in Boston. Strukturell besteht die Glaubensgemeinschaft aus einer Mutterkirche und zahlreichen Zweigkirchen, die eigenständig und demokratisch handeln. Für die Organisation der Glaubensgemeinschaft hatte Baker 1895 das *Manual of The Mother Church*, ein Kirchenhandbuch, erstellt.

Will man diese Analogie aufnehmen, dann agierte Harpers Unternehmenshauptsitz in Rochester wie die Mutterkirche und die einzelnen Branch Offices der Harper-Methode wie die Zweigstellen der Christian Science Church, die sich auf der ganzen Welt befanden. Zur Christian Science Church hatte Harper ein besonderes Verhältnis entwickelt, nachdem sie in der Eröffnungsphase ihres ersten Geschäfts im Jahr 1888 vor Erschöpfung zusammengebrochen war, wie sie in den Golden Memories berichtet.[80] Danach suchte Harper den Unternehmensmemoiren zufolge die in Rochester ansässige Helen Pine Smith auf, die die Lehre der Christian Science Kirche praktizierte. Schon nach drei Tagen kam Harper wieder zu Kräften, nachdem Pine Smith mit ihr gebetet und geistig gearbeitet hatte.

Der Vorteil von Harpers genialer Idee, das kirchliche Organisationsprinzip auf ihre Läden zu übertragen, lag auch darin, dass die »Filialisierung«, also der Aufbau eines eigenen Filialnetzes, Harpers eigene finanzielle Kräfte überstiegen hätte.

Alle Kund*innen wurden behandelt, als wären sie VIPs

Neben allem wirtschaftlichen Geschick lag es im Kern vor allem daran, dass sich Harper in erster Linie darum gekümmert hat, wie sich ihre Kundinnen fühlen. Es war ihr erklärtes Ziel, die innere Schönheit jeder Kundin zum Ausdruck zu bringen. Die Shopinhaberin Jane Reed sagte, zu ihr kämen »die DuPonts, die Vanderbilts, die Donahues, die Graham Bells, die Fords und die Hearst Familien. Aber die Wahrheit war, dass wir alle so behandelten, als ob sie wichtig wären.«[81]

Martha Matilda Harpers Erfolg basiert darauf, dass sie erkannt hat, dass professionelle Haarpflege eine Marktlücke ist. Sie selbst warb mit ihrem bodenlangen Haar wie keine andere für die Wirksamkeit ihrer Produkte. Sie verkaufte sowohl Dienstleistungen als auch physische Produkte, was eine aussichtsreiche Verbindung war. Viele ihrer Franchisenehmer*innen waren ehemalige Dienstmädchen wie Harper. Damit etablierte sie sich als Sozialunternehmerin.

Martha Matilda Harper fand in der Christian Science Church ein erprobtes Business-Modell, das sie auf ihr Unternehmen übertrug. Oft ist es klüger und sicherer, ein funktionierendes, erfolgreiches System zu adaptieren, anstatt etwas von Grund auf neu zu erschaffen. Harpers Erfolg trat auch ein, weil sie sich viele Synergien zunutze machte, indem sie drei Unternehmen zu einem verband. Harper bot Dienstleistungen an, sie vertrieb ihre eigenen Haar- und Kosmetikprodukte, später auch außerhalb der Harper Method Shops. Sie bot Schulungen an, die nicht nur von Harperites besucht werden konnten. Einzeln hätten sich diese drei Sparten längst nicht so erfolgreich entwickelt. Synergie multipliziert die Durchschlagkraft einzelner Bereiche, anstatt diese nur zu addieren.[82]

Es ist erstaunlich, was Martha Matilda Harper über mehr als fünf Jahrzehnte geleistet hat. Die Unternehmerin hat sowohl den enormen Wachstumsprozess ihres Unternehmens gemeistert als auch kontinuierliche Mitarbeitermotivation, Qualitätssicherung sowie Innovationsentwicklung betrieben. Dass Harpers Charisma, unternehmerisches Know-how sowie ihre Führungskunst außergewöhnlich waren, verdeutlicht neben allen Erfolgen auch der Umstand, dass diese Führungsarbeit nach ihrem altersbedingten Rückzug aus dem Unternehmen niemandem mehr gelang. Martha Matilda Harper hat demonstriert, dass Franchise immer ein doppeltes Produkt ist, bei dem Produkte und Dienstleistungen für den Endkunden genauso wie der entwickelte und erprobte Geschäftstyp für die Franchisenehmer*innen mit dem Versprechen von Gewinn und Sicherheit verkauft werden müssen. Martha Matilda Harper hat sich auf beides verstanden.

Take-aways

- Groß denken, einen Plan verfolgen und durchhalten.
- Harper verkauft nicht nur eine Dienstleistung, sondern eine Haltung, eine Lebenseinstellung: Schönheit kommt von innen.
- Service als oberster Leitsatz und Grundlage für die Geschäftstätigkeit.
- Behandeln Sie alle Ihre Kund*innen, als wären sie VIPs.
- Ein Angebotsportfolio mit Dienstleistungen und Produkten schafft Synergien.
- Wenn man zufrieden ist mit den Dingen wie sie sind, ist das ein sicheres Zeichen für Nachlassen. »Konstruktive Unzufriedenheit« ist eine höhere geistige Fähigkeit.
- Vorbilder für Produkte und Organisationsstrukturen in anderen Branchen suchen und auf das eigene Unternehmen übertragen.
- Die größte Errungenschaft Harpers sind die Frauen, die sie zu Unternehmerinnen gemacht hat, und nicht ihre Beautyprodukte.

Zum Weiterlesen

Plitt, Jane R. (2019): *Martha Matilda Harper and the American Dream. How one woman changed the face of modern business*, Jade Publishing.

»Yours for health.«

Lydia E. Pinkham

(1819–1883)
Werbe-Ikone, Unternehmensgründerin, Frauenaktivistin

Neben Lydia E. Pinkham sieht der Marlboro-Mann alt aus. Schon 70 Jahre vor dem Cowboy schaute die US-amerikanische Unternehmerin in den 1880er-Jahren von Plakaten, thronte auf Verpackungen und zog auf Zeitungsseiten die Blicke auf sich. Lydia E. Pinkham und ihren Söhnen gelang es als eine der ersten, ein ikonenhaftes Gesicht mit einem Unternehmen zu verknüpfen. Während der fiktive Malboro-Cowboy Freiheit, Abenteuer und Männlichkeit verkörperte, um Zigaretten zu verkaufen, trat die Geschäftsfrau Lydia E. Pinkham an, um Frauen in ihrer Gesundheit zu stärken. Zusammen mit ihrer Familie begründete sie 1875 in Lynn, einer kleinen Stadt nördlich von Boston an der Küste Neuenglands, mit ihrem »Vegetable Compound«, einem Arzneimittel, ein Imperium, das Millionen erwirtschaften sollte. Doch nicht das Arzneimittel, sondern Lydia E. Pinkham selbst war die eigentliche Heldin. Denn sie machte die Gesundheit von Frauen zu ihrer Lebensaufgabe, um die sich bisher niemand gekümmert hatte.

Eine Legende beginnt

Ursprünglich arbeitete die 1819 geborene Lydia E. Pinkham als Lehrerin, bevor sie sich den Aufgaben als Mutter von drei Söhnen und einer Tochter widmete. Erst mit 56 Jahren, als Spätberufene, startete Lydia E. Pinkham ihre unternehmerischen Tätigkeiten, die sie in nur wenigen Jahren berühmt machen sollten. Wie viele Frauen sammelte auch Lydia E. Pinkham Kräuter und behandelte Krankheiten mit Hausmitteln. Ihr Wissen hatte sie aus Büchern wie dem »American Dispensatory«, einem Arzneibuch von John King, erworben, das die pharmazeutische Wirkung von Pflanzen erklärte.[83] Ebenfalls ist überliefert, dass sie die Rezepturen von Heilmitteln in einem Buch unter der Überschrift »Medical Directions for Ailments« (1873) sammelte. Auch soll ihr Mann Isaac Pinkham von einem nicht zahlungsfähigen Kunden statt der geschuldeten 25 Dollar eine geheime Rezeptur erhalten haben, lautet eine andere Gründungslegende des Unternehmens.[84] Diese Rezeptur sowie Lydia E. Pinkhams eigene Rezeptsammlung dienten ihr als Grundlage, um ihren berühmten »Vegetable Compound« zu mischen, ein Arzneimittel, welches sie zunächst viele Jahre für den Eigenbedarf sowie für Freunde herstellte. »Ohne Geld, aber mit einem hoffnungsvollen Herzen, stellte sie kleine Mengen dieses Mittels her, um es an Nachbarn und Freunde zu verschenken, von denen sie glaubte, dass sie dadurch Linderung erfahren könnten. Die Geschichte verbreitete sich bald von Haus zu Haus, von Dorf zu Dorf, von Stadt zu Stadt«, heißt es in einer 1901 herausgegebenen Unternehmensbroschüre.[85] Erst als die Wirtschaftskrise von 1873 die Familie Pinkham finanziell in die Knie zwang, suchten Lydia E. Pinkham und ihre Kinder nach Verdienstmöglichkeiten. Als zwei Frauen aus der benachbarten Stadt Salem nach Lynn fuhren, um Lydia E. Pinkham sechs Flaschen ihrer Arznei für fünf Dollar abzukaufen, erkannte Sohn Daniel darin Geschäftspotenzial: »Mutter, wenn diese Damen den ganzen Weg von Salem auf sich nehmen, um diese Medizin zu erhalten, warum kann sie dann nicht anderen Leuten verkauft werden – warum fangen wir nicht an, sie herzustellen und zu verkaufen, genauso wie andere Arzneimittel auch?«[86]

So begann die Familie im Jahr 1875, das Arzneimittel professionell zu vertreiben. In Deutschland entstand in der ersten Hälfte des 19. Jahrhunderts »Klosterfrau Melissengeist«. Mit solcherart pflanzlichem Arzneimittel lässt sich der »Vegetable Compound« vergleichen.

Während Lydia E. Pinkham zusammen mit ihrem Sohn Will im Keller die Kräuter mazerierte, die Arznei mischte und in Flaschen abfüllte, die Flaschen mit Etiketten beklebte sowie die ersten Labels, Handzettel und Werbebroschüren textete – unter anderem einen vierseitigen »Guide for Women« – verteilte Sohn Dan die Werbung in Lynn und den Randgebieten von Boston.[87] Tochter Aroline und Sohn Charles investierten einen Teil ihres Einkommens aus anderen Tätigkeiten, damit die Familie Kräuter und Alkohol einkaufen konnte.[88] Das Arzneimittel roch streng und schmeckte scharf. Ein frühes, von Pinkhams Hand verfasstes Rezept vermerkt als Zutaten für 100 Pints folgende Pflanzen, gelöst in 18 Prozent Alkohol: 8 oz. Einhornwurzel (Aletris farinosa), 6 oz. goldenes Kreuzkraut (Senecio aureus), 6 oz. Traubensilderkerze (Cimicifuga racemosa), 6 oz. Seidenpflanzenwurzel (Asclepias tuberosa) sowie 12 oz. Bockshornkleesamen (Foenum graceum).[89] Der »Lydia E. Pinkham's VEGETABLE COMPOUND« war geboren.

Lydia E. Pinkham spricht die intimsten Probleme von Frauen an

Bedeutender als die Zusammensetzung der Arznei war jedoch die Rezeptur, mit der Lydia E. Pinkham und ihre Kinder das Mittel verkauften. Sie positionierten den »Vegetable Compound« als Heilmittel gegen Frauenkrankheiten zur Selbstmedikation. Mit dieser Positionierung gelang der Neuunternehmerin ein Clou, mit dem sie unsterblich werden sollte. Denn das »Lydia E. Pinkham Vegetable Compound« – von Anfang an zählte ihr Name zum Produktnamen – proklamierte, Krankheiten und Beschwerden zu heilen, die tabuisiert waren: Menstruationsschmerzen, jede Art von Beschwerden der Eierstöcke, Entzündungen und Geschwüre der Gebärmutter, Wirbelsäulenbeschwerden, Gebärmuttersenkung und Beschwerden der Wechseljahre, ja das Mittel linderte alle Formen weiblicher Schwächen. So offen hatte es bisher niemand gewagt, über die intimsten Beschwerden einer Frau zu sprechen. Je länger das Arzneimittel auf dem Markt war, desto mehr Beschwerden kurierte es. Auf Anraten von Sohn Dan wurden 1776 Nierenbeschwerden aufgenommen, um die Zielgruppe auf Männer zu erweitern. Denn anfangs verkaufte sich die Arznei sehr schleppend.

Lydia E. Pinkham tritt mit ihren Kundinnen in Dialog

Lydia E. Pinkham bot mehr als das reine Produkt. Sie gab ihren Kundinnen das Gefühl, für sie da zu sein, ihre Leiden zu lindern und für sie zu sorgen. Pinkhams Werbebroschüren informierten über die Gesundheit von Frauen und gaben nützliche Tipps. Gesundheit galt ihr als Grundlage, damit Frauen in allen anderen Lebensbereichen erfolgreich sein können. Daher ermutigte das Unternehmen Frauen, sich um ihre eigene Gesundheit zu kümmern, weil Frauen die »Hoffnung der Menschheit« seien, wie einer ihrer Werbeslogans lautete.[90]

Die Unternehmerin gestaltete Beziehungen mit ihren Kundinnen – und verkaufte nicht nur ein Arzneimittel. Sie schuf eine emotionale Heimat für Frauen. Eine Heimat für Frauen mit Menstruationsbeschwerden. Eine Heimat für Frauen, die sonst nur von männlichen Ärzten behandelt wurden und die mit niemandem über ihre Beschwerden sprechen konnten. Noch heute reden wenige Frauen offen über diese schambehafteten Themen. Als Lydia E. Pinkham Mentruationsbeschwerden, die Menopause oder Gebärmuttervorfall in ihren Werbemitteln öffentlich ansprach, war das revolutionär. Dies zahlte sich aus; die Frauen wählten Pinkhams »Vegetable Compound« vor anderen Heilmitteln.

Zahlreiche Frauen begannen, Lydia E. Pinkham zu schreiben. Sie bedankte sich bei ihnen mit kostenlosen Gesundheitshinweisen und versprach, dass kein Mann jemals diese Briefe sehen werde, um ihre Kundinnen zur Offenheit zu animieren.[91] Sie empfahl, gesund zu leben, Übungen zu machen, sich gut zu ernähren und auf Hygiene zu achten, indem sie etwa riet, täglich ein Bad zu nehmen, nicht zu enge Kleidung zu tragen und schließlich den »Vegetable Compound« einzunehmen.[92]

Gleichzeitig schürte Lydia E. Pinkham in ihren Broschüren die Angst vor möglichen Leiden und warb für die Hilfe zur Selbsthilfe mit dem »Vegetable Compound«.[93] Auf diese Weise schaffte es das Unternehmen, aufzufallen und sich von tausenden anderen patentierten Arzneimitteln abzuheben. 1906 befanden sich mehr als 50.000 Arzneimittel auf dem amerikanischen Markt.[94] Oft wurde die Selbsttherapie teuren ärztlichen Behandlungen vorgezogen;[95] auch weil Behandlungsmethoden wie Aderlass und andere schmerzhafte Therapien viel Angst erzeugten. Lydia E. Pinkhams Arznei wirkte zwar nur geringfügig, der Placebo-Effekt hingegen entfaltete eine enorme Wirkung bei ihren Kundinnen.

Wer war Lydia E. Pinkham?

Lydia E. Pinkham und ihre Familie hatten die Werbung für ihr Produkt auf eine genaue Zielgruppe ausgerichtet: Frauen. Damit agierten die Pinkhams zur richtigen Zeit am richtigen Ort. Denn es war die Zeit der Frauenbewegung, die Zeit der Seneca Falls Convention 1848, eine Zusammenkunft, bei der Frauen ausschließlich über ihre Rechte sprachen, die Zeit, in der die Frauenrechtsaktivistin Susan B. Anthony (1820–1906) für das Wahlrecht der Frauen kämpfte, und die Zeit, in der Frauen zu studieren begannen wie am Wellesley College. Und es war die Zeit, in der Frauen Religionsgemeinschaften gründeten wie Mary Baker Eddy (1821–1910). Lydia E. Pinkham war in dieser intellektuellen Umgebung Neuenglands groß geworden, die von politischem Aktivismus, Reformgedanken und dem Kampf um Frauenrechte geprägt war.[96] Die Neuenglandstaaten waren deshalb der richtige Ort, um ein Unternehmen unter der Führung einer Frau mit einem Produkt für Frauen zu gründen.

Lydia E. Pinkham wuchs in einer Familie auf, die sich politisch unbequemen Positionen anschloss. Sie kam als Lydia Estes am 9. Februar 1819 in Lynn, Massachusetts, als zehntes von zwölf Kindern zur Welt. Ihr Vater William Estes verdiente sein Geld als Schuhmacher, bevor er Grundstücke verkaufte. Die Eltern gehörten den Quäkern an, verließen jedoch das Lynn Friends Meeting, die Gemeinschaft der Quäker in Lynn, weil diese die Abschaffung der Sklaverei nicht unterstützte. Demgegenüber hatte die Familie Kontakt mit Frederick Douglass (circa 1818–1895), einem führenden Kopf der Sklavereigegner, und anderen Abolitionisten wie William Loyd Garrison und Lucretia Mott.

Mit 16 Jahren trat Lydia zusammen mit ihrer Mutter und einer älteren Schwester der »Lynn Female Anti-Slavery Society« bei, einer Gruppe, die sich für die Abschaffung der Sklaverei einsetzte und Frauenrechte unterstützte.[97] Später schloss Lydia Estes die Lynn Academy ab und unterrichtete anschließend als Lehrerin.[98] Sie begann im Januar 1843 als Sekretärin des Freeman's Institutes zu arbeiten, einer Debattiergesellschaft, an der sich Frauen und Männer beteiligen konnten. Dort lernte sie den 1815 geborenen Isaac Pinkham kennen. Lydia heiratete den jungen Witwer im September 1843. Im Jahr darauf wurde ihr erster Sohn Charles Hacker geboren, es folgten im Jahr 1846 die Söhne Daniel Rogers, der ein Jahr nach seiner Geburt starbt, 1848 der gleichbenannte Daniel Rogers, 1852 William Henry, schließlich erblickte 1857 Tochter Aroline das Licht der Welt. Der erste Pinkham-Biograf Elbert Hubbard beschreibt 1915, dass die Unternehmensgründerin das Konventionelle unerträglich gefunden hätte. Sie sei »gegen Willkür der Obrigkeit gewesen – ob in Medizin, Religion oder Politik. Sie glaubte an Fortschritt und Bildung«.[99]

Werben, bis die Schuhsohlen abgelaufen sind

1876 registriert Lydia E. Pinkham die Marke und das Warenzeichen beim Patentamt. Doch die ersten Jahre des Unternehmens »The Lydia E. Pinkham Medicine Company« verlaufen zäh.[100] Oftmals verkauften die Pinkhams nur eine Flasche pro Tag. Erst als Sohn Will im Jahr 1876 gegen den Willen der Familie für 60 US-Dollar eine teure ganzseitige Anzeige im *Boston Herald* schaltete und damit die Rücklagen der Familie aufbrauchte, nahmen die Verkäufe Fahrt auf.[101] Der *Boston Herald* erreichte 50.000 Haushalte. Zunächst reagierte die Familie schockiert: »Das kam wie ein Donnerschlag aus heiterem Himmel, und wir setzten uns hin und weinten«[102], schildert Lydia E. Pinkham die Situation rückblickend.

Einige Großhändler bestellen die Arznei, sodass die Familie in neue Anzeigen investiert. Wegen fehlender finanzieller Mittel, aber mit dem Verständnis, dass ohne massive Werbeaktivitäten die Verkäufe nicht angekurbelt werden können, hinterlegten sie ihr Haus als Sicherheit, um beim *Boston Herald* weitere Anzeigen im Wert von 1.000 US-Dollar schalten zu können.[103] Zeitungswerbung wird zum zentralen Marketingtool. Später stellte die Familie den Werbeagenten H. P. Hubbard ein und begann, Anzeigen in vielen Neuenglandstaaten wie Maine, Vermont und New Hampshire zu publizieren. Bereits 1877 erschienen auch Anzeigen in anderen Bundesstaaten wie in Iowa.[104] Die Unternehmung nimmt Fahrt auf.

Ein Plakat an der Brooklyn Bridge

Doch Zeitungswerbung diente nicht als einziges Werbemittel. Während Lydia E. Pinkham zu Hause in der Kellerküche die Mixtur mischte und in Flaschen abfüllte, mietete ihr Sohn Dan im Mai 1776 in Brooklyn ein Zimmer und verteilte in New York Handzettel und Broschüren. Er ging von Tür zu Tür und versuchte zudem, Drogerien als Zwischenhändler zu gewinnen. In Brooklyn erkannte er die Bedeutung von Werbung und forderte, dass die ganze Familie nach Brooklyn zog, um eben diese zu lernen. Er schreibt: »Verdammt! Wir müssen aus der Werbung eine Wissenschaft machen und statt all der rohen Gewalt unseren Verstand einsetzen, um etwas Originelles zu erfinden, das ein großer Vorteil werden soll.«[105]

In den Briefen, die Dan nach Hause schickte, klagte er, dass er kein Geld für Essen habe und sich buchstäblich die Schuhsohlen ablaufe, die er allabendlich wieder zusammennäht.[106] Dan leidete gesundheitlich. Er stellte zwei Männer ein, zusammen verteilten sie 3.500 Werbezettel pro Tag[107], sodass er nach Hause schrieb: »VERSORGT MICH MIT PROSPEKTEN.«[108] Dan hing Plakate auf und verteilte Sammelkarten mit speziellen Motiven.[109] Er verteilte die Karten auf Friedhöfen vor dem Decoration Day, heute der Memorial Day, an dem der Toten des Bürgerkriegs gedacht wurde. Er ließ die Karten mit persönlichen Botschaften beschreiben, sodass es wirkte, als hätte jemand den Compound persönlich empfohlen. Häufig nutzte er die Formel: »From your Cousin, Mary.« Seiner Fantasie waren keine Grenzen gesetzt.[110] Doch wie stark sich Dan auch bemühte, der messbare Werbeerfolg blieb vernichtend gering. Obwohl Dan innerhalb von zehn Tagen mehr als 20.000 Broschüren verteilt hatte, verkaufte eine Apotheke dennoch nur ein Dutzend Flaschen.[111]

Das berühmteste Motiv der Pinkhamschen Sammelkarten erschien 1883, als das Unternehmen die Idee hatte, auf ihrer Werbekarte die soeben eröffnete Brooklyn Bridge mit einem riesigen Banner mit dem Schriftzug »Lydia E. Pinkham's Vegetable Compound« über die gesamte Brückenlänge zu unterspannen (Googeln Sie das Motiv!). Die Idee dazu stammte wahrscheinlich von Dan. Als das Unternehmen die Werbung mit dem einprägsamen Motiv in den 1890er-Jahren aus dem Programm nahm, brachen die Verkäufe des Compounds um 80 Prozent ein.[112] Wer nach spektakulären Werbeideen sucht, sollte die Geschichte von Lydia E. Pinkhams Unternehmen studieren.

Lydia Pinkham wird zur Werbe-Ikone

Doch die fantasievolle Gestaltung der neuen Brooklyn Bridge war nicht der einzige visuelle Geniestreich des Unternehmens. Schon 1879 gelang der Familie der entscheidende Clou, der ihr Unternehmen unvergessen und zum Vorreiter in der Bildwerbung machte. Das Unternehmen verband nun das Porträt von Lydia E. Pinkham mit ihrem Produkt und verwandelte den Compound in eine ganz persönliche Geschichte. Ein Foto der 60-jährigen Unternehmerin diente als Vorlage für einen Stich, der von nun an auf allen Flaschen und Anzeigen prangen sollte.[113] Mit einem rätselhaften Lächeln wie jenes der Mona Lisa und einem Autorität ausstrahlenden Gesicht, das von einem Rüschenkragen eingefasst wird, blickt Lydia E. Pinkham seit dem Jahr 1879 von den Flaschen ihres »Vegetable Compound«. Sie strahlt eine eigenwillige Originalität aus, die vermittelt, dass es nichts zu lachen gibt. Vielmehr erzählt ihr Blick, dass Gesundheit eine ernste Angelegenheit ist.[114] Anders als die Werbekarten ihrer Zeit will sie nicht lustig sein, denn sie hat eine dringliche Botschaft. Die eigene Gesundheit ist ernst zu nehmen und Lydia E. Pinkham wusste, was bei Krankheiten hilft. Sie war kein fiktionales Maskottchen, sondern gab dem Unternehmen ein Gesicht, mehr noch eine Seele. Neben ihrem Gesicht prangten die Slogans: »Woman can sympathize with woman« und »Health of women is the hope of the race.« Damit wurde Lydia Pinkham zu einer der ersten weiblichen Werbe-Ikonen.

Nachdem das Bild in ihren Anzeigen erschien, stiegen die Verkäufe rasant. Bereits ein Jahr später erhielt Pinkham Kaufangebote für ihr Unternehmen und die Marke im Wert von 100.000 US-Dollar.[115] Im Jahr 1881 erreichten die Verkäufe des »Vegetable Compound« eine Höhe von 200.000 US-Dollar.[116] Ende des 19. Jahrhunderts blickte ihr Porträt aus jeder Zeitung der Vereinigten Staaten. Das gelang, weil das Unternehmen außergewöhnlich in Werbemaßnahmen investierte. Beispielsweise gaben die Pinkhams 78 Prozent ihrer Bruttoeinnahmen im Jahr 1882 für Werbung aus, 172.478 US-Dollar.[117]

Das Gesicht, das mich verfolgt

Auch andere Unternehmen nutzen die Macht von Bildern und Werbefiguren. Allerdings gelang es niemandem so perfekt wie den Pinkhams mit ihrem »Vegetable Compound«. So gingen etwa im Jahr 1877 die Quaker Oats, ein Lebensmittelunternehmen für Frühstückscerealien, mit dem Quaker Man an den Start. Der bärtige Quäkermann blieb jedoch eine fiktive Figur, während sich Lydias Gesicht in den Köpfen der Amerikaner*innen als omnipräsente Ratgeberin verankerte, die auch manche Kritik hervorrief. »Madam«, schrieb ein T. G. Scott im Jahr 1880 an die Geschäftsfrau, »wenn es notwendig ist, dass Ihr Porträt auf jeder Regionalzeitung der Vereinigten Staaten prangt, können Sie dann nicht aus Barmherzigkeit gegenüber der Nation von Zeit zu Zeit ein neues machen lassen? Frisieren Sie Ihr Haar etwas anders, drehen Sie den Kopf und schauen Sie feierlich. Versuchen Sie alles, um dieses gusseiserne Lächeln loszuwerden!«. Für »unschuldige Kinder« sei sie »zu einem Schreckgespenst« geworden, ihr Gesicht durchdringe »den Geist der Nation wie ein Albtraum«. Außerdem würde ihr Porträt die Auflage der Zeitungen vernichten. Der Briefschreiber selbst habe sein Zeitungsabonnement bereits abbestellt, um ihr Gesicht loszuwerden. Auf diese Weise seien bereits mehrere florierende Zeitungen »getötet worden«.[118]

Als Lydia E. Pinkham 1883 gestorben war, hoffte der Autor eines Nachrufs in der *Trenton Evening Times*, dass jetzt, »da Mrs. Lydia Pinkham tot ist, [...] die zahlreichen Porträts von ihr, die so ausgiebig in den Zeitungen erschienen sind, ebenfalls begraben werden«.[119] Später wurde Lydia E. Pinkham in Trinkliedern verhöhnt. Im Jahr 1894 wurde gedichtet: »There's a face that haunts me ever, there are eyes mine always meet / as I read the morning paper, as I walk the crowded street.« (Es gibt ein Gesicht, das mich immer verfolgt, es gibt Augen, die mir immer begegnen / wenn ich die Morgenzeitung lese, wenn ich eine belebte Straße entlanggehe.)

Lydia E. Pinkham erlebt den außergewöhnlichen Erfolg ihres Arzneimittels nur kurz

Aber die Kritik lässt das Unternehmen nur noch bekannter werden. Und während Lydia E. Pinkham versuchte, Frauen aufzuklären und zu helfen, stieg die Nachfrage nach ihrem Präparat immer weiter. Sie hatte das Produkt zunächst in ihrer Kellerküche hergestellt, aber die wurde bald zu klein. Schon 1879 betrieben die Pinkhams eine kleine Fabrik, für die das zweistöckige Nachbarhaus neben ihrem Wohnhaus zur Produktionsstätte umgebaut wurde. Das Unternehmen schickte sich an, das Arzneimittel massenhaft herzustellen. Mitarbeiter wurden eingestellt, weil die Familie den Bedarf nicht mehr allein decken konnte.[120] Ein Foto von ihrer Residenz und dem Laboratory an der 233 und 235 Western Avenue in Lynn, wo Lydia und ihre Tochter vor dem Wohnhaus posieren, nutzten sie ebenfalls als Werbemittel mit dem Satz »where her celebrated Vegetable Compound is produced«. Im Jahr 1886 wurde ein neues, größeres Fabrikgebäude in Lynn errichtet. Mit neuen Produkten wie den »Liverpills« ergänzte das Unternehmen sein Sortiment.

Parallel zur Produktion professionalisierten die Pinkhams ihre Werbemaßnahmen sowie den Kundenservice. Eigens richtete das Unternehmen eine Abteilung für Kundenanfragen ein, das sogenannte »Department of Advice«. Hier beantwortete ein Frauenteam die mehr als 100 Briefe, die Lydia E. Pinkham pro Monat erhielt.[121]

Der Aufstieg des Unternehmens nahm ein jähes Ende, als zwei der Pinkham-Söhne an Tuberkulose starben. Zuerst Dan 32-jährig im Oktober 1881 und zwei Monate später Sohn Will mit 28 Jahren. Sechs Jahre hätten sich die beiden Männer wie Märtyrer für das große Unternehmen aufgeopfert, das sie mit aufgebaut hatten, hieß es in einem Nachruf. Das schien zu viel gewesen zu sein für Lydia E. Pinkham, sie flüchtete sich in Spiritualität und erlitt zwei Tage vor Weihnachten 1882 einen Schlaganfall. Sie konnte das Bett nicht mehr verlassen, Tochter Aroline und eine Krankenschwester pflegten sie bis zu ihrem Tod am 17. Mai 1883. Lydia E. Pinkham hatte sich gewünscht, dass ihre Beisetzung nicht als Beerdigung, sondern als Wiedervereinigung mit ihren beiden Söhnen Will und Dan zelebriert wird. Zeitungen würdigten die Unternehmensgründerin als »Modell matronenhafter Gutmütigkeit und grenzenloser Philantropie«. Der *Oregonian* schrieb: »Mrs. Pinkham war eine großzügige Mäzenin der

Zeitungen und ist natürlich direkt in den Himmel gekommen«.[122] Schon damals wurde sie nicht für ihr Arzneimittel geachtet, sondern vor allem für ihre Werbeaktivitäten gerühmt.

Nach dem Tod von Dan und Will im Jahr 1881 führte Sohn Charles H. Pinkham offiziell das Unternehmen als Manager, während er sich die Verwaltungsratssitze mit seiner Schwester Aroline und deren Ehemann Will Gove teilte. Als Charles 1900 an einem Nierenleiden starb[123], hatte das Unternehmen 400 Mitarbeitende und die Firma war auf dem Weg, das Arzneimittel weltweit zu verkaufen.[124] 1886 baute Charles H. Pinkham in Lynn eine Fabrik, die bis 1973 das »Vegetable Compound« produzierte.[125] Die Ausstattung musste vergrößert werden, die Kräuter wurden nun in Gefäßen von mehr als 100 Litern Füllmenge statt zuvor in 7,5-Liter-Gläsern mazeriert, Perkolatoren für die Herstellung von Pflanzenauszügen fassten statt 15 nun 190 Liter.[126] Nach dem Tod von Lydia E. Pinkham vermarktete das Unternehmen Charles Frau Jennie Pinkham als Leiterin der Korrespondenzabteilung. Ob die Schwiegertochter Lydia E. Pinkhams diese Aufgabe tatsächlich ausführte, bleibt fragwürdig. Lydias Unterschrift wurde weiterverwendet. Erst als im Jahr 1905 ein Journalist einen Artikel mit Lydias Grabstein veröffentlichte und fragte, wer in den vergangenen 25 Jahren Lydias Briefe unterschrieben hätte, wurde ihr Tod einer weiten Öffentlichkeit bekannt.[127] Die Firma erklärte die Verschleierungstaktik damit, dass die Schwiegertochter, Jennie Barker Pinkham, die ja ebenfalls Frau Pinkham sei, in ihrem eigenen Namen unterschrieben hätte.[128]

Lydia E. Pinkham: gewiefte Unternehmerin und Frauenaktivistin

Lydia E. Pinkham war die Königin der Positionierung. Sie hatte ihr eigenes Erfolgsrezept gefunden. Es bestand aus dem für Frauen bestimmten Arzneimittel, einer Werbeoffensive sowie enger Kundenbindung. Ihre Genialität zeigte sich darin, dass sie Frauen direkt ansprach. Nicht mit Witz und Humor, sondern mit Fürsorge, Informationen und Verbindlichkeit. Sie und ihre Familie machten die Gesundheit von Frauen zu ihrem Geschäft, entwickelten ein Unternehmen rund um die intimsten Sorgen von Frauen und kreierten damit eine Marke mit Charakter. Dabei hatte Pinkham den Anspruch, Frauen zu bilden und ihre Gesundheit zu stärken. Beides vermarkteten ihre Söhne und später die Unternehmensnachfolger bahnbrechend. Die Werbetexte sorgten sich einerseits um die Gesundheit der Frauen, andererseits schürten sie die Angst vor Krankheiten. Immer wieder operierte das Unternehmen mit Halbwahrheiten, egal ob dies die Wirkung des Arzneimittels betraf oder die Verschleierung des Todes der Firmengründerin.

Wie lebenswichtig Werbung für das Pinkham'sche Unternehmen war, verdeutlicht ein Zeitungsinterview mit Charles Pinkham, in welchem er unterstreicht, dass Zeitungswerbung und ihr Geschäft Hand in Hand gehen: »[...] Oh, wir glauben an Werbung, nichts geht über Werbung!«[129] Das Unternehmen glaubte so sehr daran, dass im Jahr 1898 das »Lydia E. Pinkham's Vegetable Compound« das am stärksten beworbene Produkt in den Vereinigten Staaten war.[130]

Lydia E. Pinkham und ihre Familie haben gezeigt, wie man mit der passenden Werbestrategie einem großen Unternehmen ein Gesicht gibt. Dafür steht unsterblich ihr Bild mit ihrem Gruß: »Yours for health.« – Für Ihre Gesundheit. Lydia E. Pinkham.

Take-aways

- Verkaufen Sie mehr als ein Produkt. Kreieren Sie eine emotionale Heimat für Ihre Kund*innen.
- Corporate Brands personalisieren, eine Marke mit Charakter entwickeln.
- Sorgen Sie sich um Kundenbedürfnisse, die bisher niemand adressiert hat.
- Die Marktführerschaft in einem Segment übernehmen.
- Werbung und Vertrieb als zentrale Säule des Unternehmens betrachten. Die Vermarktung benötigt einen deutlich größeren finanziellen Effort als das eigentliche Produkt.

Zum Weiterlesen

Stage, Sarah (1979): *Female complaints. Lydia Pinkham and the business of women's medicine*, New York.

SOLO-SELBSTSTÄNDIGE

Das abschließende Kapitel widmet sich in vier Beiträgen Einzelunternehmerinnen. Während heute viele Solo-Selbstständige nur niedrige und volatile Einkommen erzielen, so das deutsche Bundesministerium für Arbeit und Soziales[1], haben es die hier vorgestellten Unternehmerinnen geschafft, hohe Einkommen zu generieren, sich einen umfassenden Kundenstamm aufzubauen, eine Organisationsstruktur zu entwickeln und sich zudem eine ungewöhnlich große Bekanntheit zu erarbeiten. Dabei waren Spezialisierung und Alleinstellungsmerkmale, verschiedene Dienstleistungen und Produkte sowie eine aggressive Vermarktung zentral. Dies funktionierte, weil sie die Ersten mit etwas waren und sich mit ihrem Tun von der Masse absetzten.

In Deutschland gibt es heute über 4 Millionen Selbstständige, davon sind mehr als 2,2 Millionen allein unterwegs.[2] Von den Selbstständigen in den Kreativberufen sind in den Bereichen bildende Kunst, Musik und im Journalismus über 95 Prozent solo-selbststängig.[3] Aber verstehen sich diese Solo-Selbstständigen auch als Unternehmer*innen?

Ob die Malerinnen Catharina von Hemessen, Clara Peeters und Giovanna Garzoni sich als Unternehmerinnen bezeichnet haben, ist nicht bekannt. Jedoch haben sie ihre Kunst strategisch betrieben. Dezidiert unternehmerisch gehandelt haben allerdings die zu ihrer Zeit in Europa berühmteste Malerin Angelika Kauffmann, die erste Berufsschriftstellerin und Journalistin Sophie von La Roche sowie Isabella Bird, eine der ersten Berufsreisenden. Von Angelika Kauffmann wurden Merchandising-Produkte in großem Stil produziert. Sophie von La Roche verfasste den ersten von einer Frau geschriebenen Roman in Deutschland und Isabella Bird ritt nicht nur allein durch die Rocky Mountains, sondern wusste ihre Abenteuer so zu vermarkten, dass sie Multimillionärin wurde. Die drei Malerinnen van Hemessen, Peeters und Garzoni haben sich derart spezialisiert und ihre Werke so beworben, dass sie den Erfolg ihrer Kunst stark begünstigt haben. Was lässt sich noch heute von diesen Pionierinnen im Kreativ-Business über Unternehmensorganisation, Pricing, Werbung und Marktführerschaft lernen?

»Es gehört mehr Verstand dazu, das Gute zu finden als die Fehler.«

Sophie von La Roche

(1730–1807)
Bestsellerautorin, Journalistin, Netzwerkerin

Sophie von La Roche schrieb mit der *Geschichte des Fräuleins von Sternheim* (1771) bereits drei Jahre vor Johann Wolfgang von Goethe den ersten deutschen Briefroman, der ein Bestseller wurde. Sie brachte die erfolgreiche Monatszeitschrift *Pomona für Teutschlands Töchter* auf den Markt und korrespondierte mit Goethe, Schiller, Jacobi und Lavater. Christoph Martin Wieland gab ihre Romane und Reisetagebücher heraus. Sophie von La Roche hatte eine Mission: die Erziehung der Frauen zu mehr Selbstbestimmung und Bildung, freilich ihrer Zeit entsprechend im Rahmen der ehelichen Bestimmung. Diese Mission führte sie auch zu ungeahnten unternehmerischen Erfolgen im Zeitalter der Aufklärung.

Die Frauenzeitschrift Pomona

Unternehmerisch muss Sophie von La Roche vor allem als Medienmacherin gewürdigt werden. Mit ihrer Frauenzeitschrift *Pomona für Teutschlands Töchter* stieg die Autorin 1783 ins deutschlandweite Zeitschriftengeschäft ein, welches sich mit 2.400 Gulden pro Jahr nach Abzug der Kosten als sehr profitabel erweisen sollte.[4] Johann Wolfgang von Goethe verdiente zum Vergleich 1776 als Geheimer Legationsrat am Hof des Kleinfürsten Karl August, Herzog von Sachsen-Weimar-Eisenach, als Jahresgehalt 1.200 Taler.[5]

Sophie von La Roche gab als eine der ersten Frauen überhaupt eine eigene Zeitschrift heraus, was sowohl ein wirtschaftliches als auch ein schriftstellerisches Unternehmen war. Vor ihr waren die Wochenblätter von Charlotte Henriette von Hezel *Wochenblatt für's schöne Geschlecht* (1779) sowie Ernestine Hofmann mit *Für Hamburgs Töchter* (1779) als Herausgeberinnen in Erscheinung getreten; diese beschränkten sich jedoch auf einen regionalen Abonnentenkreis, während Sophie von La Roche mit der *Pomona* von Anfang an im gesamten deutschsprachigen Raum Leserinnen gewinnen wollte.

Zunächst gaben Männer Zeitschriften heraus, welche sich explizit an Frauen richteten, etwa die *Iris* (1774–1776) von Johann Georg Jacobi und Wilhelm Heinse sowie *Die Akademie der Grazien. Eine Wochenzeitschrift zur Unterhaltung des schönen Geschlechts* (1774–1776, 1780) von Christian Gottfried Schütz. Wie kam Sophie von La Roche auf Idee, eine eigene Zeitschrift auf den Markt zu bringen? La Roche erklärt ihre Beweggründe in der ersten Ausgabe der *Pomona* vom Januar 1783. Als Frau könne sie sich besser an ihre Geschlechtsgenossinnen wenden als ihre männlichen Kollegen: »Das Magazin für Frauenzimmer und das Jahrbuch für das schöne Geschlecht – zeigen meinen Leserinnen, was teutsche Männer uns nützlich und gefällig achten. *Pomona* – wird ihnen sagen, was ich als Frau dafür halte.«[6] Auch den Namen *Pomona* erläutert La Roche im ersten Heft: »Mein Büchelchen sollte *Pomona* heißen, diese ist die Göttin des Herbstes. Ich bin in dem Herbst meines Lebens und der Entwurf dazu entstund in dem Herbst.«[7]

Unterhaltsame Erziehung für bürgerliche Mädchen

Mit der *Pomona* möchte Sophie von La Roche bürgerliche Mädchen zu gebildeten Ehefrauen erziehen, damit diese zu ebenbürtigen Gesellschafterinnen des Mannes, jedoch nicht im eigentlichen Sinne gelehrt werden. Dazu entwickelt sie in ihrer Zeitschrift die Fortsetzungsrubrik »Briefe an Lina«, die sie später auch in Buchform herausgibt und die vielfach aufgelegt wurden, beim Leipziger Verlag Gräff sogar dreibändig in französischer Sprache.[8] In diesen Briefen erklärt Sophie von La Roche der fiktiven Verwandten Lina, der 15-jährigen Tochter eines verstorbenen fürstlichen Rats, das Leben. In einem Brief an Johann Caspar Lavater schreibt La Roche, dass viele die »Briefe an Lina« als das Beste der *Pomona* erachteten. Was beinhaltet die Zeitschrift darüber hinaus? Daneben umfasst das Blatt Reisebeschreibungen, Briefe, Leserbriefe und Antworten, Abhandlungen zu frauenrelevanten Themen wie über das Tanzen, über Mode und Ordnung, über moralische Schönheit, über das Lesen, über den Mondschein, es geht um Küchenführung, Kindererziehung und die Wahl des richtigen Ehemannes. Dies ergänzt La Roche mit Gedichten und moralischen Erzählungen. Jedes Heft ist einem anderen Land gewidmet wie England, Italien, den Niederlanden oder Frankreich, um die Leserinnen zu Weltbürgerinnen zu bilden.

Jedes Heft der *Pomona* umfasste etwa 100 Seiten. Mit seinen wiederkehrenden Rubriken, der Beantwortung von Leser*innenbriefen und Fortsetzungsgeschichten baute La Roche das Heft so auf, wie heute zahlreiche Magazine funktionieren. Zudem sprach sie ihre Leserinnen direkt an und forderte diese auf, mit ihr in einen Dialog zu treten. So bittet sie etwa ihre Leserinnen, ihr mitzuteilen, was sich diese von der *Pomona* wünschen. Das auf eine enge Kundenbindung ausgerichtete Konzept bildete einen der Erfolgsfaktoren der Zeitschrift, mit der La Roche eine Marktlücke ausfüllte. In ihrer jeweils einführenden Rubrik »An meine Leserinnen« möchte die Autorin im dritten Heft erfahren, wer ihre Leserinnen sind, damit sie auf der Landkarte den Paketen ihrer *Pomona* nachreisen könne, und sie wünschte sich, dass, wenn die Hefte bei ihren Leserinnen einträfen, »kein Unglück, keine Trauer oder Krankheit die frohe Aufnahme der *Pomona* verhindern möge«.[9] La Roche erkannte in den sich allmählich emanzipierenden Frauen des gebildeten Bürgertums ein neues Lesepublikum und baute darauf ihren literarischen und finanziellen Erfolg auf.

Neben La Roche verfassten unter anderem Autoren wie Friedrich Heinrich Jacobi, Gottfried Konrad Pfeffel, Sophie Albrecht, Luise von Göchhausen, Karoline von Wolzogen, Philippine Engelhard und Elisa von der Recke Beiträge für die *Pomona*[10], doch den Großteil der monatlich etwa 100 Seiten schrieb die Herausgeberin selbst. Mit diesem Pensum geriet sogar eine so gewandte Autorin und Vielschreiberin wie La Roche an ihre Grenzen, sodass sie in einem Brief an die Gräfin Elise zu Solms-Laubach (1753 -1829) nach einem halben Jahr der Zeitschriftenarbeit im Sommer 1783 klagt: »Das Tagwerk meiner Pomona fängt an, etwas mühsamer zu werden, weil der Vorrat zufälliger Gedanken nicht mehr so reich ist.«[11]

Berühmte Abonnentinnen dienen als Werbung

Das 18. Jahrhundert war die Zeit der Zeitschriftengründungen, wie folgende Zahlen veranschaulichen: Im deutschsprachigen Raum entstanden zwischen 1741 und 1765 sage und schreibe 754 Zeitschriften, zwischen 1766 und 1790 waren es sogar 2.191.[12] Diesen allgemeinen Boom, besonders der Typ der Moralischen Wochenschriften, machte sich Sophie von La Roche zunutze und gründete eine Zeitschrift, die von einer Frau für Frauen bestimmt war. Als Managerin ihres Zeitschriftenunternehmens gestaltete Sophie von La Roche das Heft inhaltlich sowie wirtschaftlich. Zwei Jahre lang erschien die Monatsschrift insgesamt 24-mal in Speyer. 1.500 bis 2.000 Exemplare umfasste die Auflage der *Pomona*, darunter befanden sich mehr als 700 Subskribent*innen.[13] Bedenkt man, dass ein Zeitschriftenexemplar durchschnittlich von etwa zehn Personen gelesen wurde, war das eine hohe Auflage.[14] Buchhändler, Lesegesellschaften, Stiftsdamen, Fürstin Louise Henriette Wilhelmine von Anhalt-Dessau, die aus Mecklenburg stammende englische Königin Sophie Charlotte und sogar Zarin Katharina II. von Russland, die gleich 500 Exemplare bestellte[15], abonnierten das Heft.[16] Sophie von La Roche hatte es geschafft, die *Pomona* zu einem neuen »In«-Magazin zu machen, und sie bewarb ihr Heft mit den zum Teil bedeutenden Abonnentinnen, die ihr gleichsam als Testimonials dienten.

Der Druck erfolgte in Speyer, der anschließende Vertrieb ist mühsam

Die Produktion des Heftes wickelte La Roche in ihrer damaligen Heimatstadt Speyer ab. Für die buchhändlerischen Aufgaben und die technische Umsetzung hatte Sophie von La Roche den Rektor des dortigen Gymnasiums, Johann Georg Hutten, hinzugezogen.[17] Drucken ließ sie das Blatt beim Stadtbuchdrucker Johann Paul Enderes. Weiterhin unterstützte sie im Vertrieb der befreundete Legationsrat am kurpfälzischen Hof, Caspar Beecke, der in Mannheim als Repräsentant für das Postwesen des Fürsten von Thurn und Taxis zuständig war.[18]

Die *Pomona* bestand aus sechs Bogen und kostete für den Jahrgang 4 Gulden 30 Kreuzer Reichsgeld. Dies entsprach einer Zweimonatsmiete für ein einfaches Zimmer oder dem Preis für einen halben bis einen Pfund Tee, damals ein Luxusartikel. Ein Koch arbeitete im Vergleich drei Monate für diesen Lohn.[19] Den Buchhändlern verkaufte La Roche ihr Blatt für 3 Gulden.[20] Welcher tatsächliche Gewinn sich daraus ergab, ist schwierig zu bemessen. Johann Heinrich Merck schreibt am 15. August 1783 an Herzog Carl August von Sachsen-Weimar, es hätten »sich alle Königinnen des Erdbodens [...] bey der Frau v. La Roche für ihre Pomona bedankt [...]. Sie hat 1500. Subscribenten, und macht dieses Jahr 3000 fl. netten Gewinst.«[21] Ob der Gewinn allerdings tatsächlich so hoch war, wie Merck es beschreibt, ist in Frage zu stellen.[22]

Im Selbstverlag verantwortete Sophie von La Roche das gesamte Geschäft; deshalb wirbt sie in ihren Briefen beständig. Bevor die erste Ausgabe der *Pomona* im Januar 1783 erscheint, sucht La Roche nach potenziellen Abnehmern und fragt zahlreiche Buchhändler an, über die sie den Vertrieb neben Autorenkollegen vor allem abwickelte und die mit ihr regelmäßig abrechneten.[23] Im November 1782 fragt La Roche beispielsweise den in Kaufbeuren ansässigen Christian Jakob Wagenseil: »Darf ich mein Freund, und Verwandter hofen – daß Sie bey – Ihren Freunden in Sachsen – und unserem Vaterland – Meine Monatschrift für Frauenzimmer – empfehlen [...].«[24]

Ebenso sucht La Roche Abnehmer in der Schweiz und kontaktiert für den Vertrieb die auch damals schon bekannte Zürcher Buchhandlung Geßner, Orell und Füßli, noch heute eine der bedeutendsten Buchhandlungen in der Schweiz. Ebenso bittet die Autorin den in Zürich lebenden Pfarrer, Philosophen und Schriftsteller Johann Caspar Lavater (1741–1801), ihre *Pomona* zu vertreiben und versprach ihm für die Vermittlung von 100 Abonnent*innen 100 Gulden.[25]

Eine Zeitschrift gewinnbringend zu verkaufen und über Einnahmen zu verhandeln galt für eine Frau im 18. Jahrhundert als zweifelhaftes Unterfangen. Obwohl La Roche die *Pomona* zielstrebig verkauft, findet sie immer wieder Gründe, die ihre wirtschaftlichen Aktivitäten in einem wohltätigen Licht erscheinen lassen. In ihren Briefen, wie hier an Johann Caspar Lavater, rechtfertigt sich die Autorin stets für den finanziellen Gewinn der Pomona: »Wollen Sie beitragen, daß ich Leserinnen bekomme? Sie tun Gutes an meinen Söhnen, ich schreibe meine Pomona für meinen Carl und meinen Wilhelm, um in etwa zu ersetzen, was ihnen die Feinde ihres Vaters raubten.«[26] Den Darmstädter Hofprediger Georg Wilhelm Petersen (1744–1816) bittet La Roche im April 1793, neun Jahre, nachdem sie die *Pomona* eingestellt hatte, 100 Exemplare der zwei Jahrgänge der Neuauflage der Zeitschrift zu kaufen, 100 Exemplare à 5 Taler, das Exemplar zu sechs Bänden.[27] Auch hier benötigt sie die 500 Taler vordergründig nicht für sich selbst, sondern für die Aussteuer ihrer Tochter und um ihre an Krebs erkrankte Schwester zu versorgen. Der »Ertrag ihrer Feder« hatte ihr bereits 500 Gulden für den vierten Teil von »Rosaliens Briefe an ihre Freundin Mariane von St**« eingebracht.[28] Petersen solle ihren Brief direkt an den König, nicht an irgendeinen Minister weiterleiten, insistiert La Roche bestimmt.[29] Im Juni 1793 vermeldet La Roche Johann Friedrich Christian Petersen, dem jüngeren Bruder Georg Wilhelms: »der König hat mir / 100 Ex der Pomona – mit 100 Fred d'or bezahlt.«[30] 100 Friedrichsd'or entsprachen 5 Talern.[31] La Roche geht gezielt vor und hat erkannt, dass es sich lohnt, ganz oben anzusetzen.

Um die Zeitschrift *Pomona* erfolgreich zu lancieren, plante Sophie von La Roche außerdem Marketingveranstaltungen. So schreibt sie etwa Anfang Dezember 1782 an Wolfgang Heribert von Dalberg (1750–1806), den Intendanten des kürzlich begründeten Mannheimer Nationaltheaters, dass die Februarausgabe der *Pomona* französischen Nachrichten und Übersetzungen gewidmet sei und sie daraus gern am Kamin seiner Frau vorlesen wolle, um »sogleich die Blätter, welche ihr feiner Geschmack nicht gut fände, in das Feuer zu werfen«.[32] In Gesellschaft laut vorzulesen und sich über das Gelesene auszutauschen, gehörte zu den Vergnügungen der Zeit.

Raubkopien gefährden den Vertrieb

Sophie von La Roche leitete die Zeitschrift redaktionell und betriebswirtschaftlich, sie hatte damit eine klassische Managementposition inne. Den Vertrieb organisierte die mittlerweile berühmte Schriftstellerin vor allem durch ihr Netzwerk. Jedoch funktionierte der Verkauf nicht reibungslos, im Jahr 1784 klagt La Roche in der *Pomona* über Raubkopien und fehlende Konzessionen und wendet sich im Heft direkt gegen den »grausamen Nachdrucker«, welcher die Gewalt habe, ihr eine Anzahl ihrer edlen menschenfreundlichen Subscribenten zu nehmen, um sogleich zu drohen, dass der Kummer über diesen Verlust ihre Arbeit unterbrechen werde.[33] In Dessau verliert sie 160 Exemplare der Zeitschrift, in Heidelberg 200 und an anderen Orten 300.[34] Wahrscheinlich stellt Sophie von La Roche die Monatsschrift wegen dieser und anderer wirtschaftlichen Schwierigkeiten ein, ebenso weil der beträchtliche Schreibaufwand für sie kaum zu bewältigen ist. Dennoch liegt die *Pomona* mit der zweijährigen Erscheinungsdauer im Trend, kaum eine Zeitschrift dieser Zeit wurde länger als zwei Jahre produziert.

Ein durchgetakteter Arbeitsalltag

Das Verfassen und Verlegen der *Pomona* erforderte, dass Sophie von La Roche neben ihren häuslichen Pflichten enorm viel arbeitete. Ein typischer Arbeitstag der Schriftstellerin verläuft im Jahr 1783, wie sie Gräfin Elise zu Solms-Laubach schreibt, wie folgt: »Ich stehe um 6 Uhr auf und ziehe mich gleich an, schreibe oder lese für mich allein bis halb acht, wo La Roche und Baron von Hohenfeld zum Frühstück kommen und bis 9 Uhr bleiben. Dann geh ich in meine Küche, seh aller Arbeit in meinem Haus nach, schreib dann bis 12 Uhr an Pomona und an Briefen. Um halb eins gehen wir zu Tisch, wo Baron Hohenfeld, La Roche und meine zwei Söhne, eine Stiefbruderstochter von meinem Mann, welche wir seit 23 Jahren als ein eigenes Kind halten, und ich bis um 2 Uhr sind und nie mehr als sechs Schüsseln erscheinen – einmal weil ich für meine Kostgänger sorgen muß, und dann weil mein guter La Roche von Jugend an gewohnt war, an guter Tafel zu sein. [...] Um zwei Uhr, wo Kaffee getrunken wird, bis drei, wo die

Briefe kommen, bleiben wir zu allerlei Unterredungen beisammen, dann geht jedes in sein Zimmer. Kommen Besuche, oder so lang die Männer sprechen und gelehrte Zeitungen in meinem Zimmer lesen, so arbeite ich fleissig mit meiner Nadel. Dann geh ich um fünf Uhr wieder in meine Küche und ordne das Abendessen. Um sieben kommen meine Söhne, die bei mir Französisch, die Geographie und Geschichte lesen. [...] Mein Mann macht Besuche, ich nicht.«[35]

Zwischen Bürgertum und Adel

Als Sophie von La Roche 1783 die *Pomona* auf den Markt bringt, hatte sich die 53-jährige Autorin bereits den Ruf einer berühmten Schriftstellerin erarbeitet. Denn schon im Jahr 1771 war ihr erster Roman erschienen. Sophie von La Roche kam 1730 in Kaufbeuren als Sophie Gutermann von Gutershofen als Erstgeborene von 13 Geschwistern zur Welt. Ihr Vater, ein Arzt, ließ dem Mädchen eine umfängliche Bildung zukommen, wohl auch, um seine Tochter später gut verheiraten zu können. Als ihre Mutter starb, war Sophie von La Roche 17 Jahre alt.

1754 heiratet sie aus pragmatischen Gründen den kurmainzischen Rat und Sekretär des Grafen von Stadion, Georg Michael Frank La Roche (1720–1788). La Roche war der illegitime Sohn und Adoptivsohn von Anton Heinrich Friedrich Graf von Stadion (1691–1768), an dessen Hof die beiden zunächst lebten. Mit der Heirat wechselt Sophie von La Roches Umfeld radikal. Als bürgerliche Frau nutzt sie die Chance, um in ihrem neuen adeligen Umfeld dazuzulernen. Acht Kinder bringt Sophie von La Roche im Verlauf der nächsten Jahre zur Welt, von denen Maximiliane (geb. 1756), Fritz (geb. 1757), Luise (geb. 1759), Carl Georg (geb. 1766) und Franz Wilhelm (geb. 1768) das Erwachsenenalter erreichen. Ambitioniert bildet sich La Roche trotz ihrer Mutterrolle beständig weiter. Als sie mit dem ersten Kind schwanger ist, lernt sie Englisch, wohl auch, weil ihr Mann die Beziehungen des Grafen von Stadion nach England pflegte.

Gesellschaftsdame und Schriftstellerin

Sophie von La Roche gewöhnt sich schnell an ihre neue Rolle als Gesellschaftsdame in der Residenz des Grafen Stadion in Mainz, in welcher die La Roches 1754 Wohnsitz genommen hatten. 1762 zieht das Ehepaar mit Graf Stadion nach Warthausen bei Biberach in dessen Alterswohnsitz, wo Sophie von La Roche 1766 beginnt, ihren ersten Roman *Geschichte des Fräuleins von Sternheim* zu erarbeiten. Nach dem Tod von Graf Stadion im Jahr 1768 übernimmt Georg Frank von La Roche 1771 das Amt des Staatsrats und Regierungskanzler des Kurfürsten von Trier in Koblenz-Ehrenbreitenstein. Hier installiert Sophie von La Roche ihren berühmten literarischen Salon. Doch im Jahr 1780 verliert ihr Mann aufgrund seiner religiösen Ansichten sein Amt. Die Familie zieht nach Speyer, wo sie der befreundete Christoph Philipp Willibald von Hohenfeld aufnimmt.

La Roche will als Frau zum Einkommen der Familie beitragen und professionalisiert deshalb ihr Schreiben

Damit beginnt die wirtschaftliche Karriere Sophie von La Roches, die nun zum Einkommen der Familie beitragen möchte. 1786 übersiedeln die La Roches nach Offenbach, wo ihr Mann zwei Jahre später stirbt. In ihrer »Grillenhütte«, wie sie ihr kleines Heim nennt, verfasst Sophie von La Roche zahlreiche Werke. Aufgrund der politischen Unruhen der 1790er-Jahre in der Folge der Französischen Revolution sowie durch die finanziellen Einbußen nach dem politischen Sturz ihres Gatten professionalisiert Sophie von La Roche ihr Schreiben. Die Nachwehen der Französischen Revolution erreichten sie auch in Offenbach, wo sie fürchtet, ihre Gemäldesammlung und ihr Vermögen zu verlieren.[36] Doch auch in diesen Wirren arbeitet sie stets: »Aber ich muß packen, muß mich zum Flüchten richten und noch eine kleine Schrift endigen.«[37]

Nachdem sie auch keine Witwenversorgung durch Zolleinnahmen mehr erhielt, schreibt Sophie von La Roche ab 1794 für die nackte Existenz, so die Literaturwissenschaftlerin Gudrun Loster-Schneider.[38] Ihre Gesamteinkünfte erarbeitet sich La Roche nun selbst und ergänzt ihre

Honorare um Geldgeschenke und Pensionsgelder von in ihrem Haus einquartierten Bekannten und Enkelkindern.[39] 1807 stirbt Sophie von La Roche im Alter von 76 Jahren in Offenbach.

Der literarische Salon in Koblenz-Ehrenbreitenstein

In Koblenz-Ehrenbreitenstein etablierte Sophie von La Roche den ersten Literatursalon am Mittelrhein, der einer der bedeutendsten in Deutschland werden sollte. Hier empfing die Schriftstellerin die geistige Elite ihrer Zeit. Im Salon verkehrten unter anderem Friedrich Heinrich Jacobi (1743–1819), Martin Christoph Wieland (1733–1813), Johann Caspar Lavater (1741–1801), Franz Michael Leuchsenring (1746–1827), Johann Heinrich Merck (1741-1791) und Johann Wolfgang von Goethe (1749-1832). Zudem kommunizierte Sophie von La Roche mit vielen politischen Amtsträgern und Adligen. In den Koblenzer Jahren erarbeitet sie sich mit ihren gesellschaftlichen Aktivitäten und ihrer schriftstellerischen Tätigkeit eine deutschlandweit beachtete Stellung. Ebenfalls korrespondierte La Roche regelmässig mit vielen ausländischen Persönlichkeiten. In ihren Briefen beschreibt sie ihre Leistungen, wie etwa, dass ihre Erzählungen 1782 in London übersetzt werden.[40] Mit ihrem Netzwerk aus führenden Literaten, Adligen und Klerikern legt Sophie von La Roche einen entscheidenden Grundstein für ihren weiteren literarischen Erfolg.[41]

La Roche ist hochintelligent und an fast allem interessiert

Sophie von La Roche ist außergewöhnlich hoch gebildet. So spricht sie in der *Pomona* sowie in ihren anderen Werken über ein weites Themenspektrum, das von Astronomie über Baukunst, Landwirtschaft, Kunst- und Wissenschaftsgeschichte, die Sinne und die Seele bis zu Staats- und Völkerrecht reicht. All diese Kenntnisse hat sie ohne eine reguläre Schulbildung erworben. Vielmehr habe sie sich weitergebildet, »wie die Biene Wachs und Honig sammelt«. »Ich liess keine Gelegenheit vorbey, in welcher ich meinen Geist bereichern konnte, und heute noch danke ich der göttlichen Vorsicht, daß sie mich alles das lieben machte, was mich in der größten Einsamkeit, von allen Menschen mißkannt und vergessen, dennoch ruhig und zufrieden erhalten würde. Alle Kenntnisse meines Kopfs entstanden durch die lebendigen Gefühle meines Herzens.«[42] Hochintelligent und an fast allem interessiert, diese beiden Eigenschaften bildeten die Grundlagen für ihre Karriere. Als Schriftstellerin vermittelt Sophie von La Roche dieses Wissen in ihren Romanen und Texten professionell. Ein Blick in ihre Bibliothek demonstriert eindrücklich, dass die Werke weit über den Bestand einer typischen Damenbibliothek hinausreichen. In ihrem Spätwerk *Mein Schreibetisch* beschreibt sie Wörterbücher, Sachbücher, die Topographie der Schweiz, Bücher über Naturlehre, Gartenbau und Insektenkunde. Sophie von La Roche vermarktete ihre Bildung unternehmerisch. Selbstdarstellung als Lehrmittel war eines ihrer Tools. Als Autorin machte sie Wissen zugänglich, kuratierte aktuelle Themen ihrer Zeit und gab ihrem Publikum in Homestory-ähnlichen Texten Einblicke in ihr Leben.

Frauenausbildung und Bildung für Frauen wirkt heute beinahe langweilig, doch zu La Roches Zeiten, als die ständische Gesellschaft zum Ende des 18. Jahrhunderts zerbrach, galt dieser Ansatz als revolutionär. La Roche wollte Schulen, Bücher sowie Bildung den Frauen zugänglich machen. Sie selbst zeigte sich schon als Kind hochbegabt – mit drei Jahren konnte sie lesen, mit fünf Jahren hatte sie nach eigenen Angaben die Bibel durchgelesen – leider verwehrte ihr der Vater den Latein- und Mathematikunterricht, vielleicht wäre sie anderenfalls Wissenschaftlerin geworden. So aber entwickelte sie es zu ihrem Geschäftsmodell, bürgerlichen Mädchen und Frauen Bildung zu vermitteln. Sie selbst hatte ihren Vater mit 13 Jahren inständig gebeten, eine regelmäßige schulische Ausbildung zu erhalten, wie sie später in einem Brief an Johann Caspar Hirzel schildert.[43]

La Roche und Wieland

Sophie von La Roche schrieb schnell, viel, empfind- und unterhaltsam, daneben war sie unentwegt damit beschäftigt, ihre Kontakte zu pflegen. Doch darüber hinaus war die Beziehung zu ihrem Cousin Martin Christoph Wieland ausschlaggebend für ihre Karriere, mit dem sie sogar kurz verlobt war. Wieland gibt La Roches ersten Roman heraus und vermittelt ihr fortan zahlreiche Aufträge. Etwa fragt er in einem Brief vom 26. November 1780, ob sie nicht Aufsätze oder Briefe oder andere Produkte ihres Geistes ab 1781 für den *Teutschen Merkur*, eine von Wieland herausgegebene Zeitschrift, schreiben wolle[44]. Wieland wünscht »kleine interessante Erzählungen in Form von Novellen [...] oder Briefen. Abwechslung ist hierin notwendig und überhaupt kommt's, wie Sie wissen, in allen Dingen viel aufs Formale der Sache an«.[45]

In der Folge einigt man sich darauf, jeden Monat ein Stück von La Roche im *Merkur* abzudrucken.[46] Rechtlich könne die Autorin die Texte danach weiterverwenden. »Wenn das Jahr 1781 vorbei ist, sind alle ihre Aufsätze im Merkur wieder Ihr Eigentum, und Sie können solche zusammen drucken lassen und darüber disponieren, wie Sie wollen«[47], so Wieland an La Roche. Zuvor hatte Sophie von La Roche für viele andere Zeitschriften, etwa für die *Iris*, für die auch Goethe schrieb, Beiträge verfasst. In den Jahren in Speyer schrieb La Roche zudem für Seybolds *Magazin für Frauenzimmer*.[48] Die Verkäuflichkeit ihrer Werke ist immer ein Thema zwischen ihr und dem Herausgeber Wieland.[49]

Der Bestsellerroman Fräulein von Sternheim: nicht völlig neu, nur besser

Das Zeitalter der Aufklärung gilt auch als Zeitalter der Briefe, die größtenteils sogar öffentlich vorgelesen wurden. So zeigte sich auch Sophie von La Roche als emsige und versierte Briefautorin, die früh von ihrem Vetter Wieland gelernt hatte, kunstvoll zu korrespondieren. Als sie fast 40 Jahre alt ist, schlägt La Roche aus dieser Fähigkeit Kapital und entwickelt ab 1766 mit der *Geschichte des Fräuleins von Sternheim* einen Briefroman. Damals wie heute äußerst modern, erzählt sie die Romanhandlung aus der jeweiligen Perspektive der Protagonisten in Form von Briefen.

Im Jahr 1771 hatte Christoph Martin Wieland auf der Leipziger Herbstmesse den im Leipziger Verlag Weidmanns Erben und Reich erschienenen Roman vorgestellt. Wie außergewöhnlich, ja grenzüberschreitend es war, es als erste Frau in Deutschland zu wagen, einen bürgerlichen Roman zu veröffentlichen, demonstriert der Umstand, dass ihr Verleger und Vetter

Wieland das Buch zunächst anonym in zwei Bänden herausgab. Doch schon bald ließ sich der Name seiner Autorin nicht mehr verheimlichen. Als bekannt wurde, dass Sophie von La Roche den Roman verfasst hatte, wollten alle die Autorin kennenlernen, und sie nutzte die Gelegenheit, um in Ehrenbreitenstein einen literarischen Salon zu eröffnen. Was für ein Honorar La Roche für die *Sternheim* erhielt, ist unbekannt, überliefert ist nur, dass sie es für einen guten Zweck spendete. Für Frauen galt es als verpönt, aus eigenem Antrieb zu arbeiten und Geld zu verdienen. Wieland hingegen, so die La-Roche-Expertin Helga Meise[50], erhielt das Honorar von 146 Reichstaler und 16 Groschen, was einem Bogenhonorar von 3 Reichstalern 8 Groschen entsprach. Auf Bücher wurden damals in der Regel nur Festpreishonorare gezahlt. Denn häufig druckten Raubkopierer aufgrund eines fehlenden Urheberrechts erfolgreiche Werke in hoher Auflage nach, sodass das Verlagswesen ein riskantes Geschäft war. Schnell folgten Übersetzungen ins Französische, Englische, Holländische, Dänische sowie ins Russische.

Mit der *Geschichte des Fräuleins von Sternheim* verfasst Sophie von La Roche den ersten deutschsprachigen Briefroman mit einer Frau als Protagonistin. Damit bedient La Roche erstmals speziell die bürgerlichen und adligen Frauen als Zielpublikum. Das war auch aus wirtschaftlicher Perspektive geschickt. Die Titelheldin Sophie von Sternheim trägt nicht nur den gleichen Vornamen wie ihre Verfasserin, auch sonst nimmt das Fräulein von Sternheim Anleihen bei der Biografie von La Roche. Ebenfalls bedeutend ist der Umstand, dass das *Fräulein von Sternheim* den jungen Goethe zu seinem *Werther* inspirierte. Ohne die Sternheim gäbe es wohl keinen Werther.

Zeitlich liegt das *Fräulein von Sternheim* ein Jahr vor Lessings Trauerspiel *Emilia Galotti* und drei Jahre vor Goethes *Leiden des jungen Werther*. Während Emilia Galotti sich von ihrem Vater töten lässt und Werther sich selbst hinrichtet, durchsteht Sophie von Sternheim ihre Leiden. Im Roman lässt La Roche ihre Titelheldin schreiben: »Unser Herz und Verstand sind dem Schicksal nicht unterworfen.«[51] Es ist wohl diese Einstellung, mit der auch Sophie von La Roche die zahlreichen Herausforderungen ihres Lebens bewältigt hat. Und so lehrt sie mehr als zehn Jahre nach dem Fräulein von Sternheim das Mädchen Lina in einem Brief: »Es gehöre mehr Verstand dazu, das Gute zu finden als die Fehler.«[52]

Sophie von La Roche entwickelte das Berufsbild Schriftstellerin

Das Konzept des Briefromans war nicht neu. Bereits einige Jahrzehnte vor der *Sternheim* verfassten etwa der Brite Samuel Richardson mit seiner *Clarissa. Die Geschichte eines vornehmen Frauenzimmers* (1748) und Jean Jacques Rosseau mit *Julie oder Die neue Heloise* (1761) Briefromane. Sophie von La Roche macht sich dieses Prinzip zu eigen und setzt es als Erste in Deutschland um, mit riesigem Erfolg. Immer wieder gelingt es ihr, etwas als Erste publikumswirksam zu realisieren. Mit der *Pomona* etabliert sie die erste überregionale Frauenzeitschrift. Bei ihren Reisen lässt sie sich als erste Frau in einem Stuhl das Gebirgsmassiv des Mont Blanc hinauftragen und schreibt darüber.

Aus heutiger Perspektive erscheint La Roches Schaffen nicht spektakulär, doch betrachtet man ihr Leben und Werk aus den Zwängen ihrer Zeit, ist es als außergewöhnlich einzuordnen. »Denn welche Möglichkeiten hatte eine Frau im 18. Jahrhundert?«[53], fragt der Literaturwissenschaftler Michael Maurer, deren Leben durch die Zugehörigkeit zu einem Vater oder Ehemann definiert war.[54] Für gewöhnlich war eine Frau für sich selbst genommen nichts, »was sie war, war sie durch einen Mann.«[55] Sophie von La Roche änderte dies. Sie kreierte sich nicht nur einen eigenen Beruf als Schriftstellerin, sondern sorgte zeitweise für den Lebensunterhalt ihrer Familie. Viele ihrer »Produkte« sind unter dem Druck finanzieller Notwendigkeit erwachsen, der sie anspornte, selbst zu handeln.

Heute wäre La Roche eine Topmedienmacherin

Sophie von La Roche war nicht nur die erste deutsche Bestsellerautorin, sondern auch die erste Berufsjournalistin.[56] Sie hat die direkte Kommunikation mit ihrer Leserschaft erfunden und als Medienmacherin ihre Texte wie keine andere Frau vermarktet und verkauft. Sie hat den Diskurs bestimmt, Salons organisiert, Ehen für die Kinder von Fürstinnen und Fürsten vermittelt, mit anderen Spitzenliteraten wie Goethe, Jacobi und Schiller korrespondiert, und zudem ist sie als Frau gereist.

Heute wäre Sophie von La Roche die Topmedienmacherin im Lande. Mit ihren Honoraren, die sie für ihre Reiseberichte über Frankreich, die Schweiz, Holland und England erwirtschaftet, erhält sie pro Bogen 6 Reichstaler. Das ergibt für ihre Reise in die Schweiz mit 30 Bogen ein Honorar von 180 Reichstalern, was Loster-Schneider zufolge mehr als der Hälfte des Jahresgehaltes ihres Sohnes Carl von La Roche als Beamter im Bergbauwesen entsprach.[57] Zum Vergleich: Immanuel Kant verdiente 1786 für die *Kritik der reinen Vernunft* ein Honorar von 4 Talern pro Bogen, während Goethe als Spitzenverdiener in mittlerem Alter ein Bogenhonorar von 40 Talern erhielt.[58] Mit dem Schreiben sicherte sich Sophie von La Roche insbesondere nach dem Tod ihres Mannes finanziell ab. Ihren Marktwert und die marktüblichen Honorare kannte sie, weil sie mit vielen Autorinnen und Autoren bestens vernetzt war.

Das Werk von Sophie von La Roche liest sich beachtlich. Sie verfasste neben der Monatsschrift *Pomona für Teutschlands Töchter* (1783/84) mehr als 20 mehrbändige Romane, Erzählungen, Novellen und Reisebeschreibungen. Die wichtigsten sind *Die Geschichte des Fräuleins von Sternheim* (1771), *Rosaliensbriefe* (1779–1781, 3 Bände), *Tagebuch einer Reise durch die Schweiz* (1787), *Mein Schreibetisch* (1799, 2 Bände), *Melusinens Sommer-Abende* (1806). Die Geschäftsfrau La Roche publiziert Unmengen und versteht es dabei, die Inhalte, wie beispielsweise bei ihren Reisebeschreibungen, geschickt mehrmals zu nutzen.

Sophie von La Roche hat den ersten deutschen Briefroman bereits drei Jahre vor Goethes *Werther* (1774) geschrieben, war die erfolgreichste Autorin im Zeitalter der Aufklärung und hat das Berufsbild der Journalistin und Herausgeberin begründet. Mehr ist als Schriftstellerin und Wirtschaftsfrau nicht zu leisten. Als Gesellschaftsfrau und Medienmacherin mit der Mission Töchtererziehung wirkte sie als erfolgreiche Geschäftsfrau und Berufsschriftstellerin. Nach den schweren biografischen und politischen Einschnitten der 1780er- und 1790er-Jahre gelang es La Roche, beinahe seriell journalistische Texte und Bücher zu produzieren, um sich zu ernähren. In einer Zeit, in der insbesondere schreibende Frauen eine schöngeistige Tätigkeit in Mußestunden ausführten, war dies ein Novum.

Take-aways

- Die eigenen Finanzen thematisieren, um Geld für eigene Projekte bitten.
- Immer und überall für sich und die eigenen Aktivitäten werben.
- Etwas Bekanntes zu etwas Neuem gestalten, die Erste sein.
- Das Netzwerken professionalisieren, etwa durch die Ausrichtung eines Salons.

Zum Weiterlesen

von La Roche, Sophie: *Wenig Menschen haben den Mut glücklich zu sein*, November 1783, *Pomona* Heft 11, S. 1027–1038.

von La Roche, Sophie (2015): *Geschichte des Fräuleins von Sternheim*, München (Erstausgabe 1771).

Maurer, Michael (Hg.) (1985): *Ich bin mehr Herz als Kopf. Sophie von La Roche. Ein Lebensbild in Briefen*, München.

»[…] die vornebsten Damen Kemmen inß Haus, zu sitzen – mich zu besuchen – oder meine arbeit zu seehen.«

Angelika Kauffmann

(1741–1807)
Künstlerin und Unternehmerin

Kauffmann-Fächer, Kauffmann-Porzellan-Service, Meissener-Vasen mit Kauffmann-Motiven, Kauffmann-Bildteller, porzellane Toiletten-Garnituren mit Kauffmann-Motiven, Kauffmann-Taschenuhren, Kleider mit aufgedruckten Kauffmann-Grafiken, Paravents mit Kauffmann-Drucken, Tische mit herausnehmbaren Tabletts mit Kauffmann-Sujets. Ende des 18. Jahrhunderts existierte eine Kauffmann-Begeisterung in Europa, die dazu führte, dass eine ganze Produktfamilie mit Angelika-Kauffmann-Devotionalien entstand. Diese Luxus-Merchandise-Industrie entfaltete sich rund um die bekannteste europäische Malerin in der zweiten Hälfte des 18. Jahrhunderts, Angelika Kauffmann. Sie hatte sich zu einem internationalen Star entwickelt und verstand es, ihr Können und ihre Bekanntheit in wirtschaftliches Kapital zu verwandeln.

Angelika, das Wunderkind

Ob jemand Karriere macht, entscheidet sich manchmal sehr früh. Angelika Kauffmann war ein Wunderkind. Mit neun Jahren soll sie die ersten veritablen Pastellbildnisse angefertigt haben. Von ihrem Vater Johann Joseph Kauffmann, einem Maler, erhielt sie früh Zeichenunterricht. Ihre Mutter Cleofea Luz lehrte sie Lesen und Schreiben und förderte das musikalische Talent ihrer Tochter, die schon bald Gesangs- und Klavichordunterricht erhielt. So beginnt Kauffmanns Karriere. Und wohin führt sie? Nicht etwa an eines der europäischen Herrscherhäuser als Hofmalerin, sondern als unabhängige Künstler-Unternehmerin nach Rom. Doch von Anfang an.

Am 30. Oktober 1741 kommt Anna Maria Angelica Catharina Kauffmann im schweizerischen Chur zur Welt.[59] Schon 1742 zieht die Familie nach Morbegno ins bündnerische Veltlin. Zehn Jahre später siedelt die Familie nach Como über, das damals im österreichischen Herrschaftsgebiet lag. Der Vater bemerkt bald das außergewöhnliche Talent seiner Tochter, welches er akribisch fördert. Bereits mit zwölf Jahren soll Kauffmann ein Porträt vom Bischof von Como gemalt haben. Von 1754 bis 1757 reist die Familie nach Italien und hält sich unter anderem am Hof des Herzogs Modena d'Este in Mailand auf, wo Kauffmann die Herzogin von Modena, den Weihbischof von Mailand sowie einen österreichischen Diplomaten porträtiert. Als Angelika Kauffmann 15 Jahre alt ist, stirbt ihre Mutter am 1. März 1757. Daraufhin kehren Vater und Tochter zurück nach Schwarzenberg in den Bregenzerwald, wo die weitere Kaufmann-Familie beheimatet ist. Ihr Vater hatte dort den Auftrag erhalten, die Pfarrkirche zur Heiligsten Dreifaltigkeit mit Decken- und Wandfresken auszuschmücken. Die 15-jährige Tochter beteiligte sich an der Arbeit mit einer Serie von 15 Aposteln.

Kauffmann erhält in der Medici-Sammlung ein eigenes Studio und überarbeitet sich

Anschließend reisen Tochter und Vater 1758/59 erneut nach Italien, auch an den Mailänder Hof. Es geht weiter nach Modena, Parma, Bologna und Florenz, wo Kauffmann systematisch die Alten Meister kopiert, um ihre Maltechnik zu vervollkommnen. Dies galt als üblicher Ausbildungsschritt für männliche Maler, für eine Frau war dieses Vorgehen jedoch außergewöhnlich. Um in den Sammlungen malen zu können, ersucht Kauffmann jeweils um die Ehrenmitgliedschaften in den dortigen Akademien, um überhaupt Zutritt zu den Sammlungen zu erhalten, die damals noch nicht öffentlich waren.

Kauffmann soll obsessiv gearbeitet haben. Ab dem 9. Juni 1762 weilt sie mit ihrem Vater in Florenz. Ein durch Italien reisender amerikanischer Arzt beschrieb die 21-Jährige beim Kopieren alter Meister: »Schon damals schwächte sie ihre Gesundheit durch unermüdliche Studien in den kalten Galerien, so daß sie in ärztliche Behandlung mußte.«[60] Ebenfalls berichtet Kauffmanns Biograf Giovanni Gherardo De Rossi, dass die Malerin in den Uffizien die Angewohnheit angenommen hatte, lediglich etwas Obst zu essen, um die Zeit auszunutzen, während das Tageslicht die Gemälde erleuchtete.[61] Auch Jahrzehnte später bemerkte im Jahr 1787 Johann Wolfgang von Goethe, der eng mit Kauffmann befreundet war: »Sie arbeitet so viel und so gut, daß man gar keinen Begriff hat, wie's möglich ist [...].«[62]

In der Florentiner Medici-Sammlung erhielt Kauffmann ein eigenes Studio, weil es sich als Frau nicht schickte, zusammen mit Männern zu arbeiten. Kauffmann wird in die Accademia di Disegno von Florenz aufgenommen und es gelingt ihr, erstmals wichtige Kontakte zu englischen Grand-Tour-Reisenden zu knüpfen. Die sogenannte Grand Tour war eine obligatorische Bildungsreise von Adligen und Söhnen des gehobenen Bürgertums durch Europa und besonders durch Italien.

Direkt an die Spitze: Aufträge von Prominenten machen die Künstlerin europaweit bekannt

Angelika Kauffmann hat gehandelt. Die meisten Menschen tun das nicht. Mit ihrer Mischung aus Determination beim Arbeiten und ihrem attraktiven Aussehen gelang es ihr offenbar leicht, Kontakte herzustellen und Aufträge zu akquirieren. Dabei setzte Angelika Kauffmann verhältnismäßig weit oben an, anstatt unten anzufangen. Ihre ersten bedeutenden Porträtaufträge erhielt sie, als sie von Juli 1763 bis April 1764 in Neapel weilte, um die Gemälde der Galleria di Capodimonte, der königlichen Kunstsammlung, zu studieren. 1764 gelingt es ihr, neben Adligen aus

England auch den berühmten britischen Shakespeare-Darsteller David Garrick (1716–1779) zu porträtieren. Einmalig fängt sie den Schauspieler in einer ungewöhnlichen Pose rittlings auf einem Stuhl sitzend ein (Googeln Sie das Bild!). Das Gemälde wurde von vielen bewundert. Der Neffe des Schweizer Malers Johann Heinrich Füssli vermeldete am 8. März 1764 seinem Vater nach Zürich: »[...] ihre Portraits sind von einer Wahrheit, Ausdruck und Zeichnung, daß sie alle itzigen welschen Bildnissen Mahler weit weit übertrifft. Ich erinnere mich kein schöneres Portrait gesehen zu haben, als das von dem Schauspieler Garrick (der itz in Neapel ist) von ihrer Hand!«[63]

Als Kauffmann im April 1764 nach Rom zurückkehrt, malt sie den deutschen Altertumsforschers Johann Joachim Winckelmann (1717–1768). Mit diesem Bild gelingt ihr der internationale Durchbruch. Am 18. August 1764 schreibt Winckelmann nach Dresden, Kauffmann »mahlet alle Engländer«.[64]

Kauffmann umgab sich schon früh mit Prominenten, die ihren Status deutlich erhöhten. Es sind die internationalen Grand-Tour-Reisenden und Gelehrten, die Kauffmann in Italien malerisch einfängt. Die Reisenden fördern Kauffmanns Ruf, und sie erkennt, dass in der Heimat der Engländer eine für sie überaus reichhaltige Marktsituation herrschen muss. So stellt die Malerin das Porträt des prominenten Garrick 1765 in der Free Society of Artists in London aus, um sich in England bekannt zu machen. Auch lernte sie bereits in ihrer Zeit in Italien Englisch.

Neapel, Venedig, London

Im Juli 1765 reist Angelika Kauffmann ohne ihren Vater über Bologna nach Venedig. Die Malerin studiert hier die drei großen Meister der venezianischen Kunst: Tizian, Tintoretto, Veronese. Hier traf sie Lady Bridget Wentworth Murray, die Frau des englischen Gesandten in Venedig. Wentworth motivierte Kauffmann, den nächsten Schritt zu wagen und nach London zu ziehen. So reisten die beiden Frauen gemeinsam über Paris in die englische Hauptstadt. In London wurde Kauffmann von Lady und Lord Spencer sowie Brownlow Cecil (1725–1793), dem 9. Earl von Exeter, dem Maler Joshua Reynolds (1723–1792) vorgestellt. Reynolds galt als bedeutendster

Porträtmaler Englands. Durch diese und andere Kontakte gelang Kauffmann zügig der Anschluss an die besten Kreise in der britischen Hauptstadt. Die Malerin hatte ihren ersten festen Unternehmenssitz dorthin verlegt, wo sie die meisten Kundinnen und Kunden in Europa erwartete. Diese Entscheidung sollte sich auszahlen.

Kauffmann investiert in repräsentative Arbeitsräume

Der Umzug verlieh Kauffmann Flügel. Alle wollten sich in London von der jungen Frau malen lassen, selbstverständlich auch das Königshaus. Um die illustren Kundinnen und Kunden empfangen zu können, benötigte Kauffmann die passende Umgebung und investierte daher in eine ausreichend große und dementsprechend teure Wohnung. In einem Brief vom 10. Oktober 1866 erörtert sie ihrem Vater ihre Investitionen, die von außen betrachtet hoch erschienen. Die fast 25-Jährige hatte im Juni in der Suffolk Street in der Nähe des Trafalgar Square bei Charing Cross eine Wohnung bezogen und lässt ihren Vater wissen: »[...] ich befinde mich auch gantz wohl Gott sey Dankh.«[65] Eines der ersten Merkmale des Wohnhauses, die sie benennt, ist, dass sie gutes Licht habe, die Grundvoraussetzung, um als Malerin zu arbeiten. Für den gesamten Winter mietete sie vier Zimmer. »[...] einß wo ich mahle, daß andere wo ich meine ferfertigten Bilder stehen habe (wie es hie der Brauch ist, die leute Kemmen die arbeit zu sehen ohne den Künstler zu verstören), die andre 2 Zimmer seynd sehr Klein, Kaum hat ein bet platz zu stehen, einß von diesen ist mein schlaffzimmer, daß andre dint for tücher und dergleichen sachen darin aufzubehalten; [...].«[66] Die vier Zimmer mitten in London haben ihren Preis, wie Kauffmann im Weiteren erklärt: »[...] for die Zimmer bezale ich 2 gine die Wochen. 1 gine for die Kost – samt dem bedinten, den ich kleiden muß.«[67] Hinzu kamen Kosten für die Wäsche. 1 Guinee, eine britische Goldmünze, entsprach etwas mehr als 1 Pfund.

»bey Jederman bekant«

Wenn ihr Vater ebenfalls nach London kommt, würden sie ein Haus benötigen, welches »under Hundert gines Jährlich gar nicht zu haben«[68] ist. Zudem brauchten sie einen Bedienten und eine Magd, denn »das decorum erfordert es«[69], teilt Kauffmann im selben Brief ihrem Vater mit. Schließlich war die Malerin inzwischen »bey Jederman bekant und ansehen. ich muß mein Caracter nicht nut allein mit meiner arbeit suteniren, all übriges muß darnach eingerichtet seyn – mit einer gewissen propertet, die heut zu tage sehr notwendig ist, wen man sich Distinguiren will. die vornebsten Damen Kemmen inß Haus, zu sitzen – mich zu besuchen – oder meine arbeit zu seehen; in einen schlecht eingerichten Hauß dörfft ich leut von solchem Range nicht empfangen«.[70]

Die Malerin Kauffmann in ihrem Atelier zu besuchen, entwickelte sich zu einem gesellschaftlichen Event. Einen ihrer ersten Aufträge in London erteilte ihr die königliche Hoheit Prinzessin Augusta von Wales (1719 -1772) mit einem Porträt ihrer Tochter Auguste (1737–1813), der Herzogin von Braunschweig, und deren Sohn Karl Georg August. Nach diesem Referenzauftrag standen Angelika Kauffmann alle Türen offen. In England war die Malerin zweifelsohne zur richtigen Zeit am richtigen Ort.

In London schuf sich Kauffmann nicht nur eine professionelle Arbeitsumgebung, sondern erweiterte auch ihr Angebot. Neben Porträts begann sie nun, verstärkt Historienbilder zu malen, das heißt mythologische, allegorische oder literarische Szenen. Ebenso malt Kauffmann Historienbilder nach der altenglischen Geschichte, womit sie ein besonderes Gespür für den Geschmack ihrer Kund*innen beweist. Das Besondere war, dass Kauffmann auch ihre Modelle in diese Fantasiewelten transferierte und auf diese Weise ganz neue, einzigartige Porträtformen schuf. Sie griff damit das von Reynolds propagierte Rollenbildnis auf, entwickelte es jedoch eigenständig weiter, indem sie etwa auch Frauen in türkischer Mode – was damals ohne Korsett als revolutionär galt – oder in der sogenannten van-Dyck-Mode mit ausladenden niederländischen Spitzenkragen darstellte. Zudem arbeitete Kauffmann mit einer festen Preisstruktur für ihre Bilder. Joshua Reynolds half ihr, die Preise zu definieren, als sie nach England übergesiedelt war.

Zwei Skandale

Kauffmann traf viele Entscheidungen allein ohne ihren Vater, was für ihre Zeit ungewöhnlich war. So kam es, dass Kauffmann im November 1767 heimlich den schwedischen Grafen Frederic de Horn heiratete. Doch schon nach wenigen Wochen stellte sich heraus, dass sich die Künstlerin auf einen Heiratsschwindler eingelassen hatte. Nach vier Monaten wurde die Ehe mit dem falschen Grafen aufgelöst und de Horn des Landes verwiesen. Niemand ist unfehlbar, auch nicht die sonst mit allen Wassern gewaschene Geschäftsfrau Angelika Kauffmann. Entgegen allen Befürchtungen konnte ihr dieser Skandal jedoch nichts anhaben. Ganz im Gegenteil, er machte sie offenbar noch interessanter.

Kauffmann zählte zu den 34 Gründungsmitgliedern der Royal Academy of Arts im Jahr 1768, von denen zwei immerhin Frauen waren. Doch ihr künstlerischer Erfolg rief auch Neider auf den Plan. Für die Jahresausstellung der Royal Academy 1775 hatte der irische Maler Nathaniel Hone (1718–1784) das Gemälde »Der Zauberer« eingereicht, welches im Hintergrund eine nackte Frau nur mit Stiefeln und Hut bekleidet tanzend mit Palette und Pinsel in der Hand abbildete. Kauffmann erkannte sich in dieser Darstellung und protestierte schriftlich gegen das Bild. Nachdem Hone die betreffende Figur zunächst lediglich mit einem Bart versehen wollte, drohte sie in bestimmtem Ton, ihre Gemälde aus der Ausstellung zurückzuziehen: »I shall be satisfied – but that same figure must be totally destroyed – and no other put in its place – otherwise I shall persist in my former resolution I have the honour to have my own pictures home.«[71] Tatsächlich setzte sich Kauffmann durch, Hone musste die Partie des Bildes übermalen, und es wurde aus der Ausstellung der Royal Academy entfernt.

Mit Druckgrafik erreicht Kauffmann ein breiteres Publikum und neue Zielgruppen

Ab Ende der 1760er-Jahre beginnt Angelika Kauffmann, ihre Gemälde mit Hilfe von Druckgrafik zu verbreiten und skaliert so in gewisser Weise ihre Produkte. Mit diesem offensiven Werbemittel erzielte Kauffmann eine neue Reichweite. Gab es ein Gemälde nur einmal, wurden die Stiche nach ihren Bildern in einer Auflage von etwa 200 Exemplaren oder mehr verbreitet.[72] Abnehmerkreis waren nun nicht mehr ausschließlich Kauffmann-Sammler und Kenner ihrer Kunst, sondern auch Laien, die lediglich an einer »schönen« Wanddekoration interessiert waren. Der Käuferkreis verlagerte sich damit ins Bürgertum. Auch schuf Kauffmann Vorlagen für Buchillustrationen britischer Dichtung.

Von keiner anderen Künstlerin und keinem anderen Künstler ihrer Zeit wurden so viele Stiche nach Gemälden angefertigt wie von Angelika Kauffmann.

Den ersten Druck gab die geschäftstüchtige Kauffmann vermutlich selbst in Auftrag. Sie wählte dazu ein Gemälde, das ihr viele neue Aufträge verschafft hatte, nämlich das ganzfigurige Porträt von Prinzessin Auguste, der Herzogin von Braunschweig, den die Künstlerin ihr mit einer Widmung schenkte. Daraufhin begannen bald Stecher und Stecher-Verleger Porträts und Historienbilder nach Kauffmann herauszugeben. Häufig wurden Kauffmanns Stiche bereits gestochen, während sie noch in Ausstellungen hingen. Dies musste in Absprache mit der Künstlerin geschehen und erhöhte sowohl den Wert ihrer neuesten Gemälde als auch den der Stiche.

1774 bewarb Kauffmann ein Album mit 20 eigenhändigen Radierungen in der Zeitung Public Adviser, das für 1 Guinee in ihrem Atelier am Golden Square oder in einem Druckshop gekauft werden konnte. Um 1775 scheint Kauffmann extra für Drucke Zeichnungen als Vorlage erstellt zu haben.

Einblicke in das Grafikgeschäft

Zu einigen in London ansässigen Druckgrafikern und Verlegern wie Francesco Bartolozzi (1727–1815) unterhielt Angelika Kauffmann freundschaftlich-kollegiale Kontakte. Diese schickten ihr, so die Kauffmann-Expertin Bettina Baumgärtel, häufiger Probedrucke, um ihr Einverständnis für die druckgrafische Umsetzung einzuholen.[73] Möglicherweise haben ihr diese dann eine gewisse Anzahl von Abzügen der fertigen Platte als Vergütung überlassen. Denn in Kauffmanns Nachlass befanden sich zahlreiche solcher Nachstiche, erklärt Baumgärtel. Bei Stecher-Verlegern wie Thomas Macklin (1752–1800) und John Boydell (1720–1804) mit seinem Neffen Josiah Boydell (1752-1817), mit denen Kauffmann ebenfalls häufig zusammenarbeitete, lief das Geschäft vermutlich folgendermaßen ab:[74] Sie gaben bei Kauffmann Gemälde in Auftrag, die sie ihr abkauften. Das Reproduktionsrecht war dabei offensichtlich inbegriffen, sodass die Verleger nach den erworbenen Kauffmann-Gemälden zahlreiche Reproduktionsstiche herstellten oder herstellen ließen, welche sie in hohen Auflagen zum Kauf anboten. Kauffmann scheint abschließend als eine Art Belegexemplar den Nachstich erhalten zu haben. Für die Verleger bedeutete der Erwerb von Kauffmann-Gemälden einen veritablen Gewinn. Der Stecher verkaufte die Kauffmann-Gemälde in der Regel zügig weiter, nämlich schon im Verlauf des Übertragens des Motivs auf die Druckplatte, sodass in der Stichlegende bereits der neue Eigentümer genannt werden konnte.[75] Der Verleger verdiente bei diesem Prozess doppelt. Einerseits stieg der Wert des Gemäldes durch seine Verbreitung in den Nachstichen häufig, andererseits verdienten die Verleger durch den Verkauf der Druckgrafiken.

Manchmal musste sich Kauffmann zur Wehr setzen, wenn Stecher ihre Gemälde beim Übertragen auf die Platte zu sehr veränderten. In einem Fall verlangte sie daher von dem italienischen Stecher Rafaello Morghen, der Kauffmanns Bildnis der Lady Hamilton abgewandelt hatte, dass dieser in der Legende vor ihren Namen »Non è di«, also »Es ist nicht von Angelika Kauffmann«, eingravieren ließ.[76]

Auch nachdem Kauffmann 1781 aus London weggezogen war, arbeitete sie weiter mit den dortigen Grafikverlegern zusammen. Am 4. Februar 1786 schreibt sie etwa an John Boydell in London: »[...] Meine Verpflichtungen sind sehr zahlreich – ich beende gerade zwei große Historienbilder für seine Majestät, den Kaiser [Joseph II., Kaiser von Österreich], und obwohl ich eine große Anzahl anderer Aufträge habe, werde ich, sobald ich kann, Ihre berücksichtigen und solche Sujets wählen, die angenehm und interessant sein könnten. Ich ziehe es im Allgemeinen vor, das zu malen, was ich noch nicht bei anderen gesehen habe.«[77] Kauffmann möchte folglich eigens für Boydell etwas als Vorlage für die nächsten Drucke malen.

Die Art der Drucktechniken variierte, je länger Kauffmann-Drucke auf dem Markt waren, genauso wie die Formate, die von Sammlerblättern bis hin zu ovalen Drucken reichten, die gerahmt als sogenannte »furniture prints« verkauft wurden.

Neben klassischen Stichen wurde sogar in Farbe, in sogenannten »mechanical paintings« auf Leinwand gedruckt, die als Wand-, Decken- und Kamindekorationen verwendet wurden.[78]

Insbesondere vor ihrem Umzug nach Rom scheint Kauffmann noch einmal zahlreiche Gemälde aus ihrem Bestand an britische Stecher verkauft zu haben. Führende Grafikverleger und Stecher von Kauffmanns Gemälden und Zeichnungen waren der in Frankreich ausgebildete William Wynne Ryland (1732–1782) und nach dessen Tod 1782 Francesco Bartolozzi, der mit dem Titel »Kupferstecher des Königs« eine starke Marke führte.

Während sie in Rom lebte, verkaufte Kauffmann noch mindestes 22 Gemälde an Londoner Stecher und Verleger, kleine Ölgemälde, die zwischen 8 und 30 Guinees kosteten, jedoch auch einige wenige im Wert von 100 Guinees.[79]

Allein zwischen 1774 und 1780 wurden etwa 80 Punktierstiche nach Kauffmanns Gemälden herausgegeben.[80] Die Werbewirkung der Blätter war ohne Vergleich, konnten diese doch viel leichter als Gemälde gezeigt werden und machten sie in ganz Europa und den Vereinigten Staaten noch bekannter. Neben der Steigerung ihres Ruhms und Marktwertes hatte Kauffmann zudem in den Graphikhändlern eine sichere Käufergruppe gefunden, die bis zu ihrem Tod regelmäßig Gemälde von ihr erwarben.

Kunsthandwerk als frühe Merchandise-Artikel

Die Entstehung von Merchandiseartikeln wird gemeinhin mit der Vermarktung einer Mickey-Mouse-Schreibtafel um 1930 in Verbindung gebracht. Spätestens jedoch mit Star-Wars-T-Shirts, -Spielkarten, -Spielfiguren und Lichtschwertern, die dem Regisseur Georg Lucas durch Lizenzeinnahmen mehr einbrachten als die eigentlichen Kinofilme, weiß man um die Macht von Merchandise-Artikeln, also Fanprodukten. Doch dieser Vermarktungskreislauf entwickelte sich lange vor Mickey Mouse, Darth Vader und Luke Skywalker. Denn Ende der 1770er-Jahre setzte mit der Rezeption von Angelika-Kauffmann-Motiven und -Figuren durch das Kunsthandwerk in ganz Europa eine neuartige Vermarktung ihrer Kunst ein. So verkaufte 1778 die englische Porzellanmanufaktur Derby

Porzellanfiguren mit zwei Nymphen, die Amor wecken, nach einer 1776 entstandenen Druckgrafik von Angelika Kauffmann. Auch eine Manufaktur in Zürich griff das Motiv auf. Die Wiener Porzellanmanufaktur zog mit Kaffee- und Tee-Service, Prunkvasen sowie Bildtellern mit Kauffmann-Motiven nach, insbesondere weil das österreichische Kaiserhaus zu Kauffmanns Auftraggebern zählte. Die Kauffmann-Bildwelten schmückten in ganz Europa Kaminsimse und Vitrinen.

Der englische Architekt Robert Adam (1728–1792) nutzte Vorlagen von Kauffmann, um für den Adel errichtete Stadt- und Landhäuser mit Kaminverkleidungen, Wand- und Deckenmalereien nach Kauffmann auszustatten. Der Maler und Möbeltischler George Brookshaw (1751–1823) stellte Malereien nach Angelika Kauffmann her, die er in Kassetten von Schranktüren und Kommodenfronten einlegte.

In Deutschland und der Schweiz entstanden Lackdosen, Tabletts, Taschenuhren und Tische mit Kauffmann-Dekor. Email-Malereien nach Angelika Kauffmann zierten Schnupftabakdosen. 1796 taucht eine solche im Inventarverzeichnis der Fürsten von Thurn und Taxis auf.

Vor allem Historienbilder mit Begebenheiten aus der Geschichte und Literatur bilden die Mehrheit der Kauffmann-Motive auf den kunsthandwerklichen Gegenständen. Oftmals wurde nach grafischen Vorlagen gearbeitet. Auch nach dem Tod von Angelika Kauffmann ebbte die Welle der Nachfrage nicht ab.

Wie bei preiswerten Merchandise-Produkten, zum Beispiel einem Fußballschal, ermöglichten die Kauffmann-Devotionalien Identifikation mit einer bestimmten Kultur und Gruppe. Wer Kauffmanns Kunst bewunderte, konnte nun auch mit dem Kauf von Porzellan und Möbeln seiner Zuneigung Ausdruck verleihen.

Zu den Kunsthandwerkern, egal ob Porzellanmaler, Textil-, Tapeten- oder Möbelmanufakteure oder zu den Innenarchitekten hatte Kauffmann kaum direkten Kontakt. Diese bedienten sich provisionsfrei beispielsweise der Reproduktionsstiche von Bartolozzi, Burke oder Ryland nach Werken Kauffmanns. Es war die Ausnahme, wenn einzelne Rahmenmacher oder die Architektenbrüder Adam im direkten Kontakt mit Angelika Kauffmann arbeiteten.

Während fast 250 Jahre später im Sport und Film der Verkauf von Fanartikeln zu einer zentralen Einnahmequelle geworden ist, profitierte

Kauffmann jedoch finanziell nicht direkt von dem Hype um ihre Bilder. Auch wenn der Handel mit Lizenzen damals nicht üblich war, ließen sie die Produkte noch höher in den Starhimmel aufsteigen, wodurch auch ihr Marktwert gewann.

Neuer Lebensmittelpunkt Rom

Nach 15 Jahren verlässt Kauffmann London. Vor ihrer Abreise heiratete Kauffmann mit 40 Jahren ein zweites Mal. Am 10. Juni 1781 schloss sie mit dem italienischen Vedutenmaler Antonio Zucchi (1726–1795), mit dem die Kauffmanns seit vielen Jahren befreundet waren, einen Ehevertrag, der regelte, dass die Malerin selbst die Verfügungsgewalt über ihre Finanzen und ihr Einkünfte behielt. Nach der Hochzeit am 14. Juli 1781 mit dem 15 Jahre älteren Zucchi kehrt das Ehepaar über Flandern, Schwarzenberg und Innsbruck nach Venedig zurück. Als sie London verlässt, besitzt Kauffmann ein Vermögen von 14.000 Pfund, was heute etwa einem Wert von umgerechnet mehr als 1,2 Millionen Pfund entspricht.[01] Nachdem Kauffmanns Vater im Januar 1782 verstorben war, reist das Ehepaar im Mai nach Rom und Neapel. Im September beziehen sie in Rom einen Palazzo an der Via Sistina 72, oberhalb der Spanischen Treppe. Es wird eines der bekanntesten Ateliers und Salons der Stadt. Ihr Mann übernimmt die Organisation des Ateliers und führt den Haushalt.

In Rom war Kauffmanns Geschäft so aufgestellt, dass potenzielle Kunden direkt in ihr Atelier kamen. Unter anderem führte der befreundete Deutsche Johann Friedrich Reiffenstein (1719–1793) Grand-Tour-Touristen als Cicerone durch Rom in Kauffmanns Haus. Er profitierte einerseits von ihrer guten Auftragslage, sorgte aber auch dafür, dass sie neue Kunden kennenlernte, indem er die Grand-Tour-Reisenden in ihr Atelier führte.

Kauffmanns Preisliste

Im Jahr 1788 aktualisiert Kauffmann ihre Preisliste. In ihrem römischen Atelier hatte Kauffmann eine einseitige, gedruckte Preisliste in französischer Sprache ausgelegt, aus der ihre Kundinnen und Kunden die gewünschten

Bilder nach Größe, Motiven und Aufwand auswählen konnten.[82] Unter der Überschrift »Preise für Gemälde von Angelika Kauffmann, gemäß der im Jahr 1788 festgelegte Richtlinien«, stand Folgendes zur Auswahl:

Historienbilder mit Figuren in Lebensgröße kosteten 120 Zecchinen für jede Hauptfigur. Zwei Nebenfiguren kosteten so viel wie eine Hauptfigur. Dasselbe galt für den Hintergrund, der so viel wie eine Hauptfigur kostete.

Der zweite Absatz bot Historienbilder in halber Lebensgröße für 60 Zecchinen für jede Hauptfigur an. Auch hier kosteten zwei Nebenfiguren so viel wie eine Hauptfigur. Dasselbe galt für den Hintergrund, der so viel wie eine Hauptfigur kostete.

Bei der dritten Alternative standen Historienbilder, bei der eine Hauptfigur 18 bis 20 Zoll französischen Maßes betrug, für 40 Zecchinen zur Wahl. Und auch bei dieser Variante kosteten zwei Nebenfiguren so viel wie eine Hauptfigur. Dasselbe galt für den Hintergrund, der so viel wie eine Hauptfigur kostete. Ein ganzfiguriges Porträt »figure entiere de grandeur naturelle« kostete 220 Zecchinen. Ein Porträt in Lebensgröße, jedoch nicht ganzfigurig auf einer Leinwand von 4.5 Fuß, nach französischem Maß, kostete 120 Zecchinen. Ein Porträt in Lebensgröße, das ausschließlich den Kopf, ohne Hände, abbildete, kostete 40 Zecchinen. Historische und allegorischen Halbfigurengemälde verrechnete Kauffmann wie die oben beschriebenen Porträts und entsprechend ihren Ausmaßen. Angelika Kauffmann hatte damit ihre Geschäftsbedingungen schriftlich fixiert, die mit dem Vermerk schlossen, dass die porträtierte Person die Hälfte des vereinbarten Preises nach der ersten Sitzung und die andere Hälfte nach Fertigstellung des Porträts zahlte.

Die Preisliste, bei der ähnlich wie in einer Menükarte im Restaurant die Bildvarianten zusammen mit den Preisen ausgeschrieben waren, kürzte zudem den Kaufprozess ab. So vermied Kauffmann durch die Arbeit mit Standardmaßen, genauen Aufwandsangaben und festen Preisen mögliche Diskussionen. Die Preise waren anscheinend auch so kalkuliert, dass die konzeptionelle Arbeit, also die Entwicklung der Bildidee, darin bereits enthalten war.

Im Vergleich zu ihrer Zeit in London hatte Kauffmann ihre Preise deutlich angehoben. Bei den kleinen Formaten hatte sie die Preise zum Teil von 30 auf 60 Zecchinen verdoppelt, bei den großen Historienbildern von 100 auf 120 pro Figur, Hintergrund und zwei halbe Figuren erhöht. Auch konnte sie in Briefen an ihre Kundschaft auf die bestehenden Preise verweisen. 1 Zecchino entsprach etwas weniger als 1 Guinee, was etwas mehr als 1 Pfund war. 120 Zecchinen entsprachen etwa einem Wert von heute mehr als 9.000 Pfund oder zu Kauffmanns Zeit von elf Pferden.[83]

Kauffmanns Geschäftsmodell und die Organisation ihres Atelierbetriebs

In Anbetracht ihrer umfangreichen Aufträge musste Kauffmann frühzeitig ihre Prozesse und Organisationsstruktur optimieren. Kauffmann arbeitete an ihrem Geschäftsmodell, nicht nur in ihrem Unternehmen. Sie hatte die Arbeitsabläufe in ihrem Atelier sowie ihr Angebotsportfolio gewinnorientiert organisiert. Aufgrund der hohen Nachfrage brauchte sie in London und erst recht in Rom einen straff organisierten Atelierbetrieb mit rationalisierten Arbeitsschritten und -methoden. Sie arbeitete mit standardisierten Bildformaten, wie ihre Preisliste aus dem Jahr 1788 verdeutlicht, und malte ohne längere Entwurfsphasen gleich mit dem Pinsel auf der Leinwand. In der Regel benötigte sie zwei bis drei Sitzungen von jeweils drei Stunden, um ein Gesicht anzulegen, während der restliche Körper von einem Ersatzmodell abgemalt wurde.[84] Bis zu drei Personen seien pro Tag zu Kauffmann für Porträtsitzungen ins Atelier gekommen.

Zum anderen verwendete Kauffmann Produkte mehrmals, so Bettina Baumgärtel[85], etwa bei Zwischenschritten zur Vorbereitung eines Porträts, die gewöhnlich als Abfallprodukte galten, indem sie die sogenannten Modelli so weit überarbeitete, bis sie diese als eigenständige Kunstwerke vermarkten konnte. So entstanden aus Vorstudien zu Gruppenbildnissen beispielsweise Einzelbildnisse.

Auch ihre Preisliste zeugt von einer überaus organisierten Arbeitsstruktur. Kauffmann verstand die Ausführung ihrer Kunst zweifelsohne als Unternehmung, indem sie ökonomisch »produzierte«, ihre Motive kundenorientiert auswählte und in verschiedenen Medien arbeitete.

Jahre des Umbruchs

Die Französische Revolution und die Folgejahre bedeuten für Kauffmann finanzielle Einschnitte. Als 1798 französische Truppen Rom besetzen, befürchtete die Künstlerin, dass ihr Atelier verwüstet werden könnte. Diese Sorge bewahrheitete sich nicht, aber Kauffmann verlor einen beträchtlichen Teil ihres Vermögens durch die Inflation.

Auch privat bringen die politisch unruhigen Jahre Einschnitte. Kauffmanns Ehemann Antonio Zucchi war am 26. Dezember 1795 gestorben. Der Tod habe ihr das Liebste auf der Welt geraubt, ihren Ehemann. Ihr Kummer übersteige alle Grenzen, denn der Verlust sei nicht wieder gutzumachen, schreibt sie am 14. Januar 1796 an eine Freundin nach Florenz.[86] Von nun an übernimmt ihr Vetter Johann Kauffmann organisatorische Aufgaben in ihrem Atelier. Im Jahr 1801 erkrankt Kauffmann schwer und fährt nach Como, um sich zu erholen. In ihrem 1803 aufgesetzten Testament vermacht sie einen Teil ihres Vermögens ihren Verwandten, einen anderen überführt sie in eine Stiftung, die Arme in ihrer Heimatgemeinde Schwarzenberg versorgen soll. Als Angelika Kauffmann am 5. Oktober 1807 in Rom stirbt, organisieren ihre Freunde einen aufwendigen Leichenzug durch die Stadt. In Anlehnung an Raffael tragen Akademiekollegen ihren Sarg und ihre zuletzt geschaffenen großen Werke durch die Straßen Roms. 1809 wird ihre Büste im Pantheon in Rom neben jener von Raffael aufgestellt.

»the whole world is angelicamad«

Angelika Kauffmann wusste, wie sie ihre Popularität und ihr Können kapitalisieren kann. Kauffmann begann damit, die Aristokratie und Stars ihrer Zeit zu porträtieren, und entwickelte sich bereits mit Mitte 20 selbst zu einer Berühmtheit. Sie erweiterte kontinuierlich ihre Produktpalette. Erstaunlicherweise entstanden nach den Werken von Kauffmann umfangreiche Handelswaren im Kunsthandwerks-Bereich. Diese Kommerzialisierung ihrer Kunst durch Merchandise-Artikel hatte zuvor bisher keine Künstlerin und kein Künstler erreicht.

»Ein Kupferstecher hier, der fast nichts als ihre Gemählde sticht, sagte mir einmahl, the whole world is angelicamad«[87], schrieb 1781 der dänische Botschafter Gottlob Friedrich Ernst Graf Schönborn an Friedrich Gottlieb Klopstock. Doch treffender wäre es, den Satz umzuformulieren: Kauffmann hat es durch strategisches Vorgehen und mit einem immensen Arbeitspensum geschafft, dass die Welt verrückt nach ihr wurde.

Take-aways

- Seien Sie flexibel. Gehen Sie dorthin, wo Ihre Kund*innen sind.
- Arbeiten Sie am eigenen Unternehmen, nicht nur im eigenen Unternehmen.
- Rationalisieren Sie Ihre Arbeitsprozesse, auch in künstlerischen Berufsfeldern.
- Entwickeln Sie preisgünstige Produktkategorien, diese stärken das Kernsegment und ihre Marke.
- Für Merchandise-Artikel braucht es eine starke Marke.

Zum Weiterlesen

Kauffmann, Angelika (2001): *Mir träumte vor ein paar Nächten, ich hätte Briefe von Ihnen empfangen*. Gesammelte Briefe in den Originalsprachen, hg. und bearb. von Maierhofer, Waltraud, Lengwil a. B.

Baumgärtel, Bettina (Hg.) (2020): *Verrückt nach Angelika Kauffmann*, Ausstellungskatalog Kunstpalast Düsseldorf und Royal Academy of the Arts London, München.

»Not failure, but low aim is crime.«

Isabella Bird

(1831–1904)
Weltreisende, Autorin, Rednerin, Fotojournalistin

»Ich bin berechtigt stolz darauf, mir meine eigene Position als Schriftstellerin und Reisende durch sorgfältige Arbeit, ohne die Hilfe von irgendjemandem und ohne die Zartheit einer Frau zu opfern, geschaffen zu haben.«[88] So fasst Isabella Bird ihr Wirken als Abenteurerin, Anthropologin, Erfolgsautorin, Rednerin und Fotojournalistin zusammen. Auf der Höhe ihres Erfolgs hält die Britin mehr als 50 Vorträge im Monat, berät Staatsmänner in außenpolitischen Fragen und schreibt mindestens sechs Stunden am Tag. Ihre inhaltlichen Produkte sind abenteuerliche Reisereportagen und detaillierte Länderporträts, die von Persien bis nach Hawaii reichen und dem Zeitgeist des imperialen Großbritanniens in der zweiten Hälfte des 19. Jahrhunderts entsprechen.

Mit 19 Jahren bricht Bird für mehrere Monate in die USA auf

Isabella Lucy Bird wurde am 15. Oktober 1831 in Boroughbridge Hall im Norden Yorkshires geboren. Von Kindheit an leidet Bird an einer Wirbelsäulenerkrankung, wegen der sie sich auf ärztlichen Rat viel in der Natur aufhalten sollte. Ihr Vater, ein Pfarrer, lehrt das Mädchen bei Ausritten akribisch Mensch und Natur zu beobachten. Auch kauft er seiner Tochter ein eigenes Pony.[89] Schon früh beginnt Bird zu schreiben. Mit 16 Jahren erarbeitet sie einen ersten Aufsatz zum Thema »Freier Handel«, der ein Jahr später veröffentlicht wird.[90]

Im Jahr 1850 unterzieht sich die junge Frau einer Operation, bei der ihr ein Tumor in der Nähe der Wirbelsäule entfernt wird, an dem sie bereits seit Jahren gelitten hatte.[91] Einige Jahre später rät ihr Arzt ihr zu einer Überseereise, zu der Bird 1854 aufbricht. Kanada und die Vereinigten Staaten sind die Ziele. Auf dem Dampfschiff nach Halifax reist sie zusammen mit den Töchtern von Verwandten, die in die britischen Kolonien ausgewandert waren. Über mehrere Monate erkundet die nur 1,50 Meter große Isabella Bird Prince Edward's Island, Boston, Cincinnati, Chicago, Toronto, Montreal, Niagara, Quebec und New York. Die Reise sollte Birds Gesundheit verbessern, diente aber auch als religiöse Forschungsreise, um ihren Vater mit Informationen für ein Buch zu unterstützen. Dazu trifft sie zahlreiche religiöse Amtsträger wie etwa den protestantischen Bischof von Quebec.[92] Bird führt Dutzende Empfehlungsschreiben mit sich und knüpft zügig Kontakte, eine Fähigkeit, auf der all ihre Reisen basieren. Sie profitiert vielfach von der Gastfreundschaft der Einheimischen und reist nach diesem Muster Zeit ihres Lebens moderat und kostengünstig. Laut ihrer Biografin Anna Stoddart hatte Birds Vater Edward Bird seiner Tochter 100 Pfund für die Reise nach Amerika mitgegeben. Als diese nach sieben Monaten aufgebraucht waren, kehrt Bird nach England zurück. Ihre Erlebnisse dokumentiert sie in ihrem ersten Buch *The English Woman in America*, das ein Jahr später im Verlagshaus John Murray erscheint.

Die zweite USA-Reise, das zweite Buch

1857 fährt Bird erneut nach Amerika, vordergründig wieder aus gesundheitlichen Motiven. Elf Monate folgt sie zahlreichen Einladungen, die sie nutzt, um die Situation der Kirche in Amerika zu erforschen.[93] Dazu nimmt sie an religiösen Versammlungen unterschiedlicher Glaubensrichtungen teil und hört sich mehr als 130 Predigten an. Im Jahr 1859 erscheint ihr zweites Buch *Aspects of Religion in America*, das einen umfassenden Überblick über die verschiedenen amerikanischen Kirchen und Bekenntnisse bietet. In den folgenden Jahren verfasst Bird zahlreiche Artikel für Zeitschriften und Magazine wie *The Leisure Hour*, das *Murray's Magazine* oder *Good Words*. Mit ihrer literarischen Arbeit verdient Bird mittlerweile ein für eine Frau ansehnliches Einkommen. Im Frühjahr 1865 schreibt sie in einem Brief, sie habe in diesem Monat 30 Pfund verdient, was heute einem Wert von etwa 1.800 Pfund entspricht.[94] Unternehmerisch geschickt veröffentlichte Bird ihre Texte, wie etwa ihre Briefe aus Hawaii und den Rocky Mountains, zunächst in Zeitschriften. Sobald diese Anklang fanden, arbeitete Bird die Werke zu Büchern aus und verdiente auf diese Weise doppelt.

Nachdem ihr Vater Edward Bird gestorben ist, siedelte die Familie 1859 nach Edinburgh über. Zusammen mit ihrer Schwester Henrietta engagiert sich Isabella Bird in der Folgezeit für karitative Zwecke, indem sie Kleinbauern auf den Hebriden dabei unterstützt auszuwandern und bei der Armenbetreuung hilft. 1871 reiste Isabella Bird für sechs Monate nach New York, Italien, Algerien, Spanien und Portugal.[95] Nachdem die Schwestern ihre Wohnung in Edinburgh aufgegeben hatten, wo die Mutter 1866 verstorben war, erwarb Henrietta Bird ein Cottage in Tobermory auf der Insel Mull, während sich Isabella bei Freunden aufhielt.[96]

Unterwegs ins Unbekannte: Australien, Hawaii und die Rocky Mountains

Mittlerweile ist Isabella Bird 40 Jahre alt. Sie bricht am 11. Juli 1872 zu ihrer ersten Weltreise nach Australien, Neuseeland, Hawaii und in die Rocky Mountains auf. Auf der Schiffsreise stirbt sie beinahe an einer Lungenentzündung, in Australien und auch später kämpft Bird nach wie vor mit gesundheitlichen Problemen. In Briefen an ihre Schwester Henrietta, die eine wichtige Partnerin bei ihrem Schreibunternehmen ist, berichtet Isabella, wie sie ihre Schmerzen mit großen Mengen Alkohol betäubt, wie viel Opium, Chlorodyne und Kaliumbromid, alles Schmerz- und Beruhigungsmittel, sie einnimmt und wie viel sie ruhen und sich erholen muss.[97] Isabella Bird ist wie viele andere Frauen in diesem Buch kein Wundermensch, sondern eine, die trotz Hindernissen ihre Sache durchzieht. In jedem Fall diente Birds Image als Dauerkranke auch als brillanter Marketing Move, mit dem sich Bird als gebrechliche Lady vermarktete, die sich zu Hause kaum von ihrem Bett erheben, unterwegs aber den Mauna Loa, das Matterhorn des Pazifiks, besteigen oder tausende Kilometer durch die Tibetische Hochebene reiten konnte. So heißt es treffend in einem Nachruf auf ihren Tod im Jahr 1904 im *Edinburgh Medical Journal*, Bird sei zu Hause eine Invalidin, jedoch im Ausland ein Samson gewesen.[98] Birds fragile Gesundheit diente jedoch auch dazu, öffentlich einen Grund zu kommunizieren, der es für sie als ledige Frau rechtfertigte, sich allein auf Reisen zu begeben. Solche autonomen, freien Aktivitäten waren sonst Männern vorbehalten und deckten sich nicht mit den gesellschaftlichen Konventionen.

Isabella Birds Reiseziele entsprechen der Ausdehnung des britischen Empires. In Briefen an ihre Schwester Henrietta – einige sind mehr als 100 Seiten lang – hält Isabella ihre Erlebnisse akribisch fest. Henrietta Birds Anteil an der publizistischen Tätigkeit ihrer Schwester ist nicht zu unterschätzen. Sie organisierte für ihre Schwester häufig publizistische Abnehmer, edierte die Texte und schickte ihrer Schwester Geld in die fernen Länder. Aus Colorado vermeldet Isabella ihrer Schwester am 29. Oktober 1873 nicht nur, dass es ihr leichtfällt, Reisebeschreibungen anzufertigen, sondern auch, dass sie Einnahmen benötigt: »Du solltest mich Leuten vorstellen, die mir eine Anstellung zum Schreiben verschaffen, denn ich habe jetzt so viel zu sagen und Reisebeschreibungen sind keine harte Kopfarbeit.«[99]

Die frühen Bücher über Hawaii, die Rocky Mountains, Japan und die Malaiische Halbinsel wirken lebendig und direkt, weil sie in Briefform verfasst sind. In diesen Texten sehen die Leserinnen und Leser »den messerscharfen Grat von Longs Peak«, spüren die »Ratten und Kakerlaken«, die Bird auf dem Dampfer nach Hawaii mit Hausschuhen vertreibt, und hören

»das Brüllen, Krachen und Donnern eines der furchterregendsten Vulkane der Welt«, von dem die Abenteurerin in den Schlaf gesungen wird. Höchst kommunikativ, furchtlos und wissbegierig untersucht Isabella Bird die Welt und lässt ihre Leser*innen daran teilhaben. Ihre Wortfotografien begeistern ihr Publikum, das Birds exotische Abenteuer vom heimischen Sofa erleben kann, ohne dabei die Strapazen der tatsächlichen Reise auf sich nehmen zu müssen. Bird zeigt ihren Leser*innen Welten, die die meisten nie selbst betreten werden.

Aus Briefromanen werden Sachbücher

Als Birds Schwester Henrietta im Jahr 1880 an Typhus stirbt, ändert sich der Charakter ihrer Bücher, die nun politischer, sachlicher und nicht mehr in Briefform verfasst sind. So schreibt Bird während ihrer Arbeit an ihrem Buch über Korea, das 1898 erschienen ist, an ihren Verleger, das Buch sei kein Buch für »den Mann auf der Straße«, sondern es richte sich vielmehr an jene, die nicht zur Unterhaltung lesen, sondern um sich zu informieren. Für diese hofft Bird, »dass die Bände viel Wertvolles enthalten«.[100]

Kurz nach dem Tod ihrer Schwester heiratet Isabella Bird im März 1881 den Arzt John Bishop, der zuvor die erkrankte Henrietta gepflegt und längere Zeit um Birds Hand angehalten hatte. Bereits nach fünfjähriger Ehe stirbt Bishop am 6. März 1886. Nach seinem Tod unternimmt Bird ab 1889 jeweils mehrjährige Reisen, nun befreit von jeglichen Konventionen, ohne festen Wohnsitz in Großbritannien und mit dem ansehnlichen finanziellen Erbe ihrer Schwester sowie ihres verstorbenen Mannes ausgestattet.

Bis zu ihrem Tod im Jahr 1904 erforscht Isabella Bird Japan, Korea, Tibet, Indien, Persien, Kurdistan, China, Sibirien, Ägypten und Marokko. Ihre längste Reise dauerte drei Jahre und zwei Monate und führte sie ab 1894 unter anderem nach Korea, Sibirien, China, Shanghai und Japan.

Auf ihren Reisen bewegte sich Bird frei von den Restriktionen der britischen Gesellschaft. Es ist ein Leben »auf luftigen Hügeln auf unzähligen Pferden. Das ist das Leben, das für mich bestimmt ist«, ließ sie schon in früheren Jahren bei ihrer Abreise von Hawaii ihre Schwester Henrietta wissen.[101] Und über ihr Nomadenleben in den Rocky Mountains vermeldet Bird in die Heimat: »Ich bin froh, dass ich mich entschieden habe zu bleiben, denn drei Monate eines solchen Nomadenlebens unter freiem Himmel, in dem ich mich einigermaßen wohl fühle, sollten mir guttun. Es ist ein Männerleben, aber alle Leute hier scheinen zu denken, dass es für mich passend ist!«[102]

Was war Isabella Bird für ein Mensch? »Frau Bishop beeindruckte mich als eine Frau mit ungewöhnlichen Gaben, nicht nur als Rednerin und Autorin, sondern auch als Beobachterin und Sammlerin von Informationen, die so viel Mut und Charakterstärke besaß, dass sie praktisch furchtlos war, sich von Hindernissen nicht beirren und von körperlicher Schwäche nicht abschrecken ließ [...]«, schreibt der Missionar Reverend Gilbert Walshe 1895 nach einer Begegnung mit Bird in der ostchinesischen Stadt Shao Hsing (Shaoxing, Zhejiang).[103]

Eine eindrückliche Kooperation: John Murray und Isabella Bird

Nachdem Bird von ihrer ersten großen Amerikareise im Jahr 1855 zurückgekehrt war, macht sie die Bekanntschaft mit dem für seine Reisen nach Norwegen und Spanien bekannten Autor John Milford. Milford bringt die junge Frau mit dem Verleger John Murray III in Kontakt. An Murray schreibt die 24-Jährige im Oktober 1855 selbstbewusst: »Ich habe für die Presse einige Reisen in den Vereinigten Staaten, Kanada und den östlichen Kolonien Nordamerikas vorbereitet, die ich im Sommer, Herbst und Winter des letzten Jahres unternommen habe. Der Titel ist *The Car and the Steamboat*, und ich, oder besser gesagt, einige literarische Freunde, die ich konsultiert habe, denken, dass sie genügend Neues enthalten, um ihre Veröffentlichung zu rechtfertigen.«[104] John Murray akzeptiert das Manuskript, gibt diesem den Titel *The Englishwoman in America*, und das Buch erscheint im Januar 1856.[105] Schon die erste Auflage ist im Erscheinungsjahr vergriffen.[106] Viele Zeitungen wie *The Times* rezensieren das Buch und Bird erhält erste Zahlungen von ihrem Verleger[107], der die Gewinne aus Buchverkäufen gewöhnlich je hälftig oder zu einem 2/3-zu-1/3 Verhältnis zwischen den Autorinnen und Autoren und sich aufteilte. Zum Beispiel wurden im Jahr 1880 von Birds Buch, *Unbeaten Tracks in Japan* 5.750 Exemplare gedruckt, die insgesamt zu über 660 Pfund Gewinn führten.

Das entspricht einem heutigen Geldwert von mehr als 40.000 Pfund.[108] Aufgeteilt wurden die Gewinne an diesem Buch im Verhältnis 2/3-zu-1/3.[109] *Unbeaten Tracks in Japan* war eines ihrer erfolgreichsten Bücher. Es erschienen 47 Rezensionen, die das Buch ausschließlich lobten, wie Bird bemerkt. Sogar ihr Verleger Murray ist davon beeindruckt: »Wie kann ich Ihnen die Nachricht Ihres eigenen Lobes übermitteln, das hier überall erklingt und mit einer Einmütigkeit, die ich in meiner langen Karriere als Verleger noch nicht erlebt habe. Die Nachfrage nach einer dritten Auflage innerhalb eines Monats für ein solches Buch wie das Ihre ist, glaube ich, ganz beispiellos.«[110]

Reisebeschreibungen aus der Feder einer Frau als Marktlücke

Auch John Murray muss schnell erkannt haben, wir erfolgversprechend es war, die Reisebeschreibungen einer Frau zu verkaufen. Denn Frauen stellten ein neues Marktsegment und eine vielversprechende Zielgruppe dar. Reisen war vor der Zeit des Massentourismus ein Privileg der Oberschicht, Isabella Bird ließ nun ein großes Publikum daran teilhaben. Wie wichtig die Beziehung zwischen Bird und ihren Leserinnen und Lesern war, unterstreicht die Widmung ihres 1891 erschienenen Buches *Journeys in Persia and Kurdistan* »To the untravelled many« – »Für die vielen Ungereisten«. Die Widmung verdeutlicht auch, so Anne E. Peale, dass es eben nicht ein Wohltäter war, die oder der Birds Reisen finanzierte, sondern dass ihre Leser*innen ihre »symbolischen und finanziellen Gönner« waren.[111]

Isabella Bird hatte mit John Murray einen der renommiertesten Verlage des Vereinigten Königreichs ausgewählt, bei dem literarische Größen wie Jane Austen, Herman Melville oder Charles Darwin unter Vertrag standen. Murray war zudem der berühmteste Reisebuchverlag des Landes. Mehr als 40 Jahre verband Isabella Bird eine Buch- und Wirtschaftsgemeinschaft mit dem in London ansässigen Verlagshaus. Wirtschaftlich erfolgreich waren dabei David McClay zufolge vor allem ihre frühen Bücher *The Hawaiian Archipelago: Six Month Among the Palm Groves, Coral Reefs, and Volcanoes of the Sandwich Islands* (1875), *A Lady's Life in the Rocky Mountains* (1875) und *Unbeaten Tracks in Japan: A Record of Travels in the Interior, Including Visits to the Aborigines of Yezo and the Shrines of Nikkó and Isé* (1880). Während ihres Lebens verkauften sich davon über 18.000 Exemplare in 21 Auflagen. Demgegenüber entfielen auf ihre drei späten Werke *Journeys in Persia and Kurdistan, Including a Summer in the Upper Karun Region and a Visit to the Nestorian Rajans* (1891), *Korea and her Neighbours. A Narrative of Travel, with an Account of the Recent Vicissitudes and Present Position of the Country* (1898) und *The Yangtze Valley and Beyond: An Account of Journeys in China, Chiefly in the Province of Sze Chuan and Among the Man-Tze of the Somo Territory* (1899) lediglich 6.500 verkaufte Exemplare in sechs Auflagen.[112]

Expertin für außenpolitische Fragen

Birds spätere Bücher, wie jenes über Persien und Kurdistan, das fachlich anspruchsvoller und weniger unter literarischen Kriterien verfasst war, stärkte ihren Ruf als Expertin für außenpolitische Fragen. Dies führte dazu, dass Bird als Beraterin gefragt war. Die Frage der Christenverfolgung in Kurdistan, durch das Bird 1890 mit einer Karawane geritten war, beschäftige auch den viermaligen britischen Premierminister William Ewart Gladstone (1809–1898)[113], mit dem John Murray für den 21. April 1891 ein Dinner mit Bird arrangierte.[114] In der Folge dieses Austauschs wurde Bird im Juni 1891 von Mitgliedern des britischen Unterhauses eingeladen, um über die Situation in Kurdistan und Armenien zu berichten. Außergewöhnlich erscheinen diese und andere Begebenheiten, weil hier eine Frau von Männern um ihre Einschätzung gebeten wurde. Allgemein erfährt Bird mit ihren abenteuerlichen Exkursionen große öffentliche Aufmerksamkeit. Als Bird am 11. Januar 1894 eine Kabine für die Überfahrt nach Kanada bei den Allen Line Steamers in Liverpool buchen will, hatte der Eigentümer der Schifffahrtsgesellschaft bereits eine Deckkabine für Bird reserviert und lud sie ein, als sein Gast auf der S.S. Mongolia nach Kanada zu reisen. Laut Birds Biografin Anna Stoddart ereigneten sich solche Begebenheiten häufig.[115] Zudem wurde Bird mit wachsender Berühmtheit von Unternehmen mit Ausrüstungsgegenständen und Medikamenten unterstützt, die sie anscheinend auch bewarb. Hier lässt sich von einer Frühform des Sponsorings sprechen, von dem Bird profitierte.

Auf die Reisen folgen Vortragsmarathons

Isabella Birds steigende Bekanntheit führt dazu, dass sie im Jahr 1892 zum Gründungsmitglied der Royal Scottish Geographical Society gewählt wird und als erste Frau die Mitgliedschaft der Royal Geographical Society erhält, deren Aufnahme insbesondere ihr Verleger John Murray IV vorangetrieben hatte.[116] Bei beiden Organisationen hält sie im Verlauf ihres Lebens wiederholt Vorträge. Am 9. Mai 1893 wird sie Queen Victoria vorgestellt.[117] 1892 und 1893 korrespondiert Bird mit Lord Curzon, dem späteren Generalgouverneur und Vizekönig von Indien, der ebenfalls ein Buch über Persien vorbereitete und sie mit Informationen zu ihrer Persienmonographie unterstützte.[118]

Auf ihre Reisen folgten jeweils Vortragsmarathons. Nachdem Bird am 19. März 1897 nach mehr als drei Jahren von ihrer Asienreise nach London zurückkehrt, schließen sich arbeitsreiche Monate an, in denen sie an ihrem neuen Buch *Korea and Her Neighbours* arbeitet, illustrierte Artikel in der *St. James's Gazette* und der *St. James's Budget* veröffentlicht und unzählige Vorträge hält.[119] Ihre Arbeitstage waren prall gefüllt. Am 10. Mai beispielsweise spricht Bird um 15.30 Uhr zur »Bible Lands Mission« in Exeter Hall, um 19 Uhr diniert sie auf Einladung mit dem Geographical Club und um 20.30 Uhr referiert sie an der Royal Geographical Society über Westchina und die Berge an der Grenze zu Tibet.[120]

Im Herbst 1897, am 7. November 1897 hält Bird in Edinburgh einen ihrer meistbeachteten Vorträge über »Western China« vor mehr als 2.000 Personen.[121] Den Vortrag wiederholte sie Stoddart zufolge in Glasgow, Dundee und Aberdeen vor riesigem Publikum. Anschließend an die Vorträge über China führt sie ein voller Reiseplan mit missionarischen Vorträgen durch Schottland. In einem Brief an den Diplomaten und Sinologen Walter Hillier berichtet Bird, dass sie bis zum 29. November 1897 50 Vorträge und Ansprachen gehalten hätte.[122] Am 10. Januar 1898 erscheint dann das zweibändige Buch *Korea and her Neighbours*, am 11. Januar waren bereits 2.000 Exemplare verkauft. Am selben Tag erscheint das Buch in den USA.

Doch die arbeitsreiche Zeit hinterlässt Spuren. Nachdem Bird 1898 noch eine missionarische Kampagne mit Auftritten in Melrose, St. Boswells, Ripon, York und Scarborough hinter sich bringt, zieht sie sich im Juli erschöpft für fünf Wochen ganz in ihr Haus zurück.[123] Sie nutzt die Zeit, um Fotos von ihrer Reise durch China, Japan und Korea zu entwickeln und Dias für ihre Vorträge zu erstellen.[124]

Nach der Rückkehr von ihrer Marokkoreise im Jahr 1901 schreibt Bird, dass sie zunächst in Sheffield zwölf Vorträge über China, Neu Japan und Marokko hielt, dann referierte sie in sieben Städten in Yorkshire und danach habe sie »there, here and everywhere« 45 Vorträge und Reden seit dem 17. Oktober gehalten. Laut eigener Aussage habe sie innerhalb eines ganzen Jahres nur einmal zu Hause geschlafen.[125]

Neben ihren geographischen Vorträgen etablierte sich Bird als missionarische Rednerin. Im November 1893 verschafft sie sich mit ihrer Rede *Heathen Claims and Christian Dutys* weltweite Bekanntheit[126], in der sie erklärt, sie sei nicht durch missionarische Erfolge zur Mission bekehrt worden, sondern dadurch, dass sie während ihrer viereinhalbjährigen Asienreise die verzweifelten Nöte der nichtchristianisierten Welt gesehen habe.[127] Auch auf ihren Reisen erhält Bird die Gelegenheit, sich öffentlich zu äußern. Am 19. Februar 1895 spricht Bird beispielsweise in Nagasaki über »Korea und die Mandschurei«.[128] Einige Wochen später hält sich Bird in Hong Kong auf, wo sie in der City Hall von Hong Kong über Korea sowie vor der Hong Kong Literary Society über »Lesser Tibet« referiert.

Philanthropisches Engagement

Isabella Bird engagiert sich sozial, motiviert durch die Erlebnisse auf ihren Reisen. Im Gedenken an ihren verstorbenen Mann, den Arzt John Bishop, gründet sie ein Krankenhaus in Srinagar, Kaschmir. Während sie sich in Tokyo aufhält und ihr Gastgeber, der anglikanische Bishof von Südtokyo Edward Bickersteth Geburtstag hat, überreicht sie ihm überraschend als Geschenk einen Umschlag von genau jenem Betrag, der noch fehlte, um ein dringend benötigtes Waisenhaus von der St. Hilda's Mission zu errichten. Es wurde zum Gedenken an ihren verstorbenen Mann »John Bishop Orphanage« genannt.[129] Nach Paoning-fu in Sze Chuan, dem Zentrum der inländischen China Mission, sendet Bird einen Scheck von 100 Pfund, um das Henrietta Bird Hospital zu gründen.

Im indischen Srinagar, einer Stadt in Kashmir, wird schließlich 1888 das John Bishop Memorial Hospital errichtet. In Srinagar hatte Bird eine der ersten in England ausgebildeten Ärztinnen kennengelernt, Dr. Fanny Butler (1850–1889), der sie ein Krankenhaus für Kinder und Frauen finanzierte. In einem Brief berichtet Isabella Bird von der Planung und beschreibt, dass eine Ambulanz, ein Warteraum, ein Sprechzimmer, eine Apotheke, zwei Pavillons für 32 Patienten, ein Ruhehaus für die Angehörigen sowie ein Operationssaal entstehen sollen.[130]

»[…], as I want money«

Als ihr Buch *Journeys in Persia and Kurdistan* erschienen ist, schreibt Bird an ihre enge Freundin Lady Middleton im Januar 1892: »I hope it will sell, as I want money.«[131] Denn ihr Ziel war es, ein durch die Flut zerstörtes Krankenhaus für Frauen mit 60 Betten an einem sicheren Ort neu zu erbauen.

Im Jahr 1896 hatte Bird drei Krankenhäuser mit mehr als 160 Betten gegründet:[132] eines in Paoning-fu, eines in Seoul, ein anderes in Chowfu.[133] In ihrem Testament vermachte Bird die damals hohe Summe von 8.000 Pfund missionarischen und karitativen Einrichtungen, ein Teil des Geldes war dafür vorgesehen, weiterhin die Finanzierung ihrer Krankenhausstiftungen in Gedenken an ihren verstorbenen Mann und ihre verstorbene Schwester zu gewährleisten.[134]

Sechs Stunden schreiben täglich

Neben ihren Büchern verfasst Bird fortlaufend Zeitschriftenartikel, unter anderem für die *Leisure Hour*, *Good Words*, *The Family Treasury* und *Sunday at Home*. 1891 notiert Bird: »I am fearfully busy. I have to speak at twenty missionary meetings in May and June, and to do a great deal of literary work besides my book.«[135]

Ihr enormes publizistisches Schaffen konnte nur durch konsequentes, kontinuierliches Arbeiten realisiert werden, Tätigkeiten, denen eine Frau der britischen Mittelklasse normalerweise nicht nachging. Das nächste

Buch über Persien bedeutete acht Monate lang jeden Tag sechs Stunden zu schreiben, resümiert Bird im Brief an eine Freundin: »Ich schreibe täglich sechs Stunden, und außerdem war ich in letzter Zeit sehr damit beschäftigt, Stellungnahmen für ein außenpolitisches Thema vorzubereiten, was mich zu einer Reihe von interessanten Bekanntschaften geführt hat. Ich bin sehr dankbar für alle neuen Interessen außerhalb meiner selbst, denn ich fühle, dass ohne sie meine traurige Einsamkeit größer wäre, als ich es ertragen kann.«[136]

Außer an ihrem Lebensende arbeitete Bird gewöhnlich nachts. Auf den Reisen hält Bird ihre Erlebnisse in täglichen Tagebucheinträgen und Briefen fest. Über die Arbeit bemerkt sie zu ihrer Schwester Henrietta: »Das ist wie das Schicksal des Sisyphus. Kaum ist ein Brief vollendet, muss der nächste begonnen werden.«[137]

Neben ihrer publizistischen Tätigkeit und ihren Vorträgen korrespondierte Bird unaufhörlich und forcierte ihre sozialen Kontakte. Etwa tauschte sie sich im Jahr 1878 mit Charles Darwin schriftlich darüber aus, wo sie als nächstes hinreisen sollte.[138]

Bereits 1876 bemerkt sie, dass sie so vielen gesellschaftlichen Aktivitäten nachginge, dass sie nur einmal im ganzen Monat Juni zu Hause gegessen habe.[139] Diese gesellschaftliche Betriebsamkeit pflegte Bird nicht nur zu Hause, sondern auch auf ihren Reisen. Immer wieder gelingt es Bird, sich mit hochrangigen Personen anzufreunden und Kontakte aufzubauen. Bei ihrem Aufenthalt in Korea 1895 erhält sie zum Beispiel vier Audienzen mit der Königin und dem König von Korea im Kymg-Pok Palast, um die politische Situation des Landes zu diskutieren.[140]

Bird erlernt das Fotografieren und bildet sich weiter

Bird investiert zeitlebens in sich selbst. Sie lernt zu fotografieren und zu entwickeln. Dazu nimmt die Abenteurerin wiederholt Unterricht beim Leiter des Regent-Street-Polytechnikums in London, Ernest Howard Farmer (1860–1944). Die Fotografien ihrer Reisen entwickelt sie zu einer weiteren Einnahmequelle. Sie verkauft Alben, im Jahr 1901 verdient sie damit 60 Pfund, um das Missionskrankenhaus in Paoning-fu zu unterstützen.[141]

Sie durchläuft ein dreimonatiges Training in Krankenpflege am St. Mary's Hospital, als sie sich damit beschäftigt, Krankenhäuser zu errichten.[142] Zudem lernt Bird Fremdsprachen, noch im hohen Alter nimmt sie Französischunterricht, sie bildet sich in botanischen Studien und im Mikroskopieren weiter.[143]

Birds Erfolgsrezept

Birds Karriere basiert auf vielfältigen Grundlagen. Auf ihren Reiserouten folgt sie der Ausdehnung des britischen Weltreichs und den missionarischen Bewegungen ihrer Zeit. Zudem entwickelt sie bewusst das Image einer kranken Frau, die ihrem Publikum dennoch die Welt zeigt. Und obgleich Bird allein reiste, spürt sie, wo sie als Autorin die gesellschaftlichen Konventionen nicht sprengen darf. Daher lässt sie sich auf ihren größten Abenteuern im Zweifelsfall von Männern leiten. Ein Geologe führt sie zu den glühenden Vulkankratern auf Hawaii. Auf die Gipfel der Rocky Mountains lässt sich Bird von dem einäugigen, aber gleichfalls hochgebildeten Banditen Jim Nugent leiten, mit dem Bird zumindest im literarischen Text beinahe eine Liebesbeziehung eingeht. Damit reizt sie die gesellschaftlichen Konventionen ihrer Zeit aus, überschreitet sie jedoch nicht und verleiht ihren Werken einen manchmal fast romanhaften Charakter. Auch das ist eine Grundlage für die Beliebtheit ihrer Bücher.

Zudem reiste Isabella Bird zwar allein, die Reisen funktionierten aber vor allem, weil die Reisende ständig Menschen vor Ort traf, die ihr Land und Leute zeigten. Ein großer Teil ihrer Gastgeber waren Missionare und Missionszentren genauso wie britische Diplomaten, Handeltreibende und Auswanderer. Auch das Konzept, in Briefform zu schreiben, trägt zu ihrer enormen literarischen Anerkennung bei. Die Leserinnen und Leser hatten dadurch das Gefühl, dass ihnen persönlich geschrieben und aus erster Hand von den Abenteuern berichtet wird.

Isabella Bird hatte hohe Ziele, die sie mit ihren insgesamt über zehn Jahre andauernden Auslandsreisen, zehn daraus resultierenden Büchern, zwei fotografischen Dokumentation über Tokyo und China sowie ihrem ungemein tätigen Lebensstil realisiert hat. Bird nutzte alle Gelegenheiten und tat das, was sie tun wollte, obwohl sie eine Frau und obwohl sie chronisch krank war. Diese aktive Lebenseinstellung bringt sie in einer Neujahrskarte aus dem Jahr 1898 auf den Punkt, in der sie den amerikanischen Lyriker Russell Lowell zitiert: »Not failure, but low aim is crime.«[144]

Das Publizieren sei ein wirtschaftliches wie ein intellektuelles Unternehmen, zieht die Buchwissenschaftlerin Anne E. Peale als Fazit über die verlegerische Tätigkeit von John Murray.[145] Isabella Bird hat sich in beidem verstanden. Als Isabella Bird am 7. Oktober 1904 in Edinburgh an Herzversagen stirbt, hinterlässt sie nicht nur ein eindrückliches literarisches Œuvre, sondern auch ein veritables Vermögen von mehr als 33.000 Pfund[146], was einem heutigen Wert von mehr als 3 Millionen Euro entspricht. Geerbt hatte sie 1.500 Pfund von ihrer Mutter, 6.500 Pfund von ihrer Schwester sowie 4.500 Pfund von ihrem Mann. Doch den größten Teil ihres Vermögens hatte die weit gereiste Expertin und großartige Schriftstellerin selbst erwirtschaftet. Isabella Bird hatte sich selbst zu einer Geschäftsfrau entwickelt, die ihre Finanzen regelte. Vor ihrer Indienreise 1889 hatte sie Dance Forbes Dallas als »Faktor, Kommissar und Anwalt eingesetzt, um meine gesamten geschäftlichen Angelegenheiten in diesem Land so zu verwalten, wie er es für richtig und zweckmäßig halten wird«. Ebenso war dieser im Falle ihres Todes dazu berechtigt, ihr Vermögen zu versorgen.[147]

Der Erfolg beginnt, wo das Gewohnte aufhört. Isabella Bird hatte sich dazu entschlossen, das selbstbestimmte, professionelle Leben einer Schriftstellerin und Reisenden zu führen, auf das öffentliche Anerkennung und wirtschaftlicher Erfolg folgten. Grundlage dafür bildeten neben ihren Buchpublikationen die zahlreichen Artikel in Zeitschriften und Magazinen.

Take-aways

- Geistige Tätigkeiten wie das Schreiben von Büchern sind eine ebenso intellektuelle wie wirtschaftliche Unternehmung.
- Geistiges Eigentum in verschiedenen Produkten und Dienstleitungen wie Bücher, Zeitschriftenartikel, Vorträge und Beratungstätigkeiten vermarkten.
- Kein Abenteuer ist zu groß.
- Sich ein Image aufbauen, das in Erinnerung bleibt: Die Schwerkranke, die auf Reisen geht und Berge besteigt.
- Wo immer man ist, Kontakte aufbauen und pflegen.

Zum Weiterlesen

Bird, Isabella L. (1960): *A Lady's life in the Rocky Mountains*, Norman (Originalausgabe 1875, dt. Ausgabe: *Durch die Wildnis der Rocky Mountains: Allein unter Goldgräbern und Desperados*, Wiesbaden 2017).

Bird, Isabella L. (2002): *Letters to Henrietta*, hg. von Chubbuck, Kay, London.

Catharina van Hemessen

(1528–nach 1580)

Clara Peeters

(aktiv zwischen 1607 und 1621)

Giovanna Garzoni

(1600–1670)

Malerinnen

Wie finde ich die sogenannte eigene Nische und den eigenen Stil? Wie wird meine Arbeit einzigartig und unverwechselbar? Wodurch überrasche ich meine Kund*innen? Und wie gelingt es mir, meine Produkte und mich selbstbewusst zu bewerben?

Darauf antworten drei Künstlerinnen, die eindrücklich Auftraggeberinnen und Auftraggeber akquiriert sowie in ihrem wirtschaftlichen Handeln als künstlerische Einzelunternehmerinnen Pionierleistungen vollbracht haben. Über ihr Leben ist verhältnismäßig wenig bekannt, jedoch verwenden die drei Malerinnen ähnliche Strategien, weshalb sie in diesem finalen Kapitel zusammengefasst sind.

Neben Ladenbesitzerinnen, Händlerinnen, Marktverkäuferinnen, Handwerkerinnen, Weberinnen und Frauen, die ihre Ehemänner und Brüder in Unternehmen unterstützten, zum Beispiel wie Maria Jakobea Zurlauben (1658–1716), die in einem Zentralschweizer Soldunternehmen ihrer Familie tätig war, sind es bildende Künstlerinnen, die sich als Frauen früh eigenständig unternehmerisch betätigen und dabei größere Gewinne erwirtschaften.

Den drei Malerinnen Catharina van Hemessen, Clara Peeters und Giovanna Garzoni gelang es im 16. und 17. Jahrhundert, sich zu etablieren, weil sie sich weitestmöglich spezialisiert hatten: Catharina von Hemessen arbeitete als Porträtmalerin. Von ihr existiert das erste Selbstbildnis einer Künstlerin oder eines Künstlers der Renaissance beim Arbeiten an der Staffelei. Clara Peeters hat sich mit Stillleben eine einzigartige Position auf dem europäischen Kunstmarkt erarbeitet und wie van Hemessen in ihren Bildern unermüdlich Eigenwerbung betrieben. Giovanna Garzoni wirkte in Neapel, Rom, Florenz, Turin und London. Mit ihrer Art, Stillleben zu malen, hat sie sich so stark spezialisiert, dass sie nahezu konkurrenzlos war. (Bevor Sie weiterlesen, googeln Sie bitte einmal die Werke dieser Künstlerinnen!).

Es soll hier jedoch nicht um die Kunst der drei Malerinnen als solche gehen, sondern diese dient als Beispiel und Metapher, wie man sich auf umkämpften Märkten durchsetzen kann, indem man Alleinstellungsmerkmale entwickelt und gezielt für sich Werbung macht.

»Ich, Caterina de Hemessen, habe mich 1548 gemalt.«

Catharina von Hemessen: Selbstbildnisse werben um potenzielle Auftraggeber*innen

Van Hemessen wurde in eine Künstlerfamilie hineingeboren. Sie kam 1528 als Tochter von Barbara de Fevre und dem Maler Jan Sanders van Hemessen (um 1500–um 1566) in Antwerpen zur Welt. Ihr Handwerk lernte van Hemessen in der Werkstatt ihres Vaters. Jedoch war es ihr als Frau konventionsbedingt nicht möglich, ein eigenes Atelier mit Angestellten zu führen. Deshalb war es umso wichtiger, potenzielle Auftraggeberinnen und Auftraggeber auf sich aufmerksam zu machen. Van Hemessen malte dazu Selbstporträts, welche sie beim Arbeiten, nämlich beim Malen eines Porträts zeigen. Auf diesen Tafeln inszeniert sich die 20-Jährige selbstbewusst, indem sie die Betrachtenden oder die zu porträtierende Person direkt anblickt.

Die Selbstporträts dienten als Werbung für ihre Arbeit bei potenziellen Auftraggebern. Interessanterweise existieren drei identische Versionen eines Selbstporträts von van Hemessen, was verdeutlicht, dass es sich tatsächlich um eine Werbemaßnahme handelte. Eines davon hängt im Kunstmuseum Basel. Alle drei Tafeln tragen die Inschrift: »EGO CATERINA DE / HEMESSEN ME / PINXI 1548 / ETATIS SVÆ / 20«, also »Ich, Caterina de Hemessen, habe mich 1548 gemalt, ihres Alters 20.« Damit unterstreicht sie in diesem Gemälde ihre Profession als Malerin doppelt, einmal, indem sie sich selbst porträtiert, sowie durch den Text. Auf dem Gemälde ist sie gerade dabei, ein Porträt anzufertigen. Sie sitzt vor einer Staffelei und hält in der linken Hand eine Palette, fünf Pinsel und einen Malstock, auf dem sie ihre rechte Hand abstützt, die gerade das Gesicht ihres Modells auf eine kleine, bereits gerahmte Holztafel bannt. Die Künstlerin malt sich nicht in Arbeitskleidung, sondern entsprechend ihrem sozialen Stand in einem edlen Kleid aus schwarzem Samt und rötlich-auberginenfarbenen Samtärmeln. Dazu trägt sie eine weiße haubenartige Kopfbedeckung aus Leinen.

Als Hofmalerin in Spanien

Mit ihrem selbstbewussten Selbstbildnis und anderen Porträts ist es van Hemessen gelungen, in den Dienst der politisch höchsten Frau der Niederlande zu treten. Seit 1531 regierte Erzherzogin Maria, Königin von Ungarn (1505–1558), die Schwester Karls V., als Statthalterin die Niederlande. Sie residierte in Brüssel. Maria von Ungarn folgte damit nach dem Tod ihrer Tante, Erzherzogin Margarete von Österreich (1480–1530), in dieser Position nach. Maria von Ungarn verteidigte das Land und schlug unter anderem in der Schlacht von Luxemburg ihren Schwager, den französischen König Franz I. (1495–1547). Daneben förderte sie die Künste und holte neben Tizian auch Catharina van Hemessen an ihren Hof. Diese hatte im Jahr 1554 den Organisten der Antwerpener Kathedrale Chrétien de Morien geheiratet. Kurz darauf traten beide in den Dienst der Statthalterin der Niederlande. 1555 erscheint van Hemessens Name auf einer Liste mit Hofleuten. Als Hofdame kam van Hemessen unter anderem die Aufgabe zu, andere Hofdamen in Kunst zu unterrichten. Als sich Maria von Ungarn nach ihrem politischen Rücktritt als Statthalterin nach Spanien zurückzieht, folgt ihr das Ehepaar. Doch schon bald stirbt die habsburgische Regentin im Jahr 1558, womit für das Künstlerpaar der Dienst am Hof endet. Maria von Ungarn hatte die Eheleute mit einer Lebensrente versorgt, sodass diese wieder nach Flandern zurückkehren konnten. 1561 wird Chrétien de Morien Organist in 's-Hertogenbosch. Von van Hemessen verwischen sich nach der Rückkehr in die niederländische Heimat die Spuren. Ihre eindrücklichen Porträts haben sich jedoch überliefert und demonstrieren, dass es sich lohnt, auf sich und sein Können aufmerksam zu machen. Zu ihrer Spezialität zählte es, die exquisiten Stoffe und Oberflächenbeschaffenheit der Kleider ihrer wohlhabenden Modelle malerisch einzufangen. Catharina van Hemessen hat Gemälde mit Vorbildcharakter geschaffen, wenn es darum geht, sich mit seiner eigenen Arbeit zu präsentieren. Ihrem Beispiel folgten später zahlreiche Malerinnen und Maler nach.

Clara Peeters: Gute Werbung ist Kunst

Vielen Unternehmerinnen und Unternehmern fehlt am Beginn ihrer Selbstständigkeit das Selbstvertrauen, um sich ausreichend zu vermarkten und angemessene Preise für die eigene Leistung einzufordern. Ein innovatives Produkt, ein ausgeklügeltes Geschäftsmodell oder ein klares Alleinstellungsmerkmal, all das ist nutzlos, wenn man nicht mit einer starken inneren Haltung auftritt und für sein Können einsteht. Doch viele Menschen, besonders Frauen, haben damit ein Problem. Sie feilen lieber monatelang an Konzepten und Produkten, anstatt das Telefon in die Hand zu nehmen, Vorträge zu halten oder durch andere kommunikative Aktionen täglich die eigene Komfortzone zu verlassen und selbstsicher zu vermitteln: »Hier bin ich. Ich habe ein tolles Produkt.«

Die ebenfalls wie van Hemessen in Antwerpen beheimatete Malerin Clara Peeters (aktiv zwischen 1607 und 1621) gilt als die erste bekannte Stilllebenmalerin der europäischen Kunstgeschichte. Sie demonstriert eindrucksvoll, wie erstklassige und zugleich witzige Selbstvermarktung funktioniert. In ihren Gemälden setzt sich die Künstlerin selbst in Szene, gleichsam als Selbstvergewisserung und Ausrufezeichen, um zu unterstreichen, dass die Bilder von ihr, Clara Peeters, gemalt worden sind. Erfindungsreich baut die Malerin dazu ihre Signatur in die Bilderzählungen ein, etwa als gebackener Buchstabe P, als Gravur in einem auf dem Tischtuch liegenden Messer oder als winzige Selbstporträts, wie etwa auf einem Stillleben im Prado mit Blumen, einem vergoldeten Kelch, Mandeln, getrockneten Früchten, Zuckerwerk, Keksen, Wein und einem Zinnkrug.[148]

Sieben Selbstporträts in einem Bild

Auf den ersten Blick wirkt die in diesem Bild dargestellte Szene, als hätte jemand den Apérotisch verlassen und die Erfrischungen zufällig angeordnet zurückgelassen. Doch tatsächlich ist das Bild durchkomponiert. Auf dem Tisch liegen in einer weißen Schale sowie auf einem Zinnteller getrocknete Feigen, Rosinen, Mandeln und Zuckergebäck. Im Hintergrund steht ein Weinglas in venezianischer Art. In der Vase und auf dem Tisch sind kunstvoll über 20 verschiedene Blumen drapiert, Rosmarinzweige und andere Blätter verleihen dem Strauß eine abwechslungsreiche Fülle. Das langgezogene Blatt einer Schwertlilie leitet den Blick der Betrachtenden hinüber zur Tülle einer Zinnkanne, auf deren glänzender Oberfläche sich ein Fenster und vier Konterfeis der Malerin spiegeln. Ebenfalls sind auf einem vergoldeten Kelch in der Bildmitte mindestens drei weitere Miniaturselbstbildnisse zu erkennen. Insgesamt hat sich Clara Peeters mit sieben Selbstporträts in dieses Gemälde eingeschrieben. Subtil und bestimmt leuchten diese auf dem Zinnkrug und dem vergoldeten Kelch.

Aggressive Selbstvermarktung

Der US-amerikanische Businesscoach Alan Weiss empfiehlt Unternehmer*innen, sich aggressiv zu vermarkten, um aufzufallen und adäquate Einnahmen zu erwirtschaften. Clara Peeters scheint diese Strategie bereits vor 400 Jahren umgesetzt zu haben. Sie entwickelte eine außergewöhnliche Präsenz, ganz buchstäblich, auf ihren Gemälden. Zwar malten Künstlerinnen im 16. und beginnenden 17. Jahrhundert häufig Selbstporträts für potenzielle Kunden als Visitenkarten und Ausweis des eigenen Könnens. Doch keine Malerin zeigte ihr Abbild auf eine so spielerische, fantasievolle und technisch anspruchsvolle Art und Weise wie Clara Peeters. Sich auf spiegelnden Oberflächen darzustellen, galt seit jeher als Herausforderung in der Malerei.

Kunden in ganz Europa

Mit der Fülle an Selbstporträts verleiht Clara Peeters ihren Stillleben eine emotionale Anziehungskraft und ein besonderes Alleinstellungsmerkmal. Die Miniaturbildnisse offenbaren ihre Kühnheit und ihren Mut, den es wohl brauchte, um als Frau am Beginn des 17. Jahrhunderts als Künstlerin tätig zu sein und sich in einem Umfeld voller Konkurrenz zu behaupten. Der Antwerpener Kunstmarkt boomte zu Lebzeiten von Clara Peeters. Dort arbeiteten etwa zeitgleich Maler wie Peter Paul Rubens, Anthonis van Dyck, Jan Breughel d. Ältere oder Jacob van Hulsdonck. In diesem Umfeld konnte sich Clara Peeters etablieren.

Ihr malerisches Können sowie der ihren Bildern innewohnende neuartige Realismus, gepaart mit ihrer bildlichen Präsenz, hat Clara Peeters Kunden in ganz Europa gewinnen lassen. Als Erste malte sie zudem Fischstillleben. Zwei ihrer Stillleben erwarb einer der berühmtesten Kunstsammler ihrer Zeit, der Spanier Diego Mexía Felípez de Guzmán (um 1580–1655).[149] Noch heute faszinieren die Werke der Malerin dank ihrer offensiven Eigenwerbung.

Giovanna Garzoni

Während Clara Peeters offensichtlich für den gesamteuropäischen Markt arbeitete, hatte sich die in Italien lebende Malerin Giovanna Garzoni auf den dortigen Hochadel als Kundengruppe spezialisiert. Dafür hat sie ähnlich wie Clara Peeters mit den Fischstillleben und den versteckten Porträts ein exklusives Produkt entwickelt. Auf Pergament, wie sonst bei Buchmalereien üblich, malte sie wunderbar zarte Stillleben mit Früchten und ausgewählten Gemüsesorten.

Giovanna Garzoni kam im Jahr 1600 in Ascoli Piceno, einer Stadt im Süden der Region Marken, in Italien zur Welt, wuchs jedoch in Venedig auf. Ihr Leben ist durch Mobilität gekennzeichnet, weil sie dorthin reiste, wo ihre Auftraggeberinnen und Auftraggeber lebten: nach Florenz, Neapel, Turin und London. Ihr Alter verbrachte sie ab 1654 in Rom. Auch Garzoni wusste schon früh, wo sie arbeiten wollte. In ihrem Skizzenbuch aus den Jahren 1617 bis 1620 finden sich an Adlige in Siena, Verona und Rom adressierte Notizen. Offensichtlich hatte sie sich früh zum Ziel gesetzt, an einem bedeutenden Hof eine Anstellung zu finden.

Gemüse für den Großherzog

Ihre Werke wurden lange Zeit mehr mit barocker Kochkultur in Verbindung gebracht als mit ihrem Geschäftssinn, der die Malerin zweifelsohne auszeichnete. »Zu Preisen, die sie selbst bestimmen konnte«[150], verkaufte sie ihre Arbeiten, wie ein zeitgenössischer Schriftsteller über sie berichtet. In diese Position gelangt, wer konkurrenzlos ist. Den Weg zu diesem komfortablen Renommee hatte sie sich über mehrere Stationen an Adelshöfen erarbeitet.

1630 ist sie am Hof des spanischen Vizekönigs, dem Herzog von Alcalà, in Neapel tätig, ab 1631 bis 1637 arbeitet die Künstlerin am Hof der Herzogin von Savoyen, Christina von Frankreich (1606–1663), und ihres Mannes Viktor Amadeus I. (1587–1637) in Turin, wo sie Miniaturporträts und Stillleben anfertigt. 1639 weilt sie vermutlich in Frankreich und in der Folge am englischen Hof in London.

Ab 1641 bis 1651 wirkt sie am Hof des Großherzogs von Florenz, Ferdinand II. von Medici (1621–1670), und seiner Frau Großherzogin Vittoria della Rovere (1622 -1694). Ab 1654 lebt sie in Rom, wo sie ein Haus erwirbt und Mitglied der Malerakademie San Lucca wird, jedoch weiterhin für die Medici arbeitet. Giovanna Garzoni blieb kinderlos. Es ist unklar, ob sie nie oder nur einmal für kurze Zeit verheiratet war, nämlich 1622 mit dem venezianischen Maler Tiberio Tinelli.

100 Messen gegen das Fegefeuer

Bis zu ihrem Tod im Jahr 1670 hatte sie sich ein erhebliches Vermögen erarbeitet, das sie der römischen Accademia di San Lucca stiftete mit der Bedingung, dass ihr nach dem Tod ein Denkmal errichtet werde. In ihrem Testament aus dem Jahr 1666 legte sie fest, dass nach ihrem Tod 431 Messen in verschiedenen Kirchen Roms für ihr Seelenheil gelesen werden. Davon sollten allein 100 Messen noch am Tag ihres Todes in der Kirche Santi Luca e Martina gehalten werden.[151] Garzoni investierte enorm für ihr Leben nach dem Tod. Sowohl die Planung eines Denkmals als auch die Vorsorge für ihr Seelenheil offenbaren, wie sehr sich die Künstlerin um ihr Nachleben kümmerte.

Was machte Garzonis Stillleben so speziell und begehrenswert? Sie hatte eine neue Form von Stillleben entwickelt, die das Leben zelebrierten, anstatt wie sonst üblich durch exotische Früchte, Zucker und Goldpokale den Reichtum ihrer Auftraggeber*innen zu demonstrieren und an die eigene Vergänglichkeit zu gemahnen.[152] Sie erfand einen Gegenentwurf zu einer Bildgattung, bei der man meinen könnte, dass nichts Neues mehr möglich sei. Sie reduzierte ihre Bildsujets soweit, bis nur noch Früchte und Obst übrigblieben. Diese wiederum malte sie voller Vitalität, Frische und Natürlichkeit. Sie arbeitete nicht auf Leinwand, sondern auf Pergament, welches sie in der Regel als hellen Grund verwendete und nicht wie bei anderen Maler*innen üblich dunkel grundiert. Auf dem Pergament entwarf sie sehr plastische kleine Bildbühnen, mit frischen Tempera- beziehungsweise Wasserfarben. Garzoni malte Feigen, Granatäpfel, Stangenbohnen, Pfirsiche, Kirschen, Pflaumen, Erdbeeren, Birnen, Artischocken und Rosenblüten, Gurken, Esskastanien oder Wassermelonen. Man möchte in die Bilder greifen, um von einer der Kirschen oder Feigen zu kosten. Ebenfalls überraschte Garzoni die Betrachtenden mit Fliegen, Heuschrecken und Goldfinken, die in Relation zu den Früchten in ihrer Größe bewusst nicht passend gewählt sind.

Bilder sollen die Gesundheit unterstützen

Garzonis Bilder waren nicht nur eine ästhetische Meisterleistung, sondern brachten ihren Besitzerinnen und Besitzern zudem einen relevanten Mehrwert. Um 1640 grassierte die Pest in Italien und es wurde geraten, zur Unterstützung der Gesundheit Gemälde mit Früchten und Blumen in den Innenräumen aufzuhängen.[153] Genau diesem Kundenbedürfnis entsprach Garzoni, indem sie die vitalsten Stillleben in der Geschichte der Kunst komponierte. Damit demonstriert sie eindrucksvoll, dass es immer einen Weg gibt, die eigene Profession innovativ weiterzuentwickeln.

Was können wir von den Künstlerinnen und ihren Kunstwerken aus wirtschaftlicher Perspektive lernen?

Die drei Malerinnen machen vor, was heute vielen Solounternehmern fehlt, weil sie vier Dinge miteinander kombinieren: Sie haben sich extrem spezialisiert, was sie unverwechselbar und einzigartig macht, sie arbeiten qualitativ extrem hochwertig, sie treffen mit dem, was sie tun, auf ein Marktbedürfnis und sie bewerben sich mit Bestimmtheit. Alle drei haben früh verstanden, dass für ein Spezialprodukt der Kundenkreis an einem Standort zu klein gefasst ist und haben begonnen, international zu agieren.

Als erste überlieferte Künstlerin der Renaissance lebt Catharina van Hemessen vor, wie man das eigene Schaffen der Welt präsentiert und selbstbewusst »Ich« sagt. Die Bildwelten von Garzoni und Peeters überraschen zudem die Betrachtenden mit zahlreichen Details wie die erst auf den zweiten Blick sichtbaren subtilen Selbstportraits. Sie konzentrieren die »Unermesslichkeit des Universums in sich« – »la grandezza dell'Universo«, wie es die etwa 18-jährige Garzoni an einen Auftraggeber schrieb.[154] Wer mit seinem Tun seinen individuellen, einzigartigen Stil und Ausdruck gefunden hat und wer es vermag, mit den eigenen Produkten und Dienstleistungen seinen Kundinnen und Kunden das Universum zu Füßen zu legen und dies auch noch werbewirksam verbal kommunizieren kann, ist nicht nur eine großartige Künstlerin, sondern auch eine eindrückliche Unternehmerin.

Take-aways

- Grenzen Sie Ihre Nische so eng wie möglich ein.
- Ein internationaler Kund*innenkreis und eine mobile Arbeitsweise erweitern die Möglichkeiten.
- Machen Sie aggressiv für sich Werbung.
- Überraschen Sie Ihre Kund*innen.
- Entwickeln Sie einen einzigartigen Stil, der Sie von der Konkurrenz deutlich unterscheidet, und verbinden sie dies mit einem starken Mehrwert beziehungsweise Nutzen für Ihre Kund*innen.

Zum Weiterlesen

Barker, Sheila (2020) (Hg.): *»The immensity of the universe« in the art of Giovanna Garzoni*, Ausstellungskatalog Gallerie degli Uffizi Florenz, Livorno.

Vergara, Alejandro (Hg.) (2016): *The art of Clara Peeters*, Ausstellungskatalog Königliches Museum der Schönen Künste Antwerpen, Museo Nacional des Prado Madrid.

Die Werke der drei Künstlerinnen befinden sich unter anderem in folgenden Museen (auch in den digitalen Sammlungen): Catharina van Hemessen: Kunstmuseum Basel und National Gallery London; Clara Peeters: Museo del Prado Madrid, Mauritshuus Den Haag; Giovanna Garzoni: Gallerie degli Uffizi, Galleria Palatina, Florenz

ZUSAMMENFASSUNG

1. Was macht erfolgreich?

Was lässt sich aus der Vergangenheit für die Zukunft lernen? Was bleibt auch heute noch tragfähig von einer Führungsfrau aus dem 15. Jahrhundert, von einer Juwelenhändlerin aus dem 18. Jahrhundert oder einer Serienunternehmerin vom Beginn des 20. Jahrhunderts? An welchen Punkten vermitteln die Lebensgeschichten noch heute wertvolle Erkenntnisse?

Bei einer zusammenfassenden Betrachtung der 20 Lebensgeschichten zeigt sich, dass spezielle Charaktereigenschaften, persönliche Kompetenzen und Fähigkeiten, jedoch nicht nur technisches Wissen und Kapital grundlegend dafür sind, die eigenen Ziele zu erreichen. Interessanterweise bildet dabei die Integration konträrer Eigenschaften den entscheidenden Mehrwert. Alle vorgestellten Frauen vereinen die scheinbar konträren Fähigkeiten von Rebellion und Ordnung in sich. So haben die Unternehmerinnen und Führungsfrauen vorgegebene Wege und traditionelle Lebensformen verlassen, arbeiteten jedoch äußerst diszipliniert und strukturiert. Sie entwickelten bemerkenswerte Ziele, waren aber in der Lage, einen Belohnungsaufschub auszuhalten. Sie waren entscheidungsstark, selbstbewusst und übernahmen allein Verantwortung, waren jedoch andererseits hochkommunikativ und in ein starkes Beziehungsnetzwerk eingebunden. Sie zeigten sich unzufrieden mit einem bestimmten Zustand, besaßen jedoch die Fähigkeit, lösungsorientiert und kreativ-konstruktiv zu handeln. In den schmerzlichsten Lebenssituationen, wie etwa dem Tod von Kindern oder des Ehemannes, gelang es ihnen, zukunftsorientiert zu denken, anstatt im Zustand des Schocks zu verharren. Diese Integrationsfähigkeit und Resilienz sind besondere Stärken, die bei den Wirtschaftsfrauen zu herausragenden Leistungen geführt haben.

12 Erfolgskriterien ziehen sich wie ein roter Faden durch die Biografien der porträtierten Wirtschaftsfrauen und Macherinnen. Die folgende Grafik fasst sie zusammen:

Die 12 Bedingungen des Erfolgs:

1. Mut und Risikobereitschaft

Mut und Risikobereitschaft zählen zu den beiden wichtigsten Eigenschaften für unternehmerisches Handeln. Dabei geht es darum, mehr zu wagen als andere und sich von Hindernissen nicht beirren zu lassen, anstatt durch ein Sicherheitsdenken auf der Stelle zu treten. Wann ist couragiertes Vorgehen eine Chance und wann ist es ein Risiko? Hier sei das Reinhard Mohn zugeschriebene Zitat angemerkt: »Die Ablehnung eines Risikos ist für ein Unternehmen das größte Risiko.«

Hier erfahren Sie mehr: Madame Kaulla, Veuve Clicquot, Isabella Bird, Kate Gleason

2. Konstruktive Unzufriedenheit

Eine kreativ-konstruktive Haltung ermöglicht es, Lösungen zu sehen, vieles auszuprobieren und Herausforderungen mit ungewohnten Strategien zu begegnen.

Martha Matilda Harper bringt es auf den Punkt: »Being satisfied with things as they are is a sure sign of decline. [...] Constructive discontent, is to me, a higher faculty of mind.«

Hier erfahren Sie mehr: Eliza Lucas Pinckney, Kate Gleason, Martha Matilda Harper

3. Disziplin und Durchhaltevermögen

Disziplin schlägt Motivation, Talent und Kapital. Nur wer bereit ist, sich jeden Tag anzustrengen und über viele Jahre am eigenen Projekt zu arbeiten, erhält irgendwann beachtliche Ergebnisse. Das bedeutet häufig auch, kurz- und mittelfristig Nachteile wie finanzielle Unsicherheiten oder den Verzicht auf schnelle Belohnungen in Kauf zu nehmen, bevor sich die gewünschten Ergebnisse einstellen.

Madame Kaulla bringt es auf den Punkt: »In unserem Geschäft heißt es arbeiten, hart und angestrengt. Vom frühen Morgen bis zum späten Abend.«

Hier erfahren Sie mehr: Madame Kaulla, Martha J. Coston, Sophie von La Roche

4. Visionärer Blick und große Ziele

Das Setzen von außerordentlichen Zielen sowie ein strategischer Weitblick in die Zukunft bilden die Grundlage für herausragende Ergebnisse. Wer in der Lage ist, eine Vision zu entwickeln, wie etwa Martha Matilda Harper als Hausangestellte, eröffnet sich die Möglichkeit, diese zu erreichen. Die Voraussetzung besteht allerdings darin, die Ziele zunächst zu definieren.

Isabella Bird bringt es auf den Punkt: »Not failure, but low aim is crime.«

Hier erfahren Sie mehr: Eliza Lucas Pinckney, Veuve Clicquot, Isabella Bird, Martha Matilda Harper

5. Verlassen von vorgegebenen Wegen

Wege zu beschreiten, die noch niemand begangen hat, macht konkurrenzlos und einzigartig. Die meisten Menschen ängstigt das, weil uns die Gesellschaft zu vorgegebenen Karriereschritten und Handlungsmustern drängt. Die porträtierten Frauen haben jeweils in irgendeiner Form mit Traditionen und Konventionen gebrochen. Wie soll auch auf ausgetretenen Wegen etwas Neues entstehen?

Christine de Pizan bringt es auf den Punkt: »Neue Dinge gefallen.«

Hier erfahren Sie mehr: Christine de Pizan, Isabella Bird, Kate Gleason

6. Die Erste sein

Wer als Erste etwas erreicht, hat viele Wettbewerbsvorteile: Als Erste erhält man größere Aufmerksamkeit, als Erste gelingt es leichter, Marktführerin zu werden, als Erste bleibt man in Erinnerung. Die Strategie von Pionierinnen unterscheidet sich von der Konkurrenz. Dies bietet Möglichkeiten für ein stärkeres, profitables Wachsen.

Kate Gleason bringt es auf den Punkt: »Es zahlt sich aus, auf jedem Gebiet die Erste zu sein, wenn man es kann.«

Hier erfahren Sie mehr: Veuve Clicquot, Christine Englerth, Kate Gleason, Martha Matilda Harper

7. Verantwortung annehmen und handeln

Wenn sich die Möglichkeit bietet, Verantwortung zu übernehmen, lohnt es sich, die Chance zu ergreifen. Viele der Frauen kamen durch Notsituationen wie dem Tod ihres Mannes in die Situation, ein Unternehmen zu leiten. Sie haben sich als ausgezeichnete Führungsfrauen erwiesen, auch wenn sie von allein diesen Schritt nicht gegangen wären.

Martha J. Coston bringt es auf den Punkt: »[...] meine Entschlossenheit, erfolgreich zu sein, wuchs mit den Hindernissen, die auftauchten.«

Hier erfahren Sie mehr: Christine de Pizan, Isabella von Portugal, Rebecca Lukens, Mary Parker Follett

8. Ein starkes Netzwerk

Wer erfolgreich sein will, muss kommunikationsfähig sein und weit gestreut Beziehungen gestalten. Die Pionierinnen pflegten ein starkes Netzwerk aus Unterstützenden, das aus Familie, Freund*innen, Mentor*innen, Förderern und Geschäftspartner*innen besteht. Das zahlt sich in Krisensituationen genauso aus wie bei der Entwicklung von Innovationen.

Hier erfahren Sie mehr: Christine de Pizan, Rebecca Lukens, Glikl bas Judah Leib, Madame Kaulla, Sophie von La Roche

9. Bereitschaft, sich selbst in den Mittelpunkt zu stellen

Eine große Reichweite erhält, wer unermüdlich für sich Werbung macht. Dazu gehört manchmal auch, Konflikte öffentlich auszutragen, unbequeme Positionen einzunehmen und Gegenwind auszuhalten.

Kate Gleason bringt es mit Susan B. Anthony auf den Punkt: »Jede Form von Werbung ist gut. Erhalte Lob, wenn möglich, Tadel, wenn nötig. Aber sorge immer dafür, dass über dich geredet wird.«

Hier erfahren Sie mehr: Christine de Pizan, Catharina van Hemessen, Clara Peeters, Lydia E. Pinkham

10. Eine klar definierte Organisationsstruktur und Abläufe

Ein klar definierter Tagesablauf schafft Struktur und ermöglicht Produktivität. Die meisten der porträtierten Frauen haben nicht nur ihre Produkte optimiert, sondern ebenso ihre Unternehmensstruktur und -prozesse entwickelt.

Isabella Bird bringt es auf den Punkt: »Ich schreibe täglich sechs Stunden, [...].«

Hier erfahren Sie mehr: Sophie von La Roche, Angelika Kauffmann, Isabella Bird, Martha Matilda Harper

11. Verschiedene Geschäftszweige entwickeln
Mehrere Geschäftssegmente erzeugen Synergieeffekte, beflügeln sich wechselseitig und verstärken den Erfolg. Mehrere Geschäftszweige bieten Sicherheit.

Hier erfahren Sie mehr: Madame Kaulla, Helene Amalie Krupp, Isabella Bird

12. Qualitätsanspruch: ein überzeugendes Produkt beziehungsweise eine überzeugende Botschaft
Ein überzeugendes Produkt mit einer signifikanten Wertinnovation für die Kund*innen wird sich durchsetzen. Dafür lohnt es sich, Anstrengungen in Kauf zu nehmen.

Christine de Pizan bringt es auf den Punkt: »Die Quelle bedeutender Anstrengungen ist stets das leidenschaftliche Herz.«

Hier erfahren Sie mehr zu diesem Punkt: Christine de Pizan, Rebecca Lukens, Martha Matilda Harper

2. Die andere Seite des Erfolgs

Erfolg hat viele Seiten. Wir konzentrieren uns zumeist darauf, die schillernden und glänzenden Aspekte zu betrachten, übersehen dabei jedoch die Schattenseiten.

Die 20 Lebensgeschichten regen dazu an, auch über die negativen Auswirkungen, die dunklen Seiten für das eigene Leben sowie für die von den unternehmerischen Handlungen Betroffenen zu reflektieren, zum Beispiel unter folgenden Fragestellungen:

- Viel Arbeit, zahlreiche Aufträge oder wachsende Mitarbeiterzahlen führen leicht zu einem Verlust von freier Zeit. Wie gelingt es mir, mich selbst bei allem Tatendrang nicht zu verlieren und in Beziehungen mit anderen zu bleiben?
- Wie bleibe ich gesund und leistungsfähig, ohne meine körperlichen Grenzen bis zur totalen Erschöpfung zu überschreiten?
- Wie gehe ich mit Enttäuschungen menschlicher und markttechnischer Natur um?
- Welchen Stellenwert hat das Erreichen von Zielen und wirtschaftlichem Erfolg in meinem Leben? Was treibt mich an und was macht mich tatsächlich zufrieden? Was kommt nach dem Erfolg?
- Unternehmerisch zu denken und zu handeln, impliziert für den strategischen Erfolg kurz- und mittelfristig Nachteile in Kauf zu nehmen und auf Dinge zu verzichten. Bin ich dazu bereit?
- Wie weit will ich wachsen? Ist mein wirtschaftliches Handeln ethisch-moralisch vertretbar? Welche Auswirkungen hat mein unternehmerisches Handeln auf die Gesellschaft?

3. Mit der Vergangenheit im Blick die Zukunft gestalten

Wir brauchen eine Tradition, auf die wir zurückgreifen können, insbesondere, um mehr Frauen den Weg in wirtschaftliche Führungspositionen zu ermöglichen. Aber es wäre naiv, an Haltungen, Wirtschaftsmodellen und Zielen wie Gewinnmaximierung festzuhalten, die aus der Zeit der Kolonialisierung und der Industrialisierung stammen. Dies wird allerdings erst sichtbar, wenn wir die Vergangenheit vor uns sehen, anstatt sie nur hinter uns zu lassen. Dann öffnet sich der Blick für Alternativen und neue Wirtschaftsweisen, die eine ökonomische, ökologische und soziale Nachhaltigkeit versprechen.

DANK

Die Recherche und Texterstellung zu den einzelnen Pionierinnen wurde ermöglicht durch die großzügige Förderung der UBS Kulturstiftung, der Basler Stiftung Bau & Kultur sowie durch die Willy A. und Hedwig Bachofen-Henn-Stiftung. Erst durch diese Finanzierung kam das Projekt zum Fliegen.

Für die ausgezeichnete Begleitung beim Redline Verlag danke ich Marileen Kullmann und Michael Wurster, die jederzeit für Fragen zur Verfügung standen. Besonders verbunden bin ich Silvia Kinkel für ihre zielgerichtete Redaktion, durch welche der Text noch einmal gewonnen hat. Ebenfalls gebührt mein Dank Laura Osswald für die wunderbaren Illustrationen.

Ein Buch zu entwickeln, das Konzept zu verkaufen und schließlich zu schreiben ist ein langwieriger Prozess. Für Gespräche, Anregungen und positive Richtungsweisungen danke ich Ursula Meyerhofer Fahlbusch, Dominik Flammer, Carsten Rübsaamen und Claudius Sieber-Lehmann (ebenso für Übersetzungen aus dem Französischen). Im Endspurt waren die Textkorrekturen und Ideen von Hendrik Humpal, Florentin Meyer, Katharina Rübsaamen, Ali Sonay sowie Tobias Vetter ein enormer Gewinn.

Das Buch hätte ich nicht schreiben können, wenn mir nicht zahlreiche Kolleg*innen, die primär zu den porträtierten Frauen geforscht haben, Fragen beantwortet hätten und mich großzügig von ihrem Wissen haben profitieren lassen. Ich danke daher sehr herzlich Bettina Baumgärtel

(Düsseldorf), Gudrun Loster-Schneider (Dresden), David McClay (Edinburgh), Helga Meise (Reims), Isabelle Pierre (Reims), Jane R. Plitt (Bradenton), Horst Schmidt (Eschweiler), Kim Siebenhüner (Jena), Richard P. Smith, Jr. (Coatesville), Jürgen Vorderstemann (Harthausen) sowie James D. Ziegler (Coatesville).

Die Entstehung des Buches entwickelte sich auch zu einer generationenübergreifenden Familienunternehmung. Meine Eltern Gabriele Lucas und Ludwig Drees standen jederzeit verlässlich mit wachem Blick und kritischen Fragen zur Verfügung, um die ersten Versionen aller Kapitel Korrektur zu lesen. Über den Lockdown ist daraus ein sonntagabendliches Korrekturritual via Facetime entstanden, auf das ich in freudiger Erinnerung zurückblicke. Vielen Dank!

ÜBER DIE AUTORIN

Dr. phil. Jana Lucas arbeitet als Beraterin, Autorin und Dozentin. Unter dem Motto »Von der Kunst lernen« verbindet die promovierte Kunsthistorikerin in ihren Beratungen mit Schwerpunkt Innovationsentwicklung und Unternehmensstrategie die Themen Kunst und Wirtschaft. Dabei nutzt sie Kunstwerke und historische Kontexte als kreativ-analytisches Tool, um herausfordernde Business- und Managementfragen zukunftsweisend zu lösen.

Seit ihrer praktischen Arbeit im Storytelling bei einer international tätigen Ausstellungs- und Marketingagentur hat Jana Lucas zahlreiche Unternehmen im In- und Ausland unterstützt und kann den Bogen zwischen Kreativität, Innovation und Wahrnehmung in der Kunst zu deren Bedeutung für Unternehmen schlagen. Sie ist Autorin zahlreicher wissenschaftlicher sowie journalistischer Publikationen und lebt in Basel (Schweiz).

Informationen zu ihren Workshops, Vorträgen und der Verbindung zwischen Kunst und Wirtschaft finden sich unter: www.janalucas.ch

ANMERKUNGEN

Leadership

1 Zitiert nach de Pizan, Christine (1996): Der Schatz der Stadt der Frauen. Weibliche Lebensklugheit in der Welt des Mittelalters. Ein Quelltext, übersetzt von Claudia Probst, eingeleitet von Claudia Opitz, Freiburg im Breisgau (Originalausgabe Paris 1405), S. 259.

2 Zitat vom Beginn der XXXVI. Ballade aus den Autres Ballades, zitiert nach Zimmermann, Margarete (2002): Christine de Pizan, Reinbek bei Hamburg, S. 23.

3 Zitiert nach der englischen Übersetzung des Textes: McLeod, Glenda / Cannon Willard, Charity (2012): The Vision of Christine de Pizan, translated from the French, Martlesham (Originalausgabe Paris 1405–06), S. 96, deutsche Übersetzung von der Autorin.

4 Ebenda.

5 Zitiert nach McLeod / Cannon Willard, S. 95.

6 Ebenda.

7 Zitiert nach McLeod / Cannon Willard, S. 96.

8 Ebenda.

9 Zitiert nach McLeod / Cannon Willard, S. 99.

10 Zitiert nach McLeod / Cannon Willard, S. 98.

11 Ebenda.

12 Zitiert nach McLeod / Cannon Willard, S. 96.

13 Zitiert nach McLeod / Cannon Willard, S. 104.

[14] Zitiert nach McLeod / Cannon Willard, S. 105.

[15] Zitiert nach Zimmermann, S. 32.

[16] Pernoud, Régine (1997): Christine de Pizan. Biographie, München, S. 88.

[17] Zitiert nach Pernoud, S. 97.

[18] Vgl. Langlois, Ernest: Le traité de Gerson contre le roman de la rose, in: Romania, Bd. 45, Nr. 177, 1918–1919, S. 23–48, hier S. 40.

[19] Zitiert nach Zimmermann, S. 63.

[20] Ebenda.

[21] Zitiert nach McLeod / Cannon Willard, S. 107 f.

[22] Ebenda.

[23] Zitiert nach McLeod / Cannon Willard, S. 106 f.

[24] Zitiert nach de Pizan, S. 39.

[25] Zitiert nach de Pizan, S. 180.

[26] Ebenda.

[27] Zitiert nach de Pizan, S. 183.

[28] Zitiert nach de Pizan, S. 106.

[29] Ebenda.

[30] Zitiert nach de Pizan, S. 184.

[31] Zitiert nach de Pizan, S. 66.

[32] Zitiert nach McLeod / Cannon Willard, S. 116.

[33] Ebenda.

[34] Zitiert nach Pernoud, S. 110.

[35] Silva, Manuela Santos (2013): Princess Isabel of Portugal: First Lady in a Kingdom without a Queen (1415–1428), in: Woodcare, Elena (Hg.): Queenship in the Mediterranean. Negotiating the role of the Queen in the medieval and early modern eras, New York, S. 191–205, hier S. 194.

[36] Silva, S. 199.

[37] Vaughan, Richard (1970): Philip the Good. The Apogee of Burgundy, London, S. 56.

[38] Sommé, Monique (2010): Charles le Téméraire et les femmes: présence et influence, in: Oschema, Klaus / Schwinges, Rainer C. (Hg.): Karl der Kühne von Burgund. Fürst zwischen europäischem Adel und der Eidgenossenschaft, Zürich, S. 69–79, hier S. 70.

[39] Zitiert nach Schulz, Andreas (1976): Andreaskreuz und Christusorden: Isabella von Portugal und der burgundische Kreuzzug, Universität Freiburg, S. 64.

[40] Sommé, Monique (1998): Isabelle de Portugal, duchesse de Bourgogne. Une femme au pouvoir au XVe siècle, Villeneuve d'Ascq, S. 384.

[41] Sommé, Monique (1992): Les délégations de pouvoir à la duchesse de Bourgogne Isabelle de Portugal au milieu du XVe siècle, in: Les princes et le pouvoir

au Moyen Age, Actes des congrès de la Société des historiens médiévistes de l'enseignement supérieur public, 23e congrès, Brest, S. 285–301, hier S. 288.

42 Zitiert nach Sommé 1992, S. 286.

43 Zitiert nach Sommé 1992, S. 287.

44 Zitiert nach Sommé 1992, S. 292.

45 Zitiert nach Sommé 1992, S. 294.

46 Brief Isabella von Portugal an Nicolas Rolin, 13. Oktober 1445, zitiert nach Schulz, S. 129.

47 Anm. der Redaktion: Die Livre, frz. für Pfund, war vom 9. bis zum 18. Jahrhundert eine französische Einheit der Silberwährung.

48 Zitiert nach Sommé 1992, S. 289.

49 Allmand, C. T. (1972): Documents relating to the anglo-french negotiations of 1439, The Camden Miscellany, 24, London, S. 79–149, hier S. 120 sowie Sommé 1992, S. 290.

50 Schulz, S. 73.

51 Anm. der Redaktion: Der Florentiner war eine im Spätmittelalter in Europa weit verbreitete und in Florenz geprägte Goldmünze.

52 Schulz, S. 234.

53 Parker Follett, Mary (1924): Creative experience, New York und London, Nachdruck Bristol 2001, S. 73.

54 Parker Follett, Mary (1995): Constructive conflict (Nachdruck aus: Fox, Elliot M. / Urwick, Lyndall (Hg.): Dynamic administration. The completed papers of Mary Parker Follett, London 1973), in: Graham, Pauline (Hg.): Mary Parker Follett – Prophet of Management. A celebration of writings from the 1920s, Boston, S. 67–87, hier S. 71.

55 Parker Follett (1924), S. 157.

56 Parker Follett (1995), S. 71.

57 Parker Follett (1924), S. 157.

58 Parker Follett (1995), S. 71.

59 Parker Follett (1995), S. 72.

60 Parker Follett (1924), S. 301.

61 Parker Follett (1995), S. 75.

62 Parker Follett (1995), S. 75.

63 Parker Follett (1995), S. 77 f.

64 Beispiel aus Parker Follett (1924), S. 169 f.

65 Parker Follett (1995), S. 79 f.

66 Parker Follett (1995), S. 72 f.

67 Parker Follett (1995), S. 82.

68 Parker Follett (1995), S. 82.

69 Parker Follett (1995), S. 84.

70 Parker Follett (1995), S. 84.

71 Parker Follett (1995), S. 85.

72 Parker Follett (1995), S. 86.

73 Vgl. Tonn, Joan C. (2003): Mary P. Follett. Creating democracy, transforming management, New Haven und London, S. 387.

74 Vgl. Parker Follett (1995): The giving of orders (Nachdruck aus: Urwick, Lyndall (Hg.): Freedom & co-ordination. Lectures in business organisation by Mary Parker Follett, London 1949), in: Graham, Pauline (Hg.): Marry Parker Follett – Prophet of Management. A celebration of writings from the 1920s, Boston, S. 121–139, hier S. 133.

75 Parker Follett, Mary (1995): The essentials of leadership (Nachdruck aus: Urwick, Lyndall (Hg.): Freedom & co-ordination. Lectures in business organisation by Mary Parker Follett , London 1949), in: Graham, Pauline (Hg.): Marry Parker Follett - Prophet of Management. A celebration of writings from the 1920s, Boston, S. 163 -177, hier S. 168.

76 Parker Follett (1995): The essentials of leadership, S. 173.

77 Ebenda.

78 Ebenda.

79 Ebenda.

80 Parker Follett (1995): The essentials of leadership, S. 168.

81 Parker Follett (1995): The essentials of leadership, S. 168.

82 Parker Follett (1995): The essentials of leadership, S. 170.

83 Ebenda.

84 Parker Follett (1995): The essentials of leadership, S. 174.

85 Parker Follett (1995): The essentials of leadership, S. 169.

86 Parker Follett (1995): The essentials of leadership, S. 169 f.

87 Parker Follett (1995): The essentials of leadership, S. 172.

88 Tonn, S. 101.

89 Zitiert nach Tonn, S. 387

90 Mary Parker Follett in »Some methods of executive efficiency«, zitiert nach Tonn, S. 388.

91 Ebenda.

92 Vgl. Metcalf, Henry / Urwick, Lyndall (Hg.) (2013): Dynamic administration. The completed papers of Mary Parker Follett, Mansfield Centre, S. 9.

93 Mary Parker Follett, zitiert nach Parker, Peter (1995): Most quoted – Least heeded: The five senses of Follett, in: Parker Follett, Mary (1995), S. 282–290, hier S. 289.

Innovationsmanagement

1 Brief Eliza Lucas Pinckneys an eine unidentifizierte Person, 1753, zitiert nach: Marschner, Joanna (Hg.) (2017): Enlightened Princesses Caroline, Augusta, Charlotte, and the shaping of the modern world, New Haven und London, S. 533–537, hier S. 533, dt. Übersetzung sowie alle folgenden durch die Autorin.
2 Glover, Lorri (2020): Eliza Lucas Pinckney. An independent woman in the age of revolution, New Haven und London, S. 110.
3 Brief an Mrs. Boddicott, 2. Mai 1740, zitiert nach Pinckney, Elise (Hg.) (1997): The Letterbook of Eliza Lucas Pinckney 1739–1762, Chapel Hill, S. 7, dt. Übersetzung durch die Autorin.
4 Brief an Mrs. Pearson, 30. Juni 1742, Letterbook, S. 44.
5 Brief an Mrs. Boddicott, 2. Mai 1740, Letterbook, S. 7.
6 Brief an Mrs. Boddicott, 2. Mai 1740, Letterbook, , S. 7.
7 Brief an Mrs. Boddicott, 2. Mai 1740, Letterbook, S. 7 f.
8 Memorandum eines Briefs an George Lucas, 25. Juli 1740, Letterbook, S. 8.
9 Brief an Miss Bartlett, 1742, Letterbook, S. 34.
10 Ebenda.
11 Glover 2020, S. 54.
12 Memorandum eines Briefes an George Lucas, 7. Januar 1743, Letterbook, S. 58.
13 Brief an Charles Pinckney, 6. Februar 1741, Letterbook, S. 12.
14 Brief an Miss Bartlett, 1742, Letterbook, S. 34 f.
15 Brief an Mrs. Boddicott, 2. Mai 1740, Letterbook, S. 7.
16 Ebenda.
17 Glover, S. 57.
18 Brief an Miss Bartlett, 1742, Letterbook, S. 35.
19 Brief an Miss Bartlett, 1742, Letterbook, S. 38.
20 Memorandum eines Briefes an George Lucas, Juli 1740, Letterbook, S. 8.
21 Memorandum eines Briefes an George Lucas, Juli 1740, Letterbook, S. 10.
22 Memorandum eines Briefes an George Lucas, Januar 1742, Letterbook, S. 24.
23 Memorandum eines Briefes an George Lucas, 23. April 1741, Letterbook, S. 13.
24 Memorandum eines Briefes an George Lucas, 3. Februar 1743, Letterbook, S. 58.
25 Brief an Miss Bartlett, 1742, Letterbook, S. 35.
26 Brief an Miss Bartlett, 1742, Letterbook, S. 38.
27 Glover, S. 55.
28 Brief an Miss Bartlett 1742, Letterbook, S. 38.
29 Brief an George Lucas, 4. Juni 1741, Letterbook, S. 16.

30 Memorandum eines Briefes an George Lucas, 14. Oktober 1741, Letterbook, S. 22.

31 Memorandum eines Briefes an Miss Mary Fayweather, 8. September 1742, Letterbook, S. 56.

32 Ebenda.

33 Brief von Eliza Lucas Pinckney, 10.09.1785, vermutlich an ihren Sohn Charles Cotesworth Pinckney und nicht wie zitiert an ihre Tochter Harriott Pinckney Horry: Letter from Mrs. Charles Pinckney to Harriott Horry, annotated by Joseph W. Barnwell, in: The South Carolina Historical and Genealogical Magazine, Jul., 1916, Vol. 17, No. 3, S. 101–102, hier S. 101.

34 Coon, David L. (1776): Eliza Lucas Pinckney and the reintroduction of indigo culture in South Carolina, in: Journal of Southern History 42, February 1976, S. 61–76, hier S. 66.

35 Brief von Eliza Lucas Pinckney, 10.09.1785, S. 102.

36 Coon, S. 71.

37 Butler, Nic: Indigo in the fabric of early South Carolina, Podcast Charleston County Public Library Time Machine, Ep. 124, https://www.ccpl.org/charleston-time-machine/indigo-fabric-early-south-carolina, Abruf 29.03.2021.

38 Vgl. Coon, S. 64.

39 Coon, S. 71.

40 Coon, S. 75 sowie Butler, Podcast.

41 Brief Eliza Lucas Pinckney an George Lucas 1740, Letterbook, S. 6.

42 Ebenda.

43 Glover, S. 82.

44 Marsh, Ben (2012): Silk hopes in colonial South Carolina, in: The Journal of Southern History, Vol. 78, No. 4, November 2012, S. 807–854, hier S. 846.

45 Brief Eliza Lucas Pinckneys an eine unidentifizierte Person, 1753, zitiert nach Marschner, S. 534.

46 Marsh, Ben (2017): Visitor from South Carolina: Mrs Eliza Pinckney, in: Marschner, S. 515–519, hier S. 515.

47 Glover, S. 131.

48 Zitiert nach Marsh 2017, S. 519.

49 Glover, S. 131.

50 Brief an Charles und Thomas Pinckney, August 1758, Letterbook, S. 94.

51 Brief an Mr. Morley, 14. März 1760, Letterbook, S. 144.

52 Ebenda.

53 Glover, S. 159.

54 Glover, S. 224.

55 Glover, S. 57.

56 Coston, Martha J. (1886): A signal success. The work and travels of Mrs. Martha J. Coston. An autobiography, Philadelphia, S. 314, diese sowie alle weiteren dt. Übersetzungen durch die Autorin.

57 Coston, S. 43 f.

58 Ebenda

59 Coston, S. 38.

60 Ebenda.

61 Coston, S. 39.

62 Coston, S. 11.

63 Coston, S. 11.

64 Coston, S. 20.

65 Coston, S. 22 f.

66 Coston, S. 24.

67 Coston, S. 27.

68 Drachman, Virginia G. (2002): Enterprising women. 250 years of American business, Chapel Hill und London, S. 56.

69 Coston, S. 37 f.

70 Coston, S. 37.

71 Ebenda.

72 Coston, S. 40.

73 Coston, S. 42.

74 Coston, S. 43.

75 Coston, S. 43 f.

76 Coston, S. 44.

77 Coston, S. 46.

78 Coston, S. 47.

79 Coston, S. 48.

80 Coston, S. 49 f.

81 Coston, S. 50.

82 Coston, S. 50 f.

83 Coston, S. 52.

84 Coston, S. 89.

85 Coston, S. 60.

86 Coston, S. 200.

87 Coston, S. 64.

88 Coston, S. 67.

89 Coston, S. 68.

90 Coston, S. 91 f.

91 Coston, S. 92.

92 Larson, C. Kay (2012): A woman with flare, New York Times, 02. 11.2012 sowie Pilato, Denise E. (2002): Martha Coston: A woman, a war, and a signal to the world, in: International Journal of Naval History. Vol. 1, No. 1, April 2002. https://www.ijnhonline.org/wp-content/uploads/2012/01/pdf_pilato.pdf, Abruf 21.05.2021.

93 Pilato, S. 5.

94 Coston, S. 99.

95 Coston, S. 129.

96 Coston, S. 140.

97 Coston, S. 141.

98 Coston, S. 150.

99 Coston, S. 154.

100 Coston, S. 167.

101 Coston, S. 241.

102 Coston, S. 309 f.

103 Coston, S. 308.

104 Coston, S. 271 f.

105 Coston, S. 333.

106 Bennett, Helen Christine (1928): Kate Gleason's Adventures in a Man's Job, Interview im American Magazine, Oktober 1928, S. 42–43, 168–175, hier S. 168.

107 Ebenda.

108 Ebenda.

109 Ebenda.

110 Zitiert nach Gleason, Janis (2010): The life and letters of Kate Gleason, Rochester, S. 10.

111 Bennett, S. 169.

112 Ebenda.

113 Gleason 2010, S. 9.

114 Bennett, S. 169.

115 Bennett, S. 170 sowie Gleason 2010, S. 24.

116 Bennett, S. 170.

117 Ebenda.

118 Ebenda.

119 Ebenda.

120 Ebenda.

121 Vgl. Barnes, Joseph W. (1981): Rochester and the automobile industry, in: Rochester History, April and July 1981, Vol. XLIII, S. 1– 39, hier S. 31.

122 Barnes, S. 34.

123 Bennett, S. 171.

124 Gleason 2010, S. 73.

125 Bennett, S. 171.

126 Bennett, S. 171.

127 Gleason 2010, S. 61.

128 Gleason 2010, S. 63.

129 Gleason 2010, S. 70.

130 Bennett, S. 169.

131 Gleason 2010, S. 67.

132 Gleason 2010, S. 68.

133 Gleason 2010, S. 70.

134 Gleason 2010, S. 79.

135 Gleason 2010, S. 80.

136 Gleason 2010, S. 83.

137 Bennett, S. 174.

138 Ebenda.

139 Gleason 2010, S. 93.

140 Gleason, Kate (1921): How a woman builds houses to sell a profit for $4,000. The story of Miss Gleasons housing enterprise at East Rochester, N. Y., where a hundred fireproof dwellings are being »manufactured«, in: Concrete, January 1921, S. 8–14.

141 Gleason 1921, S. 12.

142 Gleason 2010, S. 91.

143 Ebenda.

144 Gleason 2010, S. 96.

145 Ebenda.

146 Gleason 2010, S. 107.

147 Ebenda.

148 Gleason 2010, S. 107 f.

149 Geason 2010, S. 108.

150 Gleason 2010, S. 114.

151 Gleason 2010, S. 155 f.

152 Gleason 2010, S. 119.

153 Ebenda.

154 Cleveland Plain Dealer, A woman who was first, 19. Januar 1933.

155 Gleason 2010, S. 94.

156 Gleason 2010, S. 97.

157 Gleason 2010, S. 87.

Unternehmensentwicklung

1 Vgl. Lackner, Helmut (2007): Das Walzen als bedeutendste Umformtechnik der Industrialisierung, in: Ferrum: Nachrichten aus der Eisenbibliothek, Stiftung der Georg Fischer AG, 79, S. 14–25, hier S. 15.

2 https://steelmuseum.org/RebeccaLukens/visitmill.cfm, Abruf: 22.03.2021.

3 Lukens, Rebecca: Unpublished Statement ... In connection with adjustment of her interest in her Father's estate, and a History of her Labors in conducting her business aff airs, Brandywine, 10 September 1850, Typescript: Chester County Historical Society, S. 1. Diese sowie alle folgenden Übersetzungen von der Autorin.

4 Skaggs, Julian Callison (1975): A case study in the mid-nineteenth century American iron industry, Dissertation submitted to the Faculty of the University of Delaware in partial fulfillment of the requirements for the degree of Doctor of Philosophy in History, S. 24.

5 Lukens, Rebecca: Unpublished autobiography in her own hand, circa 1825. Typescript: Chester County Historical Society. Original: Accession 50, Lukens Steel Co. Papers, History File, B-2217, Hagley Museum and Library, S. 2.

6 Ebenda.

7 Lukens, Autobiography, S. 3.

8 Ebenda.

9 Autobiography, S. 2.

10 Autobiography, S. 4.

11 Ebenda.

12 Autobiography, S. 5.

13 Autobiography, S. 6.

14 Ebenda.

15 Ebenda.

16 Ebenda.

17 Statement, S. 1.

18 Ebenda.

19 Ebenda.

20 Smith, Richard P. Jr. (2011): Two hundred years of rolling on the Brandywine, in: AIST Iron & Steel Technology, August, S. 73–88, hier S. 75.

21 Skaggs, S. 25.

22 Statement, S. 1.

23 Ebenda.

24 Brief John Elgar vom 31. März 1825, The National Iron & Steel Heritage Museum, https://steelmuseum.org/RebeccaLukens/pavingway.cfm, Abruf 18.03.2021.

25 Statement, S. 2.

26 Statement, S. 2.
27 Ebenda.
28 Ebenda.
29 Ebenda.
30 Ebenda.
31 Ebenda.
32 Skaggs 1975, S. 26 sowie Statement, S. 2.
33 Skaggs 1975, S. 25.
34 Statement, S. 2.
35 Ebenda.
36 Autobiography S. 6.
37 Skaggs 1975, S. 28.
38 https://steelmuseum.org/railroad_exhibit_2015/process_lukens.cfm, Abruf 22.03.2021.
39 Statement, S. 4.
40 Skaggs, S. 28 f.
41 Skaggs, S. 30.
42 Ebenda.
43 Daten basierend auf Smith, S. 76.
44 Skaggs, S. 30.
45 Skaggs, S. 28.
46 Scheffler, Judith (1999): »... There Was Difficulty and Danger on Every Side«: The Family and Business Leadership of Rebecca Lukens, in: Pennsylvania History: A Journal of Mid-Atlantic Studies, vol. 66, no. 3, 1999, S. 276-310, hier, S. 285.
47 Vgl. Scheffler 1999, S. 285.
48 Statement, S. 3.
49 Statement, S. 3.
50 Skaggs 1975, S. 32.
51 Skaggs 1975, S. 33.
52 Burton, Nicholas / Kavanagh, Donncha /Brigham, Martin: Religion, organization and company law – a case study of a Quaker business, in: Management & organizational history, 2019, Vol.14 (4), S. 317–336, hier S. 317.
53 Vgl. Walvin, James (1997): Money and morals, London.
54 Zu Quäkern und ihren Geschäftspraktiken vgl. Muers, Rachel / Burton, Nicholas: Can we take the religion out of religious decision-making? The case of Quaker business method, in: Philosophy of Management, 2019 (18), S. 363–374, hier S. 364.
55 Zu Rebecca Lukens und den Quäker Business-Strategien vgl. Scheffler, S. 282.
56 Scheffler, Judith, S. 286.

57 Scheffler, S. 285.

58 Skaggs, S. 29.

59 Skaggs, S. 36.

60 Ebenda.

61 Zitiert nach Scheffler, S. 297.

62 Stegemann, Oskar (1938): Der Eschweiler Bergwerks-Verein und seine Vorgeschichte. Zum hundertjährigen Bestehen der Gesellschaft im Auftrage des Vorstandes, München, S. 48.

63 Ebenda.

64 Paragraph 1 des Aktienvertrages vom 2. August 1834, abgedruckt in den Statuten von 1838, zitiert nach Stegemann, S. 40.

65 Zitiert nach Clemens-Wendtland, Hans (1965): Die Familie Englerth und der »Eschweiler-Bergwerks-Verein«, in: Zeitschrift für Firmengeschichte und Unternehmerbiographie, 10. Jg., H. 1., S. 23–32, hier S. 26 f.

66 Stegemann, S. 41.

67 Zitiert nach Clemens-Wendtland, S. 27.

68 Jägers, Regine: Christine Englerth, in: Internetportal Rheinische Geschichte, abgerufen unter: http://www.rheinische-geschichte.lvr.de/Persoenlichkeiten/christine-englerth-/DE-2086/lido/57c6a4c0a2c2f2.98339107, Abruf 22.05.2021.

69 Reckendrees, Alfred (2014): Der Steinkohlebergbau in der Aachener Region 1780–1860, MPRA Paper No. 57745, S. 115, Anm. 445 (E-Publikation https://mpra.ub.uni-muenchen.de/57745/1/MPRA_paper_57745.pdf).

70 Stegemann, S. 40 f.

71 Stegemann, S. 44.

72 Quadflieg, Anna (2015): Die Bergbauunternehmerin Christine Englerth (1767–1838): Begründerin des Eschweiler Bergwerks-Vereins, in: Thomes, Paul / Quadflieg, Peter M. (Hg.): Unternehmer in der Region Aachen (Rheinisch-Westfälische Wirtschaftsbiographien, Bd. 19), Münster, S. 48–67, hier S. 55.

73 Zitiert nach Quadflieg, S. 56.

74 Reckendrees, S. 18.

75 Jägers.

76 Jägers.

77 Reckendrees, S. 18.

78 Zitiert nach Stegemann, S. 43.

79 Ebenda.

80 Zitiert nach Stegemann, S. 43 f.

81 Quadflieg, S. 60.

82 Clemens-Wendtland, S. 26.

83 Stegemann, S. 31.

84 Jägers.

85 Neumann, Friedrich-August (1933): Industrielle Gestaltung im Eschweiler-Stolberger Bezirk seit Anfang des 19. Jahrhunderts, Inaugural-Dissertation zur Erlangung der Doktorwürde der Wirtschafts- und Sozialwissenschaftlichen Fakultät der Universität Köln, Eschweiler, S. 22.

86 Buschmann, Walter (1998): Zechen und Kokereien im rheinischen Steinkohlenbergbau. Aachener Revier und westliches Ruhrgebiet (Die Bau und Kunstdenkmäler des Rheinlandes, Bd. I Rheinland), Berlin, S. 295.

87 Zitiert nach: Küpper, Simon / Gille, Armin: Eschweiler Biografien, Eschweiler Geschichtsverein, https://www.eschweilergeschichtsverein.de/eschweiler/persona.html, Abruf 01.06.2021.

88 Probst, Anke (1985): Helene Amalie Krupp. Eine Essener Unternehmerin um 1800, Zeitschrift für Unternehmensgeschichte, Beiheft 33, Stuttgart, S. 28.

89 Probst, S. 12.

90 Probst, S. 16.

91 Vgl. Stremmel, Ralf (2011): Die Essener Kauffrau Helene Amalie Krupp, in: Essener Beiträge. Beiträge zur Geschichte der Stadt Essen, 124. Band, S. 35–50, hier S. 39.

92 Probst, S. 24.

93 Ebenda.

94 Probst, S. 52.

95 Probst, S. 23.

96 Probst, S. 24.

97 Ebenda.

98 Ebenda.

99 Brief vom 1. April 1768 an Möhlich, Amsterdam, zitiert nach Probst, S. 25.

100 Probst, S. 25.

101 Ebenda.

102 Probst, S. 28.

103 Brief vom 17. Juli 1800 an die Gebrüder Dietz, Amsterdam, zitiert nach Probst, S. 28 f.

104 Brief vom 23. April 1799 an Drees & Co, Amsterdam, zitiert nach Probst, S. 29.

105 Probst, S. 29.

106 Gottfried Wilhelm Wiskott (1805), zitiert nach Tenfelde, Klaus / Urband, Thomas (Hg.) (2010): Das Ruhrgebiet – Ein historisches Lesebuch, Bd. 1, Essen, S. 108.

107 Ebenda.

108 Probst, S. 27.

109 Probst, S. 53.

110 Probst, S. 54.

111 Ebenda.
112 Ebenda.
113 Probst, S. 55.
114 Ebenda.
115 Probst, S. 55 f.
116 Probst, S. 57.
117 Probst, S. 58.
118 Probst, S. 57.
119 Ebenda.
120 Ebenda.
121 Probst, S. 58.
122 Vgl. Hopp, Detlef (Hg.) (2011): 200 Jahre Krupp. Die Walkmühle in Essen-Vogelheim: Die »Friedrich Krupp Gußstahlfabrik zur Verfertigung des englischen Gußstahls und aller daraus resultierenden Fabrikate«, Berichte aus der Essener Denkmalpflege 4, Essen, S. 1.
123 Probst, S. 59.
124 Probst, S. 61.
125 Ebenda.
126 Vgl. James, Harold (2011): Krupp. Deutsche Legende und globales Unternehmen, München, S. 18.
127 Brief von Helene Amalie Krupp vom 2. Mai 1799 an Drees & Co., zitiert nach Stremmel 2012, S. 42.
128 Ebenda.
129 Probst, S. 35.
130 James, S. 17.
131 Probst, S. 40, 42.
132 Stremmel, S. 45 f.
133 Probst, S. 37.
134 Brief vom 2. März 1799, zitiert nach Probst, S. 40.
135 Helene Amalie Krupp an Fa. Johann Friedrich Hoffmann und Söhne, Rotterdam, 2. März 1799, zitiert nach Stremmel, S. 46.
136 Angestellte der Hütte im Jahr 1896, Probst, S. 37.
137 Probst, S. 85.
138 Stremmel, S. 46.
139 Probst, S. 43, 50.
140 Zitiert nach Schröder, Ernst (1957): Krupp, Geschichte einer Unternehmerfamilie, Göttingen u. a., S. 22.
141 Hopp, S. 2.

Handel und Finanzen

1 Die Memoiren der Glückel von Hameln. Aus dem Jüdisch-Deutschen von Bertha Pappenheim, Wien 1910. Ein Nachdruck dieser Ausgabe erschien mit einem Vorwort von Viola Roggenkamp, Weinheim und Basel 1994 (3. Aufl. 2013). Nach diesem Nachdruck wird im Folgenden unter dem Kürzel PM zitiert, hier S. 189.

2 Zemon Davis, Natalie (1996): Drei Frauenleben. Glikl, Marie de l'Incarnation, Sibylla Merian, Berlin, S. 21.

3 PM, S. 193.

4 Ebenda.

5 PM, S. 205.

6 Zemon Davis, Natalie (2001): Glikl bas Juda Leib – ein jüdisches, ein europäisches Leben, in: Richarz, Monika (Hg.): Die Hamburger Kauffrau Glikl. Jüdische Existenz in der Frühen Neuzeit, Hamburg, S. 27–48, hier S. 33.

7 Siebenhüner, Kim (2018): Die Spur der Juwelen. Materielle Kultur und transnationale Verbindungen zwischen Indien und Europa in der Frühen Neuzeit, Köln, S. 227.

8 PM, S. 202.

9 Siebenhüner 2018, S. 229.

10 Vgl. Siebenhüner 2018, S. 229 f.

11 Vgl. Siebenhüner 2018, S. 230.

12 PM, S. 236.

13 Vgl. Siebenhüner, Kim (2015): Juwelen. Kostbare Objekte zwischen Alltagsökonomie und Sinnstiftung, in: Historische Anthropologie, Band 23, Heft 2, S. 167–187, hier S. 171 f.

14 Siebenhüner 2015, S. 171 f.

15 PM, S. 91.

16 Vgl. Siebenhüner 2018, S. 277.

17 PM, S. 91.

18 PM, S. 92.

19 PM, S. 69.

20 Davis 1996, S. 21.

21 PM, S. 69.

22 PM, S. 217.

23 Vgl. Häberlein, Mark (2007): Kreditbeziehungen und Kapitalmärkte vom 16. bis zum 19. Jahrhundert, in: Schlumbohm, Jürgen (Hg.): Soziale Praxis des Kredits 16.–20. Jahrhundert, Hannover, S. 37–52, hier S. 39.

24 Häberlein, S. 46.

25 PM, S. 114.

26 Häberlein, S. 47.
27 Vgl. Davis 1996, S. 22.
28 Davis 1996, S. 23.
29 PM, S. 217.
30 PM, S. 241.
31 Vgl. Siebenhüner 2018, S. 279.
32 PM, S. 205.
33 PM, S. 52.
34 PM, S. 60.
35 PM, S. 61.
36 PM, S. 63.
37 PM, S. 65.
38 PM, S. 66.
39 Vgl. Ries, Rotraud (2001): Status und Lebensstil – Jüdische Familien der sozialen Oberschicht zur Zeit Glikls, in: Richarz, Monika (Hg.): Die Hamburger Kauffrau Glikl. Jüdische Existenz in der Frühen Neuzeit, Hamburg, S. 280–306, hier S. 281.
40 PM, S. 136.
41 Ries 2001, S. 282.
42 PM, S. 136 f.
43 PM, S. 137.
44 PM, S. 137 sowie Ries, S. 283.
45 Ries 2001, S. 285.
46 Davis 1996, S. 269, Anm. 25.
47 PM, S. 202.
48 PM, S. 203.
49 Ebenda.
50 PM, S. 207.
51 Ebenda.
52 Ries 2001, S. 286.
53 PM, S. 240.
54 Ries 2001, S. 287.
55 Davis 1996, S. 300 f., Anm. 222
56 Davis 1996, S. 273, Anm. 48.
57 Davis 2001, S. 31.
58 PM, S. 274 f.
59 Davis 1996, S. 25.
60 PM, S. 279.
61 PM, S. 280.

62 PM, S. 282.

63 PM, S. 293.

64 Davis 1996, S. 29.

65 PM, S. 1.

66 PM, S. 3.

67 PM, S. 217.

68 PM, S. 16.

69 PM, S. 17.

70 Zitiert nach Katz, Gabriele (2006): Die erste Unternehmerin Süddeutschlands und die reichste Frau ihrer Zeit. Madame Kaulla 1739 -1806. Filderstadt, S. 65.

71 Ries, Rotraud (2007): »Unter Königen erwarb sie sich einen großen Namen«: Karriere und Nachruhm der Unternehmerin Madame Kaulla (1739-1809), in: Aschkenas, Heft 17/2, S. 405–430, hier S. 407.

72 Zitiert nach Katz, S. 50.

73 Ries, S. 408.

74 Katz, S. 66.

75 Schnee, Heinrich (1961): Die Hoffaktoren-Familie Kaulla an süddeutschen Fürstenhöfen, in: Zeitschrift für Württembergische Landesgeschichte, 20. Jahrgang, Heft 2, S. 238–264, hier S. 243.

76 Schnee 1961, S. 245.

77 Ebenda.

78 Schnee, Heinrich (1963): Die Hoffinanz und der moderne Staat. Geschichte und System der Hoffaktoren an deutschen Fürstenhöfen im Zeitalter des Absolutismus (= Hoffaktoren an süddeutschen Fürstenhöfen nebst Studien zur Geschichte des Hoffaktorentums in Deutschland. Nach archivalischen Quellen, Bd. 4), Berlin, S. 155.

79 Schnee 1961, S. 242.

80 Ries 2007, S. 408.

81 Schnee 1961, S. 246.

82 Schnee 1963, S. 157.

83 Klein, Ernst (1982): Deutsche Bankengeschichte, Bd. 1: Von den Anfängen bis zum Ende des alten Reichs (1806), Frankfurt am Main, S. 235.

84 Katz, S. 93.

85 Klein, S. 236.

86 Legitimationsschreiben von M. Kaulla und Jacob Kaulla an das Haus Fürstenberg in Donaueschingen, zitiert nach Katz, S. 99.

87 Ebenda.

88 Schnee 1961, S. 250.

89 Schnee 1963, S. 157.

90 Schnee 1963, S. 155.

91 Zitiert nach Katz, S. 39 f.

92 Brief von Madame Kaulla an Fürst Joseph Wenzel von Fürstenberg, 27.10.1776, zitiert nach Katz, S. 45.

93 Katz, S. 45.

94 Zitiert nach Schnee 1963, S. 151.

95 Ebenda.

96 Zitiert nach Katz, S. 119.

97 Hahn, Joachim (1996): Karoline Kaulla, in: Kallenberg, Fritz (Hg.): Hohenzollern, Sigmaringen, S. 449–451, hier S. 450.

98 Zitiert nach Schnee 1963, S. 163.

99 Zitiert nach Ries 2007, S. 405.

Marketing und Vertrieb

1 Crestin-Billet, Frédérique (1992): Veuve Clicquot. La grande dame de la Champagne, Grenoble Cedex, S. 83.

2 Köster, Magdalena (2005): Brillante Bilanzen. Fünf Unternehmerinnen und ihre Lebensgeschichte, Weinheim und Basel, S. 40.

3 Crestin-Billet, S. 23.

4 Crestin-Billet, S. 56.

5 Crestin-Billet, S. 57.

6 Crestin-Billet, S. 58.

7 Crestin-Billet, S. 60, 62.

8 Crestin-Billet, S. 62.

9 Crestin-Billet, S. 63.

10 Crestin-Billet , S. 65.

11 Crestin-Billet, S. 68.

12 Ebenda.

13 Vgl. Gerhard, Ute (1989): Menschenrechte-Frauenrechte 1789, in: Schmidt-Linsenhoff, Viktoria (Hg.): Sklavin oder Bürgerin? Französische Revolution und neue Weiblichkeit 1760–1830, Katalog zur gleichnamigen Ausstellung des Historischen Museums Frankfurt, Marburg, S. 55–67, hier S. 62.

14 Crestin-Billet, S. 70.

15 Crestin-Billet, S. 77.

16 Mazzeo, Tilar J. (2011): Veuve Clicquot. Die Geschichte eines Champagner-Imperiums und der Frau, die es regierte, München (engl. Erstausgabe 2008), S. 142; Crestin-Billet, S. 77.

17 Crestin-Billet, S. 76.

18 Crestin-Billet, S. 77.

[19] Crestin-Billet, S. 80.

[20] Mazzeo, S. 162.

[21] Ebenda.

[22] Mazzeo, S. 167.

[23] Mazzeo, S. 170.

[24] Zitiert nach Köster, S. 42.

[25] Crestin-Billet, S. 88.

[26] Die nachfolgenden Informationen zum Vertrieb sowie über die Vertreter und Agenten verdanke ich Isabelle Pierre, Heritage Management Veuve Clicquot.

[27] Crestin-Billet, S. 88.

[28] Crestin-Billet, S. 124.

[29] Angaben zufolge Isabelle Pierre, Veuve Clicquot.

[30] Crestin-Billet, S. 90.

[31] Vizetelly, Henry (1882): A history of champagne. With notes on the other sparkling wines of France, London, S. 175.

[32] Vizetelly, S. 177.

[33] Köster, S. 59.

[34] Köster, S. 59.

[35] Crestin-Billet, S. 94.

[36] Crestin-Billet, S. 99.

[37] Köster, S. 64.

[38] Harper Method Progress June July 1926, S. 58, zitiert nach Plitt, Jane R. (2019): Martha Matilda Harper and the American Dream. How one woman changed the face of modern business, Jade Publishing, S. 106.

[39] Plitt, S. 15.

[40] Golden Memories 1938, S. 4, zitiert nach Plitt, S. 15.

[41] Plitt, S. 24.

[42] Plitt, S. 25.

[43] Plitt, S. 36.

[44] Plitt, S. 37.

[45] Ebenda.

[46] The National Cyclopedia of American Biography..., NY: James J. White & Co., 1954. v. XXXIX, S. 236–237. Biography of Martha Matilda Harper, hier S. 237.

[47] Plitt, S. 69.

[48] Plitt, S. 93.

[49] Plitt, S. 96.

[50] Plitt, S. 71.

[51] Plitt, S. 99.

[52] Plitt, S. 112.

53 Plitt, S. 119.

54 Plitt, S. 129.

55 Plitt, S. 132.

56 Plitt, S. 138.

57 Zitiert nach Plitt, S. 136.

58 Plitt, S. 34.

59 Plitt, S. 125.

60 Plitt, S. 118.

61 Zitiert nach Plitt, S. 35.

62 Harper Method Textbook 1926, S. 17, zitiert nach Plitt, S. 39.

63 Harper Method Textbook 1926, S. 12, zitiert nach Plitt, S. 39.

64 Plitt, S. 78.

65 Nebel, Jürgen / Schulz, Albrecht u. a. (Hg.) (2008): Das Franchise-System. Handbuch für Franchisegeber und Franchisenehmer, München, S. 149.

66 Vgl. Nebel / Schulz, S. 151.

67 Vgl. Nebel / Schulz, S. 51 ff.

68 Harper Method Progress, August 1930, S. 16.

69 Plitt, S. 34.

70 Harper Method Book 1926, zitiert nach Plitt, S. 34.

71 Plitt, S. 78.

72 Plitt, S. 75.

73 Harper Method Textbook 1926, S. 184.

74 »Be equal to any problem that arises. Never give up. Be the master.« Zitiert nach http://rocheritage.org/exhibits/show/rocsuffrage/martha-matilda-harper, Abruf 31.01.2021.

75 Harper Method Progress March–April 1930, 1; zitiert nach Plitt, S. 116.

76 Plitt, S. 107.

77 http://rocheritage.org/exhibits/show/rocsuffrage/item/6#?c=0&m=0&s=0&cv=0&xywh=-4781%2C-1%2C12728%2C4752, Abruf 31.01.2021.

78 Plitt, 124.

79 Plitt, S. 108.

80 Golden Memories 1938, S. 7; Plitt, S. 26.

81 Plitt, S. 129.

82 Vgl. Kennedy, Dan S. (1996): How to make millions with your ideas, Penguin 1996.

83 Barnes-Brus, Tori (2011): Responsible mothers and well born children: Social authorities and the discourse of nineteenth-century pregnancy, PhD thesis University of Kansas, S. 113.

84 Stage, Sarah (1979): Female complaints. Lydia Pinkham and the business of women's medicine, New York, S. 27.

85 Pinkham, Lydia E. (1901 & 1904): Treatise of the disease of women by the Lydia E. Pinkham Medicine Co., of Lynn, Mass., U. S. A., S. 3.

86 Zitiert nach Stage, S. 31.

87 Danna, Sammy R. (2015): Lydia Pinkham. The face that launched a thousand ads, Lanham, Boulder u. a., S. 39.

88 Barnes-Brus, S. 114; Stage 1979, S. 31.

89 Stage, S. 89.

90 Barnes-Brus, S. 121.

91 Young, James Harvey (1985): Folk into fake, in: Western Folklore, vol. 44, no. 3, S. 225–239, hier S. 234.

92 Drachman, Virginia G. (2002): Enterprising women. 250 years of American business, Chapel Hill und London, S. 43.

93 Barnes-Brus, S. 120.

94 Barnes-Brus, S. 107.

95 Ebenda.

96 Barnes-Brus, S. 110 f.

97 Danna, S. 2.

98 Danna, S. 4.

99 Hubbard, Elbert (1915): Lydia E. Pinkham. Being a sketch of her life and times, New York, S. 27 f.

100 Barnes-Brus, S. 114.

101 Stage, S. 37.

102 Zitiert nach Stage, S. 37.

103 Danna, S. 43.

104 Ebenda.

105 Collyer Washburn, Robert (1931): The life and times of Lydia E. Pinkham, New York, S. 127 f.

106 Barnes-Brus, S. 116; Danna, S. 41 f.

107 Danna, S. 40.

108 Danna, S. 41.

109 Danna, S. 44.

110 Ebenda.

111 Stage, S. 34.

112 Twitchell, James B. (2000): Twenty ads that shook the world. The century's most groundbreaking advertising and how it changed us all, New York, S. 32.

113 Stage, S. 104; Barnes- Brus, S. 116; Danna, S. 45.

114 Vgl. Twitchell, S. 35.

115 Stage, S. 41.

116 Barnes-Brus, S. 117; Stage, S. 42.

117 Stage, S. 92.

118 Brief abgedruckt in Barnes-Brus, S. 118.

119 Danna, S. 48.

120 Danna, S. 43.

121 Drachman, S. 44 f.

122 Zitiert nach Danna, S. 48.

123 Danna, S. 70.

124 Ebenda sowie S. 73.

125 Danna, S. 63.

126 Ebenda.

127 Young, S. 235.

128 Danna, S. 59.

129 Danna, S. 62.

130 Applegate, Edd (2012): The rise of advertising in the United States. A history of innovation to 1960, Lanham u. a., S. 65.

Solo-Selbstständige

1 Broschüre Bundesministerium für Arbeit und Soziales, Forschungsbericht 545, Selbstständige Erwerbstätigkeit, April 2020: https://www.bmas.de/SharedDocs/Downloads/DE/Publikationen/Forschungsberichte/fb545-selbststaendige-erwerbstaetigkeit-in-deutschland.pdf;jsessionid=D204D85460F90C7E077584FD26B28A04.delivery1-replication?__blob=publicationFile&v=1, Abruf 05.07.2021.

2 Angabe zufolge dem Institut für Mittelstandsforschung Bonn: https://www.ifm-bonn.org/statistiken/selbststaendigefreie-berufe/selbststaendige, Abruf 05.07.2021.

3 Broschüre Bundesministerium für Arbeit und Soziales, S. 19.

4 Loster-Schneider, Gudrun (1998): »Ich aber nähre mich wieder mit einigen phantastischen Briefen.« Zur Problematik der schriftstellerischen Profession. Sophie von La Roche (1730–1807), in: Tebben, Karin (Hg.): Beruf: Schriftstellerin. Schreibende Frauen im 18. und 19. Jahrhundert, Göttingen, S. 47–77, hier S. 65.

5 Klauß, Jochen (2009): Genie und Geld. Goethes Finanzen, Düsseldorf, S. 32.

6 Sophie von La Roche, Pomona für Teutschlands Töchter, Erstes Heft, Januar 1783, »An meine Leserinnen«, Speyer 1783, S. 3.

7 Pomona für Teutschlands Töchter, Erstes Heft, Januar 1783, Speier 1783, S. 14f.

8 von La Roche, Sophie (1797): Briefe an Lina als Maedchen. Ein Buch fuer junge Frauenzimmer, die ihr Herz und ihren Verstand bilden wollen. Erster Band,

dritte verbesserte Auflage, Leipzig sowie Vorderstemann, Jürgen (2007): Ehefrau, Hofdame, Schriftstellerin – Die Jahre 1753 bis 1786 im Leben der Sophie von La Roche, in: Eichenauer, Jürgen (Hg.): »Meine Freiheit, nach meinem Charakter zu leben« Sophie von La Roche (1731–1807) – Schriftstellerin der Empfindsamkeit, Weimar, S. 61.

9 Pomona für Teutschlands Töchter, Drittes Heft, März 1783, S. 317.

10 Brandes, Helga (2007): Die Zeitschrift »Pomona für Teutschlands Töchter« im publizistischen Kontext des 18. Jahrhunderts, in: Eichenauer, S. 173–182, hier S. 177 sowie Vorderstemann, Jürgen (1987): Sophie von La Roches Unternehmen »Pomona«, in: Sophie von La Roche: Pomona für Teutschlands Töchter. Nachdruck der Original-Ausgabe Speyer 1783 – 1874, Band 1, 1783, Heft 1–6, München u. a. 1987, S. XV–XXXVI, hier S. XXXII.

11 Sophie von La Roche an Elise zu Solms-Laubach, Speyer 2.8.1783, zitiert nach Maurer, Michael (Hg.) (1985): Ich bin mehr Herz als Kopf. Sophie von La Roche. Ein Lebensbild in Briefen, München, S. 255.

12 Zahlen aus Brandes, S. 173.

13 Schmid, Pia (2007): Das Frauenzimmer und das Buch – Weibliche Lesekulturen um 1800, in: Jansen, Mechtild (Hg.): frauen & literatur, Zum 200. Todestag der Sophie von La Roche (1807), Polis 48, Hessische Landeszentrale für politische Bildung, Wiesbaden, S. 18–32, hier S. 25.

14 Vgl. Schmid, S. 19.

15 Prokop, Ulrike: Sophie von La Roche – Leben und Werk. Was machte Sophie Gutermann – später Sophie von La Roche – zu einer berühmten Autorin?, in: Jansen, Mechtild, S. 5–17, hier S. 15.

16 Brandes, S. 177.

17 Ebenda.

18 Kraus, Gerlinde (2009): Sophie von La Roche als Herausgeberin der Frauenzeitschrift »Pomona für Teutschlands Töchter«, in: Ludwig, Johanna / Kämmerer, Gerlinde / Schötz, Susanne (Hg.): Louise Ottos Frauen-Zeitung im Kontext von Frauenpresse und Frauenbewegung. Berichte vom 17. Louise-Otto-Peters-Tag 2009, Leipzig, S. 28–37, hier S. 32.

19 Schmid, S. 20.

20 Vorderstemann 1987, S. XXXIII.

21 Zitiert nach Vorderstemann 1987, S. XXXII.

22 Vorderstemann 1987, S. XXXIII.

23 Vordestemann 1987, S. 60.

24 Sophie von La Roche, Brief an Christian Jakob Wagenseil, Speyer, 4. Nov. 1782, zitiert nach Vorderstemann 2007, S. 61.

25 Sophie von La Roche an Johann Caspar Lavater, Brief 135, 7.11.1782, Maurer, S. 246 sowie Berger, Frank (2020): Das Geld der Dichter in Goethezeit und

Romantik. 71 biografische Skizzen über Einkommen und Auskommen, Wiesbaden, S. 158.

26 Sophie von La Roche an Johann Caspar Lavater, Brief 134, 27.10.1782, abgedruckt in Maurer S. 245.

27 Sophie von La Roche an Georg Wilhelm Petersen, Brief 218, Offenbach 10.04.1793, abgedruckt in Maurer, S. 351.

28 Ebenda.

29 Ebenda.

30 Sophie von La Roche an Johann Friedrich Petersen, 26. Juni 1793, abgedruckt in: Sensch, Patricia (2016): Sophie von La Roches Briefe an Johann Friedrich Christian Petersen (1788–1806): kritische Edition, Kommentar, Analyse. Quellen und Forschungen zur Literatur- und Kulturgeschichte, 83 = (317), Berlin u.a., S. 301.

31 Vgl. Klauß, S. 213.

32 Sophie von La Roche an Wolfgang Heribert Dalberg, 6.12.1782, Brief 136., abgedruckt in Maurer, S. 247.

33 Pomona für Teutschlands Töchter, Juni 1783, Heft 6, S. 621.

34 Sophie von La Roche an Leonhard Meister, 04.10.1787, Offenbach, Brief 178, abgedruckt in Maurer, S. 303.

35 Sophie von La Roche an Elise zu Solms-Laubach, Speyer, 2.8.1783, Brief 143, Maurer, S. 259.

36 Maurer, S. 32.

37 Sophie von La Roche an Elise zu Solms-Laubach, 23.10.1794, abgedruckt in: Laroche, Sophie (1965): Ihre Briefe an die Gräfin Elise zu Solms-Laubach, 1787 -1807, Kampf, Kurt (Hg.), Offenbach, S. 59.

38 Loster-Schneider, S. 65.

39 Ebenda.

40 Sophie von La Roche an Caspar Lavater, Speyer 27.10.1782, Brief 134, abgedruckt in Maurer, S. 245.

41 Vgl. Krümmel, Achim: Sophie von la Roche, in: Internetportal Rheinische Geschichte, abgerufen unter: http://www.rheinische-geschichte.lvr.de/Persoenlichkeiten/sophie-von-la-roche/DE-2086/lido/57c93d8b51a396.06765130 (Abruf am 23.02.2021).

42 von La Roche, Sophie (1797): Briefe an Lina als Maedchen, Leipzig, S. 252.

43 Sophie von La Roche an Johann Caspar Hirzel, 08.11.1771, Brief 64, abgedruckt in Maurer, S. 154.

44 Christoph Martin Wieland an Sophie von La Roche, 118. Brief, Weimar 26.11.1780, abgedruckt in Maurer, S. 227.

45 Christoph Martin Wieland an Sophie von La Roche, Weimar 13.12.1780, Brief 119, abgedruckt in Maurer, S. 228.

46 Christoph Martin Wieland an Sophie von La Roche, Weimar 14.02.1781, Brief 122, abgedruckt in Maurer, S. 231 sowie Christoph Martin Wieland an Sophie von La Roche, Brief 123, Weimar 4.4.1781, abgedruckt in Maurer, S. 234.

47 Ebenda, S. 231.

48 Vorderstemann 1987, S. XIX.

49 Loster-Schneider, S. 53.

50 Angaben von Helga Meise in einer E-Mail an die Autorin.

51 von La Roche, Sophie (2015): Geschichte des Fräuleins von Sternheim, München (Erstausgabe 1771), S. 164.

52 Sophie von La Roche, Briefe an Lina, Vierzehnter Brief, Pomona für Teutschlands Töchter, 12. Heft, Dezember 1783, S. 1157.

53 Maurer, S. 8.

54 Vgl. ebenda.

55 Ebenda.

56 Vgl. Scherbacher-Posé, Brigitte (2000): Die Entstehung einer weiblichen Öffentlichkeit im 18. Jahrhundert: Sophie von La Roche als »Journalistin«, in: Jahrbuch für Kommunikationsgeschichte, 2. Jg., S. 24–51, hier S. 24.

57 Loster-Schneider, S. 66.

58 Ebenda.

59 Biografische Angaben zufolge des Angelika Kauffmann Research Projects (https://www.angelika-kauffmann.de/chronologie/, Abruf am 29.06.2021) sowie Baumgärtel, Bettina (2016): Anmut und Aufklärung. Eine Sammlung von Druckgraphik nach Werken von Angelika Kauffmann, Ausstellungskatalog Winckelmann-Museum Stendal, Ruhpolding und Mainz, S. 9–12.

60 Zitiert nach Maierhofer, Waltraud (1997): Angelika Kauffmann, Reinbek bei Hamburg, S. 24.

61 Maierhofer, S. 24.

62 Goethe, Johann Wolfgang (1999): Goethes Werke Band XI, Autobiografische Schriften III, Hamburger Ausgabe, München, S. 444.

63 Zitiert nach Baumgärtel, Bettina (Hg.) (2020): Verrückt nach Angelika Kauffmann, Ausstellungskatalog Kunstpalast Düsseldorf und Royal Academy of the Arts London, München, S. 65.

64 Zitiert nach Maierhofer, S. 29.

65 Brief vom 10.10.1766 an Johann Joseph Kauffmann in Schwarzenberg, in: Kauffmann 1997, S.16.

66 Kauffmann, Angelika (2001): »Mir träumte vor ein paar Nächten, ich hätte Briefe von Ihnen empfangen. Gesammelte Briefe in den Originalsprachen, hg. und bearb. von Maierhofer, Waltraud, Lengwil a. B., S. 17.

67 Ebenda.

68 Ebenda.

69 Ebenda.

70 Ebenda.

71 Brief an die Royal Academy of Arts, London, 18.4.1775, zitiert nach Kauffmann, S. 38.

72 Baumgärtel 2016, S. 15.

73 Baumgärtel in einer E-Mail an die Autorin.

74 Angaben zufolge Baumgärtel.

75 Baumgärtel 2016, S. 17.

76 Baumgärtel 2016, S. 19.

77 Brief an John Boydell, Rom, 4.2.1786, zitiert nach Kauffmann, S. 87.

78 Natter, Tobias G.: Angelika Kauffmann. Eine Chronologie, S. 270–285, in: Natter, Tobias G. (Hg.) (2007): Angelika Kauffmann. Ein Weib von ungeheurem Talent, Ausstellungskatalog Vorarlberger Landesmuseum Bregenz und Angelika Kauffmann Museum Schwarzenberg, Ostfildern, hier S. 277.

79 Alexander, David (1998): »The whole world is angelicamad. Angelika Kauffmann und der Markt für Druckgraphik im 18. Jahrhundert, in: Baumgärtel, Bettina (Hg.): Angelika Kauffmann, Ausstellungskatalog Kunstmuseum Düsseldorf, Haus der Kunst München, Bündner Kunstmuseum Chur, Ostfildern-Ruit, S. 73-78, hier S. 77.

80 Alexander, S. 76.

81 Die Umrechnung des Geldwertes basiert auf dem Currency Converter des britischen Nationalarchivs. Die Werte dienen als ungefähre Orientierung über den damaligen Geldwert. (https://www.nationalarchives.gov.uk/currency-converter/).

82 Preisliste Angelika Kauffmann, 1788, in französischer Sprache, gedruckt, Voralberger Landesmuseum, Bregenz, Inv.-Nr. AG 5, abgedruckt in: Natter 2007, S. 259.

83 Die Umrechnung des Geldwertes basiert auf dem Currency Converter des britischen Nationalarchivs. Die Werte dienen als ungefähre Orientierung über den damaligen Geldwert. (https://www.nationalarchives.gov.uk/currency-converter/).

84 Angaben nach Baumgärtel, Bettina (2020): »Die ganze Welt ist verrückt nach Angelika«, in: Baumgärtel 2020, S. 10–17, hier S. 14.

85 Diesen Hinweis verdanke ich Bettina Bäumgärtel, die das Angelika Kauffmann Research Project (www.angelika-kauffmann.de) leitet.

86 Brief vom 14.1.1796 an Fortunata Sulgher Fantastici in Florenz, Kauffmann, S. 216.

87 Zitiert nach Tuschener, Thilo (1999): Angelika Kauffmann und das Kunsthandwerk, in: Verrückt nach Angelika. Porzellan und anderes Kunsthandwerk nach Angelika Kauffmann, Ausstellungskatalog Hetjens-Museum, Deutsches

Keramikmuseum Düsseldorf, Haus der Kunst München, Rätisches Museum Chur, Ostfildern-Ruit, S. 9–15, hier S. 9.

88 Isabella Bird in einem Brief an ihre Freundin Eliza Blackie, Ms. 2633, f.308, National Library of Scotland. Diesen Hinweis verdanke ich David McClay.

89 Stoddart, Anna (1906): The Life of Isabella Bird (Mrs. Bishop), London, S. 9. Stoddart ist eine langjährige Freundin Isabella Birds, die diese selbst ausgewählt hat, ihre Biografie zu verfassen.

90 Stoddart, S. 21.

91 Stoddart, S. 25.

92 Stoddart, S. 35.

93 Stoddart, S. 43.

94 Vgl. Stoddart, S. 59. Die Umrechnung des Geldwertes basiert auf dem Currency Converter des britischen Nationalarchivs. Die Werte dienen als ungefähre Orientierung über den damaligen Geldwert. (https://www.nationalarchives.gov.uk/currency-converter/).

95 Bird, Isabella L. (2002): Letters to Henrietta, hg. von Chubbuck, Kay, London, S. 308.

96 Ebenda.

97 Letters to Henrietta, S. 5.

98 Anna Stoddart im Edinburgh Medical Journal, Volume XVI (1904), S. 383.

99 Letters to Henrietta, S. 154.

100 Zitiert nach David McClay, dem früheren Kurator des John Murray Archives in Edinburgh, aus einem unpublizierten Aufsatz: »[…] it is not a book for the man in the street. […] For those who do not read for amusement, but for information, I hope that the volumes contain much that is valuable.«

101 Letters to Henrietta, S. 136.

102 Letters to Henrietta, S. 154.

103 Zitiert nach Stoddart, S. 300.

104 Zitiert nach Stoddart, S. 38.

105 Stoddart, S. 38.

106 Bird, Isabella (2017): Durch die Wildnis der Rocky Mountains. Allein unter Goldgräbern und Desperados, Wiesbaden, Vorwort von Klaudia Ruschkowski, S. 12.

107 Stoddart, S. 40.

108 Die Umrechnung des Geldwertes basiert auf dem Currency Converter des britischen Nationalarchivs. Die Werte dienen als ungefähre Orientierung über den damaligen Geldwert. (https://www.nationalarchives.gov.uk/currency-converter/).

109 Zahlen aus: Peale, Anne E. (2017): Works of travel in a publishing empire: John Murray III and domestic markets for the far away, circa 1860–1892, PhD. Thesis, The University of Edinburgh, Insert after p. 243.

110 Zitiert nach Checkland, Olive (1996): Isabella Bird (1831–1904) and »a Woman's Right to Do What She Can Do Well«, Aberdeen, S. 162.

111 Peale, S. 157.

112 Angaben zufolge David McClay, unpublizierter Aufsatz.

113 Checkland, S. 163.

114 Stoddart, S. 246.

115 Stoddart, S. 275.

116 Vgl. McClay, David (2018): Dear Mr Murray. Letters to a Gentleman Publisher, London, Kindle-Version, Position 2577 von 3543.

117 Letters to Henrietta, S. 311.

118 Stoddart, S. 252.

119 Stoddart, S. 332.

120 Stoddart, S. 333.

121 Stoddart, S. 342.

122 Stoddart, S. 342.

123 Stoddart, S. 347

124 Stoddart, S. 347

125 Stoddart, S. 369.

126 Stoddart, S. 271.

127 Heathen Claims and Christian Duty, Speech by Mrs. Isabella Bishop, F. R. G.S., Rede vom 1. November 1893 in Exeter Hall, 1905 von der Church Missionary Society veröffentlicht, S. 1.

128 Stoddart, S. 296.

129 Vgl. Stoddart, S. 304.

130 Isabella Bird in einem Brief an Miss Clayton vom 1. Juni 1889, abgedruckt in Stoddart, S. 206.

131 Abgedruckt in Stoddart, S. 255.

132 Stoddart, S. 325.

133 Vgl. Checkland, S. 173.

134 Checkland, S. 175.

135 Stoddart, S. 246.

136 Zitiert nach Stoddart, S. 248.

137 Isabella Bird in einem Brief an Henrietta vom 23. März 1873, in: Letters to Henrietta, S. 89.

138 Letters to Henrietta, S. 309.

139 Stoddart, S. 92.

140 Stoddart, S. 295.

141 Stoddart, S. 370.

142 Stoddart, S. 186.

[143] Stoddart, S. 158.

[144] Zitiert nach Stoddart, S. 344.

[145] Peale, S. 286.

[146] Checkland, S. 164.

[147] Ebenda.

[148] Clara Peeters, Stillleben mit Blumen, einem vergoldeten Kelch, Mandeln, getrockneten Früchten, Zuckerwerk, Keksen, Wein und einem Zinnkrug, Öl auf Eichenholz, 52 x 73 cm, Museo Nacional del Prado, Madrid.

[149] Vergara, Alejandro (2016): Reflections of art and culture in the paintings of Clara Peeters, in: Ders. (Hg.) (2016): The art of Clara Peeters, Ausstellungskatalog Königliches Museum der Schönen Künste Antwerpen, Museo Nacional des Prado Madrid, S. 13–47, hier S. 17.

[150] Sello, Gottfried (1995): Malerinnen aus vier Jahrhunderten, Hamburg, S. 45.

[151] Lukehart, Peter M. (2020): Giovanna Garzoni, «Accademia«, in: Barker, Sheila (2020) (Hg.): «The immensity of the universe« in the art of Giovanna Garzoni, Ausstellungskatalog Gallerie degli Uffizi Florenz, Livorno, S. 96–105, hier S. 100 f.

[152] Garrard, Mary D.: The not-so-still lifes of Giovanna Garzoni, in: Barker, S. 62–77, hier S. 64.

[153] Garrard, S. 73.

[154] Zitiert nach Barker, Sheila (2020): The Universe of Giovanna Garzoni. Art, mobility, and the global turn in geographical imagery, in: Barker, S. 16–29, hier S. 28.

STICHWORTVERZEICHNIS